El cine español en 119 películas

Augusto M. Torres:
El cine español en 119 películas

El Libro de Bolsillo
Alianza Editorial
Madrid

®

© Augusto M. Torres
© Alianza Editorial, S. A., Madrid, 1997
    Calle Juan Ignacio Luca de Tena, 15; 28027 Madrid; teléf. 393 88 88
    ISBN: 84-206-0832-7
    Depósito legal: M. 17.347-1997
    Impreso en Fernández Ciudad, S. L.
    Catalina Suárez, 19. 28007 Madrid
    Printed in Spain

*Para Manuel Pérez Estremera,
sin cuya indirecta ayuda este
libro sería distinto, sin duda
peor.*

Introducción

El éxito de *El cine norteamericano en 120 películas* y *El cine italiano en 100 películas*, publicados en esta misma colección —El libro de bolsillo— con los números 1.575 y 1.700, respectivamente, ha hecho que los editores me propongan continuar la serie. La gran cantidad de películas españolas que se han emitido por televisión, proyectado en la Filmoteca Española y también reconstruido, además de lanzado en vídeo, con motivo de la celebración del primer centenario del nacimiento del cine, me han llevado de manera inevitable a que el tercer volumen sea *El cine español en 119 películas*.

En los tres casos el punto de partida y su desarrollo es el mismo. Elegir un determinado número de películas representativas de otros tantos directores para, a través de su descripción, construir una peculiar historia del cine, al mismo tiempo que se analiza la obra de los más importantes realizadores y se estudian sus más destacadas producciones. Siempre con la norma de condicionar la elección

de títulos a volver a ver, o ver por primera vez, las películas
y no fiarme en ningún caso de opiniones ajenas, ni mucho
menos de mis recuerdos.

A lo largo de toda una vida viendo cuantas películas
españolas aparecían ante mis ojos y de los dos años y
medio dedicados a verlas de manera sistemática para escribir este volumen, he llegado a un cada vez mayor convencimiento del gran interés que tiene una gran parte del cine
español. Denigrado desde siempre por los intelectuales, y
muy en especial por la gente de izquierdas durante la larga
dictadura del general Franco, a pesar de estar en su mayor
parte realizado por disidentes, con la llegada de la democracia es negado por unos políticos que tienen la torpeza
de no ver en él la menor utilidad pública. Sin embargo, el
cine español tiene una gran riqueza y es un interesante
reflejo de las muy distintas épocas de su historia.

El cine mudo está por descubrir al tiempo que vayan
apareciendo y reconstruyéndose películas hasta ahora perdidas. El cine de los años treinta en su primera mitad no
responde al brillo cultural alcanzado durante la II República y en su segunda mitad aparece aplastado por la guerra,
lo que no le impide producir alguna obra de especial atractivo. El cine de los años cuarenta y en buena medida también de los cincuenta tiene un enorme interés, a pesar de
haber desaparecido parte de él durante repetidos y extraños incendios en laboratorios madrileños, tanto por dar un
exacto reflejo de una de las épocas más duras de nuestra
reciente historia, como por encerrar obras de una gran
riqueza, y donde es posible que todavía se encuentre alguna película perdida de gran atractivo.

A mediados de los años sesenta el desfase de España
con el resto del mundo civilizado es enorme, y en cine se
produce una profunda sima que llega hasta mediados de la
década de los setenta con el final de la dictadura del general Franco. Este período donde sobre todo se ruedan gran
cantidad de coproducciones de género, *spaghetti-western*,
policiacos, *peplum* y terror, es el peor de la historia del cine

español. Al tiempo que también florece la denominada *comedia a la española,* que es uno de los fenómenos más curiosos pero menos atractivos de nuestro cine.

En la segunda mitad de los años setenta, con la llegada de la democracia tras el largo período de dictadura, tiene lugar un auténtico resurgimiento del cine español que llega hasta principios de los años ochenta. A finales de 1982 y durante los trece años de gobierno socialista, a pesar del cada vez menor interés que la administración demuestra por el cine, se produce un paulatino aumento en el atractivo de las películas españolas hasta llegar a ser uno de los más importantes de Europa gracias a su gran riqueza y variedad.

En la actualidad, y entre medias de un excesivo número de comedias sin interés por estar cada vez más alejadas de la realidad, el cine español atraviesa uno de los mejores momentos de su reciente historia. Sin embargo, la llegada al poder del Partido Popular a finales del invierno de 1996 y las muy diferentes medidas que baraja en esta materia, hacen que los profesionales del sector comiencen a temer por su más próximo futuro.

Esta amplia selección de 119 películas está formada por las mejores y más representativas de los grandes directores: *El cochecito, El crimen de la calle de Bordadores, Demonios en el jardín, Fanny «Pelopaja», Furtivos, Plácido, La prima Angélica, El sur, Viridiana.* Las más comerciales de su historia: *Botón de ancla, Carmen, la de Ronda, La ciudad no es para mí, ¿Dónde vas, Alfonso XII?, La gran familia, Ha llegado un ángel, Historias de la radio, Lo verde empieza en los Pirineos, Locura de amor, No desearás al vecino del quinto, El precio de un hombre, Recluta con niño, La residencia, La trastienda, Los últimos de Filipinas, La verbena de la Paloma.*

Además de obras tan apasionantes como extrañas producto de irrepetibles casualidades: *A tiro limpio, El anacoreta, Ander y Yul, Apartado de correos 1001, Arrebato, Aurora de esperanza, Canciones para después de una guerra, Carne de fieras, Después de tantos años, Diferente, Los dinamiteros, El encargo del cazador, La guerra de los locos, Barrios bajos, MadreGilda, Manolo, guardia urbano, Mater amatisima, Me hace falta un bigote, El mundo sigue, Nuestro culpable, Rapsodia de sangre, Rojo y negro, Sierra de Teruel, Soldados, Surcos, Vida en sombras.* Como es lógico también se incluye un largo etcétera de interesantes producciones de realizadores olvidados, algunos extranjeros, directores a media carrera y nuevas promesas hasta un total de 119 realizadas por 120 directores.

Igual que en los otros volúmenes de la serie, he utilizado la menor cantidad posible de términos técnicos y únicamente aquellos conocidos por cualquier interesado por el cine, tales como pueden ser plano, contraplano, *travelling, spaghetti-western, zoom* o *flashback* por poner tan sólo seis ejemplos. Sin embargo, en esta ocasión, no he tenido más remedio que emplear un término bastante más sofisticado como es *salto de eje*, al ser un error que cometen mucho los directores españoles durante la primera mitad de la historia de nuestro cine. El *eje* es la línea imaginaria que une a las personas que están en una misma escena, *saltarse el eje* con la cámara al cambiar de plano es cometer una grave falta narrativa que hace que se pierda el sentido de la situación de los personajes. Cuando son dos es un problema de gran simplicidad, pero puede complicarse mucho si, por ejemplo, son varios comiendo alrededor de una mesa.

Al igual que intenté con el cine norteamericano y el italiano, sólo he pretendido hacer un peculiar acercamiento informativo al cine español, accesible al mayor número posible de interesados por el tema. Aunque en esta ocasión me gustaría colaborar para erradicar por completo el injusto desprecio creado durante los años más duros de la posguerra entre los intelectuales y la gente de izquierdas contra el cine español, y que en buena medida todavía sigue vigente, para que, de una vez por todas, se dejaran los viejos prejuicios a un lado y se comenzase a apreciar el auténtico valor de una buena parte de su producción.

A. M. T.

Los arlequines de seda y oro 1919

DIRECTOR: Ricard de Baños. GUIONISTA: Amichatis. FOTOGRAFÍA: Ramón de Baños. INTÉRPRETES: Raquel Meller, Antonio Rodríguez, Luisa Oliván, Asunción Casals, Juana Sanz, José Martí, Lucien Avisty, Francisco Aguiló, Carlos Beraza. PRODUCCIÓN: Royal Films. DURACIÓN: 74'.

Interesado desde muy joven por el cine, del que casi es coetáneo, el barcelonés Ricard de Baños (1882-1939) a principios de siglo viaja a París para aprender el nuevo oficio en la productora Gaumont. De regreso a su ciudad natal, en 1904 debuta como documentalista y al año siguiente rueda escenas de zarzuelas sonorizadas con discos, como *El dúo de la Africana* y *Bohemios*.

Asociado con su hermano Ramón de Baños, en 1907 instala un laboratorio para el revelado y tiraje de copias y

Raquel Meller en *Los arlequines de seda y oro*

comienzan a trabajar sobre todo para la productora Hispano Films. El éxito económico de esta empresa le permite asociarse con Alberto Marro y en la primera mitad de los años diez ruedan, siempre con fotografía de su hermano Ramón de Baños, cortometrajes como *Dos guapos frente a frente* (1910), *Don Juan de Serrallonga* (1910), *La madre* (1911), *La fuerza del destino* (1913), *Rosalinda* (1914).

La mejor etapa de los hermanos Baños es la segunda mitad de los años diez. Gracias al éxito obtenido por *La malquerida* (1914), la primera adaptación de la obra teatral homónima de Jacinto Benavente, consiguen la fuerza económica suficiente para separarse de Alberto Marro y en 1916 crean la productora Royal Films.

Según la creciente moda de la época comienzan a realizar largometrajes, con dirección de Ricard de Baños y fotografía de Ramón de Baños, para su nueva productora. Ruedan *El idiota de Sevilla* (1916), *Sangre y arena* (1916), primera versión de la novela homónima de Vicente Blasco Ibáñez codirigida por el propio autor, *Juan José* (1917), sobre el drama de Joaquín Dicenta, *La sombra del polaco* (1917), *Fuerza y nobleza* (1918), *La cortina verde* (1920), *Don Juan Tenorio* (1921), sobre el famoso drama romántico de José Zorrilla. Entre todas estas películas destaca *Los arlequines de seda y oro*.

A partir de un guión de Amichatis, los hermanos Baños se embarcan en la más ambiciosa de sus producciones. Dividida en tres partes, tituladas *El nido deshecho*, *La semilla del fenómeno* y *La voz de la sangre*, y con una longitud de cinco mil metros, algo más de cuatro horas de duración, ruedan un folletín con torero, folklórica y gitanos, protagonizado por una Raquel Meller de 31 años al comienzo de su gran carrera internacional.

Gracias al gran éxito logrado, en 1925, una vez que la productora Royal Films ha cesado en sus actividades, Ricard y Ramón de Baños deciden aprovechar la cada vez mayor fama de Raquel Meller en el extranjero para lanzar una nueva versión de *Los arlequines de seda y oro*. A partir de uno de los negativos existentes, hacen un montaje de 75 minutos de duración, vuelven a distribuirla con el título *La gitana blanca* y la venden por toda Europa.

Una de las cosas que más sorprende hoy de la que posiblemente es la obra maestra de Ricard de Baños es la excelente fotografía de Ramón de Baños. Así como su austeridad y eficacia narrativas, dentro de una producción cara, por la variedad de sus decorados, pero nada ostentosa, por utilizar el mismo fondo en los distintos interiores variando la decoración y los muebles que lo pueblan.

Los arlequines de seda y oro narra cómo Elvira, la hermana de la mujer del conde de Rosicler, acude a ella para que la ayude a ocultar sus amores con el comandante Álvaro de Valdés. Cuando el conde los descubre, cree que es su mujer, y no su cuñada, quien tiene un amante y, desesperado, sin dudarlo un momento, aprovecha su ausencia para que su hombre de confianza entregue sus dos hijos a un grupo de gitanos que está acampado en los alrededores de su mansión.

La madre de los niños muere desesperada al enterarse, el comandante Álvaro de Valdés es enviado a combatir en Marruecos y, cuando regresa, el conde de Rosicler se encuentra con él y le reta a un duelo. En el último momento aparece su cuñada Elvira para deshacer el equívoco y descubrir la verdad. Entonces el conde trata de recuperar a sus hijos, pero el mal ya está hecho y resulta tarde para remediarlo.

Mientras tanto su hijo y su hija han seguido viviendo con los gitanos, pero como el niño no aguanta la vida itinerante, le meten en un hospicio. Sin embargo la niña no tarda en adaptarse a sus costumbres y aprovecha su vida con los gitanos para aprender a cantar y bailar como ellos.

Pasan los años y el niño se convierte en el admirado torero Juan de Dios y la niña en la conocida cantante flamenca Raquel. Su fama les lleva a conocerse, sienten que algo les atrae y creen estar enamorados, pero como indica un intertítulo «hay algo en ellos que les impide profundizar en su amor». Al final, gracias a una marca de nacimiento, el conde Rosicler, gran admirador de ambos, descubre que Juan de Dios y Raquel son sus hijos y ellos comprenden el origen de la fuerza que les impedía cometer incesto.

El interés de *Los arlequines de seda y oro* reside tanto en la economía de medios con que está hábilmente narrado este típico folletín de la época, como en la buena mezcla que encierra de ficción y documental. El destino del comandante Álvaro de Valdés en África permite incluir un buen reportaje sobre la guerra de Marruecos, las aficiones taurinas de Juan de Dios hace que aparezca un largo documental sobre una corrida del famoso torero *El Gallo* y la habilidad para el cante y el baile de Raquel significa que se muestre un interesante perfil de Raquel Meller como bailarina.

Posteriormente Ricard de Baños sólo trabaja como director de fotografía, tanto en solitario como en compañía de su hermano. Sin embargo, dirige una última película, *El relicario* (1933), la única sonora de su filmografía, pero su fracaso le hace retirarse. Lo que no impide que sea uno de los más importantes pioneros del cine español.

El misterio de la Puerta del Sol 1929

DIRECTOR: Francisco Elías. FOTOGRAFÍA: Tomás Duch. MÚSICA: Maestro Padilla. INTÉRPRETES: Juan de Orduña, Nita Moreno, Jack Castello, Antonio Barbero, Teresita Silva, Carlos Rufart. PRODUCCIÓN: Feliciano Manuel Vitores. DURACIÓN: 75'.

El éxito internacional de la producción norteamericana *El cantor de jazz* (The Jazz Singer, 1927), de Alan Crosland, la primera película sonora, revoluciona el mundo del cine a

Teresita Silva y Juan de Orduña en *El misterio de la Puerta del Sol*

niveles de exhibición y producción. No hay salas con equipos sonoros de proyección, pero tampoco equipos sonoros de rodaje, ni estudios acondicionados para sonido. Por ello la producción se paraliza en los países menos industrializados y, por ejemplo en España, de los setenta y tantos largometrajes anuales que se ruedan por término medio durante los años veinte se pasa a que tan sólo se hagan cinco entre 1929 y 1931. Uno de los primeros es *El misterio de la Puerta del Sol*.

En febrero de 1927 el ingeniero norteamericano Lee de Forest viaja a España, como una escala más en su gira por Europa, para encontrar un concesionario para su sistema de cine sonoro Phonofilm. Llega a un acuerdo con Feliciano M. Vitores que, tras rodar algunos cortos sonoros, se lanza con un exiguo capital a la producción del largometraje *El misterio de la Puerta del Sol*.

Rodada en octubre y noviembre de 1929, se estrena en Burgos en 1930, pero tiene una accidentada carrera comercial sin la menor relación con su evidente interés. Los productores deben aportar para su exhibición no sólo la única copia que entonces se tira de la película, sino también los equipos de sonido para la sala, lo que la complica considerablemente. Debido a estos condicionamientos hasta 1931 no se rueda ninguna otra película sonora en España y las pocas que se hacen en 1929 y 1930 se sonorizan en el extranjero.

El misterio de la Puerta del Sol muestra todas las características del paso del cine mudo al sonoro. Las tradicionales escenas mudas con intertítulos alternan con las sonoras y se añaden algunas puramente musicales, que poco tienen que ver con la trama, para demostrar las cualidades del nuevo invento. Perdida durante muchos años, en 1995 la Filmoteca Española la reconstruye para que puedan apreciarse sus muy peculiares características.

Realizada con evidente torpeza por un casi debutante Francisco Elías, su interés reside en su hábil guión, seguramente también suyo, aunque nada se indica al respecto en los títulos, y en su habilidad para pasar de la comedia al drama y luego volver a ella. A partir de elementos reales muy diferentes, la visita a Madrid del director norteamericano Edwin S. Carewe, acompañado de la famosa *estrella* Lya de Putti, y el asesinato de Pablo Casado por su criado con la aparición de su cadáver descuartizado en un baúl en la estación de Atocha, se cuentan las aventuras de dos amigos aspirantes a actores de cine.

Los linotipistas Pompello Pimpollo (Juan de Orduña) y Rodolfo Bambolino (Antonio Barbero) trabajan en el diario *El Heraldo de Madrid.* Cuando se enteran de la llegada del productor norteamericano Edward S. Carawa (Jack Costello) y la actriz Lia de Golfi (Nita Moreno) acuden a los estudios cinematográficos a que les hagan unas pruebas de interpretación, pero les rechazan por no ser famosos.

Decididos a ser actores de cine a cualquier precio, fingen que Rodolfo Bambolino asesina a Pompello Pimpollo. Se apoderan del esqueleto de un pariente médico, lo meten en una maleta y envían un anónimo al juez (Carlos Rufart) denunciando el asesinato. Mientras Pompello Pimpollo se esconde en Barcelona, Rodolfo Bambolino es acusado del asesinato de su amigo, el crimen pasa a ocupar la primera página de los diarios y es condenado a muerte.

Cuando Pompello Pimpollo va a regresar a Madrid para aclarar la situación, se encuentra en una fiesta con Edward S. Carawa y Lia de Golfi, comienza a coquetear con la actriz y el celoso productor le mata de un disparo casual durante una pelea. Tras algunas dudas, los extranjeros viajan a Madrid en avión para evitar la muerte de un inocente, pero cuando están a punto de llegar, se les estropea el automóvil y Pompello Pimpollo es ejecutado a garrote vil.

En ese momento se despierta Rodolfo Bambolino porque el cuello duro de su camisa le oprime la garganta, pero enseguida se repone de su pesadilla al ver cómo su amigo Pompello Pimpollo coquetea con la actriz Lia de Golfi y él comienza a hacerlo con la gitana *La Terele* (Teresita Silva). Volviendo a pasar del drama a la comedia con un truco narrativo empleado en cine desde los tiempos de *El gabinete del doctor Caligari* (Das Kabinet des Dr. Caligari, 1919), de Robert Wiene.

Después de trabajar en París como redactor e impresor de intertítulos de películas mudas, el onubense Francisco Elías (1890-1977) se instala en Barcelona y la Gran Guerra le lleva a Estados Unidos, donde crea la Elías Press Inc. para la realización de intertítulos. El final del cine mudo acaba con su empresa y en 1928 regresa a España, donde debuta como realizador con *El fabricante de suicidios* (1928) y *El misterio de la Puerta del Sol*, pero su fracaso económico le hace volver a instalarse en París.

Una vez que ha rodado tres películas francesas, viaja a Barcelona para participar en la creación de los estudios Orphea, los primeros para el rodaje de películas sonoras que se construyen en España, con la dirección de *Pax* (1932), *Rataplam* (1935) y *María de la O* (1936). Durante la guerra española es el encargado de la cinematografía en la Generalitat de Cataluña y rueda *Bohemios* (1937), sobre la zarzuela de Perrín Palacios y Amadeo Vives y *¡No quiero!, ¡no quiero!* (1938), adaptación de la comedia de Jacinto Benavente.

Al finalizar la contienda, Francisco Elías, como tantos otros, debe exiliarse en México por motivos políticos. Tras realizar ocho irregulares películas más, regresa definitivamente a España en 1953, produce y dirige *Marta* (1954), pero su fracaso le hace apartarse por completo de la dirección y poco a poco de la producción.

Prim

1930

DIRECTOR Y GUIONISTA: José Buchs. FOTOGRAFÍA: Enrique Blanco. MÚSICA: José Forns. INTÉRPRETES: Rafael María de Labra, Carmen Viance, Rafael Cristóbal, Matilde Vázquez. PRODUCCIÓN: Olivan-Monis-Forns. DURACIÓN: 90'.

Después de una larga lucha de patentes, a finales de la década de los veinte, se generalizan los equipos de proyección Western Electric, pero son muy caros y además requieren un importante acondicionamiento de los cinematógrafos. Los propietarios de locales de exhibición españoles se resisten a hacer esta fuerte inversión en algo que consideran una moda pasajera. De manera que durante una temporada unos cinematógrafos continúan exhibiendo películas mudas y otros cierran en espera de que pase la fiebre del cine sonoro.

El cantor de jazz (The Jazz Singer, 1927), de Alan Crosland, la primera película sonora norteamericana, un musical de los estudios Warner con el cantante Al Jolson como

Rafel María de Labra en *Prim*

protagonista, se estrena en Madrid en junio de 1929, pero en una versión muda porque no hay ningún local de exhibición con equipos sonoros. La producción norteamericana *La canción de París* (Innocents of Paris, 1929), de Richard Wallace, un musical de los estudios Paramount con el *chansoniere* Maurice Chevalier al frente del reparto, se estrena en Barcelona en septiembre de 1929, pero sólo se exhiben con sonido los números musicales y el resto se proyecta mudo por estar hablado en inglés.

Mientras se produce este lento avance a niveles de exhibición, el problema es mucho más grave en el terreno de la producción: las pocas películas españolas que se producen en estos años conflictivos pueden dividirse en tres categorías. Las rodadas al final del período mudo que han tenido gran éxito, como *Zalacaín el aventurero* (1927), de Francisco Camacho, primera adaptación de la novela homónima de Pío Baroja, que se soluciona de manera rudimentaria con el añadido de músicas y voces de fondo para reestrenarse; aquellas que, como *La aldea maldita* (1929), de Florián Rey, o *Prim*, se encuentran en fase de producción cuando llega el sonoro. Y, por último, las que se ruedan directamente en primitivos sistemas sonoros, como *El misterio de la Puerta del Sol* (1929), de Francisco Elías, pero cuya exhibición resulta problemática por falta de acondicionamiento de los locales cinematográficos.

El éxito del cine sonoro está promovido por la depresión económica de 1929 y en España además coincide con el final de la dictadura del general Primo de Rivera, a la que sigue, durante unos meses, la del general Berenguer. En el terreno cinematográfico significa que en el momento en que son necesarias fuertes inversiones en equipos sonoros y en estudios insonorizados, la peseta sufre una fuerte caída, aumentan las fugas de capitales al extranjero y cunde el desánimo entre los posibles inversores.

Una de las mejores películas de esta conflictiva etapa de transición del cine mudo al sonoro es *Prim*. Siguiendo la tradicional línea de producciones históricas que reconstruyen la vida de las grandes figuras del pasado, narra a grandes rasgos la trayectoria del militar Juan Prim y Prim (1814-1870), pero sin tratar de explicar, en ningún momento, la conflictiva vida política española de mediados del siglo XIX.

Hijo del teniente general Pablo Prim, a los 19 años ingresa en el batallón de migueletes mandado por su padre y durante seis años lucha contra los carlistas en Cataluña hasta que consiguen derrotarlos. Participa en el motín para derribar al general Espartero, pero es vencido por el general Zurbano en Reus, su ciudad natal. Interviene en la sublevación de Barcelona, organiza un cuerpo de cuatro mil hombres y marcha sobre Madrid con el general Serrano.

Convertido en gobernador militar de Madrid, Juan Prim sofoca una rebelión en Barcelona. Acusado de conspirar contra el general Narváez, es condenado a prisión, pero es indultado por la reina Isabel II. Diputado por Vich y luego por Barcelona, interviene en la guerra de Oriente defendiendo la causa otomana. Combate en la guerra de Marruecos y viaja a México como observador de la revolución. Llega a ser senador, es desterrado a Londres por conspirar contra el gobierno y, tras apoyar la subida al trono de Amadeo de Saboya, muere asesinado en la madrileña calle del Turco cuando se dirige en una berlina desde el Congreso a la calle Alcalá.

El interés del trabajo realizado por José Buchs en *Prim* reside en su sobriedad narrativa, dada a través de un buen juego de planos fijos, sólo roto por la utilización del *travelling* en una escena, y la perfección de la reconstrucción de los múltiples ambientes en que se desarrolla la historia. Sin embargo, su máximo atractivo es narrar de manera indirecta la parte más agitada de la vida de Juan Prim a través del contrapunto de un matrimonio de amigos y un inteligente soldado a sus órdenes, que con el tiempo se convierte en su mayor enemigo.

Después de intervenir como actor, ayudante de dirección y jefe de producción en *Los intereses creados* (1918), la versión que el dramaturgo Jacinto Benavente hace de su propia obra, el santanderino José Buchs (1893-1973) codirige con Julio Rosset tres películas en 1919 y su primer trabajo en solitario es *Expiación* (1920).

Durante los años veinte, el mejor momento de su irregular carrera, Buchs realiza treinta películas. Sus mayores éxitos son las adaptaciones de zarzuelas *La verbena de la Paloma* (1921), *La reina mora* (1922), *El rey que rabió* (1929), las folklóricas *Rosario la Cortijera* (1923), *Diego Corrientes* (1924), *Una extraña aventura de Luis Candelas* (1926). Y, sobre todo, el melodrama ambientado en un cortijo cordobés *Carceleras* (1922), basado en la zarzuela de Ricardo R. Flores y Vicente Peyró, del que vuelve a hacer una nueva y peor versión diez años después a principios del sonoro.

Entre la tortuosa llegada del sonoro y la guerra española, el ritmo de trabajo de José Buchs desciende durante la década de los treinta y sólo realiza nueve desiguales producciones. En la posguerra trabaja con regularidad hasta que rueda *Cara de goma* (1957), su última película, pero las otras nueve que hace en esta última etapa de su carrera carecen de cualquier atractivo.

La aldea maldita   1930

DIRECTOR Y GUIONISTA: Florián Rey. FOTOGRAFÍA: Alberto Arroyo. INTÉR-
PRETES: Carmen Viance, Pedro Larrañaga, Amelia Muñoz, Pilar G.
Torres, Ramón Meca, Víctor Pastor. PRODUCCIÓN: Rey-Larrañaga. DURA-
CIÓN: 60'.

El zaragozano Antonio Martínez del Castillo (1894-1962)
abandona los estudios de derecho en su ciudad natal para
dedicarse al periodismo, pero interesado por la interpretación debuta como actor de cine al protagonizar *La inaccesible* (1920), de José Buchs, y poco después también de
teatro en la compañía de Catalina Bárcena, ya con su habitual seudónimo de Florián Rey.

Después de protagonizar algunas películas más, como
La verbena de la Paloma (1921) y *Alma rifeña* (1921), de

Carmen Viance y Víctor Pastor en *La aldea maldita*

José Buchs, y *La casa de la Troya* (1924) de Manuel Noriega y Alejandro Pérez Lugín, se asocia con el entonces actor Juan de Orduña para crear la productora Goya Films y producir *La revoltosa* (1924), una de las primeras adaptaciones de la popular zarzuela de López Silva y Fernández-Show con música de Chapí, realizada por Rey y protagonizada por Orduña.

Su relativo éxito le permite firmar un contrato por cinco películas con la importante productora de la época Atlántida Films, entre las que destacan *El lazarillo de Tormes* (1925), *Gigantes y cabezudos* (1925) y *El cura de aldea* (1926). Sin embargo, sus primeros triunfos los consigue a finales del período mudo con *La hermana san Sulpicio* (1927) y *Los claveles de la reina* (1928), que marcan el principio de su colaboración con la actriz Imperio Argentina.

En 1930 Florián Rey realiza *La aldea maldita*, la más famosa de sus películas. Está basada en una idea que se le ocurre cuando rueda exteriores de *Los chicos de la escuela* (1925) en Pedraza, mientras el cura de la localidad le cuenta que en el siglo XVIII el pueblo tenía quince mil habitantes y en la actualidad sólo tiene trescientos. Convence al actor Pedro Larrañaga, con quien ha trabajado en otras ocasiones, y entre ambos ponen las veintidós mil pesetas que cuesta rodarla en el verano de 1920 en Pedraza, Ayllón y Sepúlveda, pueblos de la provincia de Segovia.

La aldea maldita es un típico drama rural, casi calderoniano en lo que concierne al honor, «En Castilla no se perdona nunca al que mancha el nombre que lleva», dice uno de los intertítulos, sobre los graves problemas del matrimonio formado por Acacia (Carmen Viance) y Juan Castilla (Pedro Larrañaga), desarrollado ante la ciega mirada del padre (Víctor Pastor) de él.

«La aldea maldita. Así llaman los pueblos comarcales a la pequeña aldea de Luján por ser éste el tercer año que pierde sus cosechas a consecuencia de un pedrisco. Sus habitantes huyen del hambre y buscan trabajo en otras regiones», dice otro de los intertítulos. La acción se desarrolla sobre este fondo y el indicado por otro intertítulo: «Mientras el pueblo pasa hambre, el tío Lucas (Ramón Meca) tiene la despensa bien repleta».

Al tiempo que los habitantes de Luján comienzan a emigrar por culpa del hambre, en una de las mejores escenas, Juan Castilla intenta matar al tío Lucas, es detenido y encarcelado. Esto hace que Acacia, azuzada por su vecina Magdalena (Amelia Muñoz), decida dejar a su hijo con su abuelo e irse a buscar fortuna a Madrid.

Pasan tres años, Juan Castilla se ha establecido en Segovia, se ha convertido en un eficaz capataz y el día de su cumpleaños vuelve a recordar a su mujer. Cuando va a celebrarlo con unos peones en un bar, ve a Acacia tras una mugrienta cortina, la saca de allí y la arrastra hasta su casa, pero con la condición: «te prohíbo que toques a mi hijo y que pongas en él tu mirada».

La última parte es demasiado folletinesca. Durante una temporada conviven en la casa familiar los padres, el hijo y el abuelo, entre frases como «enséñale que el honor es nuestro único caudal», pero cuando muere el abuelo, Juan Castilla echa a Acacia. Ella vaga como loca por los alrededores nevados de Segovia, apedreada por los niños, hasta que el matrimonio vuelve a encontrarse en su antigua casa de Luján y él decide perdonarla.

Una vez finalizada *La aldea maldita,* los productores se dan cuenta de que deben sonorizarla para poder estrenarla y no les cuesta mucho trabajo encontrar dinero para hacerlo en los Estudios Epinay, cerca de París. Allí llegan a construirse algunos decorados, se desplazan los actores y se repiten la mayoría de los interiores. Por tanto puede hablarse de una segunda versión sonora, que es la que se estrena, pero permanece perdida desde hace tiempo.

En 1942, doce años después, en plena posguerra, Florián Rey escribe, produce y dirige una segunda versión de *La aldea maldita* con el mismo título, pero con mucho menor interés. El tosco y machista melodrama original se ve adornado, por culpa de la censura del general Franco, con implicaciones religiosas ausentes del original, al tiempo que el pecado de Acacia es muy rebajado.

Según la costumbre de la época, durante los primeros años treinta Florián Rey trabaja en los estudios Paramount de Joinville, cerca de París, en las versiones castellanas de producciones norteamericanas. Aprendidas las técnicas sonoras, regresa a España para rodar *Sierra de Ronda* (1933). Sus grandes éxitos los consigue durante la II República con la comedia *El novio de Mamá* (1934), la nueva versión de *La hermana san Sulpicio* (1934) y, sobre todo, *Nobleza baturra* (1935) y *Morena Clara* (1936), producciones Cifesa protagonizadas por Imperio Argentina.

Durante la guerra española, Florián Rey e Imperio Argentina aceptan la invitación del siniestro Joseph Goebbels, ministro de propaganda del III Reich, para ir a Alemania a trabajar. En doble versión alemana y castellana ruedan la interesante *Carmen la de Triana* (1938), sobre la obra de Prosper Merimée, y la fallida *La canción de Aixa* (1939), sobre la de Manuel de Góngora.

Separado de su musa Imperio Argentina, Florián Rey trabaja con regularidad en la más inmediata posguerra, pero en producciones de menor interés. Entre las dieciocho películas que rueda destacan *La Dolores* (1939) y *Orosia* (1943), pero su cine languidece a lo largo de *La nao capitana* (1947), sobre la novela homónima de Ricardo Baroja, *Brindis a Manolete* (1948), protagonizada por el famoso torero, *La moza de cántaro* (1953), una adaptación de Lope de Vega, y *Polvorilla* (1956), su último trabajo.

El gato montés   1935

DIRECTORA: Rosario Pi. GUIONISTA: Manuel Penella. FOTOGRAFÍA: Issy Goldberger. INTÉRPRETES: Pablo Hertogs, María Pilar Lebrón, Víctor M. Marás, Mary Cortés, Joaquín Valle, Consuelo Company, Francisco Hernández, Juan Barajas, José Rueda. PRODUCCIÓN: Star Films para Cifesa. DURACIÓN: 89'.

Guionista y fundadora de la productora Star Films, Rosario Pi debe su fama a ser la primera española que dirige una película. Una fama realmente efímera, dado que sólo vale para perpetuar este dato en las historias del cine nacional, conocer que nació en Barcelona en 1899 y murió en 1968 en Madrid, mientras pasa del mundo de la alta costura al cinematográfico.

El éxito logrado por *El gato montés*, interesante adaptación de la zarzuela homónima del maestro Manuel Penella,

Víctor Meras y María Pilar Lebrón en *El gato montés*

únicamente le sirve para volver a insistir en la misma línea con *Molinos de viento* (1936), adaptación de la zarzuela del mismo título de Ricardo Frutos, protagonizada por la actriz María Mercader y el tenor Pedro Terol. Realizada con escasos medios en la zona republicana al principio de la guerra española, tiene una irregular carrera comercial, Rosario Pi no vuelve a hacer cine y su pista se pierde en la posguerra.

En *El gato montés* utiliza la historia del maestro Penella para, sobre todo, en la última parte narrar con cierta fuerza una interesante historia de *amour fou*. Consigue un gran final en el que tuvo que inspirarse el guionista y realizador Luis Buñuel para el de *Abismos de pasión* (1953), su excelente adaptación de la novela *Cumbres borrascosas* (1847), de Emily Brontë, rodada en México dieciocho años después con un reparto imposible integrado por actores mexicanos, españoles e italianos.

El gato montés narra cómo los gitanos andaluces Juan Valenzuela (Pablo Hertogs) y Soledad Vargas (María Pilar Lebrón) están enamorados desde niños. Una vez que se hacen mayores, el torero Rafael Ruiz *El Macareno* (Víctor Meras) se enamora de ella y, cuando Juan Valenzuela es encarcelado por pelearse en una taberna con un hombre que se ha metido con la joven, la recoge en su cortijo.

Enterado de que se ha ido a vivir a su cortijo, de las relaciones que se entablan entre *El Macareno* y Soledad Vargas, Juan Valenzuela se fuga de la cárcel, se echa al monte y se convierte en el terrible bandido *El gato montés*. Busca al torero, se encara con él y le desafía diciéndole: «Si no te dejas coger en la corrida de presentación en Sevilla, tendrás que enfrentarte conmigo».

Más por mala suerte que por miedo, Rafael Ruiz *El Macareno* es cogido por un toro en su presentación en la sevillana plaza de la Maestranza y poco después muere. Como consecuencia de esta tragedia, Soledad Vargas se pone enferma y también acaba muriendo. Enterado *El gato montés*, llega al velatorio, se lleva el cadáver de su

amada sobre su caballo hasta su guarida en el monte y la
acuesta en su cama. Acosado por la guardia civil mientras
la está adorando, se hace matar por uno de los suyos para
morir a su lado.

Basada en la zarzuela homónima del maestro Penella,
El gato montés es una peculiar mezcla de canciones y drama folklórico para llegar a un brillante final. Los trágicos
amores de los protagonistas tienen el contrapunto cómico
de los de la pareja formada por la criada Lolilla (Mary Cortés) y el capataz Pezuño (Joaquín Valle). Dado que ella
quiere ser actriz de cine e irse a trabajar a Hollywood, en
un determinado momento cantan la divertida canción:
Peli, peli, peli, peliculera.

Rodada con una cierta soltura técnica, dado que encierra un buen empleo del *travelling*, pero continuos *saltos de
eje* en las escenas rodadas en plano y contraplano, según
una desarrollada tradición del cine español de la época, *El
gato montés* es la película más famosa de Rosario Pi. En
especial por su necrofílico final, lleno del mejor espíritu
surrealista y verdadero canto al *amour fou*.

La escena del rapto del cadáver de la capilla ardiente
está rodada, con un excesivo recato, de manera un tanto
incomprensible a través de sombras que más que mostrar la
acción indirectamente, tan sólo la sugieren. Sin embargo,
tiene una gran claridad y fuerza el final en que el bandolero
Juan Valenzuela exige, al verse acosado por la guardia civil,
que uno de sus hombres le dispare para morir junto a su
amada Soledad Vargas con las manos entrelazadas.

Al igual que *El gato montés* comienza con un plano
donde los dos gitanillos duermen medio desnudos, el uno
junto al otro, en el interior de la carreta en que viajan con
sus parientes, de manera simétrica finaliza con un encadenado del plano de los cadáveres con las manos entrelazadas con el de los niños dormidos casi desnudos dentro de
la carreta.

El irregular sonido que se ha conservado es del técnico
francés René Renault y la desigual fotografía de Issy Gold-

berger, un judío alemán que llega a España huyendo de los desastres originados tras la subida al poder de Adolf Hitler, todavía no ha convertido su nombre en el de Isidoro y trabaja con continuidad en el cine español hasta finales de la década de los cincuenta. Sin embargo, el resto de los técnicos son españoles y realizan su trabajo con corrección.

Los defectos técnicos de la única copia que se conserva de *El gato montés* hacen que resulte difícil apreciar el trabajo del técnico de sonido y del director de fotografía, pero además al ser un musical, la adaptación de una zarzuela, también la interpretación de los actores. En especial las canciones cantadas por el conocido tenor de la época de origen belga Pablo Hertogs.

La verbena de la Paloma   1935

DIRECTOR Y GUIONISTA: Benito Perojo. FOTOGRAFÍA: Fred Mandel. MÚSICA: Tomás Bretón. INTÉRPRETES: Miguel Ligero, Roberto Rey, Raquel Rodrigo, Selica Pérez Carpio, Dolores Cortés, Charito Leonís, Rafael Calvo. PRODUCCIÓN: Cifesa. DURACIÓN: 67'.

La gran tradición popular que arrastra consigo la zarzuela en España hace que desde principios de siglo, una vez que el cinematógrafo adquiere una mínima consistencia, se sucedan las versiones de las más conocidas. Sin olvidar el absurdo que esto significa en un cine que todavía es mudo y con unas obras cuyo máximo atractivo reside en su música, pero que en alguna medida se suple con el acompañamiento de un piano o, en el mejor de los casos, una orquestina.

Una de las que más variadas y mejores versiones se hacen es de *La verbena de la Paloma*, estrenada en el Tea-

Raquel Rodrigo, Roberto Rey y Charito Leonís en
La verbena de la Paloma

tro Apolo de Madrid el 17 de febrero de 1894. Dejando a
un lado olvidadas producciones de mínima duración realizadas a comienzos de siglo, en 1921 José Buchs dirige una
muda protagonizada por Elisa Ruiz Romero y Florián Rey;
en 1935 Benito Perojo escribe y dirige una sonora interpretada por Roberto Rey y Raquel Rodrigo; y en 1963 José
Luis Sáenz de Heredia realiza otra en color y *scope* con
Concha Velasco y Vicente Parra al frente del reparto. La
mejor es la de Perojo por su bien conseguido casticismo, su

buena interpretación y la hábil mezcla entre una primera parte más hablada que cantada y una segunda donde ocurre lo contrario.

Rodada íntegramente en unos excelentes decorados del italiano Fernando Mignoni, más tarde también director, levantados en los recién construidos estudios C.E.A. de Madrid, Benito Perojo sitúa la acción de la popular zarzuela, con música de Tomás Bretón y libreto de Ricardo de la Vega, el 15 de agosto, festividad de la Virgen de la Paloma, como es lógico, pero de 1893, tal como figura en la obra original.

Tomándose múltiples libertades respecto a la zarzuela, comienza la narración con la celebración de una boda y, mientras los invitados toman chocolate con churros y agua con azucarillos, se plantean el amor, el enfrentamiento y los celos existentes entre el cajista de imprenta Julián (Roberto Rey) y la modistilla Susana (Raquel Rodrigo). En gran parte la culpa de esta situación es de la tía Antonia (Dolores Cortés), que vive con las hermanas Casta (Charito Leonís) y Susana, al no ver con buenos ojos estos amores, pero fomentar que sus sobrinas salgan con el viejo y rico boticario don Hilarión (Miguel Ligero).

El conflicto se plantea cuando don Hilarión queda en ir a la verbena de la Paloma con las dos hermanas, una morena y la otra rubia, las acompaña a desempeñar sus mantones de Manila y el despechado Julián las ve con el boticario en un coche de caballos. La última parte es una persecución de Julián a las hermanas para desenmascarar a don Hilarión y, tras organizar una pelea en el *tiovivo* de la verbena, ya en la comisaría, cuando la reconciliación parece imposible, declara Julián su amor a Susana.

Uno de los grandes atractivos de esta versión de *La verbena de la Paloma* es lo bien introducidos que están los abundantes números musicales, siempre tratando no sólo de que no detengan la acción, sino de que la hagan avanzar. De manera que los asistentes a la boda cantan en el vehículo tirado por mulas que les conduce desde la iglesia a la chocolatería donde va a celebrarse, y Julián canta en sobreimpresión una de las romanzas mientras trabaja en la imprenta y sus compañeros constituyen el coro.

La mejor escena de esta eficaz versión de la zarzuela de Bretón y De la Vega es la desarrollada en el Café de Manila, donde en un buen juego de montaje entre el interior del café y el exterior del edificio en que está situado, se conjuga a la perfección un número flamenco, que una de las atracciones baila en el interior, con los vecinos cantando uno de los más conocidos fragmentos de la zarzuela asomados a las ventanas de sus casas.

Un Benito Perojo en el mejor momento de su desigual y cosmopolita carrera, sabe recrear con habilidad el ambiente de la época de uno de los más populares barrios madrileños, pero sobre todo dar una gran agilidad a la acción, mover con perfección la cámara y los personajes. Como ejemplo basta citar la escena final en la tienda de tejidos donde Julián persigue a don Hilarión entre un amplio grupo de personas, mientras la cámara les sigue de la tienda a la trastienda.

Miembro de una familia relacionada con el periodismo, el madrileño Benito Perojo (1893-1974) estudia en el Reino Unido, pero su interés por el cine le conduce a popularizar el personaje de *Peladilla* en los años diez a través de algunos cortometrajes, que protagoniza y también dirige. Tras una estancia en Francia para aprender el oficio al dirigir algunos largometrajes, regresa a España a mediados de los años veinte para realizar cinco películas mudas, entre las que destacan *Boy* (1925), *Malvaloca* (1926) y *El negro que tenía el alma blanca* (1927).

La llegada del sonoro le lleva otra vez a París, donde realiza las versiones castellanas de algunas películas norteamericanas, en una época en que todavía no se ha comercializado el doblaje, en los estudios Paramount de Joinville, cerca de París. Y poco después también a Hollywood, donde dirige *Mamá* (1931), sobre la comedia de Gregorio Martínez Sierra, una de las pocas películas escritas, dirigidas e interpretadas por españoles que se realizan en esta peculiar etapa del cine norteamericano.

De nuevo en España, Benito Perojo dirige ocho largometrajes, entre los que hay que citar una versión sonora de *El negro que tenía el alma blanca* (1934), sobre la novela de Alberto Insúa, *Es mi hombre* (1935), sobre la obra teatral de Carlos Arniches, y *La verbena de la Paloma*. La insurrección militar que origina la guerra española interrumpe el rodaje de *Nuestra Natacha* (1936), según el drama de Alejandro Casona; se acaba ese mismo verano, pero la productora Cifesa no quiere estrenarla durante la guerra, en la posguerra es prohibida y su negativo se destruye en 1945 en el incendio de los Laboratorios Riera de Madrid.

Durante la guerra rueda tres películas en la Alemania nazi, *El barbero de Sevilla* (1938), *Suspiros de España* (1938) y *Mariquilla Terremoto* (1939), y dos en la Italia fascista, *Los hijos de la noche* (1939) y *La última falla* (1940), en castellano y sobre temas típicamente españoles. Tras una rápida estancia en España en la inmediata posguerra para dirigir *Marianela* (1940), sobre la novela de Benito Pérez Galdós, y *Goyescas* (1942), un original musical al servicio de Imperio Argentina, se instala en Argentina, donde dirige nueve películas hasta finales de los años cuarenta. Definitivamente asentado en España, cierra su carrera como director con tres películas sin interés al finalizar la década de los cuarenta, mientras posteriormente se convierte en un importante productor más interesado por la comercialidad que por la calidad.

El cura de aldea 1935

DIRECTOR Y GUIONISTA: Francisco Camacho. FOTOGRAFÍA: F. Mendel. MÚSICA: Rafael Martínez. INTÉRPRETES: Juan de Orduña, Mary del Carmen, Valentín González, Pilar Muñoz, Manuel Arbó, Pablo Álvarez Rubio. PRODUCCIÓN: Cifesa. DURACIÓN: 91'.

Durante los poco más de cinco años que dura la II República se produce un hecho curioso a niveles cinematográficos. No se rueda ni una sola película que merezca el calificativo de republicana, ni siquiera que refleje la rica realidad cultural y social de estos años, pero sí se hacen un buen número de producciones con un indudable contenido religioso. Un hecho que, una vez más, demuestra que los españoles tienen mucha mayor capacidad para reaccionar en contra que a favor.

Valentín González, Mary del Carmen y Juan de Orduña en
El cura de aldea

Mientras la productora progresista Filmófono, con Luis Buñuel como productor ejecutivo, se limita a hacer un cine popular con vistas a sentar unas sólidas bases industriales que en un futuro próximo le permitan hacer un cine de mayor interés, la productora tradicional Cifesa, creada casi al mismo tiempo por Vicente Casanova, se dedica a hacer unas películas populares muy similares, además de otras con una fuerte carga religiosa.

Las producciones directamente clericales realizadas durante la II República son: *La hermana san Sulpicio* (1934), de Florián Rey, *El agua en el suelo* (1934), de Eusebio Fernández Ardavín, *La Dolorosa* (1934), de Jean Gremillón, *Sor Angélica* (1934), de Francisco Gargallo, *Madre Alegría* (1935) y *El niño de las monjas* (1935), de José Buchs, y *El cura de aldea*. La mayoría de ellas, pero no todas, producidas por Cifesa.

El folletín *El cura de aldea*, publicado en 1858 por el valenciano Enrique Pérez Escrich, ya había dado lugar en 1926 a una irregular versión muda dirigida por Florián Rey, pero diez años después Cifesa decide desempolvarlo y hacer una nueva versión sonora. Con un amplio presupuesto, buenos decorados para los interiores y algunos exteriores, una cuidada ambientación en tierras salmantinas de mediados del siglo XIX y un irregular grupo de actores, lo más flojo es la tosca y teatral dirección de Francisco Camacho.

Durante la primera media hora narra cómo en una aldea de la provincia de Salamanca, la joven pobre Ángela Ponce (Pilar Muñoz) se casa con el rico Gaspar Núñez (Manuel Arbó), pero más para poder atender a su madre ciega que por amor. Desde el primer momento se interpone entre ellos su malvado hermano Antonio Ponce que, convertido en el bandido *El señorito salmantino*, mata al padre de Gaspar Núñez para robarle. Cuando poco después su hijo lo descubre, deja de querer a su mujer y rechaza al fruto de su unión.

Mientras tanto se ha dibujado la figura del bondadoso padre Juan (Valentín González), el cura de la aldea, a través de algunas de sus acciones. Interviene en un desahucio para conseguir que un propietario, que quita las tierras a un hombre y no le da trabajo por no obtener los favores de su hija, no eche a la familia de su casa. Acepta gustoso ocuparse del mantenimiento y la educación de un niño, al que una noche dejan sobre un burro a la puerta de su iglesia, además del de una sobrinita, que se ha quedado huérfana.

La segunda parte se sitúa años después, cuando los tres niños se han hecho mayores. Diego Núñez (Juan de Orduña) vive en Salamanca, dedicado al juego con muy desigual fortuna, y su padre sigue sin querer saber nada de él. La sobrina del cura se ha convertido en la rubia María (Mary del Carmen). El protegido se llama Roque (Pablo Álvarez Rubio) y sigue viviendo en casa del cura. El drama se plantea cuando, como era de esperar, ambos muchachos se enamoran de la rubia, a pesar de que en ningún momento lo demuestran, pero se resuelve de una curiosa manera.

Diego Núñez es reclamado por el ejército para ir a combatir en la guerra carlista, lo que significa una muerte segura. Su padre se niega a dar dinero para comprar un sustituto y librarle del servicio. Sin embargo, el padre Juan está dispuesto a mendigar para conseguirlo por haber logrado que Diego Núñez abandone el juego y enseñe el Evangelio a los niños y también por ser el novio de su sobrina. El conflicto se soluciona cuando el rechazado enamorado Roque decide darle al cura dinero para poder convertirse en sustituto de Juan.

Lo más interesante de *El cura de aldea* es el peculiar dibujo que hace del padre Juan. Al equiparar acciones como la de pedir a la puerta de la iglesia para un pobre enfermo, con la de estar dispuesto a hacer lo mismo para que el hijo del cacique, que, como bien advierte el propio Gaspar Núñez, va a casarse con la sobrina del cura, no vaya a la guerra y en su lugar acuda un hijo del pueblo. Curioso mensaje religioso que, en alguna medida, explica los odios desatados, poco después, durante los primeros meses de la guerra.

Sin embargo, Francisco Camacho saca muy poco partido de este folletín. A pesar de las muchas cosas que ocurren, su ritmo es muy lento, su contexto demasiado teatral, además su planificación es tosca y muestra una gran torpeza, que le hace caer en continuos *saltos de eje*. Sólo de vez en cuando se le ocurre alguna idea visual, restos de su pasado en el cine mudo, como la muerte de la madre ciega dada a través de una sobreimpresión en que su hija pasa de tener un traje blanco a uno negro, o la muerte de ésta, subrayada por una lamparilla de aceite que se apaga ante la sombra de un crucifijo.

Tras dirigir algunas perdidas películas mudas, como *Los apuros de un paleto* (1917) y *El enigma de una noche* (1917), el olvidado realizador badajoceño Francisco Camacho (1887-19??) desaparece en la falta de documentación existente sobre el cine mudo español. Reaparece con *Zalacaín, el aventurero* (1930), primera versión sonora de la novela homónima de Pío Baroja, pero no tarda en volver a desaparecer. Después de trabajar en Cifesa como ayudante de dirección, realiza *El cura de aldea*, su película más famosa, pero la guerra vuelve a truncar su irregular carrera. Las últimas noticias que se tienen de él son durante la guerra, como responsable, junto a Fernando G. Mantilla y Mauricio A. Sollín, de los documentales *España al día*, realizados en la zona republicana.

El bailarín y el trabajador   1936

DIRECTOR Y GUIONISTA: Luis Marquina. FOTOGRAFÍA: Enrique Barreyre. MÚSICA: Francisco Alonso. INTÉRPRETES: Roberto Rey, Ana María Custodio, José Isbert, Antoñita Colomé, Antonio Riquelme, Irene Caba Alba, Mariano Ozores, Enrique Guitart, Luchy Soto. PRODUCCIÓN: C.E.A. DURACIÓN: 84'.

Después de finalizar los estudios de ingeniería industrial en la escuela de Madrid, el barcelonés Luis Marquina (1904-1980) permanece durante casi dos años en los estudios Tobis de París y U.F.A. de Berlín para especializarse en las nuevas técnicas sonoras. Regresa para trabajar como subdirector técnico e ingeniero de sonido en los estudios C.E.A. de Madrid, recien creados por una sociedad en la que destacan prestigiosos hombres de teatro, como el poe-

Antoñita Colomé y Roberto Rey en *El bailarín y el trabajador*

ta Eduardo Marquina, su padre, y presidida por el dramaturgo Jacinto Benavente.

Debido a sus conocimientos técnicos, cuando Luis
Buñuel empieza a trabajar como productor ejecutivo de
Filmófono, le llama para dirigir el primer largometraje de
la nueva marca. Basado en el conocido sainete de Carlos
Arniches y José Estremera, *Don Quintín el amargao* (1934)
pertenece al primer grupo de películas populares sobre el
que la nueva productora quiere asentar sus bases antes de
lanzarse a más importantes empeños, pero que nunca puede alcanzar por culpa del cataclismo que significa la guerra
española, y tiene un interés muy limitado.

La mejor película de Marquina con una gran diferencia es
El bailarín y el trabajador, una eficaz comedia musical, muy
influenciada por el cine norteamericano de la época, que
sigue conservando buena parte de su atractivo. Consigue
dotarla de un ritmo rápido, sobre todo en su primera parte,
tiene un par de buenos números musicales, en especial el que
alaba el trabajo, donde incluso pueden apreciarse unas bien
asimiladas influencias del famoso coreógrafo y director norteamericano Busby Berkeley, y los actores están a la altura de
las circunstancias, hasta llegar a un final demasiado rápido y
en contra de todo lo ocurrido hasta el momento.

Basada en la obra teatral *Nadie sabe lo que quiere*, de
Jacinto Benavente, narra cómo el joven ocioso de buena
familia Carlos Montero (Roberto Rey) está a punto de
casarse con Luisa Romagosa (Ana María Custodio). Sin
embargo su padre, don Carmelo Romagosa (José Isbert),
creador y propietario de la importante fábrica de galletas
Romagosa, no ve con buenos ojos la boda porque considera al novio «un señorito vago que quiere llevarse lo que
tanto trabajo me ha costado ganar», cuyo único mérito es
haber triunfado en Viena en un concurso de valses.

Para demostrarle a su futuro suegro lo equivocado que
está, Carlos Montero comienza a trabajar en la sección de
embalaje de la fábrica de galletas, pero revoluciona a las
empleadas cuando empieza a bailar un vals con la atractiva

Pilar (Antoñita Colomé) e incluso consigue que se una al baile la seria encargada doña Rita (Irene Caba Alba). Debido a este incidente, le convierten en ayudante del jefe de máquinas Patricio (Antonio Riquelme) para limpiar motores. No obstante, en dos meses se convierte en gerente, en la mano derecha de don Carmelo Romagosa y crea la galleta celestial, una especialidad que lleva un baño de mermelada en diferentes sabores.

Con tantas ocupaciones, Carlos Montero apenas tiene tiempo que dedicar a su novia, a quien además no le gusta nada su nueva afición por el trabajo y se lleva un gran desengaño cuando le ve vestido con un mono. La situación se agudiza durante la fiesta de cumpleaños de Luisa, a la que Carlos Montero llega tarde y además sólo se muestra interesado por el funcionamiento de la fábrica, mientras Luisa Romagosa comienza a coquetear con José de Monteros (Enrique Guitart).

Al advertir la situación, don Carmelo Romagosa decide nombrar a la atractiva Pilar secretaria de Carlos Montero y que acudan ambos, en compañía de Patricio, a una gala en el Royal Club a la que también asistirá su hija Luisa. Lo que origina otro buen número musical, mientras los tres cantan cuando se visten de gala con la pantalla dividida en tres. Una vez en el Royal Club, Luisa Romagosa se siente celosa al ver a su prometido Carlos Montero bailar con Pilar, pero cuando parece que va a irse con José de Monteros, la pareja hace las paces, tal como lo había planeado su padre.

La guerra española trunca la prometedora carrera de Luis Marquina, le hace refugiarse en Argentina, donde escribe algunos argumentos y guiones, y regresar a España a principios de los años cuarenta para comenzar una triple e irregular actividad cinematográfica. Por un lado prosigue su carrera como realizador, pero cada vez con menor fortuna, de manera que de las casi treinta películas que dirige hasta finales de los años sesenta sólo pueden destacarse *Malvaloca* (1942), la mejor adaptación de la obra de los hermanos Serafín y Joaquín Álvarez Quintero, protagonizada por Amparo Rivelles y Alfredo Mayo, *El capitán Veneno* (1950), basada en la novela clásica de Pedro Antonio de Alarcón, interpretada por Fernando Fernán-Gómez y Sara Montiel, y en menor medida *Alta costura* (1954), basada en un argumento original de Darío Fernández Flórez.

En 1955 crea la productora Día para intervenir como guionista o productor ejecutivo en casi veinte películas más, pero en su casi totalidad sin el menos interés, entre las que hay que citar por su éxito *Una muchachita de Valladolid* (1958) y *¿Dónde vas, Alfonso XII?* (1958), de Luis César Amadori. Al tiempo que, obligado por la legislación sindical de la época, aparece como codirector de algunas coproducciones rodadas en España y realizadas por otros, como el policiaco *Manchas de sangre en la Luna* (The Eye, 1951), dirigida por el británico Edward Dein, y la romántica *Aventura para dos* (Spanish Affair, 1950), uno de los mayores tropiezos en la carrera del director norteamericano Donald Siegel; o acaba malamente y firma *Tuset Street* (1968), tras las peleas entre el realizador Jorge Grau y la protagonista Sara Montiel.

Carne de fieras   1936

DIRECTOR Y GUIONISTA: Armand Guerra. FOTOGRAFÍA: Tomás Duch. MÚSICA: Andrés Rojas. INTÉRPRETES: Pablo Álvarez Rubio, Marlène Gray, Georges Mark, Tina de Jarque, Alfredo Corcuera, Armand Guerra, Mercedes Sirvent. PRODUCCIÓN: Arturo Carballo. DURACIÓN: 65'.

Rodada en Madrid, durante el verano de 1936, *Carne de fieras* se monta, pero no se acaba, ni por lo tanto se estrena. Es una película inexistente hasta que en 1992 la Filmoteca de Zaragoza adquiere sus cuarenta y dos rollos de negativo

Marlène Gray en *Carne de fieras*

de imagen y sonido. Ese mismo año el Patronato Municipal Filmoteca de Zaragoza en colaboración con Filmoteca
Española encarga su acabado a un equipo dirigido por el
especialista Ferràn Alberich, donde destacan el músico
Pedro Navarrete, el montador Tucho Rodríguez y el director de fotografía Juan Mariné.

El anarquista valenciano Armand Guerra, cuyo verdadero nombre es José María Estívalis (1886-1939) tiene una
agitada vida. Está en Rusia durante la revolución bolchevi-
que, vive en Alemania, redactando subtítulos en castellano
para las películas U.F.A., en los años de la República de
Weimar, y viaja a Turquía como periodista gráfico durante
las luchas que acaban con el régimen feudal. Debuta como
director de cine con la cara producción muda española
Luis Candelas o el bandido de Madrid (1926). Más tarde
regresa a Berlín y se instala en España en 1935.

El empresario de espectáculos Arturo Carballo aparece
ligado en 1915 a la productora barcelonesa Condal Films,
que introduce en España los seriales folletinescos. Desde
1926 hasta su desaparición es propietario del madrileño
cine Doré —actual sala de proyecciones de Filmoteca
Española—, donde simultánea la exhibición de películas
con la presentación de numeros de variedades. Esto le lleva a rodar alguno de los mejores números de su local y
hacer la película *Frivolinas* (1926), su único trabajo como
director.

A principios del verano de 1936 la francesa Marlène
Grey llega a España acompañada del domador Georges
Marck y sus leones para actuar en barracas de feria, pero la
huelga de obreros de la construcción impide que se levan-
ten y acaba contratada en el Circo Price y luego en el teatro
Maravillas de Madrid. El éxito que obtiene la mujer que
baila desnuda en una jaula llena de leones, conocida como
La Venus Rubia en el Madrid de la época, impulsa a Carballo a hacer otra película. Igual que, diez años atras, utiliza a las *vedettes* de revista, ahora quiere hacer una película
protagonizada por Marlène Grey, pero con un sólido argumento.

Carballo se pone en contacto con Guerra, llegan a un
acuerdo sobre la película que desean hacer y comienzan
los preparativos de la modesta producción *Carne de fieras*.
El jueves 16 de julio de 1936 empieza el rodaje en el madrileño Parque del Retiro. A la vista de la sublevación militar

ocurrida dos días después, el domingo 19 se suspende el rodaje, pero poco después el sindicato de la C.N.T. decide proseguir por ser la única fuente de ingresos de algunos de sus afiliados.

Además de dificultades de transporte, uno de los múltiples problemas que se plantean durante el rodaje en una ciudad en guerra es que no hay carne para dar de comer a los leones. Georges Marck y Marlène Grey corren un grave peligro encerrados en la jaula con las fieras y una tarde, en los estudios situados en la plaza del Conde de Barajas, ella está a punto de ser devorada por uno de los leones.

Se sigue trabajando hasta finales de agosto, pero Armand Guerra no puede montar la película. Una vez acabado el rodaje, los dirigentes del sindicato de la C.N.T. le proponen rodar documentales en el frente y Guerra encarga el montaje de *Carne de fieras* a su ayudante Daniel Parrilla. Éste realiza la labor durante septiembre de 1936 en una sala de montaje instalada en el propio cine Doré, pero la cada vez peor situación de Madrid hace que nunca se pase de un copión de trabajo y la película sea almacenada.

Durante la contienda Guerra rueda el documental *Estampas guerreras* (1936) y otros dos más. Luego trabaja como periodista para la C.N.T., pero debido a la cada vez peor situación de los anarquistas en una España más dominada por los comunistas, en diciembre de 1937 consigue irse a Francia con su mujer y su hija. Regresa solo a España, es detenido, logra escapar y llega a París en febrero de 1939, pero poco después muere repentinamente.

Carne de fieras tambien depara una considerable mala suerte a algunos de sus actores. Después de la guerra Pablo Álvarez Rubio se convierte en un solicitado secundario, pero no vuelve a protagonizar ninguna película. El veterano del cine mudo Alberto Corcuera tiene que emigrar a México. La *vedette* de revista Tina de Jarque hace muy poco cine; a finales de 1937 es detenida en Valencia, cuando intenta huir de la zona republicana, es acusada de colaborar con los rebeldes y fusilada. Marlène Grey y Georges

Marck regresan a Francia con su espectáculo, pero en el verano de 1939, durante una actuación en Marsella, ella es atacada por uno de los leones y muere a consecuencia de las heridas.

Después de la guerra el productor Arturo Carballo intenta acabar y estrenar *Carne de fieras*, operación que roza lo imposible dada la naturaleza de su historia, pero para intentarlo en primer lugar debe eliminar las escenas de desnudos de Marlène Grey. Esto supone alterar demasiado el argumento, por lo que decide pintarle un traje de baño, pero el trabajo resulta demasiado caro y abandona la película.

El principal interés que encierra *Carne de fieras* es que, a pesar de cierto tono folletinesco, tiene una libertad que la aleja del cine que se hace durante los años de guerra e incluso del realizado durante la II República. Una libertad que nace de su argumento, del hecho de ser bilingüe, está hablada en castellano y francés, pero también aparece subrayada por la agilidad de su realización, muy evidente en la escena inicial junto al estanque del Parque del Retiro, la única rodada sin las prisas que luego impone la guerra. Aunque choca que sólo reflejan la dura situación existente la presencia de los niños colilleros y de un miliciano que abre la puerta de un taxi en una breve escena en la glorieta de Atocha.

Con un claro poder de síntesis, en la primera, larga y mejor escena se presenta a los personajes y se expone la situación general. El boxeador Pablo (Pablo Álvarez Rubio) y su ayudante Picatoste (Alfredo Corcuera) admiran la belleza de la francesa Marlène (Marlène Grey), que pasea acompañada de su amante Marck (Georges Marck). El niño Perragorda recoge colillas para sobrevivir. Aurora (Tina de Jarque), la mujer de Pablo, navega sola en barca por el estanque para poder hablar con su amante Antonio (Antonio Galán). Pablo tira una colilla al estanque, Perragorda se lanza a recogerla, Pablo y Picatoste le salvan de ahogarse y, ante la oposición de Aurora, Pablo decide llevarse el niño a su casa.

En una sucesión de escenas intermedias se cuenta cómo al perder el tren Pablo y Picatoste, el marido descubre a su mujer con su amante y la echa de casa, y el disgusto le hace ser derrotado en el combate de boxeo. También que Pablo, Picatoste y Perragorda asisten al espectáculo de Marlène bailando desnuda entre los leones amaestrados por Mark y Pablo se enamora de ella.

La otra secuencia clave de *Carne de fieras* es la del cabaret, tanto por su longitud, como por volver a aparecer todos los personajes. Pablo, Picatoste y Perragorda acuden porque el primero tiene una cita secreta con Marlène, que llega acompañada de Mark. Después de que Antonio canta una romanza de una zarzuela y Aurora baila un número caribeño, Pablo consigue bailar con Marléne y, ante la indignación de Mark, declararle su amor.

Tras la intervención del siniestro Lucas (Armand Guerra), el encargado de cuidar los leones que trata de matar a Pablo para que no se lleve a su amada Marlène, la historia termina en una clínica. Un Pablo malherido, rodeado de Picatoste, Perragorda y Marlène, le dice a Mark que va a casarse con ella porque la quiere y «no iba a consentir que siguiera en su arriesga profesión como carne de fieras».

Aurora de esperanza   1937

DIRECTOR: Antonio Sau. GUIONISTAS: Antonio Sau, F. Díaz Alonso. FOTOGRAFÍA: Adrián Porchet. MÚSICA: Jaime Pahissa. INTÉRPRETES: Félix de Pomés, Enriqueta Soler, Chispita, Pilar Torres, Ana María Campoy, Modesto Cid, José Sánchez. PRODUCCIÓN: S.I.E. Films. DURACIÓN: 64'.

Una vez pasados los primeros meses de la guerra, estabilizada de alguna manera la situación, los sindicatos anar-

Félix de Pomes en *Aurora de esperanza*

quistas deciden hacer películas de ficción para dar trabajo
a sus múltiples afiliados en paro. Mientras al año siguiente
en Madrid se lanzan a rodar *Nuestro culpable* (1938), de
Fernando Mignoni, una divertida comedia musical para
hacer olvidar la dura realidad cotidiana, en Barcelona se
toma la decisión contraria con *Aurora de esperanza*, que se
plantea como la primera película revolucionaria española.

Tras múltiples dudas, los máximos responsables del
sindicato anarquista productor eligen un argumento
del aragonés Antonio Sau, que además acaba escribiendo
el guión y debutando como director. Mientras el equipo
técnico y artístico, tal como se había acordado desde un
principio, está integrado por miembros del sindicato.

Nacido en Luceni, un pequeño pueblo de la provincia
de Zaragoza, Antonio Sau (1910-1987) tiene 26 años y una
corta experiencia en el terreno cinematográfico cuando le
encargan la realización de *Aurora de esperanza*. Su poco
éxito y el triunfo de los insurrectos al mando del general
Franco hacen que en la posguerra sólo haga otras dos películas, el drama rural *Alma baturra* (1947) y la más curiosa

La gran barrera (1947), que narra la imposible amistad entre un estudiante rico y otro pobre. Más tarde trabaja como jefe de producción en las más variadas películas.

Aurora de esperanza comienza a mediados del mes de septiembre cuando una típica familia obrera, integrada por el padre, la madre, un hijo y una hija, regresa a Barcelona tras pasar quince días de vacaciones en el mar. El drama se plantea cuando el padre, Juan (Félix de Pomés), vuelve a su trabajo, encuentra que han cerrado su fábrica y le dan su último sueldo y una indemnización. Mientras sus hijos colocan en un lugar destacado de su casa una hucha de barro donde escriben «Ahorros para vacaciones», que simbólicamente el padre rompe sin querer al entrar.

La madre, Marta (Enriqueta Soler), se ve obligada a empeñar su anillo para poder comer y el padre le narra a su hijo (Chispita) un cuento, con un subrayado tono simbólico, de un país donde todos los niños tienen juguetes. Cuando el hijo le dice que quiere vivir en ese lugar, el padre le responde con la lapidaria frase: «Aquí también hay hombres buenos que se encargan de repartir juguetes entre todos los niños».

Después de mucho buscar, Marta encuentra trabajo en una elegante tienda de lencería, pero consiste en hacer de maniquí en uno de los escaparates vestida con un sujetador, una faja y unas medias. Sin embargo, Juan se siente humillado por ser incapaz de encontrar trabajo y tener que vivir del sueldo de su mujer. Un día, cuando regresa de hacer sus inútiles gestiones en busca de empleo, ve a su mujer en el escaparate, queda horrorizado, entra en la tienda, organiza un escándalo y se la lleva a su casa.

Con veinte duros que le han metido en un bolsillo, sin que él se dé cuenta, unos burgueses que le invitan a tomar una copa en un cabaret, Juan manda a su mujer y sus hijos al campo, a la casa de sus padres, mientras se resuelve la situación. Les escribe diciendo que las cosas mejoran, pero deja su casa por no poder pagar el alquiler, hace cola en la puerta de los cuarteles para comer el rancho sobrante y un día entra hambriento en un restaurante, come cuanto le apetece, el dueño le denuncia, pero el guardia que le conduce a la comisaria le deja libre con la promesa de no volver a repetir la acción en su zona.

Después de increpar al gerente de una entidad comercial, que no quiere recibirle, por no darle trabajo, Juan comienza a hacer mítines con parados y organiza una «¡Marcha del hambre!» que se dirige hacia la capital con unos cuantos hombres. Situado a la cabeza de la marcha, Juan se enfrenta con uno de los burgueses que le invitaron en el cabaret, que avanza en dirección contraria en automóvil, lo que le da pie para reprender a los señoritos.

Cuando la «¡Marcha del hambre¡» acampa en el pueblo de sus padres, donde también están su mujer y sus hijos, llega la noticia de que «Ha estallado la revolución». Cuando abraza a los suyos, les cuenta que por fin hay una «aurora de esperanza», frase subrayada por una simbólica transparencia del sol saliendo entre las nubes visto a través de una ventana de la casa, y al grito de «¡Hambrientos a las armas¡» se dirige a combatir con los demás obreros y campesinos, armados con lo que encuentran mientras su familia le despide en mitad del campo.

Claramente influenciada por el cine revolucionario soviético, *Aurora de esperanza* tiene muy buenas intenciones, pero una sucesión de errores invalidan su planteamiento y al cabo de los años la hacen rozar el ridículo. En primer lugar la excesiva lentitud de la narración, luego la irreal versión que da de la historia, sin la menor relación con la realidad cotidiana, la terrible guerra en que está inmerso el país, y por último el grado altamente misógino de la historia. También resulta muy curioso que a pesar de ser una producción de los sindicatos anarquistas catalanes y estar rodada en Cataluña, está íntegramente hablada en castellano, no se dice una sola palabra en catalán y ni siquiera aparece un cartel en las paredes o un rótulo en esta lengua.

Barrios bajos   1937

DIRECTOR: Pedro Puche. GUIONISTA: Juan A. Díaz. FOTOGRAFÍA: José
María Beltrán. MÚSICA: Juan Dotras Villa. INTÉRPRETES: José Telmo, Rosi-
ta de Cabo, José Baviera, Rafael Navarro, Pilar Torres, Matilde Artero,
Matías Morro, Carmen Valor, Eduardo Garro, Federico Gandía. PRO-
DUCCIÓN: S.I.E. Films. DURACIÓN: 94'.

Poco después de comenzar el rodaje de *Aurora de esperanza*
(1937), de Antonio Sau, el Sindicato de la Industria del
Espectáculo, el sindicato anarquista de Barcelona, empieza
la realización de *Barrios bajos*, una película de signo muy
diferente. Mientras la primera tiene un guión original y su
modelo son las mejores producciones revolucionarias sovié-
ticas, la segunda está basada en una melodramática obra de
teatro de Luis Elías, estrenada unos meses antes por la Compañía Vila-Davi en el Teatro Español de Barcelona.

Rosita de Cabo, José Telmo y Rafael Navarro en *Barrios bajos.*

Tras el estreno, Luis Elías publica una nota en el diario *L'humanitat* para explicar que no ha intervenido en el guión, ni mucho menos en la dirección y además que la película tiene poca relación con su obra, pero en los títulos no aparece el nombre de ningún guionista, sólo se acredita a Juan A. Díaz como controlador de diálogos. La nota de Luis Elías es producto del poco éxito de crítica y público que tiene *Barrios bajos*, mientras hace que la paternidad del guión fluctúe entre Juan A. Díaz y el realizador Pedro Puche.

Hoy olvidado, Pedro Puche debuta como realizador con el policiaco *No me mates* (Los misterios del Barrio Chino, 1935) y su trabajo continúa en la posguerra con la folletinesca *Manolenka* (1939) y las comedias románticas *Una conquista difícil* (1942) y *Mi adorada secretaria* (1943), todas muy inferiores a la interesante *Barrios bajos.* Posteriormente sobrevive como director de doblaje y adaptador de diálogos de producciones extranjeras.

El interés de *Barrios bajos*, que nadie percibe en su momento, durante muchos años permanece perdida y más tarde no es tenida en cuenta por los historiadores, reside en ser un precedente del *realismo poético* que impera en el mejor cine francés de la época, en general, y de una de las obras más características, la famosa *El muelle de las brumas* (Quai des brumes, 1938), de Marcel Carné, en concreto, tanto por contar una similar historia de amor que se desarrolla en torno a una sórdida taberna de un puerto, como por tener un mismo pesimismo caracterizado por unos personajes atormentados que tratan de escapar a su negro destino. Las diferencias estriban en que Pedro Puche no es Marcel Carné y *El muelle de las brumas* es mejor que *Barrios bajos*, pero también en que mientras Carné y sus colaboradores describen el clima de pesadilla que se cierne sobre Europa en vísperas de la II Guerra Mundial, Pedro Puche y los suyos viven inmersos en él, en la locura de la guerra española y, quizá por ello, su historia tiene un final feliz, que ahora parece injustificado y enturbia el resultado, pero es imprescindible para sus creadores.

El estibador «El Valencia» (José Telmo) vive en Casa Paco, una taberna del puerto de Barcelona. Al mismo tiempo que esconde en su habitación a Ricardo (Rafael Navarro), un abogado que una vez le libró de ir a la carcel y que ahora huye de la policía por haber matado al amante de su mujer, consigue que el dueño del local, Paco (Eduardo Garro), contrate a la joven y bella Rosa (Rosita de Cabo), a quien tratan de prostituir Floreal (José Baviera), un hampón cuyo negocio es la trata de blancas, y una vieja alcahueta (Matilde Artero), que le ayuda.

Al mismo tiempo que describe con habilidad un submundo donde son moneda corriente las drogas, la prostitución, la trata de blancas, los ladrones y los asesinos, *Barrios bajos* narra el enfrentamiento entre «El Valencia» y Floreal por Rosa y el amor que nace de Ricardo y «El Valencia» por la joven. Mientras un viejo borracho cantante de ópera (Matías Morro) se asocia con un acordeonista (Federico Gandía) para actuar por la calle con «La Barrientos» (Carmen Valor), que canta un bonito tango, que constituye la música de fondo de la película, cuya letra da una idea muy clara del ambiente en que se desarrolla la historia.

> Barrios bajos, hez y escoria
> de una tétrica bohemia.
> En tu tristísima historia
> vives sin pena ni gloria
> consumido por tu anemia.
> Cuando rompes tus derechos
> tus navajas siembran tajos
> y se dora tu belleza
> en la trágica bajeza
> de tu barrio... Barrios bajos.
> Sangre, celos, rabia y crimen
> son tus bellos madrigales
> y tan sólo te redimen
> las mazmorras y hospitales.
> Tu destino

sabor tiene de mal vino.
Tus deslices
cuna son de meretrices.
Son tus cantos,
rimas que tejen los llantos
del vicio y de la maldad.
Barrio triste
ten alardes de ti mismo.
De crespón negro te viste
ocultando tu altruismo.
Barrios bajos.
Es tu ley la ley del mal
y su eterno madrigal
riman los chulos y majos
con la punta de un puñal.

Siempre en el mismo ambiente, en unos buenos decorados de Antonio Burgos, que reproducen la taberna y las
calles de los alrededores, alternados por algunas escenas
rodadas en exteriores, *Barrios bajos* tiene varios problemas
que la hacen perder calidad. En primer lugar una excesiva
lentitud narrativa, que parece más producto de la inexpe-
riencia de su realizador Pedro Puche que de sus auténticas
intenciones, pero que subraya demasiado el tono teatral que
tiene el conjunto. seguido del señalado final feliz, que en su
momento consigue que la película tenga éxito, pero que
años después degrada sus resultados.

Tras morir en una pelea «El Valencia» y Floreal, Ricardo
y Rosa huyen en un barco en busca de una nueva vida. Al
contrario que en *El muelle de las brumas,* donde el desertor
Jean (Jean Gabin) muere ante su amada Nelly (Michèle
Morgan), mientras sale del puerto el barco que podía
haberles conducido a Venezuela. Además en *Barrios bajos*
no hay ninguna referencia a la guerra que desgarra al país,
quizá por ser demasiado evidente y estar implicados en ella,
de una manera u otra, los que hacen la película.

Nuestro culpable   1938

DIRECTOR Y GUIONISTA: Fernando Mignoni. FOTOGRAFÍA: Tomás Duch.
MÚSICA: Sigfredo L. Ribera. INTÉRPRETES: Ricardo Núñez, Charito Leonís,
Rafael Calvo, Carlos del Pozo, Ana de Sirio, Irene Caba, Fernando Freire
de Andrade, Manuel Arbó. PRODUCCIÓN: Centro Films, «Federación
Regional de la Industria de Espectáculos Públicos» (F.R.I.E.P.). DURA-
CIÓN: 89'.

En 1937, en plena guerra española, los dirigentes de la
organización sindical anarquista C.N.T. de Madrid se
ponen en contacto con los propietarios de los cerrados
estudios C.E.A. para llegar a un acuerdo y hacer una película que proporcione trabajo a sus sindicados en paro. A
pesar de que no hay cámaras, dado que la mayoría está
rodando exteriores fuera de Madrid cuando se produce la
sublevación militar y quedan en manos de los insurrectos,
consiguen organizar la producción.

Ricardo Núñez en *Nuestro culpable*

Saturados de propaganda política, deseosos de olvidar la crueldad de la guerra que les envuelve, los responsables de la organización sindical C.N.T. deciden realizar una comedia desenfadada, sin la menor relación con la cruda realidad circundante, con un argumento que no sea reaccionario e incluso tenga algo de anarquista, pero no encierre ningún tipo de implicaciones políticas.

Tras algunas dudas, eligen la comedia musical *Nuestro culpable*, con libreto de Fernando Mignoni y canciones de Sigfredo L. Ribera, por su tono alegre, su leve caracter anarquista y, sobre todo, la posibilidad de rodarla íntegramente en los decorados que se construyen en los estudios C.E.A. También se discute mucho sobre quién la dirigirá, pero finalmente es el propio Mignoni quien no sólo se encarga de escribir el guión y hacer los decorados, sino también de la realización.

El italiano Fernando Mignoni es un reputado decorador que trabaja como escenógrafo y decorador en numerosas películas españolas de antes y después de la guerra. Además de ser autor de numerosos libretos de revistas y algunos guiones, debuta como director con *Nuestro culpable* y su buena mano para la comedia también le hace realizar en la más inmediata posguerra *El famoso Carballeira* (1940), *Martingala* (1940) y *La famosa Luz María* (1942), para cerrar su filmografía como director años después con *Noche de celos* (1950).

Nuestro culpable narra cómo, en pleno mes de agosto, el ladrón «El Randa» (Ricardo Núñez) entra en la lujosa mansión vacía del banquero Urquiza para llevarse algo para regalar a unos amigos que van casarse unos días después. Es sorprendido en plena faena por la atractiva Greta (Charito Leonís), que resulta ser la amante del banquero y, de acuerdo con él, se lleva al extranjero dos millones de dólares en un maletín. «El Randa» le cuenta su historia y Greta le da algunos objetos para regalo y unos cuantos cientos de dólares. Luego ella se marcha a Latinoamérica con el resto del botín para encontrarse más tarde con el banquero y comenzar una nueva vida.

De acuerdo con sus planes, el banquero Urquiza (Carlos del Pozo) va a ver al juez (Rafael Calvo) para denunciar el robo de sus dos millones de dólares. Le cuenta que su mujer (Ana de Sirio) se ha quedado veraneando y él ha regresado a Madrid para vender unos edificios, pero esa misma noche, antes de poder ingresar en el banco el dinero que le han pagado, se lo han robado.

«El Randa» llega a una típica corrala madrileña donde se celebra la boda de sus amigos, les regala un maletín de piel de cocodrilo, que le ha dado Greta, y cien dólares a cada uno. Cuando, en mitad del baile, en plena fiesta, va a rifar otro billete de cien dólares entre los asistentes, aparece la policía para detenerle por el robo de los dos millones de dólares.

Con la condición de que no cuente nada de lo que ha visto en su mansión, el banquero Urquiza se compromete a que «El Randa» esté en prisión en una confortable celda y que le traigan buena comida de un restaurante cercano. Como no han aparecido los restantes dólares, el banquero convence al juez de que con estas medidas el ladrón se encontrará más a su gusto y se decidirá a hablar de su cómplice.

Debido a lo mucho que la prensa trata del robo y de su autor, «El Randa» se hace cada vez más popular en Madrid, recibe cartas de admiradoras diciéndole que quieren ser suyas y una gran cantidad de mujeres va a verle a la cárcel el día de visita. Mientras tanto sus compañeros de prisión, al mando de «El Patillas» (Fernando Freire de Andrade), intentan que les diga dónde tiene escondido los dólares.

Gracias a convencer a la directora de la prisión (Irene Caba) de que le deje preparar una cena en honor de «El Randa», el avispado «El Patillas» consigue que unos cuantos presos cambien sus trajes por los de camarero y se fuguen para buscar los dólares. Durante un baile en el cabaret «El barco pirata» se organiza una pelea al lanzarse dos de los presos fugados sobre las provocativas cantantes, oportunidad que aprovecha «El Randa» para volver a prisión, donde se encuentra mejor y más seguro que en la calle.

Al llegar en el mes de octubre hasta Latinoamérica la historia de la detención de «El Randa», la ladrona Greta se compadece de él y le parece mal que esté en la cárcel por un robo que no ha cometido. Decide romper sus planes con el banquero Urquiza y regresa a Madrid, se presenta ante el juez, deposita sobre su mesa el maletín con los dos millones de dólares, le cuenta la verdadera historia del robo y exige la inmediata puesta en libertad de «El Randa».

Mientras Greta se marcha en su automóvil, «El Randa» aprovecha un descuido del juez para apoderarse del maletín con los dos millones de dólares, saltar por una ventana y caer en el asiento del automóvil junto a la atractiva ladrona y escaparse con ella. En la prisión queda el juez interrogando al banquero sobre la nueva versión del robo, así como los restantes presos, sin que nadie se entere de lo ocurrido.

Rodada con una cierta habilidad técnica, un gran desparpajo y un claro desenfado, lo que más sorprende de *Nuestro culpable* es que sea un musical. Al igual que en las comedias musicales norteamericanas de la época, de vez en cuando se intercala en la acción algún número tanto de los protagonistas, como de algún coro, pero con la suficiente habilidad para no detener la acción, sino convertirse en complemento de ella. Destacan tanto los números de carácter realista, por ejemplo el baile de la celebración de la boda en la corrala, como los irreales, el sueño que «El Randa» tiene en prisión.

Sierra de Teruel   1939
ESPOIR

DIRECTOR: André Malraux. GUIONISTAS: André Malraux, Denis Marion, Max Aub. FOTOGRAFÍA: Louis Page, André Thomas, Manuel Berenguer. MÚSICA: Darius Milhaud. INTÉRPRETES: José Sempere, Andrés Mejuto, Julio Peña, Pedro Codina, José María Lado, Nicolás Rodríguez, Serafín Ferro, Miguel del Castillo. PRODUCCIÓN: Roland Tual y Fernando G. Mantilla para el Gobierno de la II República Española y Edouard Corniglion-Molinier. DURACIÓN: 87'.

Viajero por el Extremo Oriente, activista revolucionario en China, combatiente contra los alemanes en la Resistencia bajo el nombre *coronel Berger* y al mando de la brigada Alsacia-Lorena, ministro de cultura del general Charles de Gaulle, el prestigioso novelista y ensayista francés André Malraux (1901-1976) también crea la primera escuadrilla de aviación para combatir a los sublevados contra la II República española, escribe una de sus mejores novelas, *La esperanza* (1937), sobre esta experiencia, y a partir de uno de sus capítulos rueda la mejor película sobre la guerra española.

Interesado desde el primer momento por los sucesos ocurridos en España, el 26 de julio de 1936 Malraux se entrevista en Madrid con Manuel Azaña, presidente de la II República, y le promete prestarle toda la ayuda posible. A pesar de no ser piloto ni militar, y de la política de no intervención del presidente francés Leon Blum, organiza la *Escuadrilla España*, la dirige personalmente y lleva a cabo un buen número de acciones contra los rebeldes hasta finales de año. En esas fechas ha muerto la mayoría de sus pilotos, sus viejos aviones han sido destrozados por los más modernos enemigos italianos y alemanes y su grupo es disuelto por los mandos soviéticos, mientras es nombrado teniente coronel y su escuadrilla pasa a denominarse honoríficamente «Aviación antifascista André Malraux».

Sierra de Teruel

Tras esta desigual experiencia, en febrero de 1937 Mal-raux comprende que puede ser más útil a las fuerzas republicanas si abandona España para recorrer Estados Unidos y Canadá, como representante de la «Alianza de Intelectuales Antifascistas», dando conferencias para conseguir fondos y tratar de romper el bloqueo que impide la venta de armas a la República. En la primavera de 1937 regresa a Francia, en el mes de mayo comienza a escribir *L´espoir*, sobre sus experiencias en la guerra de España, y la novela se publica a finales de año.

A principios de 1938 hace un segundo viaje por Estados Unidos y Canadá como embajador de la II República española. Durante este viaje se le ocurre la idea de hacer una película con la tercera parte de su novela *La esperanza*, tras el ambicioso proyecto frustrado de dirigir una adaptación de su novela *La condición humana* (1933). El punto de partida es una acción llevada a cabo el 27 de diciembre de 1936, durante la ofensiva de Teruel, por dos de los últimos aviones de la *Escuadrilla España*, con el resultado de que uno se estrella en la zona de Mora de Rubieles, hay un muerto y varios heridos graves y poco después la escuadrilla es desmantelada; pero el punto de arranque está enriquecido con otras acciones paralelas.

A pesar de sus tensas relaciones con los cada vez más poderosos mandos soviéticos, André Malraux no tarda en conseguir que su proyecto sea aceptado por el Ministerio de Instrucción Pública, que ve en él la posibilidad de una buena arma de propaganda que haga variar la idea que la opinión pública norteamericana tiene de la guerra y se desbloquee la venta de armas a la II República. El gobierno republicano pone a su disposición 150.000 francos y 750.000 pesetas de la época, material bélico y hombres, además del negativo y su revelado, y la producción no tarda en ponerse en marcha.

Malraux escribe el guión *Sang de gauche*, título inicial del proyecto, con la colaboración de Denis Marion y el gran escritor español Max Aub, que más tarde pasan a ser sus ayudantes de dirección, consigue que la fotografía la haga el prestigioso Louis Page y elige a sus intérpretes entre actores españoles profesionales a los que añade gente que encuentra en los lugares donde se ruedan los exteriores. Con un dinero inicial que le prestan sus amigos y todas las facilidades que pueden obtenerse en tiempos de guerra, el rodaje comienza el 20 de julio de 1938 en los estudios Orphea de Montjuich en Barcelona.

Los problemas se multiplican enseguida. Se acaba el negativo y deben rodar con positivo. Los constantes cortes de luz hacen que la película se envíe a París para su revelado. Los continuos bombardeos de Barcelona dificultan el trabajo del equipo. La falta de transportes adecuados y de todo tipo de materiales hacen cada vez más difícil el rodaje en exteriores. Cuando las fuerzas rebeldes están a las puertas de la ciudad, en febrero de 1939 el equipo se traslada a Francia para terminar el rodaje en los estudios Joinville, cerca de París. Malraux se da cuenta de que ha rodado mucho menos de lo previsto, los técnicos y, sobre todo, los actores se han dispersado y teme que su película quede inacabada.

Gracias a la ayuda de su amigo el productor Edouard Corniglion-Molinier, rueda en Francia lo imprescindible para poder montarla, completa el resto con intertítulos, hace el montaje y añade la música. La gran película concebida para conseguir ayuda en el extranjero para la II República sólo se acaba después de la victoria de las fuerzas rebeldes y en julio de 1939, poco antes del comienzo de la II Guerra Mundial, se hace un pase de *Sierra de Teruel* en el cine Le París, de los Champs Elysées, para el presidente Juan Negrín y parte del gobierno republicano en el exilio. El gobierno francés de Deladier no tarda en prohibirla con la excusa de que se utiliza en actos contra el nuevo gobierno del victorioso general Franco.

Durante la ocupación alemana de Francia, a petición de las autoridades españolas, los nazis destruyen las copias y el negativo, pero se salva un internegativo por casualidad. Gracias a él, en junio de 1945 se estrena en el cine Max Linder de París, pero con el título *Espoir*, en el que no es difícil ver las similitudes con la palabra España, y en una copia manipulada por el distribuidor donde añade un breve prólogo que subraya el parecido de la lucha de los republicanos españoles con la de los resistentes franceses y se aligera la magnífica escena final.

A principios de 1977, casi cuarenta años después de su rodaje, convertida en una viva pieza de museo, *Sierra de Teruel* comienza a distribuirse en España. La realista historia de cómo el comandante Peña (José Sempere), los capitanes Muñoz (Andrés Mejuto) y Schreiner (Pedro Codina) y el comisario político Attignies (Julio Peña), con la ayuda de un campesino (José María Lado) y un amplio grupo de republicanos de los alrededores de Teruel, consiguen bombardear y destruir un puente de la carretera de Zaragoza, cerca de Linás, vital para impedir el avance de las fuerzas rebeldes. En un bellísimo final, perfecta mezcla de la mejor tradición del cine soviético con una anticipación de lo que será el neorrealismo italiano, los campesinos de la zona ayudan a rescatar a los heridos y los cadáveres de los pilotos de uno de los aviones, que se ha estrellado en la montaña tras el ataque de los cazas enemigos. Una gran película, la mejor de las realizadas durante la guerra española, que demuestra que André Malraux es tan buen director como escritor.

Los cuatro robinsones   1939

DIRECTOR Y GUIONISTA: Eduardo G. Maroto. FOTOGRAFÍA: Hans Sgheib. MÚSICA: Daniel Montorio. INTÉRPRETES: Olvido Rodríguez, Antonio Vico, Alberto Romea, José Calle, Manuel González, Francisco Blanco, María Santpere. PRODUCCIÓN: Estudios Aranjuez para Cifesa. DURACIÓN: 98'.

La obra de Pedro Muñoz Seca y E. García Álvarez *Los cuatro robinsones* es origen de dos olvidadas producciones cinematográficas. En 1926 el alemán Reinhardt Blothner realiza una versión muda, protagonizada por Guillermo Muñoz, Luis Vela, Ramón Meca y Sofía Martos. Trece años más tarde, poco meses después de finalizar la guerra española, Eduardo G. Maroto dirige una versión sonora, que enlaza con sus mejores comedias de la primera mitad de los años treinta y se sitúa entre sus películas más divertidas.

Después de interrumpir sus estudios de ingeniería industrial, en 1923 el jienense Eduardo García Maroto (1905-1989) comienza a trabajar en los laboratorios Madrid Films. Al mismo tiempo que realiza trabajos técnicos en algunas películas, también interviene como actor en otras y es reportero de actualidades. Con el triunfo del

Alberto Romea, José Calle y Manuel González en *Los cuatro robinsones*

cine sonoro, a finales de los años veinte se marcha a los estudios Tobis de París a aprender las nuevas técnicas. Al regresar a Madrid se coloca como montador en los recién inaugurados estudios C.E.A.

El éxito de sus divertidos cortometrajes *Una de fieras* (1934), *Una de miedo* (1935) y *Y, ahora, una de ladrones* (1935), que Maroto dirige sobre guiones del más tarde famoso dramaturgo Miguel Mihura y suyos, hace que sean contratados por los estudios Cifesa. En el característico humor disparatado de la época, que poco después explota Mihura en los semanarios *La ametralladora* y *La codorniz*, realizan *La hija del penal* (1935), la mejor película de Maroto, pero que al parecer está definitivamente perdida.

A pesar de su éxito, la sublevación militar del 18 de julio de 1936, que origina la guerra, le impide continuar su prometedora carrera. Tras pasar la contienda en Portugal montando documentales para las fuerzas rebeldes al gobierno de la II República, Eduardo G. Maroto vuelve a Madrid al finalizar las hostilidades. A pesar de que han transcurrido cuatro duros años, el éxito de su primera película le permite rodar para la productora Cifesa *Los cuatro robinsones* en el verano de 1939.

Sin la menor relación con la realidad española y en un desenfadado tono de comedia de la época, *Los cuatro robinsones* narra la aventura sentimental de cuatro amigos y el castigo que genera. A pesar de que Pedro Muñoz Seca no es Miguel Mihura, Eduardo G. Maroto sigue siendo el mismo, tiene una habilidad especial para hacer este tipo de películas y obtiene unos atractivos resultados. No consigue eliminar por completo su carga teatral, pero saca muy buen partido de los números musicales y, en concreto, de la excelente Olvido Rodríguez.

Los amigos Venancio López (Alberto Romea), el médico Leoncio Zuría (José Calle) y el director de una fábrica de superfosfatos Crescencio Pérez (Manuel González) les dicen a sus respectivas esposas que se marchan a hacer un crucero en el América Vespucio. En realidad se van con su amigo Gerundio Martínez (Francisco Blanco), más joven que ellos y soltero, a montar una juerga flamenca en la quinta El Rincón con la bailarina y cantante Concha Guerra (Olvido Rodríguez).

Su absurda mentira se vuelve contra ellos donde menos podían esperar. El transatlántico América Vespucio naufraga y, para que sus mujeres no les descubran y con la ayuda de Arenal (Antonio Vico), el secretario del director de la fábrica de superfosfatos, se trasladan a las islas Columbreras para simular un naufragio. Sin embargo, en su disparatado plan no cuentan con que Arenal está enamorado de la hija de Crescencio Pérez, que se opone a sus amores, ve en esta historia la oportunidad que buscaba para casarse con la muchacha y no avisa a las autoridades.

Mientras conquista a la hija de su jefe, pasan los meses, los náufragos cada vez están más hambrientos y sólo distraen su tiempo con las canciones de Concha Guerra. Cuando están desesperados y comienzan a pensar en el canibalismo, aparece el Chin-Chón, un barco chino que les traslada directamente a Asia. En la propia China organizan la compañía española de revistas *Los cuatro robinsones*, ganan bastante dinero y consiguen regresar a Madrid el día de la boda de Arenal con la hija de Crescencio Pérez. Su jefe le amenaza con matarle, con denunciarle a las autoridades, pero Arenal le detiene diciéndole que entonces se lo contará todo a su mujer. Mientras, el joven y soltero Gerundio Martínez se va con la atractiva Concha Guerra.

A pesar de ser demasiado larga, especialmente la parte de los náufragos en la isla, *Los cuatro robinsones* es una divertida comedia con canciones. Más cercana a las revistas que a las zarzuelas, es una película desenfadada, bien dirigida por Eduardo G. Maroto, que encuentra el tono exacto entre el realismo y el absurdo para narrar su peculiar historia. En gran parte gracias al buen trabajo de sus actores, tanto los más conocidos Antonio Vico y Alberto Romea, como la olvidada Olvido Rodríguez, que resulta tan buena cantante como actriz.

Sin embargo, las restantes películas de Maroto tienen mucho menor interés. Logra un gran éxito con *Canelita en rama* (1942), pero sólo es una producción folklórica más al servicio de una joven Juanita Reina. A pesar de seguir moviéndose en el terreno cómico no acaban de funcionar *¿Por qué vivir tristes?* (1942), ni mucho menos el *western* serio *Oro vil* (1943) y *Schotis* (1942), codirigida con Carlos Sierra. Vuelve a la comedia con *Mi fantástica esposa* (1943) con Antoñita Colomé, pero tampoco está a la altura de sus mejores trabajos. También carecen de interés las coproducciones entre España y Portugal *La mantilla de Beatriz* (1946), dentro de la comedia, y *No hay chicos malos* (1948), en el terreno dramático.

Tras la comedia de costumbres *La otra sombra* (1948) y el homenaje a la Legión Española *Truhanes de honor* (1950), Maroto cierra su ciclo cinematográfico con *Tres eran tres* (1954), una de sus mejores películas. Volviendo a sus orígenes, está integrada por tres episodios, escritos entre el humorista Tono y él, donde con su personal sentido del humor parodia las películas de monstruos, de indios y de pandereta. Posteriormente abandona la dirección y durante más de veinte años, desde mediados de los cincuenta hasta finales de los setenta, colabora en la producción de muchas de las películas norteamericanas rodadas en España en esta época.

La florista de la reina   1940

DIRECTOR: Eusebio Fernández Ardavín. GUIONISTAS: Rafael Gil, Luis Fernández Ardavín. FOTOGRAFÍA: Ted Pahle. MÚSICA: Juan Quintero. INTÉRPRETES: María Guerrero, Jesús Tordesillas, Alfredo Mayo, Ana Mariscal, Manolita Morán, José Prada, Carmen López Lagar, Juan Barajas, Pedro Oltra. PRODUCCIÓN: Saturnino Ulargui para U Films. DURACIÓN: 85'.

Hermano menor del olvidado dramaturgo Luis Fernández Ardavín (1891-1960) y tío del guionista y realizador César F. Ardavín (1923), el madrileño Eusebio Fernández Ardavín (1898-1965) comienza a estudiar ingeniería industrial, pero su afición al cine le lleva desde finales de los años diez a rodar algunos cortometrajes *amateur* y el profesional *Una boda en Castilla* (1924), con el que se da a conocer.

Después de crear Producciones Ardavín, empresa para la que rueda sus cuatro películas mudas, debuta como director de largos con *Del Rastro a la Castellana* (1925), que escribe en colaboración con su hermano, situada a medio camino entre el documental y la ficción. Tienen más interés *La Bejarana* (1926), *El bandido de la sierra* (1926) y *Rosa de Madrid* (1927), basadas en obras teatrales de éxito de su hermano.

Colabora en la interesante *El sexto sentido* (1928), de Nemesio M. Sobrevila, pero el triunfo del cine sonoro le hace dejar de dirigir y le lleva a los estudios Paramount de

Alfredo Mayo y María Guerrero en *La florista de la reina*

Joinville, cerca de París, para aprender la nueva técnica mientras trabaja como supervisor de los diálogos de las versiones castellanas de las películas norteamericanas que se realizan allí, según la costumbre de una época en que no se ha inventado el doblaje.

Regresa a España en 1932, interviene de manera decisiva en la creación de los estudios C.E.A. de Madrid, de los que llega a ser director de producción, y los inaugura con el rodaje del corto *Saeta* (1933) y el largo *El agua en el suelo* (1934). Basado en un guión original de los hermanos Serafín y Joaquín Álvarez Quintero, al narrar la calumnia levantada contra un sacerdote y una de sus jóvenes feligresas, obtiene uno de los mayores éxitos del cine religioso realizado en la II República.

Durante el resto de los años treinta, Eusebio Fernández Ardavín rueda otras cinco irregulares producciones. Las más conocidas son las obras dramáticas *Vidas rotas* (1935), basada en una novela de Concha Espina, y *La bien pagada* (1935), adaptación de una obra erótica de José María Carretero, más conocido por su seudónimo *El caballero audaz*. Además de *La reina Mora* (1936), basada en la zar-

zuela con libreto de los hermanos Álvarez Quintero y
música del maestro Serrano. Mientras son grandes fracasos
En busca de una canción (1937), realizada en la zona rebelde durante la guerra, y *Don Floripondio* (1939), sobre una
obra de Luis de Vargas, comenzada a rodar en 1936, interrumpida por la guerra y acabada y estrenada en la más
inmediata posguerra.

En los años cuarenta Eusebio Fernández Ardavín dirige
La Marquesona (1940), sobre un guión del más tarde también realizador Rafael Gil, un tosco musical a mayor gloria
de la *bailaora* Pastora Imperio. Por lo que sorprende que el
mismo año, poco después, dirija *La florista de la reina*, uno
de sus grandes éxitos y su mejor película, realizada con una
gran habilidad técnica, tal como demuestran, por ejemplo,
la presentación del Café de Platerías, el estreno de la obra
Rodolfo y Mimí en el teatro Lope de Vega y el baile de disfraces en el Círculo de Bellas Artes.

Basada en la obra teatral homónima de Luis Fernández
Ardavín, convertida en guión por él mismo en colaboración
con Rafael Gil, *La florista de la reina* narra con un controla-
do y eficaz tono melodramático los amores entre el hombre
de teatro Juan Manuel de las Heras (Alfredo Mayo) y la florista Flor de las Flores (María Guerrero). Además tiene la
particularidad de ser una de las pocas películas de la gran
actriz de teatro doña María Guerrero y la primera protagonizada por el famoso galán de la posguerra Alfredo Mayo.
Sin olvidar que la práctica totalidad de los decorados son
también del propio Eusebio Fernández Ardavín.

Desde un perdido pueblo castellano, en 1895 llega en
tren a Madrid el poeta Juan Manuel de las Heras, durante
el viaje conoce a un crítico teatral y poco después le introduce en el medio. Enseguida se hace amigo de Paco Moreno (Jesús Tordesillas), empresario del teatro Lope de Vega,
y de su admirada florista callejera Flor de las Flores. Sin
embargo, las cosas no le van bien, se pone enfermo y, tras el
estreno de la premonitoria *Rodolfo y Mimí*, cae desmayado
a los pies de Flor de las Flores a la salida del teatro.

A pesar de que ella también carece de recursos, le lleva a su casa, donde vive con su madre, le cuida y va a visitar a la austriaca reina María Cristina, viuda de Alfonso XII, para conseguir que le ceda la casa de unos guardeses y además le nombre su florista. Durante la larga convalecencia acaban de enamorarse, se casan y el padrino, el empresario Paco Moreno, como regalo de bodas le estrena en su teatro su primera obra dramática.

El estreno de *Abnegación o la florista y el poeta*, una obra con claras connotaciones autobiográficas, es un triunfo, pero mientras Flor de las Flores le espera en casa, Juan Manuel de las Heras comienza un idilio con la protagonista femenina Elena Cortés (Ana Mariscal). El éxito de la obra es cada vez mayor, alcanza las cien representaciones y, mientras deja a su mujer con su madre, parte en una gira triunfal con su obra y con su amante.

A pesar de las constantes proposiciones del empresario Paco Moreno, Flor de las Flores sólo consiente en que la deje ser la florista de su teatro. Cuando Juan Manuel de las Heras regresa para su segundo estreno, la encuentra en el teatro y ella le demuestra que su amante le engaña con el Duque de Aguilar (Pedro Oltra), pero él no le hace caso. Sin embargo, al oír que se meten con el honor de su mujer, reta a un duelo al culpable y, mientras él es herido de muerte por defender a su mujer, ella se enfrenta con la mezquina amante de su marido. Tras pasar una temporada en la cárcel, Flor de las Flores llega a tiempo de hacer las paces y asistir a su marido en su solitario lecho de muerte.

Posteriormente Eusebio Fernández Ardavín dirige otras diez películas, pero no vuelve a alcanzar la calidad y el éxito de *La florista de la reina*. Sólo caben citarse la hagiográfica *Forja de almas* (1943), biografía del padre Andrés Monjón, las históricas *El doncel de la reina* (1946) y *La dama del armiño* (1947), la última de sus adaptaciones de obras de su hermano, la política *Neutralidad* (1949), un peculiar documento sobre la actuación de la marina mercante española durante la II Guerra Mundial, y la melodramática *Vértigo*

(1950). A pesar de que durante los años cincuenta aparece como codirector de coproducciones con Francia y Suecia, sólo es por las razones sindicales de la época y su última película es *Compadece al delincuente* (1956).

Un marido a precio fijo   1942

DIRECTOR: Gonzalo Delgrás GUIONISTA: Margarita Robles. FOTOGRAFÍA: Guillermo Golberger. MÚSICA: Maestro Azagra, Maestro José Casas Augé. INTÉRPRETES: Lina Yegros, Rafael Durán, Ana María Campoy, Jorge Greiner, Luis Villasiul, M. de Melero, Leonor Fábregas, Lily Vincenti. PRODUCCIÓN: Cifesa, U.P.C.E., Hispania Artis Films. DURACIÓN: 99'.

Durante los años treinta, a imitación de las más sofisticadas comedias norteamericanas, que la censura del *duce* Benito Mussolini prohíbe distribuir en Italia, el cine italiano empieza a producir unas divertidas comedias que no tardan en denominarse de *teléfonos blancos*. Su nombre viene de que están muy alejadas de la realidad circundante y, por ejemplo, sus protagonistas suelen hablar con unos teléfonos blancos que no existen en la realidad, sólo en estas películas.

Finalizada la guerra española, el cine nacional no tarda en imitar a su manera este tipo de comedias de *teléfonos blancos*. Uno de sus máximos artífices es el barcelonés Gonzalo Delgrás (1897-1984) a través de producciones rodadas durante la primera mitad de los años cuarenta, como *La doncella de la duquesa* (1941), *Los millones de Polichinela* (1941), *La condesa María* (1942), *Cristina Guzmán* (1942), *La boda de Quinita Flores* (1943), *Altar mayor* (1944).

Actor teatral en su juventud, galán en la compañía de Francisco Morán y más tarde cabecera de cartel con su

Rafael Durán y Lina Yegros en *Un marido a precio fijo*

esposa Margarita Robles en su propia compañía, Delgrás debuta como director con gran éxito con *La tonta del bote* (1939). Durante los años cuarenta realiza quince películas más, entre las que también hay que citar *El misterioso viajero del Clipper* (1945), *Los habitantes de la casa deshabitada* (1946), *Un viaje de novios* (1947).

Su última película es *Café de Chinitas* (1960), pero ya durante la década de los cincuenta, alejado del estilo de comedias que le hacen famoso, trabaja mucho menos y en obras de menor interés, como las nuevas versiones de *La hija de Juan Simón* (1955) y *El genio alegre* (1956), además de *El Cristo de los Faroles* (1957). En esta última etapa de su carrera también se encarga de dirigir en Barcelona los doblajes de las películas norteamericanas producidas por Metro-Goldwyn-Mayer que se estrenan en España.

Una de las mejores y más representativas películas tanto del cine español de *teléfonos blancos*, como de Gonzalo Delgrás, es *Un marido a precio fijo*, rodada en el mejor momento de su carrera. Protagonizada por Lina Yegros y Rafael Durán, actores con los que trabaja en repetidas ocasiones, se basa en la novela homónima de la popular escritora María Luisa Linares Becerra, tiene un guión de Margarita Robles, mujer del realizador, y es una especie de peculiar versión de *La fierecilla domada*, de William Shakespeare.

Narra cómo la joven Estrella Aguilar (Lina Yegros), denominada por la prensa con el apodo de «Princesita del betún sintético», por ser ahijada de un millonario dedicado a su fabricación, huye de España, en una de sus habituales y características locuras, para dilapidar sesenta mil francos franceses de la época con el joven Eric (José María Blanco) y acabar casándose con él por lo civil.

Después de gastar el dinero y antes de consumar el matrimonio en el tren nocturno que les conducirá hasta Madrid, Eric desaparece dejando una nota donde le agradece sus atenciones y le dice que no le resultará difícil anular su matrimonio. El problema que ahora se le plantea a Estrella Aguilar es llegar a Madrid sin un marido y por eso le propone a Miguel Rivera (Rafael Durán), un periodista que se ha introducido en su compartimento del tren para obtener noticias suyas y a quien confunde con un ladrón, que se haga pasar por su marido durante una temporada a cambio de cincuenta mil pesetas.

Su marido *a precio fijo* cae muy bien a su padrino don Nico (Luis Villasiul), a su antiguo novio Juanito Arnaiz (Jorge Greiner) y a sus amigos. Tras asistir a un baile en una embajada y participar en una carrera de automóviles en Mallorca, desde Pollensa a Palma, denominada *La cena por etapas*, Miguel Rivera se lleva a Estrella Aguilar en avión y por la fuerza a una perdida cabaña en los Pirineos. Allí por fin consigue dominarla y, después de perderse ella en la nieve, descubren el amor que sienten el uno por el otro.

Tras un brillante y rápido comienzo, donde destaca la escena en el coche-restaurante del tren por su brillante diálogo, la acción de *Un marido a precio fijo* se ralentiza y estira en exceso. La carrera de automóviles es demasiado larga y también la parte de la cabaña en la nieve. Así como el final, donde se descubre que él es un periodista y no un ladrón, información que debía haberse dado mucho antes para jugar con ella y originar algún divertido equívoco, y la pareja decide casarse.

Salvo estos fallos de ritmo, *Un marido a precio fijo* está bien dirigida por Gonzalo Delgrás con los convencionalismos narrativos característicos de la época, en especial una cámara que sin el menor pudor atraviesa las paredes de los decorados. La única referencia que hay a la realidad es que Miguel Rivera, según una frase muy característica de la época, «ha hecho la guerra en aviación». Lo que le permite tener una posición destacada frente al resto de los personajes para criticar levemente tanto a Estrella Aguilar como a sus bobalicones amigos, que quedan muy bien definidos en la divertida escena en que bailan la disparatada canción *Tipolino*, del maestro Azagra.

Rojo y negro

1942

DIRECTOR Y GUIONISTA: Carlos Arévalo. FOTOGRAFÍA: Enzo Riccioni, Alfredo Fraile, Andrés Pérez Cubero. MÚSICA: Juan Tellería. INTÉRPRETES: Conchita Montenegro, Ismael Merlo, Rafaela Satorres, Ana de Sirio, José Sepúlveda, Emilio G. Ruiz, Luisita España, Quique Camoiras. PRODUCCIÓN: Cepicsa. DURACIÓN: 86'.

El 25 de mayo de 1942 se estrena *Rojo y negro* en el cine Capitol de Madrid, una vez aprobado su guión y luego la película, según las estrictas normas de la época, por la «Comisión Nacional de Censura Cinematográfica». Sin embargo, dos semanas después se retira de exhibición y distribución por órdenes superiores, nunca se da ninguna

Conchita Montenegro en *Rojo y negro*

explicación oficial y permanece desaparecida hasta que
más de cincuenta años después es restaurada por Filmoteca
ca Española.

El año anterior ocurre algo similar con *El crucero Baleares* (1941), una producción de Radio Films, filial de los estudios
dios norteamericanos R.K.O. A pesar de tener los papeles
en orden, haber sido rodada con la colaboración de la Marina en el Canarias, un buque gemelo al Baleares, y estar dirigida por el nada sospechoso Enrique del Campo, ex-militar
y ex-espía rebelde, tras una proyección en el Ministerio de
Marina, es prohibida y poco después se destruyen el negativo y las copias existentes.

A niveles cinematográficos estos hechos dejan muy clara la lucha por el poder existente en la inmediata posguerra y las medidas que se toman para combatirla. El 23 de
noviembre de 1942 aparece una nueva «Orden de la Vicesecretaría de Educación Popular» para la «Reorganización
de los Servicios de Censura», cuyo artículo número 10
dice: «Ninguna autoridad podrá suspender, por motivos
de censura, la proyección de una película debidamente
aprobada por la Comisión Nacional de Censura Cinematográfica».

No obstante, nunca han quedado claras las razones de la prohibición de ambas producciones. Resulta imposible averiguarlo respecto a *El crucero Baleares* y parece más fácil con *Rojo y negro* porque ahora puede verse, pero la propia película las contradice. Al tratarse de una obra muy bien hecha, realizada con extremado cuidado, no es posible aplicar la mala calidad esgrimida en alguna ocasión contra *El crucero Baleares* y sólo cabe barajar dos hipótesis. La imposibilidad de mostrar en 1942 a un comunista *bueno*, capaz de arrepentirse de sus ideas, o, lo que es más probable, que se trata, desde su título, extraído de los colores de su bandera, hasta su ideología, de una película cien por cien falangista en un momento en que Falange Española comienza a situarse en la oposición respecto al poder en manos del general Franco.

Dividida en tres partes, convenientemente tituladas, *Rojo y negro* comienza con *La mañana*. Tras un largo rótulo escrito con un grandilocuente lenguaje, que sitúa la acción, y la imagen de una copa que se desborda, describe la amistad existente en 1921 entre el niño pobre Miguel (Quique Camoiras) y la niña rica Luisa (Luisita España). Durante el desfile de unos soldados que parten para África queda expuesta la ideología progresista de él y reaccionaria de ella, así como su amistad en una charla en un pinar, subrayada por el sadismo de ella y la valentía de él al pincharle con un alfiler y no inmutarse. Se da un curioso paso de tiempo a través del transcurso de un minuto en el reloj central de la maqueta de una ciudad, sobre la que se sobreimpresionan imágenes significativas, desde una muerte hasta un nacimiento.

El día está ambientada en la etapa del Frente Popular y cuenta cómo los personajes se han hecho mayores, pero siguen pensando igual que cuando eran niños. Luisa (Conchita Montenegro) lleva en la solapa de su traje una insignia de Falange Española con el yugo y las flechas y cree que los problemas de España se resolverán con la llegada del fascismo al poder. Miguel (Ismael Merlo) se ha hecho

comunista, discute con su amiga de política y arranca de la
pared un cartel con los nombres de José Antonio Primo de
Rivera, Julio Ruiz de Alda, Raimundo Fernández Cuesta y
Rafael Sánchez Mazas.

Tras un montaje de los horrores ocurridos en España
durante esos años y unas breves escenas simbólicas de diferentes grupos sociales discutiendo con los ojos vendados,
se hace un resumen de los primeros momentos de la guerra
a través de materiales de archivo, entre los que se incluye
un breve plano de *El acorazado Potemkin* (Bronenosets
Potiomkin, 1925), de Sergei M. Eisenstein. Luego se pasa a
La noche, la última parte de *Rojo y negro*, la más larga y
mejor, que se desarrolla en unas cuantas horas.

Luisa habla con su madre (Rafaela Satorres) de la situación en Madrid, la quema de conventos, el asesinato de
algunos conocidos y la especial persecución que sufren los
falangistas. Llega huyendo su camarada Julio Hidalgo
(Emilio G. Ruiz) para que le esconda durante la noche,
pero le dice que ha dejado una pistola oculta en su casa.
Luisa no duda en ir a buscarla, su madre (Ana de Sirio) le
cuenta que acaban de llegar unos milicianos a hacer un
registro y se han llevado a su camarada Pablo a la checa del
convento de las Adoratrices.

Luisa recibe la orden de ir a la checa a investigar qué
ocurre con Pablo. Consigue verle, pero los carceleros no
creen que sea comunista como dice, sospechan de ella y la
siguen hasta su casa. Un grupo de la C.N.T. hace un registro, encuentran un carnet de Falange Española a su nombre, se la llevan a la checa de las Adoratrices y la viola uno
de los comunistas tras emborracharse bajo el signo de la
hoz y el martillo. Trasladada a la checa de la calle de
Fomento, gracias a un excelente decorado, donde se
reproduce un corte en vertical del edificio, y a una grúa,
que pasa de una habitación a otra, se ve cómo mientras en
una habitación Miguel discute sobre la violencia con sus
camaradas, en otra está encerrada Luisa.

Su madre consigue encontrarla, le lleva un paquete y

luego acude a casa de Miguel para pedirle ayuda. En cuanto se entera de la mala noticia, va a buscar a su amiga, pero al llegar a la checa, le dicen que acaban de llevársela a la pradera. Recorre en automóvil un solitario y oscuro Madrid, pero sólo llega a tiempo de ver unos cuantos cadáveres en el campo y entre ellos el de Luisa. Mientras regresa desesperado, ve un cartel que dice «Manifestaos contra la pena de muerte. C.N.T., F.A.I.», se encuentra con otro automóvil que lleva a dar el paseo a alguien, comienza a disparar contra sus ocupantes, pero le matan. En el plano final, empieza a amanecer y en sobreimpresión ondean la bandera franquista y la de Falange.

El madrileño Carlos Arévalo (1906) demuestra ser un gran director tanto por el señalado diseño y utilización del decorado de la checa de Fomento, como por la tensión creada en la última parte de *Rojo y negro*, pero sus restantes películas tienen mucho menos interés, a pesar de ser también el autor de sus respectivos guiones. Tanto la primera, *Harka* (1941), un triunfalista canto a la Legión Española con una curiosa carga homosexual, que se convierte en uno de los grandes éxitos del cine heroico de la posguerra, como la comedia *Siempre mujeres* (1942), el melodrama *Arribada forzosa* (1943) y el policiaco *Su última noche* (1944).

Después de un paréntesis de doce años dedicado a la escultura, su vocación inicial, de la que llega a ser catedrático en la Escuela de Artes y Oficios, Arévalo regresa temporalmente al cine para dirigir sus peores trabajos: *Hospital general* (1956), *Un americano en Toledo* (1957), *Los dos rivales* (1958) y *Misión en Marruecos* (1959), las dos intermedias hechas en colaboración.

Eugenia de Montijo   1944

DIRECTOR Y GUIONISTA: José López Rubio. FOTOGRAFÍA: Enzo Riccioni.
MÚSICA: Maestro Turina, Maestro Jesús García Leoz. INTÉRPRETES:
Amparito Rivelles, Mariano Asquerino, Jesús Tordesillas, Guillermo
Marín, María Roy, Carmen Oliver Cobeña, Fernando Rey, Mercedes L.
Callado. PRODUCCIÓN: Manuel del Castillo para C.E.A. DURACIÓN: 90'.

Los amores entre la aristócrata española Eugenia de Montijo y el emperador francés Napoleón III son origen de dos
producciones muy diferentes. Ocho años después de *Eugenia de Montijo* aparece *Violetas imperiales* (1952). una
coproducción franco-española dirigida por Richard Pot-
tier, que, con *El sueño de Andalucía* (1950), de Robert Ver-
nay, y *La bella de Cádiz* (1953), de Raymond Bernard, forma la trilogía de musicales de época protagonizada por

Amparito Rivelles en *Eugenia de Montijo*

Luis Mariano y Carmen Sevilla de gran éxito en su momento. Sobre el fondo de los amores imperiales desarrolla las castísimas relaciones entre Violeta Cortés (Carmen Sevilla), la gitana del Albaicín que lee en la mano de una joven Eugenia de Montijo que será más que reina, y Juan de Ayala (Luis Mariano), un primo de la emperatriz.

Si en *Violetas imperiales* se tiene muy poco cuidado con la verdad histórica, en *Eugenia de Montijo*, tal como indica un rótulo al principio firmado por un miembro de la Academia de la Historia, se trata de ser lo más fiel posible a ella. Sin embargo, lo que más llama la atención de esta cara producción rodada a finales de la II Guerra Mundial, pero cuando el gobierno del general Franco todavía cree en el triunfo de las fuerzas fascistas del Eje, es que está a favor de los Aliados, de los franceses.

Narra cómo la joven malagueña Eugenia de Montijo (Amparito Rivelles) sufre una depresión tras ver cómo el duque de Alba (Fernando Rey) prefiere a su hermana antes que a ella. Sólo se repone cuando el escritor Próspero Merimée (Jesús Tordesillas), amigo de su familia, la convence para que vaya a pasar una temporada a París en compañía de su madre (Carmen Oliver Cobeña).

En París es perseguida por un primo (Guillermo Marín) del futuro emperador, al que no hace ningún caso, pero queda fascinada cuando conoce a Napoleón III (Mariano Asquerino), a pesar de ser mucho mayor que ella. Desde el primer momento surge una mutua atracción entre ambos; en su calidad de famoso mujeriego, él trata de seducirla, pero ella deja muy claro enseguida que si quiere algo antes tiene que pasar por el altar. Lo que da lugar a la única frase terrible de la película, característica de aquellos años de fanático patrioterismo: «Una descendiente de Guzmán el Bueno sabrá defender su honra a cualquier precio». Tras un leve tira y afloja, que dura casi toda la película, concluye con una gran ceremonia en la catedral de Notre Dame de París en que Napoleón III se casa con Eugenia de Montijo y la corona emperatriz.

Al cabo de los años, lo que más destaca de *Eugenia de Montijo* es el trabajo de la pareja protagonista, formada por la joven y prometedora Amparito Rivelles y el actor de carácter Mariano Asquerino, más conocido por sus trabajos en teatro que en cine. Igualmente sobresale la hábil dirección de José López Rubio, también autor del guión, pero hace excesivo hincapié en resaltar los decorados.

Diseñados y construidos por los reputados Santamaría y Francisco Canet, los decorados son variados, lujosos y amplios, para dar cabida a bailes, recepciones y fiestas oficiales, que constituyen una buena parte de la trama de la película. Sin embargo, López Rubio consiente que los actores pierdan demasiado tiempo en entrar y salir de ellos, abrir y cerrar sus suntuosas puertas, lo que daña el ritmo de la narración.

El mayor atractivo de *Eugenia de Montijo*, una de las mejores y menos conocidas muestras del cine histórico rodado en España durante la dura posguerra, es no esconder ningún elemento moralizante, ni la menor moraleja que demuestre la superioridad de los españoles sobre los demás pueblos, tal como suele ser habitual en este género de películas. Rodada en obligatorio horario nocturno por las restricciones de electricidad y poniendo pedacitos de hielo en la boca de los actores para evitar el vaho producido por el frío reinante en los platós sin posible calefacción, su máximo defecto es no dejar traslucir la dura realidad cotidiana.

Nacido en Motril, el granadino José López Rubio (1903-1996) se traslada de joven a Madrid para estudiar derecho. Ya durante los años veinte, su afición por la literatura le lleva a escribir en las revistas de la época *Buen humor*, *Blanco y negro*, *La esfera*, *Gutiérrez*. En 1928 debuta como dramaturgo con *De la noche a la mañana*, que escribe en colaboración con Eduardo Ugarte.

En agosto de 1930 parte para Hollywood, en unión de otros escritores de su generación, contratado por los estudios Metro-Goldwyn-Mayer como traductor y adaptador de los diálogos de las versiones castellanas de las películas norteamericanas que se ruedan poco después de generalizarse el cine sonoro y antes de comercializarse el doblaje. Gracias a un nuevo contrato de los estudios Fox, permanece en Estados Unidos hasta 1935, pero sólo regresa a España en 1940, una vez finalizada la guerra, tras viajar durante unos años por México y Cuba.

Durante los años cuarenta López Rubio escribe y dirige media docena de películas. Debuta con *La malquerida* (1940), floja adaptación de la famosa obra teatral de Jacinto Benavente. Tiene más interés la comedia *Pepe Conde* (1941), cuyo éxito le lleva a continuar con las andanzas de su personaje en *El crimen de Pepe Conde* (1942). Además de la exótica *Sucedió en Damasco* (1946) y *Alhucemas* (1947), su única contribución al cine de exaltación de valores patrióticos, característico de la época.

Más tarde abandona el siempre poco considerado cine de entonces por el más respetable teatro, donde durante los años cincuenta y sesenta estrena obras de gran éxito, como *Celos del aire* (1950) y *Un trono para Cristy* (1956). Al mismo tiempo que traduce los diálogos de las películas norteamericanas para su posterior doblaje, en los años cincuenta, sesenta y setenta también desarrolla una actividad paralela como guionista, en especial para el productor y director Rafael Gil. Colaborador habitual del diario madrileño *ABC*, es uno de los primeros hombres de cine que ingresa en la Real Academia de la Lengua, donde ocupa el sillón ñ desde 1982 hasta su muerte.

El hombre que las enamora   1944

DIRECTOR Y GUIONISTA: José María Castellví. FOTOGRAFÍA: Emilio Foriscot. MÚSICA: Maestro Azagra. INTÉRPRETES: Armando Calvo, Luchy Soto, Alberto Romea, Fernando Freyre de Andrade, Antonio Riquelme, Maruja Asquerino, Guadalupe Muñoz Sampedro, José Prada, Ramón Martori, Juan Calvo. PRODUCCIÓN: Cifesa. DURACIÓN: 85'.

Durante los seis años que van del final de la guerra española al de la II Guerra Mundial, la comedia sofisticada es uno de los géneros que el cine español cultiva con mayor asiduidad. Unas comedias ingenuas, que nada tienen que ver con la dura realidad que vive el país, desarrolladas en ambientes de alta burguesía y rodadas en lujosos decorados, pero que en algunos casos están muy bien hechas y demuestran gran ingenio en sus creadores y habilidad para aclimatar los modelos extranjeros.

Los claros puntos de apoyo de estas comedias españolas de la más inmediata posguerra son dos y además casi opuestos, más que diversos. En primer lugar las denominadas comedias de *teléfonos blancos* realizadas por el cine italiano durante el *Ventennio nero*, la etapa fascista, pero despojadas del contexto realista que tienen las mejores. Y luego las comedias sofisticadas norteamericanas de los estudios Paramount, tanto las rodadas por el maestro Ernst Lubitsch, como por sus discípulos Mitchell Leisen o Preston Sturges, que en la época sólo llegan de vez en cuando a las pantallas españoles, tanto por razones de censura, como, sobre todo, de falta de divisas para importarlas.

Al tiempo que realiza películas históricas y de directo contenido político, Cifesa también produce algunas de estas comedias sofisticadas. Basta recordar *Un marido a precio fijo* (1942), de Gonzalo Delgrás, *Deliciosamente tontos* (1943) y *Ella, él y sus millones* (1944), de Juan de Orduña, y *El hombre que las enamora*, de José María Castellví.

Luchy Soto, Alberto Romea, Guadalupe Muñoz Sampedro y Ramón Martori en *El hombre que las enamora*

El barcelonés Josep María Castellví (1901-1944) debuta como director de cine a principios del sonoro con el corto *Cinópolis* (1930), una de las primeras películas sonoras rodadas en España. Su carrera prosigue con las comedias intrascendentes *La canción de las naciones* (1931), *Mercedes* (1932), *¡Viva la vida!* (1934), *¡Abajo los hombres!* (1935).

Tras el largo y sangriento paréntesis de la guerra, Castellví vuelve a la comedia con *La linda Beatriz* (1939), *Julieta y Romeo* (1940), *Cuarenta y ocho horas* (1942), *El camino del amor* (1943) y *El hombre que las enamora*. Convertido con esta última en uno de los máximos representantes de las comedias sofisticadas rodadas en Barcelona para la productora valenciana Cifesa, muere a los 43 años y se trunca su prometedora carrera.

Basada en un argumento de Adolfo Torrado y Leandro Navarro, convertido en guión por el propio Castellví, el máximo atractivo de *El hombre que las enamora* reside en dejar muy claro sus orígenes. Su irregular trama comienza con una boda frustrada, narrada de manera ingeniosa a través de la doncella de la novia y el ayuda de cámara del novio, directamente basado en el cine de Ernst Lubitsch. En el falso viaje por África del protagonista y su amigo pueden encontrarse elementos extraídos de las películas de Preston Sturges. Y también aparece algún primer plano de un teléfono blanco, definidores de las comedias de la época por lo que ambos tienen de irreales, que subraya su tono de comedia de la Italia fascista.

Sin embargo, lo que mejor define *El hombre que las enamora* es una escena intrascendente rodada en el casino de Estoril, uno de los pocos reductos de la alta burguesía española de la época, que sólo sirve para que el frívolo protagonista Eduardo Galán (Armando Calvo) conozca a su amigo Ceferino (Fernando Freyre de Andrade). Mientras el primero gana una cantidad considerable, el segundo lo pierde todo, lo que lleva a Eduardo a ofrecer a Ceferino convertirse en su confidente y ayuda de cámara. Lo curioso de esta escena es que cuando el *croupier* dice el número ganador, en lugar de vocear la tradicional frase «17 y rojo», para no herir susceptibilidades y evitar problemas con la censura, dice «17 y colorado» y además lo repite un par de veces.

El hombre que las enamora gira en torno al rico viudo Fernando Galán (Alberto Romea). Cada vez que trata de casarse con una joven a la que lleva veinte años, la boda se rompe en el último momento, cuando la novia conoce a su atractivo hijo Eduardo y se enamora de él. Tras cuatro bodas frustradas y cansada la familia de asistir a ceremonias que nunca se celebran, padre e hijo ponen en marcha sus respectivas estrategias.

Mientras el hijo desaparece durante un año, simulando un falso viaje por tierras africanas, para dar tiempo a su padre a conocer a una nueva muchacha y casarse con ella, el padre planea enamorarse de Beatriz de Cimaltra (Luchy Soto), con su consentimiento y el de sus padres, para que, según los viejos propósitos de ambas familias, su hijo acabe casándose con ella.

Josep Maria Castellví demuestra ser un hábil director que da un buen ritmo a la narración y maneja con habilidad a los varios actores que suele tener en cuadro, a pesar de que, de manera casi inevitable, se *salta el eje* en los más simples juegos de plano-contraplano. Sin embargo, su trabajo como guionista es mucho peor al faltarle brillo a los diálogos y, tras un buen principio y planteamiento, resultar demasiado previsible y repetitiva la historia.

Los últimos de Filipinas   1945

DIRECTOR: Antonio Román. GUIONISTAS: Antonio Román, Pedro de Juan,
Enrique Alfonso Barcones, Rafael Sánchez Campoy, Enrique Llovet.
FOTOGRAFÍA: Enrique Guerner. MÚSICA: Manuel Parada. INTÉRPRETES:
Armando Calvo, Guillermo Marín, José Nieto, Manolo Morán, Fernando
Rey, Juan Calvo, Nani Fernández, Tony Leblanc. PRODUCCIÓN: Pedro de
Juan para C.E.A., Alhambra Films. DURACIÓN: 97'.

Puede establecerse un curioso paralelismo entre el absurdo, más que heroísmo, del comportamiento de los soldados españoles en el pueblo filipino de Baler y el del equipo
de producción de *Los últimos de Filipinas*, la película que
relata su peculiar hazaña. Los primeros estuvieron sitiados
durante doscientos treinta y siete días, a lo largo de seis
meses, una vez firmado el tratado de paz entre Estados
Unidos y España que ponía punto final a la guerra de Filipinas. Los segundos tuvieron que rodar los interiores y las
escenas nocturnas, que son mayoría en la película, entre las
diez de la noche y las seis de la mañana en los estudios
C.E.A., de Madrid, debido a que, como a lo largo de toda
la posguerra, durante el resto del día había unas feroces
restricciones del indispensable suministro eléctrico.

   Los últimos de Filipinas narra cómo a finales del verano
de 1898 el capitán Enrique Las Morenas y Fossi (José Nieto), el teniente Martín Cerezo (Armando Calvo), el doctor
Vigil (Guillermo Marín) y cincuenta hombres se encierran
en la iglesia del pueblo de Baler, situado en la costa orien-
tal de la isla de Luzón, en Filipinas, ante la insurrección de
los tagalos que quieren su independencia. Durante casi un
año resisten un duro sitio, mueren veintitantos hombres
por las balas enemigas, el hambre y una epidemia de peste,
nunca se rinden, les cuesta mucho trabajo admitir que no
es suelo español y su comportamiento le hace ganar una
preciada laureada al teniente Martín Cerezo.

Fernando Rey, Armando Calvo y Manolo Morán en
Los últimos de Filipinas

Dado que la intención de sus autores es aprovechar esta peculiar acción bélica para hacer una película heroica más de las que están de moda en la posguerra, con la intención de fomentar el patriotismo de los vencedores en la guerra española, la historia está especialmente mal explicada. Nadie dice nunca, ni siquiera la pomposa, intermitente y parca voz de fondo, que en aquella época Filipinas es una colonia española, ni cuenta por qué los tagalos se rebelan para conseguir su independencia, ni explica que el conflicto finaliza con la firma de un tratado de paz entre España y Estados Unidos. Sólo interesa subrayar el absurdo heroísmo de los españoles sitiados y que, de vez en cuando, se digan frases del tipo: «Sin permiso de Dios la muerte no mata a nadie», «Los muertos no tienen que defender una bandera», «Perder la esperanza no es perder el honor», «Aunque algún día tengamos que irnos nosotros de aquí, quedarán para siempre la fe y el idioma».

La distancia, tanto geográfica como temporal, el tono claustrofóbico de la situación, una estructura narrativa hábilmente tomada de las mejores producciones norteamericanas del género, el amor nacido entre el soldado Juan Chamizo (Fernando Rey) y la tagala Tala (Nani Fernández) y algunas eficaces gotas de humor, convierten a *Los últimos de Filipinas*, a pesar de un patrioterismo que roza el ridículo para caer en él, en la mejor de las películas realizadas en los años cuarenta para exaltar el heroísmo de los vencedores de la guerra española.

Aunque tanto José Nieto como Armando Calvo, que encarnan a los altos mandos, tienden a decir sus más huecas frases mirando al vacío para darles mayor énfasis, sus buenos resultados en gran parte se deben a la vida que los actores secundarios saben dar a sus acartonados personajes. Desde Fernando Rey y Juan Calvo hasta Manolo Morán y Carlos Muñiz, pasando por Tony Leblanc, que debuta en esta película en el papel de correo, y Nani Fernández, que canta la famosa canción *Yo te diré*, del maestro Halpern, de gran difusión en su momento. Sin olvidar que está bien rodada por Antonio Román, un hábil técnico que durante los años cuarenta se convierte en uno de los puntales del cine de la dictadura del general Franco por saber sacar partido de un buen guión.

Interesado por el cine, el orensano Antonio Román (1911) escribe crítica, realiza documentales y colabora en guiones, como el de *Raza* (1941), de José Luis Sáenz de Heredia, antes de debutar como realizador con los panfletos políticos *Escuadrilla* (1941) y *Boda en el infierno* (1942). Entre sus primeras películas tienen más interés el policiaco *Intriga* (1943), basado en una novela de Wenceslao Fernández Flórez, el drama *La casa de la lluvia* (1943) y la biografía *Lola Montes* (1944). Sin embargo, cae de nuevo en la mediocridad con *Fuenteovejuna* (1947), torpe adaptación de la obra homónima de Lope de Vega, *Pacto de silencio* (1949), de la que catorce años después vuelve a rodar otra versión con el mismo título, *La fuente enterrada* (1950) y el policiaco *Último día* (1952).

Entre sus restantes películas destacan *El amor brujo* (1949), primera versión de la obra del mismo título de Gregorio Martínez Sierra con música de Manuel de Falla, de la que también hacen sus correspondientes versiones Francisco Rovira Beleta en 1967 y Carlos Saura en 1986, *La fierecilla domada* (1955), adaptación libre de la obra homónima de William Shakespeare, y *Madrugada* (1957), sobre un texto dramático de Antonio Buero Vallejo. Y ante todo *Los clarines del miedo* (1956), una de sus mejores películas, donde, a través de los personajes creados por Angel María de Lera en una de sus novelas, describe el miedo de dos toreros muy diferentes en una corrida de pueblo.

Esto no impide a Antonio Román realizar algunas torpes comedias como *Congreso en Sevilla* (1955), *Dos novias para un torero* (1956) o *Mi mujer me gusta más* (1960), fallidos dramas, como *El sol en el espejo* (1962), adaptación de una obra teatral de Alfonso Paso, y cerrar su filmografía con el fallido policiaco *Un tiro por la espalda* (1964), el *spaghetti-western* ridículo *Ringo en Nebraska* (1966) y el musical *El mesón del gitano* (1969) a mayor gloria del cantante Peret.

El crimen de la calle de Bordadores   1946

DIRECTOR Y GUIONISTA: Edgar Neville. FOTOGRAFÍA: Enrique Barreyre. MÚSICA: José Muñoz Molleda. INTÉRPRETES: Manuel Luna, Mary Delgado, Antonia Plana, Julia Lajos, Monique Thibaut, Rafael Calvo, José Prada, José Franco. PRODUCCIÓN: Manuel del Castillo. DURACIÓN: 93'.

Más allá del indudable interés de la historia pasional con trasfondo histórico *Correo de Indias* (1942), la comedia sofisticada *La vida en un hilo* (1945), el drama realista *Nada* (1947), adaptación de la novela homónima de Carmen Laforet, la sencilla anécdota neorrealista poética *El último caballo* (1950), el musical folklórico *Duende y misterio del flamenco* (1952) o la nostálgica narración madrileña *Mi calle* (1960), el mejor cine de Edgar Neville se encuentra en la original trilogía de policiacos integrada por *La torre de*

Mary Delgado y Manuel Luna en *El crimen de la calle de Bordadores*

los siete jorobados (1944), basada en una novela de Emilio Carrere con tonalidades fantásticas, *Domingo de carnaval* (1945), la más realista de los tres, y *El crimen de la calle de Bordadores*, una ambigua historia de compleja estructura donde nunca llega a saberse la verdad de lo ocurrido.

Situada en Madrid, con un conseguido casticismo y excelente reproducción del ambiente característico del cambio de siglo, la trilogía tiene una lograda y evidente calidad. Lo que no impide que pase inadvertida en su momento, tanto por el público como por la crítica, y tengan que morir Neville y pasar muchos años para ser reconocida por los más exquisitos historiadores. Entre sus tres originales piezas destaca *El crimen de la calle de Bordadores* por la complejidad de su trama, la brillante utilización de sus *flashbacks* contradictorios y su característica ambigüedad narrativa.

En la Puerta del Sol el chulo Miguel Campos (Manuel Luna) quita un pañuelo a la vendedora de lotería Lola *La Billetera* (Mary Delgado), luego va a una taberna donde se niegan a servirle hasta que no pague sus deudas y finalmente espera que salga una mujer de una casa, la criada Petra (Antonia Plana), para entrar él, pero poco después regresa la mujer. Unos gritos en el tercer y último piso del nº 12 de la calle de Bordadores llaman la atención del sereno, la policía y los vecinos. Algunos suben y, tras abrir la puerta cerrada por dentro, descubren el cadáver de la viuda de Pacheco, doña Mariana (Julia Lajos), el pañuelo de Lola *La Billetera* y a la criada Petra amordazada en su habitación, mientras Miguel Campos sale de un armario ropero y escapa por una puerta falsa disimulada en la pared.

Con un fino humor Edgar Neville describe cómo, según van llegando las noticias a la redacción del diario *El Liberal*, varía el texto que escriben los periodistas, que achacan el crimen indistintamente a la criada Petra o a Miguel Campos, el amante de la muerta, hasta conseguir su propósito de que todo Madrid discuta sobre si el asesino es uno u otro y vayan aumentando las ventas de las sucesivas ediciones con las nuevas noticias. Esto da lugar a que los periodistas investiguen los antecedentes de la historia y se exponga en un primer *flashback*.

Miguel Campos saca con facilidad dinero a la viuda de Pacheco, doña Mariana, haciéndole creer que van a casarse, dándole a cambio acciones de una sociedad fantasma y hablándole de fabulosos negocios, pero luego la abandona en mitad de la representación de una zarzuela para irse de juerga con sus amigotes. Un día en que Miguel Campos está en la verbena bebiendo champán con Lola «La Billetera», que canta una bella habanera, llega doña Mariana y les ve juntos. Decide romper con él y le escribe una nota para que se la entregue su criada, pero esto lleva a Petra a descubrir que Lola «La Billetera» es su hija, a la que tuvo que abandonar en Cuba cuando sólo tenía cuatro años, mientras ella cree que sus padres murieron en el naufragio del Reina Isabel.

Miguel Campos no hace caso de la nota de doña Mariana, vuelve a presentarse en su piso para decirle que Lola «La Billetera» no le interesa nada y para demostrárselo va a hacer que un amigo se la lleve como camarera a Buenos Aires. La criada Petra oye la conversación y se la cuenta a su hija Lola «La Billetera» para que esté prevenida y rechace la oferta. No puede impedir que su hija se presente en casa de doña Mariana para decirle que Miguel Campos le repugna y que no está dispuesta a que le mande emisarios con amenazas.

Finalizado el primer *flashback*, comienza el juicio contra la criada Petra, dado que Miguel Campos tiene una coartada convincente para la policía. En un segundo *flashback* la criada Petra declara ante el tribunal que sale del piso de doña Mariana para ir a ver a su hija Lola «La Billetera», pero se le olvida algo, vuelve a la casa y encuentra a Miguel Campos golpeando a su señora con una plancha y se le cae el pañuelo de su hija. Muy asustada se asoma a un balcón, comienza a gritar y la respuesta de la vecindad le salva la vida.

La presencia del pañuelo en el lugar del crimen hace que también sea inculpada Lola «La Billetera» y que Petra narre, en un tercer y contradictorio *flashback*, cómo mata a doña Mariana para defender a su hija de la trampa que le estaba tendiendo, la sorprende Miguel Campos y la amordaza con el pañuelo de Lola «La Billetera». Finalizado el juicio con la condena a muerte de la criada, su hija va a la cárcel a darle las gracias por lo bien que se ha portado con ella, pero en el último momento antes de la ejecución llega un abogado (José Prada) para decirle que la han indultado.

La buena utilización de los *flashbacks* contradictorios y, sobre todo, que no quede muy claro si, como parece lógico, el asesino es Miguel Campos, además de que no sea condenado, da a *El crimen de la calle de Bordadores* una atractiva ambigüedad poco frecuente en cine y menos en una cinematografía con tan poca tradición en el género policiaco como la española. Esto, unido a la buena ambientación, por ejemplo el Café del Imperial, con sus cantes de flamenco, o la verbena de la Bombilla, con su castizo ambiente, un cuidado lenguaje de la época y el excelente trabajo de los actores, la convierten en una gran película hasta hace poco desconocida.

Licenciado en derecho y diplomático, el madrileño Edgar Neville (1899-1967) comienza a interesarse por el cine cuando le destinan a la embajada de España en Washington. Esto le lleva a trabajar durante algún tiempo en las versiones castellanas de las películas producidas en Hollywood durante la primera mitad de los años treinta, una etapa en que se ha generalizado el cine sonoro, pero no se ha comercializado el doblaje.

De regreso a España, publica novelas, escribe artículos y, sobre todo, estrena teatro, mientras durante los años cuarenta y cincuenta desarrolla una impecable actividad cinematográfica, que en su momento pasa inadvertida y sólo comienza a descubrirse recientemente. También hay que señalar que Edgar Neville es uno de los pocos puentes con la siguiente generación de cineastas, gracias a que Luis

G. Berlanga parte de un argumento suyo para hacer la excelente *Novio a la vista* (1954), de la que también es coguionista.

Botón de ancla   1947

DIRECTOR: Ramón Torrado. GUIONISTAS: José Luis Azcarraga, Ramón Torrado, Heriberto Valdés. FOTOGRAFÍA: Manuel Berenguer. MÚSICA: Jesús García Leoz. INTÉRPRETES: Jorge Mistral, Fernando Fernán-Gómez, Antonio Casal, Isabel de Pomés, Fernando Fernández de Córdoba, Xan das Bolas, Alicia Romay, Mary Santpere, María Isbert. PRODUCCIÓN: Suevia Films, Cesáreo González. DURACIÓN: 105'.

El gran éxito de *Botón de ancla*, que narra las típicas aventuras de tres jóvenes amigos en una escuela militar, da lugar a la mayor cantidad de versiones de un mismo tema de la historia del cine español. El mismo equipo, sus tres protagonistas, Jorge Mistral, Fernando Fernán-Gómez y Antonio Casal, de nuevo bajo la dirección de Ramón Torrado y con música de Jesús García Leoz ruedan *La trinca del aire* (1951) también para el productor Cesáreo González, con la única diferencia de que la acción transcurre en una escuela de aviación en lugar de naval, que a su vez alcanza un considerable éxito.

Sin embargo, tienen mucho menos atractivo las sucesivas versiones. Desde las dirigidas por el propio Ramón Torrado, *Héroes del aire* (1957) con Alfredo Mayo, Lina Rosales y Enrique Núñez, *Un paso al frente* (1960), con Germán Cobos, Julio Núñez y José Campos, en que la acción vuelve a desarrollarse en una escuela de aviación, y *Los caballeros del botón de ancla* (1974), que en un alarde de nostalgia dirige al final de su carrera con Peter Lee

Antonio Casal, Fernando Fernán-Gómez y Jorge Mistral en
Botón de ancla

Lawrence, Alfredo Mayo y Maribel Martín, hasta las realizadas por otros, *Botón de ancla* (1960), dirigida por Miguel Lluch para Ignacio F. Iquino con Manuel Gil y el Duo Dinámico, que por ser en color en una época en que todavía escasean las películas españolas en color también se denomina *Botón de ancla en color*, y *Los guardiamarinas* (1966), de Pedro Lazaga, con Alberto de Mendoza, José Rubio y Jose Luis López Vázquez.

El máximo atractivo de la genuina versión de *Botón de ancla* reside en la habilidad con que Ramón Torrado consigue dar consistencia a un guión donde no se cuenta casi nada, en que apenas pasa algo, basado en la amistad desarrollada a lo largo de un curso académico entre tres jóvenes guardiamarinas de la octava brigada en la Escuela Naval de Marín y sus tímidos escarceos amorosos, más que amores propiamente dichos.

Mientras oyen misa, juegan al fútbol, van a clase y asisten a bailes de gala, el conquistador Carlos Corbián (Jorge Mistral) entabla una sólida amistad con sus compañeros Enrique Tejada y Sandoval (Fernando Fernán-Gómez) y

José Luis Baamonte (Antonio Casal), hasta el extremo de inventarse unos ripios que recitan en los momentos de máximo optimismo o peligro, mientras se tocan los botones de las bocamangas de las chaquetas de sus uniformes, que dan título a la película.

> «Botón de ancla, botón de ancla
> todos unidos, unidos todos
> nos salvaremos de todos modos
> tira la bota, tira la chancla.
> Botón de ancla, botón de ancla.»

La mínima acción gira en torno a los tímidos escarceos amorosos de los tres amigos. Mientras Carlos Corbián conquista a la guapa María Rosa (Isabel de Pomés), tras tirarse al agua para salvarla al creer que se ahogaba, Enrique Tejada y Sandoval y José Luis Baamonte deben conformarse con unas feas, musicales y simpáticas hermanas, encarnadas por María Isbert y Mary Santpere. Entre medias se entromete la cupletista Dorita Beltrán (Alicia Romay), una vieja amiga de Carlos Corbián. José Luis Baamonte la conoce casualmente, comienza a salir con ella y un día la encuentra en brazos de Carlos Corbián, que sólo está rompiendo con ella, pero le falta tiempo para contárselo a su novia María Rosa.

Cuando la ruptura entre los tres amigos parece inevitable, y ante la desesperación del comandante Manzano (Fernando Fernández de Córdoba) que ve cómo Carlos Corbián ha dejado de ser el mejor alumno de la Escuela Naval, una noche de fuerte galerna acuden los tres a salvar al pesquero encallado del padre de María Rosa. Enrique Tejada y Sandoval muere durante la operación de salvamento, pero mientras los tres recitan por última vez sus ripios, les hace prometer a sus amigos que nunca más volverán a pelearse.

Lejos del tono patrioteril y militarista que el tema y el año de realización pueden hacer pensar, *Botón de ancla* es una ligera comedia romántica donde los mejores momentos de humor están a cargo de un estupendo Fernando Fernán-Gómez y del excelente secundario Xan das Bolas, que encarna al marinero gallego Trinquete. Dirigida con soltura por Ramón Torrado, alcanza una altura muy pocas veces igualada en su poco atractiva carrera y es su mayor éxito.

El hecho de que ambos sean amigos y gallegos, uno nacido en La Coruña y el otro en un pueblo de Vigo, hacen que el pintor Ramón Torrado (1905) comience a trabajar en cine para el productor Cesáreo González, primero como decorador y luego sucesivamente como jefe de producción, guionista y director. A lo largo de treinta y cinco años de profesión, rueda cincuenta largometrajes, la mayoría musicales folklóricos sin el menor atractivo para lucimiento de la *cantaora* de turno, como *Debla, la virgen gitana* (1950), *La alegre caravana* (1953), *Suspiros de Triana* (1955), *Curra Veleta* (1955), que protagoniza Paquita Rico, dirige *La niña de la venta* (1951), *La estrella de Sierra Morena* (1952), *María de la O* (1958), interpretadas por Lola Flores.

Después de una etapa a mediados de los años cincuenta en que, tan sólo por las leyes sindicales de la época, aparece como falso codirector de coproducciones minoritarias españolas, tiene un gran e incomprensible éxito con *Fray Escoba* (1961), aburrida biografía de fray Martín de Porres, que le lleva a hacer también con el actor cubano de color René Muñoz *Cristo negro* (1962) y *¡Bienvenido, padre Murray!* (1963), que cierran la etapa del cine seudorreligioso característica del cine español de la década de los cincuenta.

Tras los inevitables y temibles *spaghetti-westerns* de mediados de los años sesenta, que firma con el nada original seudónimo de Raymond Torrad, vuelve al musical con *Mi canción es para ti* (1965), *Un beso en el puerto* (1966) y *El padre Manolo* (1966), protagonizadas por el cantante Manolo Escobar, que incomprensiblemente se sitúan entre los grandes éxitos del cine español.

Locura de amor   1948

DIRECTOR: Juan de Orduña. GUIONISTAS: Manuel Tamayo, Alfredo Eche-
garay, Carlos Blanco. FOTOGRAFÍA: José F. Aguayo. MÚSICA: Juan Quintero. INTÉRPRETES: Aurora Bautista, Fernando Rey, Sara Montiel, Jorge
Mistral, Jesús Tordesillas, Juan Espantaleón, Ricardo Acero, Carmen de
Lucio, Eduardo Fajardo. PRODUCCIÓN: Cifesa. DURACIÓN: 109'.

En la más inmediata posguerra, convertido el país en una
férrea dictadura personalista, por motivos difíciles de precisar comienzan a proliferar en el cine español los grandes
dramas históricos. Añorando una monarquía nunca demasiado querida, se hacen una amplia sucesión de acartonadas películas de época que cuentan la historia de España a
la medida de los nuevos ideales políticos impuestos por el
victorioso general Franco.

Fernando Rey, Jorge Mistral, Aurora Bautista y Juan Espantaleón en
Locura de amor

El máximo representante de estas grandilocuentes, falsas y plúmbeas producciones, donde entre grandes decorados de cartón piedra y apolillados ropajes antiguos, se distorsiona la historia nacional, es Juan de Orduña y *Locura de amor*, su película más representativa y de mayor éxito, que de manera altisonante narra los desgraciados amores entre la reina española Juana la Loca y el archiduque austriaco Felipe el Hermoso.

Después de llegar a ser uno de los actores más populares del cine mudo español y licenciarse en derecho, el madrileño Juan de Orduña (1907-1974) debuta como director con *Una aventura de cine* (1927), su única película muda, la primera adaptación cinematográfica de una obra del prolífico escritor Wenceslao Fernández Flórez. Quince años después, en plena posguerra, contratado por la importante productora Cifesa, comienza su verdadera carrera como director con la trilogía de irregulares producciones de propaganda política formada por *Porque te vi llorar* (1941), *El frente de los suspiros* (1942) y *¡A mí la legión!* (1942).

Sus mejores trabajos en los años cuarenta son las siete comedias sofisticadas rodadas para Cifesa, entre las que destacan *Deliciosamente tontos* (1943), *Ella, él y sus millones* (1944) y *Mi enemigo el doctor* (1945). Tras el tosco dramón religioso *Misión blanca* (1946), rueda las torpes adaptaciones literarias *Un drama nuevo* (1946), sobre la obra de Manuel Tamayo y Baus, y *La Lola se va a los puertos* (1947), sobre la de los hermanos Antonio y Manuel Machado, además de *Serenata española* (1947), biografía del músico Isaac Albéniz. El enorme éxito alcanzado por *Locura de amor* le hace dedicarse en exclusiva al cine histórico durante unos años.

Basada en la obra de Manuel Tamayo y Baus, de la que también hay una primitiva versión, desgraciadamente perdida, rodada en 1909 por Ricard de Baños y Alberto Marro, un hábil Juan de Orduña narra a través de cuatro *flashbacks*, contados por Álvaro de Estúñiga (Jorge Mistral) al futuro Carlos V (Ricardo Acero), tras visitar a su enloquecida madre Juana en Tordesillas, el origen de los males de Juana la Loca.

Una vez que la reina Isabel la Católica muere en el Castillo de la Mota, Álvaro de Estúñiga parte a galope hacia la disoluta corte de Flandes para comunicar a Juana (Aurora Bautista) la noticia de la muerte de su madre. La princesa queda muy afectada por la desgracia, pero sobre todo cuando poco después descubre a su marido el archiduque Felipe de Austria (Fernando Rey) besando a una de las damas de su corte.

En Tudela de Duero, la ya reina Juana se entera de que el rey Felipe se entrevista en secreto en una posada con la infiel mora Aldara (Sara Montiel), al mismo tiempo que se plantea el peculiar drama de la obra: Álvaro de Estúñiga está enamorado de la reina Juana, la reina Juana no puede vivir sin el archiduque Felipe, el archiduque Felipe quiere a la mora Aldara y la mora Aldara desea a Álvaro de Estúñiga. Ninguno es correspondido por su hipotética pareja, todos sufren mucho y tienen celos unos de otros.

La mejor parte de *Locura de amor* se desarrolla en la corte establecida en Burgos, entre medias de múltiples y complejas intrigas palaciegas. Los partidarios de la reina Juana tratan de que ponga fin al saqueo y la tiranía que los flamencos ejercen sobre los castellanos, mientras Filiberto de Vere (Jesús Tordesillas) y sus seguidores apoyan al archiduque de Austria para que haga encerrar a la reina loca. Mientras la mora Aldara se convierte, con la ayuda del archiduque, en dama de la reina haciéndose pasar por la cristiana Beatriz y al descubrir la reina Juana el engaño, tiene lugar el famoso diálogo entre ambas:

—Me odias porque el rey me quiere. Yo te odio mucho más porque crees en Jesús y yo en el Profeta, porque eres hija de Isabel y yo del rey Zagal. Yo sí te aborrezco.

—Ha sido contigo, con una infiel enemiga de mi Dios con quien el rey me engañaba. No pudo ser más ofendida la reina católica de España.

En una sesión extraordinaria de las Cortes, que constituye la mejor escena de *Locura de amor*, el rey Felipe el Hermoso consigue que se declare demente a su mujer la reina Juana la Loca y se la encierre en el monasterio de Las Huelgas. Sin embargo, el malvado y concupiscente extranjero Felipe el Hermoso no puede disfrutar mucho de sus amores con la mora Aldara. Tal como cuenta una ridícula tradición, muere por beber un vaso de agua demasiado fría después de jugar un partido de frontón, ante la completa desesperación de la siempre enamorada reina Juana.

El éxito de *Locura de amor*, tanto en España como en Latinoamérica, lleva a Juan de Orduña a seguir con las películas históricas. Con presupuestos cada vez más elevados, y siempre para la productora Cifesa, rueda *Vendaval* (1949), sobre el reinado de Isabel II, *Pequeñeces* (1950), adaptación de la novela del padre Coloma, *Agustina de Aragón* (1950), sobre la invasión napoleónica, *La leona de Castilla* (1951), en torno al problema de los comuneros, y *Alba de América* (1951), biografía de Cristóbal Colón realizada para contrarrestar la indignación producida en los medios oficiales por la producción norteamericana *Christopher Columbus* (1949), de David MacDonald. Sin embargo, estas películas tienen muy desigual acogida y las dos últimas son un fracaso de público que pone punto final al género histórico.

Después de las adaptaciones literarias *Cañas y barro* (1954), sobre la novela homónima de Vicente Blasco Ibáñez, y *Zalacaín, el aventurero* (1954), sobre la obra del mismo título de Pío Baroja, Juan de Orduña tiene un inesperado y enorme éxito con *El último cuplé* (1957), que resucita el cuplé y consagra a Sara Montiel como protagonista de melodramas con canciones. No obstante, y a pesar de continuar trabajando con regularidad hasta principios de la década de los setenta, sus restantes once variadas películas cada vez son peores y sólo pueden destacarse la serie de trece zarzuelas que a finales de los años sesenta rueda para Televisión Española.

Vida en sombras   1948

DIRECTOR: Lorenzo Llobet Gracia. GUIONISTAS: Lorenzo Llobet Gracia,
Victorio Aguado. FOTOGRAFÍA: Salvador Torres Garriga. MÚSICA: Jesús
García Leoz. INTÉRPRETES: Fernando Fernán-Gómez, María Dolores Pra-
dera, Isabel de Pomés, Alfonso Estela, Félix de Pomés, Fernando Sancho.
PRODUCCIÓN: Francisco de Barnola para Castilla Films. DURACIÓN: 80'.

Durante los años treinta, cuarenta y cincuenta, el cine *amateur* catalán tiene un gran auge. No sólo por su gran cantidad de miembros, los continuos concursos que organiza
con las películas que ruedan y la existencia de algunas
revistas especializadas en el tema, sino también por dar
algunos nombres importantes al cine profesional. Este es el
caso del barcelonés Lorenzo Llobet Gracia (1911-1976),
su figura más representativa y la que consigue hacer la
mejor película comercial, aunque se convierte en una

María Dolores Pradera y Fernando Fernán-Gómez en *Vida en sombras*

auténtica pesadilla para su autor y nunca conoce su muy tardío reconocimiento por los historiadores.

Vida en sombras narra cómo Carlos Durán (Fernando Fernán-Gómez) nace por casualidad en una barraca de feria mientras sus padres asisten a una primitiva proyección cinematográfica. De niño siente una gran pasión por el cine, lo que le lleva a ver cuantas películas puede y a coleccionar todo lo relacionado con él. Su primer trabajo es en una distribuidora de películas, propiedad del señor Sancho (Fernando Sancho), hijo del dueño de la barraca de feria donde nació. Y se declara a su amiga de infancia Ana (María Dolores Pradera) mientras ven, en compañía de una carabina, *Romeo y Julieta* (Romeo and Juliet, 1936), de George Cukor.

Contratado como *cameraman* por el distribuidor Sancho, que también aspira a convertirse en productor, durante los primeros días de la sublevación militar que conduce a la guerra española, sale a rodar un reportaje por las calles de Barcelona. Cuando regresa a su casa se encuentra a su mujer Ana muerta por una bala perdida, lo que le hace culpabilizarse de su muerte y apartarse del cine.

En la posguerra, durante una proyección de *Rebeca* (Rebecca, 1940), de Alfred Hitchcock, a la que le arrastran su viejo amigo Luis Vidal (Alfonso Estela) y la bella Clara (Isabel de Pomés), una compañera de pensión, identifica su problema de culpabilidad con el del protagonista Maxime de Winter (Laurence Olivier) y logra liberarse de él. Comienza a salir con Clara, su antiguo jefe el distribuidor señor Sancho le ofrece dirigir una película, escribe la historia de su vida y *Vida en sombras* finaliza con el rodaje de su primera escena, pero desde el punto de vista del director.

Resulta evidente el carácter autobiográfico de *Vida en sombras*, que en alguna medida Lorenzo Llobet Gracia está contando su vida. No nacería en una primitiva barraca de exhibición cinematográfica, ni su mujer moriría durante la guerra mientras él rodaba un reportaje en la calle, pero siente la misma pasión por el cine que su protagonis-

ta Carlos Durán y su vida, como la suya, también está ligada a él. Sin embargo, la máxima influencia que el cine tiene
sobre Llobet Gracia es posterior a su único largometraje
comercial, es fácil de imaginar y posiblemente esté llena de
tonalidades trágicas.

Al igual que su protagonista Carlos Durán, tras largos
años de interés por el cine y de rodar películas *amateurs*,
Llobet Gracia consigue hacer su primera producción
comercial, pero al contrario que la suya, es un fracaso, no
un gran éxito. Dada la originalidad y fuerza de *Vida en
sombras*, su fracaso debió significar un duro golpe para su
autor, así como no poder rodar ninguna otra película
comercial, sobre todo cuando la comparase con el muy distinto cine español de la época. Además es muy posible que
invirtiese la totalidad o parte de sus ahorros en ella y sus
catastróficos resultados económicos afectasen tanto a su
situación personal como a la de su familia.

La razón del descalabro económico de la película, cuyo
primer título es *Bajo el signo de las sombras*, lo tarde y mal
que se distribuye, hay que buscarla en los problemas que
tiene con la censura de la época, mucho más que en su originalidad y su marcado tono personal. A pesar del amor de
Ana por la Virgen de Montserrat y el tono apolítico de la
obra, no gustan nada a los censores la manera cotidiana
con que se habla del Frente Popular, la cita de la Generali-
dad y la inclusión de algunas frases en catalán durante las
noticias radiofónicas que oye el matrimonio Durán sobre
los primeros momentos de la sublevación militar. Es muy
posible que hubiera más escenas de este tipo, la censura
mandase cortarlas y las que quedan sean el resultado de un
duro tira y afloja, o simplemente se eliminaran todas y Llobet Gracia las añadiese por su cuenta y riesgo en la única y
mala copia que se conserva. En cualquier caso, la realidad
es que la censura la califica muy mal para que no reciba
ninguna subvención económica, hundirla e impedir que
sigan haciendo cine los que la habían hecho, y consigue sus
propósitos.

Rodada en largos y eficaces planos, quizá más que por una concepción estética, por un problema de economía y de dificultades con el montaje, *Vida en sombras* tiene algunas caídas de ritmo, sobre todo en su primera parte, frente a la originalidad de su historia y su tratamiento visual. Hoy también resulta extraño que algunas escenas, como aquella en que el protagonista Carlos Durán realiza el reportaje bélico en plena calle con la ayuda de una gran bobina de papel, o aquellas otras que se desarrollan en el cementerio ante la tumba de su mujer, estén rodadas en toscos decorados, frente a otras, como las que transcurren en la calle ante el cine, cuyos decorados son mucho mejores.

Más allá del buen trabajo de unos jovencísimos Fernando Fernán-Gómez y María Dolores Pradera, en una de las pocas películas que la pareja interpreta juntos, y la habitual belleza de Isabel de Pomés, lo que más llama la atención de la original *Vida en sombras* es que en su momento pasase completamente desapercibida y hayan tenido que transcurrir casi treinta años, una vez desaparecido su autor, para que sea descubierta por los historiadores entre el cine español de los años cuarenta, que nada tiene que ver con ella.

Mi adorado Juan 1949

DIRECTOR: Jerónimo Mihura. GUIONISTA: Miguel Mihura. FOTOGRAFÍA: Jules Krüger. MÚSICA: Ramón Ferrés. INTÉRPRETES: Conchita Montes, Conrado San Martín, Juan de Landa, Luis Pérez de León, Alberto Romea, José Isbert, Rafael Navarro, Julia Lajos. PRODUCCIÓN: Emisora Films. DURACIÓN: 116'.

Durante los años cuarenta se hacen un buen número de comedias sofisticadas, sin la menor relación con la realidad

Juan de Landa, Conrado San Martín y Luis Pérez de León en
Mi adorado Juan

española del momento, muy influenciadas por las norteamericanas y las italianas de *teléfonos blancos*. Entre *Ella, él
y sus millones* (1944), de Juan de Orduña, *La vida en un
hilo* (1944), de Edgar Neville, y *Mi adorado Juan*, destaca
esta última por su mayor rigor, su hábil construcción y
mostrar la peculiar filosofía de la vida de Miguel Mihura.

Fundador de las famosas revistas de humor *La ametralladora* y *La codorniz*, el madrileño Miguel Mihura (1905-
1977) destaca como guionista y, sobre todo, dramaturgo,
hasta el punto de oscurecer la figura de su hermano mayor,
el gaditano Jerónimo Mihura (1902-1990), que en la década de los cuarenta dirige algunas brillantes y estupendas
comedias sofisticadas.

Después de trabajar como ayudante de dirección y
como director de doblaje, Jerónimo Mihura rueda algunos
cortos y debuta en el largometraje con el irregular *Aventura* (1942). Sin embargo, le muestran como un hábil realizador las divertidas comedias *Castillo de naipes* (1943), con

diálogos de Miguel Mihura, *Camino de Babel* (1945), escrita y producida por José Luis Sáenz de Heredia, y sobre todo *Mi adorado Juan*.

Rodada en Barcelona para la prestigiosa productora de la época Emisora Films, narra el enfrentamiento entre dos mundos contrapuestos y dos formas muy diferentes de vida. Por un lado se sitúa Eloísa Palacios (Conchita Montes), la hija del doctor Palacios (Alberto Romea), un famoso investigador, dedicada a robar perros para que su padre experimente sobre ellos una píldora que permite vivir sin necesidad de dormir. Y, por otro lado, aparece Juan González (Conrado San Martín), un médico que ha abandonado su profesión por un grave fracaso y vive sin trabajar, muy modestamente, rodeado de sus amigos, a quienes trata de ser útil.

La rigidez de los Palacios, que viven en un lujoso chalet con criados y tienen automóvil con chófer, y su concepción de la vida como una sucesión de esfuerzos que conducen al triunfo profesional, se opone a la pobreza con que vive Juan González y a que su única ilusión en la vida es no hacer nada, no destacar, mientras trata de ayudar a sus amigos en la medida de sus posibilidades.

Esta visión tan individualista y personal de la existencia que tiene Juan González enseguida conquista a la joven Eloísa Palacios y también a su, en un principio, intransigente padre. Sin embargo, la desconcierta cuando trata de casarse con él y Juan González no hace nada, se asusta, temeroso de que pueda cambiar su ideal de vida. De manera que Eloísa Palacios se encuentra entre el doctor Manríquez (Rafael Navarro), el ambicioso ayudante de su padre, que no duda en apropiarse de sus descubrimientos para alcanzar la gloria, y el pusilánime Juan González, a quien todo parece darle igual.

En un primer momento Eloísa Palacios queda fascinada por Juan González al aparecer como un ser desconocido y representar un modo de vida diferente. Le persigue y consigue casarse con él, pero luego duda cuando comprueba cómo uno tras otro fracasan sus intentos por hacerle cambiar, por acercarle a su mundo. También parece dudar ante la proposición del ambicioso doctor Manríquez de que se vaya con él a Filadelfia a presentar como suyas las teorías en que su padre lleva trabajando tanto tiempo, pero en el fondo sólo quiere destruirlas.

En el peculiar panorama del cine español de la década de los cuarenta *Mi adorado Juan* tiene una cierta repercusión, lo que según una curiosa costumbre de aquellos años anima a Miguel Mihura a convertirla en una obra de teatro de mucho mayor éxito. Algo que también hace Edgar Neville con *La vida en un hilo* y que da una buena idea de lo mal considerado que estaba el cine entre los intelectuales y la sociedad española de la época.

Protagonizada y dirigida por Alberto Closas, la versión teatral de *Mi adorado Juan* se estrena en 1956. En esos siete años que separan la película de la obra de teatro, la concepción de la vida de Miguel Mihura ha variado bastante y su personaje ya no es tan radical. La automarginación de Juan González ya no es tan completa y acepta cambiar su peculiar forma de vida por conseguir a la mujer amada. Lo que en buena medida hace que la obra de teatro tenga mucho mayor éxito que la película.

Uno de los grandes atractivos de *Mi adorado Juan* es el estupendo grupo de actores secundarios que encarna a los amigos del protagonista: el internacional Juan de Landa, los excelentes Luis Pérez de León, Alberto Romea y Julia Lajos, a los que se une el gran José Isbert. Frente a ellos, los protagonistas Conrado San Martín y Conchita Montes, que están bien en sus papeles, pero doblados por dobladores profesionales, anticipándose a una nefasta costumbre que invalida buena parte del cine español de los años sesenta.

Entre medias de las interesantes comedias de la década de los cuarenta, Jerónimo Mihura hace películas tan irregulares como el melodrama *Cuando llega la noche* (1946), el drama policiaco *Confidencias* (1947), la historia de corte político *Vidas confusas* (1947), la moralizante comedia de costumbres *Siempre vuelven de madrugada* (1948), la primera producción rodada con el procedimiento español Cinefotocolor *En un rincón de España* (1948) y el melodrama *Despertó su corazón* (1949).

Durante los años cincuenta Jerónimo Mihura trabaja mucho menos y en películas de mucho menor atractivo. Después de *El señorito Octavio* (1950), sobre la novela de Armando Palacio Valdés, realiza la más interesante *Me quiero casar contigo* (1951), sobre un guión original de Miguel Mihura, y colabora en la versión española de *Muchachas de Bagdad* (Babes in Bagdad, 1952), una exótica coproducción con Estados Unidos dirigida por el peculiar Edgar G. Ulmer, y *Maldición gitana* (1953), una comedia al servicio del famoso cómico argentino Luis Sandrini. Instalado en NO-DO como jefe de redacción, con posterioridad rueda otras dos películas que más vale olvidar.

El santuario no se rinde   1949

DIRECTOR Y GUIONISTA: Arturo Ruiz-Castillo. FOTOGRAFÍA: Juan Mariné. MÚSICA: Jesús García Leoz. INTÉRPRETES: Alfredo Mayo, Tomás Blanco, Beatriz de Añara, Mary Lamar, José María Lado, Carlos Muñoz, Fernando Fernández de Córdoba, Eduardo Fajardo, Antonio Casas, Ángel de Andrés. PRODUCCIÓN: Valencia Films, Centro Films. DURACIÓN: 88'.

El posible interés de *El santuario no se rinde*, una de tantas películas patrioteras sobre la guerra española rodadas en la primera etapa de la posguerra, antes de la firma del acuerdo de colaboración con Estados Unidos en 1953, reside en el vano intento de Arturo Ruiz-Castillo de que en su epopeya no haya ni buenos, ni malos, y en el más conseguido de ser en alguna medida una obra autobiográfica.

Mary Lamar y Alfredo Mayo en *El santuario no se rinde*

No se ensaña en la descripción de los atacantes del santuario de la Virgen de la Cabeza, sólo dice de ellos que «no saben lo que hacen» y están ayudados por la aviación rusa y las Brigadas Internacionales, pero deja muy claro que los buenos son los absurdos héroes que no aceptan rendirse y mueren gritando «¡Arriba España!». Más convincente resulta el dibujo del notario Luis de Aracil (Alfredo Mayo), tras el cual es fácil adivinar al propio guionista y realizador.

Hijo del importante editor José Ruiz-Castillo, creador de la *Biblioteca Nueva*, el madrileño Arturo Ruiz-Castillo (1910-1994) se licencia en ciencias exactas por la Universidad de Madrid, pero su afición por el teatro le hace abandonar los estudios de arquitectura. Junto al poeta Federico García Lorca en 1932 funda el grupo teatral universitario «La Barraca», colabora con los grupos de cultura popular durante la II República, trabaja como director artístico de la editorial de su padre y rueda, en colaboración con Gonzalo Menéndez Pidal, algunos cortometrajes.

Lo mismo que su personaje Luis de Aracil, es un hombre culto, universitario, colaborador y simpatizante de la II

República, pero no llega a pertenecer al Partido Comunista como él. Sin embargo, las circunstancias vividas durante la guerra les hacen cambiar de bando, pero mientras su personaje muere en la defensa del santuario de la Virgen de la Cabeza, él se convierte en uno de los más conocidos representantes del cine que se hace durante los años cuarenta y cincuenta.

En 1946 Ruiz-Castillo crea la productora Horizonte Films para rodar *Las inquietudes de Shanti Andía* (1947), adaptación de la novela homónima de Pío Baroja, pero el fracaso del fallido y original melodrama *Obsesión* (1947), que hace a continuación, le conduce a un cine bastante más convencional. De esta manera rueda la religiosa *La manigua sin Dios* (1948), sobre la colonización del Paraguay por los jesuitas, la folklórica *María Antonia La Caramba* (1950), la histórica *Catalina de Inglaterra* (1951), la melodramática *La laguna negra* (1953), basada en un poema de Antonio Machado, la patriotera *Dos caminos* (1954) y la futbolística *Los ases buscan la paz* (1955).

Al igual que la excelente producción italiana *Sin novedad en El Alcázar* (1940), de Augusto Genina, *El santuario no se rinde* también narra un largo asedio de militares sublevados por fuerzas leales a la II República, pero con muchos menos medios y una corta inspiración, agudizada por los problemas económicos planteados durante el rodaje. Esto hace que los exteriores nocturnos estén realizados en irregulares decorados, diseñados por el propio Ruiz-Castillo, y recurra en exceso a las maquetas para algunas escenas y a los documentales para describir el *levantamiento* militar del 18 de julio y describir un torpe combate aéreo.

Contada a lo largo de un *flashback*, subrayada por la literaria voz de fondo de la protagonista al visitar, a través de un plano subjetivo, el reconstruido santuario de la Virgen de la Cabeza y la tumba de su defensor, el capitán Cortés (Tomás Blanco), *El santuario no se rinde* comienza con la llegada a mediados de julio de 1936 del marqués de

Puente Real (Rafael Bardem) y su hija Marisa (Beatriz de Añara) a su lujosa finca «El Romeral», cercana a Andújar, para pasar unos días de descanso.

El ambiente está enrarecido, la guardia civil que vigila el campo teme que ocurra algo y el nuevo notario Luis de Aracil, a pesar de sus ideas comunistas, debe detener a unos campesinos, que quieren entrar en las tierras del marqués, pero finalmente son los militares quienes se sublevan. Ante el ataque de los campesinos de la zona, la guardia civil al mando del capitán Cortés se refugia, en unión de trescientos cincuenta civiles, aunque en un momento se habla de mil quinientos, en el santuario de la Virgen de la Cabeza, situado en lo alto de un montículo. Durante más de siete meses resisten el sitio en penosas condiciones, pero acaban por ser desalojados por la acción conjunta de la aviación rusa y tropas francesas de las Brigadas Internacionales.

Sobre este fondo histórico se narra cómo Luis de Aracil, en contra de sus convicciones y para salvar la vida de Marisa, se encierra con sus enemigos en el santuario de la Virgen de la Cabeza, llega a hacer suyas sus ideas y se enamora de ella. Al tiempo que la atracción que siente por él la enfermera Carmela (Mary Lamar) se desvía hacia el médico Liergana (Carlos Muñoz).

Tras una primera parte interesante, resuelta con un cierto realismo, el largo asedio hace que *El santuario no se rinde* llegue a ser aburrida, en gran parte por estar llena de tópicos y rodada con muy poco dinero. Tanto la escena con grandilocuentes diálogos en que el capitán Cortés y el notario Aracil se dan la mano, a pesar de sus enfrentadas ideologías, como las acciones aéreas del capitán Haya para lanzarles medicinas, alimentos y tabaco para poder continuar subsistiendo, sin olvidar el villancico cantado en la iglesia para celebrar la Nochebuena y la muerte del capitán Cortés en su despacho bajo un cartel que dice en grandes letras «La guardia civil muere, pero no se rinde».

Brigada criminal   1950

DIRECTOR: Ignacio F. Iquino. GUIONISTAS: Juan Lladó, Manuel Bengoa, José Santugini. FOTOGRAFÍA: Pablo Ripoll, Pedro Rovira, Antonio García. MÚSICA: Augusto Algueró. INTÉRPRETES: José Suárez, Manuel Gas, Soledad Lance, Alfonso Estela, Maruchi Fresno, Isabel de Castro, Carlos Otero, Mercedes Mozart. PRODUCCIÓN: Ignacio F. Iquino para Producciones Iquino. DURACIÓN: 86'.

A principios de los años cincuenta nace en torno al productor y director Ignacio F. Iquino y las marcas Emisora Films, que tiene a medias con su cuñado, y Producciones Iquino, que maneja en solitario, un interesante cine policiaco. Sus puntos de apoyo son el más tradicional *cine negro* norteamericano y el neorrealismo italiano con sus rodajes en interiores y exteriores naturales. Llama especialmente la atención en una cinematografía como la española

Manuel Gas y José Suárez en *Brigada criminal*

donde el género tiene una mínima tradición y antes y después se hacen muy pocos policiacos.

Sus dos mejores títulos son *Brigada criminal*, que rompe el fuego, y *Apartado de correos 1001* (1950), de Julio Salvador, realizadas casi de forma simultánea, pero con equipos muy diferentes, la primera rodada en Madrid y la segunda en Barcelona. A las que sigue a una relativa distancia *Relato policiaco* (1954), primer largometraje dirigido por el montador y guionista Antonio Isasi Isasmendi. Las tres producidas por Ignacio F. Iquino, pero para sus diferentes marcas.

De cara a una censura que no ve con buenos ojos la existencia de malvados como los que aparecen en estas producciones en la *victoriosa* España del general Franco, la coartada es narrarlas desde el punto de vista de la policía, hacer una desmesurada alabanza de la eficacia del cuerpo y el valor de sus miembros, pero aprovechar para dibujar con realismo unos ambientes y unos personajes imposibles de existir en otro contexto.

Debido a ello *Brigada criminal* comienza con un largo cartel de pura adulación a la policía española, «la mejor del mundo», para proseguir con una voz de fondo que define al protagonista Fernando Olmos (José Suárez) como huérfano de padre y madre, con una novia a quien tan sólo tiene tiempo de ver al comienzo y al final de la película, y bajo la protección del veterano inspector Basilio Lérida (Manuel Gas), para acabar viéndosele recoger su título de policía en la «Escuela General de Policía» en la madrileña calle de Miguel Ángel.

Para su desesperación, el primer servicio de Fernando Olmos es hacerse pasar por mecánico, introducirse en un taller automovilístico y apresar a un ladronzuelo. Mientras tanto, está presente por casualidad en un banco de la Glorieta de Bilbao cuando es asaltado por una banda de ladrones profesionales, no puede hacer nada para impedirlo, pero ve a alguno de ellos. Un día uno de los ladrones del banco pasa por el garaje, comienzan a hablar y decide introducirse en la banda para desenmascararlos y detenerlos.

La primera misión que los ladrones le encargan a Fernando Olmos es ir a Barcelona, encontrarse con la bailarina Celia Albéniz (Soledad Lance), novia de uno de ellos y dispuesta a denunciarle si no cambia de amistades, matarla por el camino y regresar a Madrid. De acuerdo con el inspector Lérida, simulan la muerte de la chica e incluso consiguen que aparezca una nota en la prensa, pero esto no impide que su novio sea asesinado fríamente y que los ladrones no acaben de confiar en el joven policía.

En la conseguida última parte, los ladrones descubren que Fernando Olmos es un policía, le conducen hasta una serrería de Vallecas, donde se esconde la banda, y comienza la persecución por parte de la policía del jefe de los ladrones, que lleva un maletín con el botín de un millón de pesetas del robo al banco, por un gran edificio en construcción de Huarte. En el enfrentamiento con la policía mueren todos los miembros de la banda, pero también el inspector Lérida en el tiroteo final con el jefe de los ladrones.

Más allá de la simplicidad del argumento original del prestigioso guionista José Santugini, el interés de *Brigada criminal* radica en su conseguido tono neorrealista, en la eficacia del rodaje realizado en plena calle con cámaras ocultas por Ignacio F. Iquino, como las escenas iniciales entre los dos policías en un kiosco en la plaza de Alonso Martínez, el atraco al banco o la persecución final, frente a un inevitable semidocumental sobre el perfecto funcionamiento de la policía, el adiestramiento de perros para la detención de criminales y la inclusión de algunas demostraciones prácticas.

Después de estudiar música y pintura, realizar exposiciones y colaborar como dibujante en diferentes diarios, el tarraconense Ignacio F. Iquino (1910-1994) monta un estudio fotográfico y comienza a estrenar comedias y revistas musicales. Su interés por el cine le lleva a crear sucesivamente las marcas Emisora Films, Producciones Iquino,

Ifisa e Ifi, para las que a lo largo de cincuenta años de continuo trabajo hace la mayoría de las ochenta películas que dirige, además de otras muchas que tan sólo produce.

Debuta con el policiaco *Al margen de la ley* (1935), sobre el famoso crimen del expreso de Andalucía, al que siguen dentro del mismo género las irregulares *Una sombra en la ventana* (1944) y *El obstáculo* (1945), mientras rueda para la productora Cifesa algunas comedias entre las que destacan *Alma de Dios* (1941), sobre la obra de Carlos Arniches, y *Los ladrones somos gente honrada* (1942), sobre la comedia de Enrique Jardiel Poncela.

Tras obtener un gran éxito con *El tambor del Bruch* (1948), que se inscribe dentro del acartonado cine histórico de la época, y rodar *Historia de una escalera* (1950), basada en la famosa obra teatral de gran éxito de Antonio Buero Vallejo, el guionista, productor y director Ignacio F. Iquino hace sus mejores trabajos con *Brigada criminal* y *El judas* (1952), una curiosa historia religiosa en torno a la famosa «Passió de Esparraguera» que se estrena en versión catalana, pero ese mismo día es prohibida y sólo se autoriza la exhibición de la castellana.

Posteriormente el cine de Ignacio F. Iquino comienza a descender de calidad poco a poco, dirige todo tipo de subproductos de escaso o nulo interés, cada vez más plegado a las necesidades del mercado y siempre rodadas con medios muy limitados. De manera que tras hacer películas históricas, religiosas, folklóricas y con niños, durante los años sesenta dirige *spaghetti-westerns* para cerrar su larga filmografía a principios de los ochenta con películas eróticas o directamente pornográficas.

Apartado de correos 1001   1950

DIRECTOR: Julio Salvador. GUIONISTAS: Julio Coll, Antonio Isasi Isasmendi. FOTOGRAFÍA: Federico G. Larraya. MÚSICA: Ramón Ferres. INTÉRPRETES: Conrado San Martín, Elena Espejo, Tomás Blanco, Manuel de Juan, Luis Pérez de León, Carlos Muñoz, Guillermo Marín, Casimiro Hurtado, Emilio Fábregas, Eugenio Testa. PRODUCCIÓN: Emisora Films. DURACIÓN: 96´.

En 1950, de manera casi paralela se ruedan dos importantes películas policiacas, *Brigada criminal*, que produce y dirige Ignacio F. Iquino en Madrid para Producciones Iquino, y *Apartado de correos 1001*, que realiza Julio Salvador en Barcelona para Emisora Films. Sentadas las bases de su innovador y similar estilo realista en la primera, resulta mejor la segunda por la mayor complejidad y preciso desarrollo de su trama y también por limitar algo sus alabanzas a la policía española.

Manuel de Juan, Casimiro Hurtado y Conrado San Martín en
Apartado de correos 1001

En ambas hay una voz de fondo ensalzando las virtudes del cuerpo, que en *Apartado de correos 1001* dice textualmente «Historia silenciosa y abnegada de unos hombres que por vocación y honradez dedican su vida a defender a la sociedad de todos aquellos que intentan perturbarla», que parece una imposición final de la censura sobre la película acabada, mientras *Brigada criminal* se apoya más en la figura de un valeroso joven policía, que en esta sólo es un importante personaje más.

Apartado de correos 1001 narra cómo el 14 de agosto llega una carta a Rafael Quintana López (Luis Pérez de León), que vive con su hijo Rafael Quintana Suárez (Carlos Muñoz) en un pueblo de los alrededores de Barcelona, diciéndole que dos días después vence el plazo para pagar una hipoteca. Al día siguiente el hijo sale para Barcelona en busca del dinero necesario, pero le matan a balazos desde un taxi, tras cruzarse con un misterioso personaje (Guillermo Marín) al bajar del autobús frente a la Jefatura de Policía.

Después de la escueta narración de este hecho, el caso pasa a manos del inspector Velasco (Manuel de Juan) y de su joven y ambicioso ayudante Miguel (Conrado San Martín). El padre de la víctima les cuenta lo ocurrido, y cómo cree que el enigma gira en torno a las doscientas mil pesetas que su hijo heredó de su madre. Gracias a la minuciosidad del joven asesinado, al registrar su habitación los policías descubren que el día de su muerte tenía una cita en la «Compañía Industrial de Productos Químicos», donde tiempo atrás le habían ofrecido un trabajo de inspector provincial, tras depositar como fianza el dinero heredado.

Sin embargo, en Castillejos 243, la dirección de la compañía, sólo hay un solar, pero en el que encuentran el taxi empleado en el asesinato con su taxista (Casimiro Hurtado) dentro, maniatado, inconsciente y sin recordar nada de lo ocurrido. Entonces el inspector y su ayudante comienzan a vigilar el apartado 1001 de la Central de Correos al que deben dirigirse los interesados en trabajar para la

«Compañía Industrial de Productos Químicos» y no tarda en aparecer la joven Carmen (Elena Espejo) para recoger la correspondencia.

El inspector Velasco y su ayudante Miguel siguen a Carmen hasta la pensión Urtazun. Allí descubren que es una raquetista profesional, que trabaja en el Frontón Cataluña, y les cuenta que un día conoció a un tal Julián Azores y desde entonces le manda todos los meses doscientas pesetas por correo por recoger las cartas del apartado 1001 y depositarlas en un determinado buzón de las Ramblas. Esto lleva a los policías a vigilar a los que manipulan la correspondencia de esa zona en la Central de Correos, descubren al sospechoso Antonio Benítez (Tomás Blanco) y le detienen cuando se encuentra en la sucursal de un banco con Pascual Domingo Antúñez.

Después de demostrar Pascual Domingo Antúñez su inocencia ante los policías, el detenido Antonio Benítez cuenta, en un *flashback*, cómo la «Compañía Internacional de Productos Químicos» sólo es un montaje para quedarse con el dinero que los interesados depositan como fianza para trabajar en ella. También relata cómo el 15 de agosto llega Rafael Quintana Suárez a la sede de la compañía para reclamar su fianza para pagar una hipoteca de su padre, no se la dan y, antes de que les denuncie a la policía, Julián Azores decide matarle.

Esta declaración conduce al inspector Velasco y a su ayudante Miguel a Bonaplata 60, donde encuentran al taxista, que ha recobrado la memoria y narra en otro *flashback* la escena del asesinato, pero cuando va a revelar la identidad de Julián Azores, le matan de un tiro en la espalda. El asesino se escapa, los policías descubren en la casa unos frascos con cocaína y deciden sacar de la cárcel a la raquetista Carmen y utilizarla como cebo para atrapar a Julián Azores.

Efectivamente, el 17 de agosto, durante un partido en el Frontón Cataluña en el que juega Carmen, aparece Julián Azores, la policía le persigue por la cercana *Casa del miedo* de un parque de atracciones, al final muere de un disparo y resulta ser Pascual Domingo Antúñez. Mientras el inspector Velasco hace las últimas diligencias del caso, su ayudante Miguel vuelve al frontón para ver el final del partido y entablar una relación sentimental con la raquetista Carmen.

El gran atractivo de *Apartado de correos 1001* reside en dar una visión realista de Barcelona y mostrar algunos personajes inusuales en el cine español de la época, pero además dentro de una historia con una buena estructura dramática apoyada en dos *flashbacks* explicativos y una eficaz realización de Julio Salvador. En el logrado conjunto destacan las hábiles escenas de montaje donde Carmen llega para abrir el apartado de correos, en que el proceso de manipulación de las cartas en la Central de Correos lleva a descubrir a uno de los culpables y, sobre todo, la persecución final por el parque de atracciones.

También llama la atención algo tan inusual en cine como lo concreta que es la historia en cuanto a fechas, nombres de calles y personajes. Así como el excelente truco que un actor tan conocido en la época como Guillermo Martín, que además aparece destacado en los títulos, sólo haga un personaje episódico, mientras el culpable es encarnado por el muy poco conocido Emilio Fábregas. Esto hace que se sospeche del primero, pero nunca del segundo.

Dado que el barcelonés Julio Salvador (1906-1974) sólo dirige once irregulares películas, como el policiaco *Duda* (1951), la adaptación del famoso serial radiofónico original de Luisa Alberca y Guillermo Sautier Casaseca *Lo que nunca muere* (1954), el falso drama social *Sin la sonrisa de Dios* (1955) y la comedia *Ya tenemos coche* (1958), hay que pensar que en *Apartado de correos 1001*, su obra maestra, uno de los grandes éxitos del cine español de la época, sus colaboradores tienen una especial importancia. Desde el productor Ignacio F. Iquino en la sombra hasta en primer plano el coguionista y montador Antonio Isasi Isasmendi, más tarde también conocido director, al igual que el otro coguionista Julio Coll.

Surcos

1951

DIRECTOR: José Antonio Nieves Conde. GUIONISTAS: Natividad Zaro, Gonzalo Torrente Ballester, José Antonio Nieves Conde. FOTOGRAFÍA: Sebastián Perera. MÚSICA: Jesús García Leoz. INTÉRPRETES: Luis Peña, Maruja Asquerino, Francisco Arenzana, Marisa de Leza, Ricardo Lucía, José Prada, Félix Dafauce, María Francés, Marujita Díaz, Carmen Sánchez, Montserrat Carulla, Manuel de Juan. PRODUCCIÓN: Felipe Gerely y Francisco Madrid. DURACIÓN: 95´.

De *Surcos*, la obra maestra de José Antonio Nieves Conde, siempre se ha dicho que consigue realizarla gracias al triunfo de *Balarrasa* (1950) y que le cuesta el cargo al director general de Cinematografía por anteponerla a la acartonada y cara biografía de Cristóbal Colón *Alba de América* (1951), de Juan de Orduña. Sin embargo, es declarada de

José Prada, Francisco Arenzana, María Francés, Carmen Sánchez, Maruja Asquerino y Marisa de Leza en *Surcos*

Interés Nacional, con todas las ventajas económicas que esto significa para los productores y distribuidores, y tiene algún enfrentamiento con la censura, pero se estrena con normalidad y consigue un gran éxito.

Dado que a la censura del general Franco, como había hecho tantas veces antes y volverá a hacer con regularidad después, no le cuesta ningún trabajo prohibirla por completo, destrozarla o simplemente sabotear su distribución declarándola de tercera categoría, es decir, sin derecho a subvenciones y estreno, las verdaderas razones de su existencia deben ser de índole muy distinta.

Preocupadas las autoridades por el cada vez mayor éxodo del campo a la ciudad y convencidas de la gran influencia que el cine tiene sobre la población, deciden hacer una película que muestre los peligros que encierra la ciudad para la gente del campo. Encargan un argumento al escritor falangista Eugenio Montes, que convierten en guión Natividad Zaro y su correligionario el novelista Gonzalo Torrente Ballester, gracias al cual el también falangista José Antonio Nieves Conde consigue hacer una gran película.

El problema se plantea cuando *Surcos* resulta ser un auténtico reflejo del Madrid de la época y mucho más dura y realista de lo previsto. La censura corta la escena final, paralela a la primera, donde los maltrechos miembros de la familia Pérez se cruzan en la estación de Atocha con otra familia de campesinos que llega a Madrid en busca de fortuna, y se destituye al director general de Cinematografía por autorizarla y recompensarla económicamente. Sin embargo, se estrena sin problemas para cumplir los objetivos para los que ha sido concebida.

Confirma esta teoría el rótulo inicial, firmado por Eugenio Montes, que reza con su peculiar sintaxis: «Hasta las últimas aldeas, llegan las sugestiones de la ciudad convidando a los labradores a desertar del terruño, con promesas de fáciles riquezas. Recibiendo de la urbe tentaciones, sin preparación para resistirlas y conducirlas, estos campesinos, que han perdido el campo y no han ganado la muy difícil civilización, son árboles sin raíces, astillas de suburbio, que la vida destroza y corrompe. Esto constituye el más doloroso problema de nuestro tiempo».

En una significativa escena de *Surcos*, don Roque, alias Chamberlain (Félix Dafauce), intercambia con su querida el siguiente diálogo:

—¿Por qué no me llevas al cine? Echan una psicológica.

—Eso ya está pasado. Ahora lo que se llevan son las neorrealistas.

—¿Y eso qué es?

—Pues, problemas sociales, gente de barrio...

—Bueno, bueno, bueno. Llévame donde quieras, pero sácame de aquí.

A pesar de que no es difícil apreciar una cierta ironía en este diálogo, *Surcos* no tiene mucho que ver con el neorrealismo italiano tan de moda en aquellos años, es más un duro melodrama sobre la desintegración de la familia Pérez en Madrid. Describe la decadencia de la autoridad moral del padre frente al egoísmo de la madre y además, sobre todo, en contra de la más elemental norma moral del cine de la época: los malos, los asesinos, no son castigados, quedan impunes.

Surcos narra cómo una familia de humildes campesinos, cansada de trabajar la tierra y pasar hambre durante la dura posguerra, llega a Madrid en busca de una vida mejor, prometida por su hijo mayor Pepe (Francisco Arenzana) ya instalado en la capital, pero las cosas no pueden irles peor. Al final, tras enterrar a este hijo mayor, el padre consigue imponer su voluntad y regresa al pueblo con su mujer y su hija, habiendo fracasado en su enfrentamiento con la ciudad.

El padre, Manuel (José Prada), intenta trabajar como *pipero* y de peón en una pequeña fábrica, pero es mayor para cambiar de profesión y debe limitarse a ayudar a su mujer en las tareas domésticas en la humilde casa que comparten con una pariente dedicada al estraperlo en pequeña escala. El hijo mayor Pepe no tarda en ganarse las simpa-

tías del gran estraperlista Chamberlain, dedicarse a robar
sacos con comestibles de los camiones que por las noches
los traen a Madrid, quitarle la amante, Pili (Maruja Asquerino), a «El Mellao» (Luis Peña) e irse a vivir con ella.

Con el apoyo de la madre (María Francés), la hija Antonia (Marisa de Leza) se coloca como criada de la querida
de Chamberlain, pero tras fracasar como cantante, se convierte en la amante de éste. Tan sólo prospera el tímido
hijo menor Manolo (Ricardo Lucía) que, después de ser
despedido de recadero en una tienda de comestibles y
vagar muerto de hambre por Madrid, comienza a hacer
guiñol con un hombre y se enamora de su hija (Montserrat
Carulla).

Tras la interesante trilogía de películas policiacas integrada por *Senda ignorada* (1946), *Angustia* (1947) y *Llegada
de noche* (1949), el segoviano José Antonio Nieves Conde
(1915) tiene un gran éxito con la moralizante historia políti-
co-religiosa *Balarrasa* (1950) y el crudo drama familiar *Surcos*. Sin embargo, fracasa con el melodrama *Rebeldía*
(1953), basado en una obra de José María Pemán, y la anticomunista *La legión del silencio* (1955). Tienen mucho más
interés el policiaco *Los peces rojos* (1955), basado en un
interesante guión de Carlos Blanco, el drama con resonancias sociales *Todos somos necesarios* (1956) y la comedia crítica *El inquilino* (1958), hundida por la censura paralela
ejercida por el recién creado Ministerio de la Vivienda.

De los muy irregulares trabajos realizados por José
Antonio Nieves Conde durante los años sesenta sólo cabe
destacar la comedia de costumbres *Don Lucio y el hermano
Pío* (1960). Mientras su cine termina de hundirse en la
siguiente década con los melodramas psicológico-policia-
cos *Marta* (1971) e *Historia de una traición* (1972), rodados
en doble versión en coproducción con Italia, en una época
en que los desnudos comienzan a invadir el cine europeo.
Cierra su muy desigual filmografía con *Volvoreta* (1976),
una de las últimas adaptaciones de una novela de Wenceslao Fernández Flórez.

Día tras día

1951

DIRECTOR: Antonio del Amo. GUIONISTAS: Juan Bosch, Antonio del Amo, Manuel Pombo Angulo. FOTOGRAFÍA: Juan Mariné. MÚSICA: Jesús García Leoz. INTÉRPRETES: Mario Berriatúa, Marisa de Leza, José Prada, Manuel Zarzo, Jacinto San Emeterio. PRODUCCIÓN: Antonio del Amo y Juan Mariné para Altamira. DURACIÓN: 83'.

Gracias al entusiasmo de un heterogéneo grupo de aficionados, que organiza cursos de cine en las aulas que les presta la «Escuela Especial de Ingenieros Industriales» de Madrid, a principios de 1947 se inaugura el «Instituto de Investigaciones y Experiencias Cinematográficas», bajo la dirección de Victoriano López García, la primera escuela de cine española. En 1949 sale la primera promoción y ante las dificultades para encontrar trabajo, un grupo de

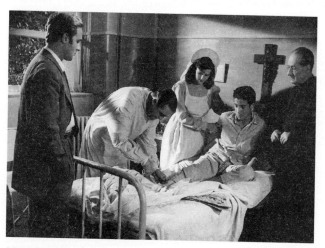

Mario Berriatúa, Manuel Zarzo y José Prada en *Día tras día*

profesores y alumnos crea la productora Altamira para realizar el cine que les gusta.

Es una experiencia de gran interés, pero de corta y desigual vida, dado que sólo hacen media docena de películas durante la primera mitad de los años cincuenta, por la poca respuesta que obtienen de la administración, de los distribuidores y exhibidores y, en definitiva, del público. La película más famosa que producen es *Esa pareja feliz* (1951), la primera que dirigen Luis G. Berlanga y J. A. Bardem, pero desde un punto de vista histórico tiene más interés *Día tras día* por mostrar una clara influencia del neorrealismo italiano. Sus restantes producciones, *Cristo* (1953), de Margarita Alexandre y Rafael Torrecilla, *Sucedió en Sevilla* (1954), de José G. Maesso, *Rapto en la ciudad* (1955), de Rafael J. Salvia, y *Familia provisional* (1955), de Francisco Rovira Beleta, están condicionadas por el fracaso económico de las primeras y tienen mucho menos atractivo.

Día tras día narra las tristes andanzas por el popular Rastro madrileño de Ernesto (Mario Berriatúa), un pintor que vive con su madre viuda, a quien no le gusta trabajar y sólo piensa en viajar, y Anselmo (Manuel Zarzo), un golfillo cojo sin familia, y cómo ambos se ven implicados en un chapucero robo a un chamarilero de la zona.

Frente a un buen documental del Rastro, que ha ganado con el paso de los años, destaca un excesivo tono moralizante, exigido en contraposición por la censura, que enturbia demasiado los resultados. Está centrado en el personaje del padre José (José Prada), el párroco del barrio, que además de ser el narrador de la historia, en repetidas ocasiones habla a la cámara para implicar más a los espectadores en lo que están viendo. Lo que conduce a un final demasiado feliz en que el sacerdote consigue dinero para que Anselmo pueda operarse y curarse de su cojera y que Ernesto se fije en la joven (Marisa de Leza), huésped de su madre, y siente la cabeza.

Día tras día forma con *Sierra maldita* (1954), un extraño y simbólico drama rural, y *El sol sale todos los días* (1955), un fallido melodrama, la conocida trilogía de películas realistas dirigidas por el muy irregular Antonio del Amo, pero con el desgraciado agravante de que, a pesar de sus esfuerzos por hacer el cine que le gusta y en el que cree, cada una tiene menos interés que la anterior.

Después de abandonar sus estudios por la atracción que siente por el cine, el madrileño Antonio del Amo (1911-1991) colabora desde muy joven en revistas especializadas, como las famosas *Popular Films* y *Nuestro cinema*. Sus primeros acercamientos al cine se producen de la mano de Luis Buñuel con cometidos secundarios en las películas que hace durante la II República como productor ejecutivo para la marca Filmófono.

Ideológicamente vinculado al Partido Comunista, durante la guerra española llega a ser el responsable de la sección cinematográfica de la división de Valentín González «El Campesino». Debuta como director con diferentes cortos de propaganda bélica e incluso llega a rodar el mediometraje *El camino de la victoria* (1937), donde muestra su admiración por las técnicas del montaje ruso, pero los dirigentes del Partido Comunista lo encuentran demasiado personal y encargan a otro convertirlo en dos cortos.

Autor de varios libros, entre los que destacan *Historia universal del cine* (1945) y *Estética del montaje* (1972), Antonio del Amo es profesor de montaje del «Instituto de Investigaciones y Experiencias Cinematográficas» desde su fundación hasta finales de los años cincuenta y de la «Escuela Oficial de Cinematografía» a mediados de la década de los sesenta.

A finales de los años cuarenta Antonio del Amo debuta como director de largos de ficción con cuatro películas escritas por el más tarde también realizador Manuel Mur Oti. El melodrama *Cuatro mujeres* (1947), la biografía de Gustavo Adolfo Bécquer *El huésped de las tinieblas* (1948), la experimental *Noventa minutos* (1949) y la historia sobre los cadetes de aviación *Alas de juventud* (1949).

Debe su fama y su fortuna a descubrir al niño cantante de potente voz Joselito, dirigirle en nueve de sus catorce películas y gracias a su éxito crear la productora Apolo Films y construir sus propios estudios de rodaje en Villalba, un pueblo cercano a Madrid. El gran éxito de la denominada trilogía del ruiseñor, integrada por *El pequeño ruiseñor* (1956), *Saeta del ruiseñor* (1957) y *El ruiseñor de las cumbres* (1958), le convierte en *estrella* internacional y hace que, por ejemplo, el director italiano Pier Paolo Pasolini incluya una canción cantada por él en su película *Mamma Roma* (1962).

Sin embargo, Antonio del Amo no vuelve a hacer el cine que le gusta y sus restantes producciones cada vez tienen menor atractivo. En el momento de máxima difusión del subgénero rueda el *spaghetti-western* torpe y rutinario *El hijo de Jesse James* (1965), que firma con el seudónimo Richard Jackson, y cierra su defraudadora filmografía con el terrible y moralizante melodrama *Madres solteras* (1975).

Murió hace quince años   1954

DIRECTOR: Rafael Gil. GUIONISTA: Vicente Escrivá. FOTOGRAFÍA: Alfredo Fraile. MÚSICA: Cristóbal Halffter. INTÉRPRETES: Francisco Rabal, Rafael Rivelles, Gerard Tichy, Félix de Pomés, Lyla Rocco, María Piazzai, Fernando Sancho, Carmen Rodríguez, Antonio Pietro. PRODUCCIÓN: Vicente Escrivá para Aspa Films y Cesáreo González. DURACIÓN: 88'.

La obra del prolífico realizador madrileño Rafael Gil (1913-1986) se extiende a lo largo de cuarenta años, está integrada por ochenta y tantos largometrajes y puede dividirse en cinco períodos fácilmente diferenciables por las características de sus muy distintas películas.

Francisco Rabal en *Murió hace quince años*

El primer y mejor período está integrado por las diecinueve películas, la mayoría producciones Cifesa, que rueda durante los años cuarenta. Destacan las comedias *Viaje sin destino* (1942) y *Huella de luz* (1942), sobre un cuento de Wenceslao Fernández Flórez, y los dramas *La calle sin sol* (1948) y *Una mujer cualquiera* (1949); entre ellas se sitúan las plúmbeas reconstrucciones históricas *El clavo* (1944) y *La pródiga* (1946), sobre las obras de Pedro Antonio de Alarcón, y *La fe* (1947), sobre la novela de Armando Palacio Valdés, pero también *Don Quijote de La Mancha* (1947), sobre el gran clásico de la literatura de Miguel de Cervantes.

Convertido en uno de los puntales del cine de la dictadura del general Franco, Rafael Gil entra en contacto con el guionista y productor valenciano Vicente Escrivá (1913), que tras el éxito de sus producciones *La mies es mucha* (1948), de José Luis Sáenz de Heredia, y *Balarrasa* (1950), de José Antonio Nieves Conde, ha llegado a ser el máximo representante del cine político-religioso español, para asociarse y hacer juntos nueve significativas películas durante la primera mitad de los años cincuenta.

Después de *La señora de Fátima* (1951), consecuencia del éxito de la excelente producción norteamericana *La canción de Bernadette* (The Song of Bernadette, 1943), de Henry King, Gil y Escrivá realizan la comedia dramática *Sor Intrépida* (1952), el peculiar drama social *La guerra de Dios* (1953), la historia bíblica *El beso de Judas* (1953), la comedia fantástica basada en una novela de Torcuato Luna de Tena *La otra vida del capitán Contreras* (1954), el dramón político-religioso *El canto del gallo* (1955), el melodrama sobre el mundo del cine *La gran mentira* (1956) y el drama con niño *Un traje blanco* (1956).

Entre medias se sitúa *Murió hace quince años*, la más característica y mejor de todas. Basada en la obra teatral homónima de José Antonio Giménez-Arnau, estrenada con gran éxito en 1952, narra la historia de Diego Acuña (Francisco Rabal), uno de los niños que, en plena guerra española, parte del puerto de Bilbao con destino a la Unión Soviética.

Tras un rótulo que reza: «Bilbao, 1937. Cinco mil niños españoles salen de su patria camino de la U.R.S.S. Esta es la historia de uno que volvió», se desarrolla la falsa primera parte. Un amplio grupo de niños, sin que nadie vaya a despedirles, en medio de la mayor frialdad, suben en dos ordenadas filas a un barco. Diego Acuña es el único que se rebela y se enfrenta al camarada Germán Geriz (Gerard Tichy), que le arranca una cruz que lleva colgada al cuello y le quita una fotografía donde aparece con su prima Mónica.

Convenientemente educado en las doctrinas comunistas y antifamiliares en Moscú, bajo retratos de Josif Visarionovich Stalin y anagramas llenos de hoces y martillos, y después de demostrar sus habilidades revolucionarias en Turín, Diego Acuña recibe la importante misión, para la que ha sido adiestrado durante estos años, de regresar a España para espiar a su propio padre, el coronel Acuña (Rafael Rivelles), que ocupa un puesto importante en las fuerzas de represión anticomunista.

Lo mejor de *Murió hace quince años* es la parte central donde se narra el encuentro de Diego Acuña con su padre, su prima Mónica (María Piazzai), la vieja criada Cándida (Carmen Rodríguez) y, sobre todo, los olvidados recuerdos: la acomodada casa familiar, su habitación, un crucifijo, una bola de cristal, las costumbres y el cariño demostrado por sus parientes durante la celebración de su veinticinco cumpleaños. Así como las dudas que su pasado y sus furtivos encuentros con miembros del Partido Comunista en la sala de paleontología del Museo de Ciencias Naturales de Madrid despiertan en él, pero también en su padre y su prima.

Después de este núcleo muy bien desarrollado, tanto a niveles de guión por Escrivá, como de dirección por Gil, donde destaca la excelente interpretación de Rafael Rivelles y en menor medida de un demasiado hierático Francisco Rabal, se pasa a una menos convincente parte final. Por motivos un tanto incomprensibles, el Partido Comunista, a quien siempre se nombra de manera enfática, decide que Diego Acuña sirva de trampa para matar a su padre, lo que lleva a un enfrentamiento entre padre e hijo, a que el hijo se arrepienta en el último momento y el padre le diga rimbombantes y huecas frases como: «Yo también sé morir para ganarme tu confianza». Al final en un tiroteo típico de *cine negro* muere el malvado camarada Germán Geriz y el arrepentido Diego Acuña sólo es herido, pero se recupera entre el cuidado de su padre y el amor de su prima.

Finalizada la segunda parte de su carrera, Rafael Gil crea la productora Coral Films, para la que realiza sus restantes cuarenta películas. Tras las curiosas comedias *Camarote de lujo* (1957), sobre una novela de Wenceslao Fernández Flórez, y *¡Viva lo imposible!* (1957), con guión del dramaturgo Miguel Mihura, donde intenta volver a sus orígenes, sus demás producciones de esta etapa sólo pretenden ser lo más comerciales.

A principios de la década de los setenta Rafael Gil rueda algunas películas con una sólida base literaria: *El hombre que se quiso matar* (1970), nueva versión de su primera película sobre la narración de Wenceslao Fernández Flórez, *Nada menos que todo un hombre* (1971), basada en una novela de Miguel de Unamuno, *La duda* (1972), versión de una novela de Benito Pérez Galdós, *La guerrilla* (1972), sobre un texto de Azorín, *El mejor alcalde, el rey* (1973), basada en el drama de Lope de Vega, pero resultan acartonadas y falsas.

El quinto, último y peor período de la obra de Gil se desarrolla durante los primeros años de la democracia y destaca por la baja calidad y el tono altamente reaccionario de sus películas. Desde *Los novios de la muerte* (1974) y *A la legión le gustan las mujeres* (1975), sobre guiones del falangista Rafael García Serrano, hasta *...Y al tercer año resucitó* (1979) y *De camisa vieja a chaqueta nueva* (1982), basadas en libros de éxito del abogado especializado en cine Fernando Vizcaíno Casas.

La gata 1954

DIRECTORES: Margarita Aleixandre, Rafael Torrecilla. GUIONISTA: César F. Ardavín. FOTOGRAFÍA: Juan Mariné. MÚSICA: Miguel Asins Arbó. INTÉRPRETES: Aurora Bautista, Jorge Mistral, José Nieto, Nani Fernández, José Guardiola, Felipe Simón. PRODUCCIÓN: Rafael Torrecilla para Nervión Films. Color. Scope. DURACIÓN: 95'.

En su primera batalla con la televisión, dentro de una guerra perdida de antemano y que sólo finaliza con una cada vez más sólida alianza, la industria cinematográfica norteamericana lanza el CinemaScope. Una pantalla alargada, mucho más grande que la de la televisión, pero con el tiempo, al emitirse las películas rodadas en ese formato en televisión, se ha convertido en dos tercios más pequeña, para

Aurora Bautista en *La gata*

tratar de que el cine regrese a sus orígenes de atracción de feria, algo que la televisión nunca podrá ser.

El gran éxito de *La túnica sagrada* (The Robe, 1953), una producción 20th Century Fox dirigida por el alemán Henry Koster sobre una historia bíblica, que es la primera rodada en el nuevo formato, afianza el CinemaScope, hace que su empleo no tarde en difundirse por el mundo y enseguida le salgan múltiples imitadores. Dos años después se rueda la primera película española en CinemaScope, *La gata*, una curiosa producción, mezcla de documental y ficción, que se convierte en la última de las tres películas dirigidas por la peculiar pareja integrada por Margarita Aleixandre y Rafael Torrecilla.

Después de la mítica Rosario Pi y la actriz Ana Mariscal, y antes de las realizadoras de televisión Josefina Molina y Pilar Miró, Margarita Aleixandre es la tercera española que dirige películas, pero siempre a medias con el productor Rafael Torrecilla. Hija de padre francés y madre portorriqueña, nace en León en 1923, debuta como actriz en *Tierra y cielo* (1940), de Eusebio Fernández Ardavín, y trabaja con regularidad durante los años cuarenta hasta que a principios de los cincuenta abandona su carrera para codirigir tres películas y no reemprenderla.

Por su parte el madrileño Rafael Torrecilla (1927) trabaja como ayudante de dirección desde mediados de los
años cuarenta hasta que a principios de los cincuenta crea
la productora Nervión Films y codirige para ella tres largometrajes, pero posteriormente se traslada a Cuba y su rastro se pierde.

Una vez realizado el irregular documental *Cristo* (1953),
la pareja correaliza *La ciudad perdida* (1954), adaptación de
una novela de Mercedes Formica, un torpe policiaco rodado en Madrid en coproducción con Italia que tiene una
mínima carrera comercial. Posteriormente se enfrenta con
La gata, la mejor y más conocida de sus películas, pero que
curiosamente marca el final de su colaboración y de sus respectivas carreras cinematográficas.

El interés de *La gata* nace de su erotismo, aunque aparece blanqueado por el tímido e insustancial guión de César
F. Ardavín y por la habitual censura, cuyas tijeras se notan
en algunas escenas, y también por ser una de las primeras
películas en CinemaScope. Esto lleva a Juan Mariné a hacer
una cuidada fotografía, aunque se notan demasiadas diferencias entre los exteriores y los interiores por la artificial
iluminación de estos últimos, y sobre todo a los realizadores
a concebir planos mucho más largos de lo habitual, a veces
con ingeniosas soluciones estéticas, por el característico
miedo de la época a que los cambios de plano mareen y
hagan perder el hilo del relato, y también por la existencia
de una restringida gama de objetivos.

A lo largo de un *flashback*, que constituye la película, *La
gata* narra cómo el mujeriego Juan (Jorge Mistral) comienza a trabajar en el cortijo «El Juncal» y enseguida nace una
relación con María (Aurora Bautista), la hija del mayoral,
el señor Manuel (José Nieto), que no ve con buenos ojos lo
que ocurre porque, como dice en una ocasión, «No es
hombre para una mujer decente».

Entre medias de un bien rodado documental sobre el
funcionamiento de una ganadería de reses bravas, se cuenta cómo despiertan los celos de María por la presencia

entre las segadoras de Carmen (Nani Fernández), antigua amante de Juan, y las llevan a una curiosa pelea en una era donde una esgrime una hoz y la otra una especie de martillo. Mientras rasguea la guitarra, Juan se deja querer, hace suya a María y por las noches se va a torear a los *cerrados* maleando a los toros.

Ambos hechos llevan al mayoral, al *conocedor*, a poner en marcha un dispositivo de vigilancia para detener al culpable, que sabe muy bien quién es, pero contra el que no tiene pruebas. Seguido de cerca por María, que duda si las salidas nocturnas de Juan son para torear o para ver a Carmen. Hasta que una noche ella es abatida por las balas de los vigilantes que iban dirigidas a él y muere en sus brazos. Al final, tras relatar Juan su historia mientras cena con los trabajadores de otro cortijo, dice que María «vuelve a los prados todas las noches de Luna llena» para perseguirle.

La gata, título que viene del apodo que le pone él cuando la ve preparar cepos para los ratones, diluye su dramatismo en la parte documental, pero sobre todo falla porque el buscado ambiente erótico, indispensable para el buen desarrollo de la historia, es imposible de conseguir en la época. La censura del general Franco corta algunos besos de la pareja y, por supuesto, el encuentro sexual, pero queda algún plano de María en la cama, donde Aurora Bautista despliega un cierto erotismo, sobre todo aquel en que se levanta para lavarse muy someramente en una jofaina y acaba asomada a una ventana cuando oye disparos a lo lejos.

Desarrollada casi íntegramente en Las Marismas, resulta curioso el acento de los actores, todos doblados, según la mala costumbre de la época, por ellos mismos o por dobladores profesionales. Aurora Bautista no tiene ningún acento, habla en su buen castellano de Valladolid, pero sin su habitual y desgarrado tono melodramático, y a Jorge Mistral se le viene y se le va el acento andaluz. Mientras José Nieto es quien mejor lo mantiene y el doblador que presta la voz a José Guardiola hace ímprobos esfuerzos para conseguirlo y nunca le sale bien.

Historias de la radio

DIRECTOR Y GUIONISTA: José Luis Sáenz de Heredia. FOTOGRAFÍA: Antonio L. Ballesteros. MÚSICA: Ernesto Halffter. INTÉRPRETES: Francisco Rabal, Margarita Andrey, José Isbert, Ángel de Andrés, Alberto Romea, Juanjo Menéndez, Nicolás Perchicot, Pedro Porcel. PRODUCCIÓN: José Luis Sáenz de Heredia para Chapalo Films. DURACIÓN: 90'.

Interesado desde muy joven por el teatro, que escribe en sus ratos libres y representa durante sus veraneos en San Lorenzo de El Escorial con un grupo de amigos, que le llaman Chapalo, nombre que pone a la productora que crea en 1949, el madrileño José Luis Sáenz de Heredia (1911-1992) llega al cine como guionista especializado en comedias.

En 1933 su amigo Serafín Ballesteros construye los estudios cinematográficos que llevan su nombre y le encarga un guión. Así nace *Patricio miró una estrella* (1934), una

Alberto Romea, José Luis Ozores y Xan das Bolas en
Historias de la radio

curiosa comedia sobre el mundo del cine que comienza a dirigir el veterano Fernando Delgado, pero no se lleva bien con el productor y a la semana de rodaje le sustituye el debutante José Luis Sáenz de Heredia.

Su peculiar atractivo y el hecho de que Luis Buñuel, entonces en su etapa como productor ejecutivo de Filmófono, también tenga problemas con el realizador Nemesio Sobrevila por su lentitud en rodar el melodrama *La hija de Juan Simón* (1935), hace que llame a Sáenz de Heredia para acabarla y a continuación vuelva a hacer para él *¿Quién me quiere a mí?* (1935).

La guerra española trunca, como tantas otras cosas, la particular y meteórica carrera de Sáenz de Heredia. Primo hermano de José Antonio Primo de Rivera, fundador del grupo fascista Falange Española, al principio de la contienda le ofrecen trabajar en el «Departamento Nacional de Cinematografía», pero prefiere incorporarse al frente como alférez provisional. Cuando en los primeros años de posguerra el vencedor general Franco decide que su novelita *Raza* se transforme en la película que marque la pauta del cine bélico nacional, le elige para dirigirla y en 1941 la convierte en un patriotero compendio de propaganda política.

Su inevitable éxito lo convierte en el director oficial de la dictadura, lo que le lleva a realizar las ambiciosas, caras, acartonadas y fallidas *El escándalo* (1943), un tosco dramón sobre la novela de Pedro Antonio de Alarcón, *Bambú* (1945), un melodrama ambientado en Cuba, *Mariona Rebull* (1947), torpe adaptación de la novela de Ignacio Agustí, *Las aguas bajan negras* (1948), otro drama, pero esta vez sobre la obra de Armando Palacio Valdés, *La mies es mucha* (1949), fallido intento de cine católico en torno a las misiones, *Don Juan* (1950), ambiciosa y falsa visión del mito clásico, y *Los ojos dejan huellas* (1952), intento de cine social.

Entre medias de estas películas que poco le interesan, pero le dan una falsa reputación y le hacen ganar mucho dinero, José Luis Sáenz de Heredia escribe canciones y libretos de revistas, como *Yola* (1941), *Si Fausto fuese Faustina* (1943), para la popular *vedette* Celia Gámez. Además de dirigir algunas atractivas comedias, género donde se mueve con mayor comodidad, como *El destino se disculpa* (1944), sobre un texto de Wenceslao Fernández Flórez, *Todo es posible en Granada* (1954), *Faustina* (1957) y, sobre todo, *Historias de la radio*, su mejor película, sobre argumentos propios.

En buena parte hija del gran éxito de *¡Bienvenido Mr. Marshall!* (1952), de Luis G. Berlanga, muy influenciada por la *comedia a la italiana* de episodios, creada poco antes por el guionista y productor Sergio Amidei, y fiel reflejo de la gran influencia que tiene la radio en la posguerra, *Historias de la radio* está integrada por cinco desiguales episodios y es un fiel reflejo de las carestías, del hambre, que sigue sufriendo el país dieciséis años después de finalizar la guerra y cuando todavía está reciente la firma del primer acuerdo con Estados Unidos.

Hábilmente estructurada, pero con la ayuda de una excesiva voz de fondo, *Historias de la radio* comienza con la historia de dos maduros compañeros de pensión, que cada mañana siguen los ejercicios radiofónicos de gimnasia, pero mientras uno pierde tripa, el otro continúa igual, que Sáenz de Heredia utiliza para separar los diferentes bloques y puntear la acción.

El resto se centra en la emisora Radio Madrid, tiene como eje los programas *cara al público* y gira en torno a los amores entre el nuevo locutor Gabriel (Francisco Rabal) y la veterana Carmen (Margarita Andrey). Cuenta con la presencia del entonces popular locutor Boby Deglané y entrevistas al torero Rafael Gómez «El Gallo» y al futbolista Luis Molowny, que hacen de sí mismos, y narra tres historias más apoyadas en otros tantos concursos radiofónicos.

La primera narra las vicisitudes del inventor (José Isbert) de un nuevo pistón para ganar las tres mil pesetas y que ofrecen las galletas Cruz y Raya al primero que llegue a la emisora disfrazado de esquimal con trineo y perro, y poder patentarlo. La segunda describe cómo, mientras un ladrón (Ángel de Andrés) está robando en casa de su casero para poder pagarle, llaman por teléfono del concurso de raticida Alirón ofreciéndole dos mil pesetas si llega a la emisora antes de media hora, va a buscar al casero a la iglesia y le convence para repartir el premio, pero la intervención del cura (Pedro Porcel) hace que acaben dándoselo para obras de caridad. La tercera cuenta cómo los vecinos de Horcajo de la Sierra convencen a su maestro (Alberto Romea) para que se presente al concurso *Doble o nada* y gane el dinero necesario para que un joven vecino viaje a Suecia y sea operado de corazón.

A pesar del tono demasiado religioso y edificante de los dos últimos episodios, *Historias de la radio* funciona bien y tiene un gran éxito, pero incomprensiblemente Sáenz de Heredia no prosigue por este camino. Vuelve al drama histórico con *Diez fusiles esperan* (1959) y *El indulto* (1960), sus mejores trabajos en este terreno, para acabar rodando durante la década de los sesenta diez comedietas, sin el menor atractivo, al servicio de los muy diferentes actores Manolo Escobar, Concha Velasco y Francisco Martínez Soria.

Entre medias también realiza *La verbena de la Paloma* (1963), una floja versión de la popular zarzuela, y *Franco, ese hombre* (1964), tosco documental sobre la figura del general Franco que integra la gran campaña política *25 años de paz*. A principios de los años setenta intenta hacer algunas obras ambiciosas, como *Los gallos de la madrugada* (1970) y *Proceso a Jesús* (1973), pero los resultados vuelven a ser malos, y regresa a las peores comedias para finalizar su carrera con *Solo ante el streaking* (1975).

Orgullo   1955

DIRECTOR: Manuel Mur Oti. GUIONISTAS: Manuel Mur Oti, Jaime G. Herranz. FOTOGRAFÍA: Juan Mariné. MÚSICA: Salvador Ruiz de Luna. INTÉRPRETES: Marisa Prado, Alberto Ruschel, Enrique Diosdado, Cándida Losada, Fernando Nogueras, Beni Deus, Félix Fernández. PRODUCCIÓN: Manuel Mur Oti para Celta Films S.A. DURACIÓN: 106'.

Después de escribir los guiones de las cuatro primeras películas dirigidas por su amigo Antonio del Amo, el ovetense, educado en Cuba, Manuel Mur Oti (1908) debuta como realizador con *Un hombre va por el camino* (1949), una obra personal, con una mínima relación con el cine español de la época, pero con una excesiva carga literaria.

Sus mejores películas las hace durante la primera mitad de los años cincuenta y son cinco variados dramas. En los últimos años ha tenido muchas mejores críticas que las

Marisa Prado y Alberto Ruschel en *Orgullo*

obtenidas en su momento *Cielo negro* (1951), un melodrama un tanto excesivo y con un final demasiado grandilocuente, en torno a las desgracias de una pobre muchacha que se queda ciega. Después se sitúa *Condenados* (1953), un drama rural, adaptación de una obra teatral de José Suárez Carreño, que enfrenta a los actores José Suárez y Aurora Bautista para llegar a un final demasiado melodramático.

Bastante más interes tiene *Orgullo*, basada en un guión original de Jaime G. Herranz y el propio Mur Oti, tanto por la sobria y eficaz manera con que está realizado, como por ser un auténtico *western* a la española, sin ninguna relación con los posteriormente denominados *spaghetti-westerns*, rodado en la provincia de León con múltiples vacas y ovejas.

Narra cómo tras pasar diez años estudiando en París, Laura Mendoza (Marisa Prado) regresa al pueblo de Dos Cumbres para encontrar que la relación existente entre su familia y los vecinos Alzaga ha empeorado mucho. Ambas familias deben compartir el agua de un mismo río para dar de beber a su ganado, pero cuando hay sequía resulta insuficiente y se producen frecuentes enfrentamientos entre los jornaleros que trabajan para una y otra.

Mientras se hace amiga del joven Enrique de Alzaga (Alberto Ruschel), Laura Mendoza descubre que cuando alguna de las reses de una familia pasa a las tierras de la otra es sacrificada. Con unas evidentes reminiscencias de *Romeo y Julieta*, de William Shakespeare, no tardan en enamorarse, pero ante la oposición de Luis de Alzaga (Enrique Diosdado), Teresa Mendoza (Cándida Losada) y cuantos trabajan en sus tierras y han sufrido la muerte de parientes en sucesivos enfrentamientos.

La pareja decide casarse aprovechando una pasajera predisposición de sus padres, que en otros tiempos estuvieron enamorados y no consiguieron romper el maleficio de sus tierras, y una época de lluvias en que el río trae suficiente agua para que puedan beber las reses de ambas familias. Sin embargo, el día antes de celebrarse la ceremonia comienzan a llegar pastores con la noticia de que desciende el caudal del río, se oponen a la boda y no puede celebrarse.

No dándose por vencida, la emprendedora Laura Mendoza consigue organizar a los hombres y llevarles desde las secas Tierras Bajas hasta el lejano y un tanto inaccesible Monte Oscuro para que el ganado pueda vivir junto al lago que hay allí. De esta manera se soluciona el largo enfrentamiento entre ambas familias, puede casarse con Luis de Alzaga y todos miran al futuro con tranquilidad.

Lejos de cualquier simbolismo de tipo político o religioso, Manuel Mur Oti cuenta la historia de una manera directa, en una buena parte desarrollada en exteriores, con complicadas escenas con gran cantidad de personas y animales, para lograr una efectiva narración que resulta muy cercana a los *westerns*, pero con un ambiente y una carga muy españoles.

Otro de los grandes atractivos de *Orgullo*, sobre todo en comparación con el cine español de la época, es su subrayado tono feminista. Es una mujer, Laura Mendoza, quien no sólo consigue al hombre que quiere, sino también la que rompe con una larga maldición al encontrar una solución al problema del agua que desde hace años enfrenta a su familia con la de los Alzaga.

Sin embargo, en su momento *Orgullo* tiene una mínima repercusión en España. En buena medida se debe a que Marisa Prado y Alberto Ruschel son actores brasileños, no muy conocidos en España, y deben ser doblados en sus respectivos papeles. Mur Oti los elige por ser los protagonistas de la famosa producción brasileña triunfadora en el Festival de Cannes *O cangaçeiro* (1953), de Lima Barreto, conservar gran parte de su fama en el mercado latinoamericano y permitirle vender mejor la película fuera de España.

Después Manuel Mur Oti también realiza *Fedra* (1956), una interesante versión de la conocida tragedia griega, pero cuyo final es distorsionado por la acción de la censura. Además de *El batallón de las sombras* (1956), la historia de los diferentes vecinos de una humilde casa madrileña, un drama que refleja de manera indirecta la difícil situación económica de aquellos años.

Más tarde rueda comedias alejadas de su estilo, como *La guerra empieza en Cuba* (1957), *Una chica de Chicago* (1956), *Pescando millones* (1960), o dramas sin muchos atractivos, como *Duelo en la cañada* (1958), *A hierro muere* (1956). Después del teatral drama religioso *Milagro a los cobardes* (1961), el cine de Mur Oti se despersonaliza y pierde interés a lo largo de *Loca juventud* (1964), *El escuadrón del pánico* (1966) y *La encadenada* (1972). Fiel reflejo de sus largos años de trabajo como guionista en Televisión Española, desde mediados de la década de los sesenta hasta mediados de la de los setenta, rueda la literaria *Morir, dormir, tal vez soñar* (1975), que cierra su obra y enlaza con su primera película.

Recluta con niño   1955

DIRECTOR: Pedro L. Ramírez. GUIONISTAS: Vicente Escrivá, Vicente Coello. FOTOGRAFÍA: Manuel Merino. MÚSICA: Federico Contreras. INTÉRPRETES: José Luis Ozores, Manolo Morán, Encarnita Fuentes, Julia Caba Alba, Miguelito Gil. PRODUCCIÓN: Vicente Escrivá para Aspa Films. DURACIÓN: 90'.

Después de unos tenues y olvidados comienzos como actor, el almeriense Pedro L. Ramírez (1919) empieza a trabajar como ayudante de dirección, sobre todo de Rafael Gil. La serie de películas político-religiosas escritas y producidas por Vicente Escrivá para su marca Aspa Films y realizadas por Gil durante la primera mitad de la década de los cincuenta, le ponen en contacto con Escrivá.

Manolo Morán y José Luis Ozores en *Recluta con niño*

A raíz de los cambios que muy lentamente comienza a experimentar España a partir de la firma en 1953 del primer tratado con Estados Unidos, Vicente Escrivá decide abandonar las producciones político-religiosas y empezar a realizar comedias. Mientras todavía hace con Rafael Gil un par de sólidos dramones, elige a Pedro L. Ramírez para que dirija algunas comedias para él.

El éxito alcanzado por *Recluta con niño*, su primera colaboración, les anima a volver a hacer juntos *Los ladrones somos gente honrada* (1956), segunda versión de la obra teatral homónima de Enrique Jardiel Poncela, *La Cenicienta y Ernesto* (1957), una tímida comedia sentimental con tonalidades neorrealistas realizada en coproducción con Italia, y la mucho menos lograda *El tigre de Chamberí* (1957), pero ninguna vuelve a alcanzar el gran triunfo de la primera.

El atractivo de *Recluta con niño* reside en ser una perfecta mezcla de algunos desiguales elementos de éxito seguro. En primer lugar es la primera película del niño de seis años Miguelito Gil que, al mismo tiempo que el celebérrimo Pablito Calvo, durante una década pone de moda las historias protagonizadas por niños. Además es una buena unión de característicos elementos de melodrama –la ciega que tras una operación recobra la vista– con los más típicos de comedia, –el paleto que llega a la capital para hacer el servicio militar y se convierte en el centro de todas las bromas– a través del hilo conductor del niño que enseguida se hace amigo de la ciega y es hermano del recluta.

Tras un comienzo claramente influenciado por *¡Bienvenido Mr. Marshall!* (1952), de Luis G. Berlanga, *Recluta con niño* expone el problema de Miguel Cañete (José Luis Ozores), un campesino huérfano que vive en el perdido pueblo de Rencalejo y es llamado a filas, pero no tiene con quién dejar a su hermano pequeño Pipo (Miguelito Gil).

En el pueblo el niño se escapa de la casa de su interesada y fea novia Jacinta (María Isbert) y se va con su hermano a Madrid, pero no tarda mucho en abandonar el madrileño piso de su encopetada tía Enriqueta (Rosario García Ortega) y Pipo aparece en el cuartel de Cuatro Vientos al que ha sido destinado su hermano. Mientras, Miguel Cañete es objeto de bromas por sus compañeros, que le llevan a enfrentarse con el sargento Luis Palomares (Manolo Morán).

Por una serie de casualidades, el muchacho acaba por dejar al niño en casa de la simpática y guapa ciega Julia Palomares (Encarnita Fuentes). Pipo no tarda en conquistarla y también a su madre Rosario (Julia Caba Alba), así como a su padre, que no es el duro sargento que parece, sino un auténtico «pedazo de pan».

El recluta Miguel Cañete se va enamorando de la ciega, se aplica en el estudio, va ganando galones y no tarda en llegar a ser sargento. Cuando la ciega Julia Palomares es operada y recobra la vista, el recluta no quiere volver a verla por temor a desilusionarla y sólo se encuentran después de ser condecorado por salvar la vida a su capitán durante un accidentado vuelo de rutina.

Rodada con gran soltura por Pedro L. Ramírez, *Recluta con niño* tiene algunas buenas escenas de comedia a cargo de José Luis Ozores, que repite demasiado su habitual gracia del tartamudeo en una larga escena de una función cuartelera, y, sobre todo, de Manolo Morán y Julia Caba Alba, excelentes actores secundarios. Sin embargo, resultan en exceso empalagosas las de la ciega y el niño, tanto por su propia esencia, como por ser Encarnita Fuentes y Miguelito Gil debutantes y estar malamente doblados por dobladores profesionales.

Las restantes películas de Pedro L. Ramírez carecen del menor atractivo. Así ocurre con las rodadas a finales de la década de los cincuenta y principios de la de los sesenta, *Fantasmas en la casa* (1958), segunda versión de la comedia teatral *Los habitantes de la casa deshabitada*, de Enrique Jardiel Poncela, *Llama un tal Esteban* (1959), un policiaco producido por Ignacio F. Iquino, *Crimen para recién casados* (1959) y *¿Dónde pongo este muerto?* (1961), comedias policiacas con algún interés, y *Los guerrilleros* (1962), la primera película del popular cantante Manolo Escobar.

En 1963 Pedro L. Ramírez abandona el cine por la televisión y durante cinco años realiza múltiples adaptaciones literarias para Televisión Española. En 1968 se va a Perú y durante año y medio trabaja para organizar el Canal 2 de televisión. Regresa a España para continuar trabajando en Televisión Española, pero ahora sobre todo para las cadenas latinoamericanas.

A principios de los años setenta entra en contacto con los productores catalanes hermanos Balcázar y durante la primera mitad de la década realiza cinco películas más sin el menor interés: los *spaghetti-westerns* de bajo presupuesto *Judas...¡toma tus monedas!* (1972), *Ninguno de los tres se llamaba Trinidad* (1972), producido por Ignacio F. Iquino, y los policiacos *El pez de los ojos de oro* (1973) y *El colegio de la muerte* (1974), también muy influenciados por el peor cine italiano de género.

Fulano y Mengano   1955

DIRECTOR: Joaquín Luis Romero-Marchent. GUIONISTAS: José Suárez Carreño, Jesús Franco. FOTOGRAFÍA: Ricardo Torres. MÚSICA: Odón Alonso. INTÉRPRETES: José Isbert, Juan José Menéndez, Julita Martínez, Rafael Romero-Marchent, Rafael Bardem, Manuel Arbó. PRODUCCIÓN: Uninci S.A. DURACIÓN: 90'.

A finales de los años cuarenta se crea la productora Uninci, «Unión Industrial Cinematográfica», para realizar *Cuentos de la Alhambra* (1950), de Florián Rey. Interesada en la producción de un cine diferente, entra en contacto con J. A. Bardem y Luis G. Berlanga, que acaban de debutar con *Esa pareja feliz* (1951). Les encargan un guión cómico, que pase en Andalucía y esté protagonizado por

José Isbert, Julita Martínez y Juan José Menéndez en
Fulano y Mengano

Lolita Sevilla, una joven tonadillera que acaba de empezar
su carrera en la madrileña sala de fiestas Villa Rosa. Su ingenio les lleva a escribir *¡Bienvenido Mr. Marshall!* (1952),
la única película donde se critica el Plan Marshall, la ayuda
norteamericana a Europa después de la II Guerra Mundial, que Berlanga transforma en una estupenda producción y les convierte en accionistas de la productora.

A raíz de este gran éxito, Uninci baraja varios proyectos. Ricardo Muñoz Suay, que con sus compañeros del
«Instituto de Investigaciones y Experiencias Cinematográficas» también ha entrado a formar parte de la productora,
consigue que el guionista italiano Cesare Zavattini, uno de
los creadores del neorrealismo, venga a España a escribir
Cinco historias de España con Berlanga y con él, pero nunca llega a rodarse. La siguiente película de la productora es
Fulano y Mengano, que dirige Joaquín Luis Romero-Marchent sobre un guión del más tarde prolífico realizador
Jesús Franco y José Suárez Carreño, basado en una novela
de este último.

Narra cómo, tras ser condenado injustamente por robo,
el viejo Eudosio (José Isbert) conoce en la cárcel al joven
Carlos (Juan José Menéndez), otro inocente, se hacen amigos y, cuando son puestos en libertad, deciden unir sus
destinos. Tratan de sobrevivir en un Madrid desolador, en
los alrededores del Viaducto, y, después de dormir alguna
noche al raso, les admite como inquilinos el señor Damián
(Manuel Arbó) en su solitaria y medio derruida casa.

Tras algún fallido intento de robo y pedir limosna en
varias ocasiones, consiguen salir adelante gracias a que el
amable comerciante don Vicente (Rafael Bardem) les ofrece trabajo como vendedores ambulantes de corbatas. Mientras tanto el señor Damián se pone enfermo, llega del pueblo su hija Esperanza (Julita Martínez) para cuidarle, pero
acaba muriendo.

Esperanza decide quedarse en Madrid y seguir viviendo
en la ruinosa casa de su padre con Eudosio y Carlos, que le
encuentran un empleo en el guardarropas de la *boite* Con-

ga a través de un conocido de la cárcel que trabaja como portero. Con el dinero que ganan, comen y viven holgadamente en la ruinosa casa del señor Damián, pero Esperanza comienza a salir con Paco (Rafael Romero-Marchent), el hijo de don Vicente, lo que despierta los celos de la pareja.

El portero de la *boite* Conga roba quince mil pesetas y, a través de Esperanza, la policía localiza a Eudosio y Carlos por creer que son los culpables. Los dos amigos huyen, se esconden y buscan al verdadero ladrón, mientras Esperanza pide vanamente ayuda a Paco. Tras una divertida persecución, Eudosio y Carlos encuentran al culpable, lo entregan a la policía y Esperanza se da cuenta de que su verdadero amor es Carlos.

Fulano y Mengano no es una obra maestra, pero sí una película interesante. Joaquín Luis Romero-Marchent consigue dar, en una buena mezcla de comedia y drama, una dura y realista visión del Madrid de principios de los años cincuenta a través de las peripecias de dos muertos de hambre. Sin embargo, la historia tiene un ritmo demasiado lento que le hace perder bastante eficacia. Es la primera y mejor parte de una trilogía, también integrada por *El hombre que viajaba despacito* (1957) y *El hombre del paraguas blanco* (1958), donde mezcla el realismo con un exceso de ternurismo, que se sitúa entre sus mejores trabajos.

El madrileño Joaquín Luis Romero-Marchent (1921) debuta como director con *Juzgado permanente* (1953), un curioso policiaco, y *Sor Angélica* (1954), un tosco melodrama. Inventa el *spaghetti-western*, que tanto prolifera en la década de los sesenta, con *El Coyote* (1954) y *La justicia del Coyote* (1954), que rueda al mismo tiempo sobre el personaje creado por el popular novelista José Mallorquí cuando los productores se pelean con el director mexicano José Soler.

Tras la comentada trilogía realista, vuelve al *spaghetti-western* con el díptico *La sombra del Zorro* (1962) y *La venganza del Zorro* (1962), al que siguen *Cabalgando hacia la muerte* (1962), *Tres hombres buenos* (1963), *El sabor de la venganza* (1963), *Aventuras del Oeste* (1964), *Camino del Sur* (1964), *La muerte cumple condena* (1965), *Fedra West* (1967), *Condenados a vivir* (1971), entre las que destaca su obra maestra del género *Antes llega la muerte* (1964). Apartado del *spaghetti-western*, sus últimas películas pertenecen a más variados géneros, pero carecen de cualquier atractivo.

Posteriormente Uninci produce *Tal vez mañana* (1958), de Glauco Pellegrini, una coproducción con Italia escrita por el famoso guionista Ugo Pirro, que narra la melodramática historia de un niño; la ambiciosa coproducción con México *Sonatas* (1958), sobre las novelas de Ramón del Valle-Inclán, y *A las cinco de la tarde* (1960), sobre una obra de teatro de Alfonso Sastre, ambas dirigidas por J. A. Bardem.

Cuando la productora se encuentra en su mejor momento, tras coproducir con Argentina *La mano en la trampa* (1961), de Leopoldo Torre Nilsson, sobre una novela de Beatriz Guido, y con México *Viridiana* (1961), de Luis Buñuel, que gana la Palma de Oro del Festival de Cannes, el gobierno del general Franco la hace desaparecer y Uninci sólo vuelve a existir casi veinticinco años después, con el primer gobierno socialista.

En los tiempos de gloria Uninci cuenta entre sus accionistas con el filósofo Paulino Garagorri, el arquitecto Fernando Chueca, el científico Guillermo López Zúñiga y el escritor Juan García Atienza, pero también con los toreros Domingo y José Dominguín, los actores Francisco Rabal, Fernando Rey y Fernando Fernán-Gómez y el guionista y director Joaquín Jordá. Algunos de sus accionistas pertenecen al Partido Comunista e incluso llega a funcionar una célula comunista en Uninci, pero la productora nunca pertenece al partido.

Mi tío Jacinto   1956

DIRECTOR: Ladislao Vajda. GUIONISTAS: Andrés Laszlo, José Santugini, Max Korner, Gian Luigi Rondi, Ladislao Vajda. FOTOGRAFÍA: Enrique Guerner. INTÉRPRETES: Pablito Calvo, Antonio Vico, José Marco Davó, Paolo Stoppa, José Isbert, Mariano Azaña, José Calvo, Walter Chiari, Miguel Gila, Juan Calvo. PRODUCCIÓN: Chamartín (Madrid), Falco-Enic (Roma). DURACIÓN: 95'.

Hijo del dramaturgo húngaro Ernst Vajda, conocido sobre todo por los guiones que escribe para el prestigioso director Ernst Lubitsch a comienzos del sonoro, Ladislao Vajda (1906-l965) recorre todo el escalafón técnico de los estudios de Budapest antes de realizar su primera película. A principios de los años treinta debuta como director en el Reino Unido con *El estudiante mendigo* (The Beggarstu-

Pablito Calvo, Antonio Vico y Luis Sánchez Polack en *Mi tío Jacinto*

dent, 1932), a la que siguen veinte irregulares producciones húngaras, inglesas, francesas e italianas.

Convertido en un especialista en comedias, a principios de la década de los cuarenta llega a España huyendo de la II Guerra Mundial y realiza las comedias *Se vende un palacio* (1943), *Doce lunas de miel* (1943), *Te quiero para mí* (1944), *El testamento del virrey* (1944) y *Cinco lobitos* (1945), los policiacos *Tres espejos* (1947) y *Barrio* (1947) y la historia de espionaje *Sin uniforme* (1948).

A finales de los años cuarenta Ladislao Vajda regresa al Reino Unido, pero sólo realiza tres películas, no consigue situarse en el interesante cine británico de la posguerra y regresa a España para hacer sus mejores y más conocidos trabajos. Después de la historia periodística *Séptima página* (1951), el panfleto político-musical *Ronda española* (1951), la adaptación de la zarzuela *Doña Francisquita* (1952), la hábil historia de bandoleros andaluces *Carne de horca* (1953) y el musical protagonizado por el cantante Luis Mariano *Aventuras del barbero de Sevilla* (1954), dirige cuatro películas para Chamartín que le sitúan entre los grandes del cine español.

El enorme éxito del cuento religioso basado en un relato de José María Sánchez Silva *Marcelino, pan y vino* (1954), tanto en España, como en Italia, permite a Ladislao Vajda hacer, a medio camino entre la ficción y el documental, *Tarde de toros* (1955). Y, sobre todo, completar su trilogía de narraciones infantiles protagonizada por el niño Pablito Calvo. En coproducción entre España e Italia rueda su obra maestra *Mi tío Jacinto* y la menos interesante *Un ángel pasó por Brooklyn* (1956)

A partir de la novela *Por ejemplo, Jacinto*, de su compatriota Andrés Laszlo, también instalado en España, y añadiéndole un niño entre su nutrido grupo de guionistas en el que destacan el autor, el prestigioso profesional José Santugini, el crítico italiano Gian Luigi Rondi y el propio realizador, Ladislao Vajda narra la historia del torero fracasado Jacinto (Antonio Vico) y de su joven sobrino Pepote (Pablito Calvo), dos seres marginados que viven en una chabola en las afueras de Madrid y todos los días van al centro a ganarse la vida.

La acción se desarrolla durante las pocas horas en que el alcohólico y vago Jacinto se entera de que ha sido contratado por error para actuar en una *charlotada* nocturna en la plaza de toros de Las Ventas, se apoya en los múltiples trabajos que él y su sobrino deben hacer para conseguir las trescientas pesetas que cuesta alquilar por una noche el traje de luces, y finaliza en un fracaso, que el tío trata de convertir en un triunfo de cara a su sobrino.

Excelente dibujo de tipos, caracteres y ambientes de la zona del madrileño Rastro, *Mi tío Jacinto* narra cómo tras recoger colillas en la puerta de la plaza de toros y ver su nombre en los carteles, van a deshacerlas al estanque del Retiro y a venderlas al Rastro a Miguel (Mariano Azaña). Decidido a actuar en la *charlotada* y enterado de lo que vale el alquiler del traje de torero, para ganar el dinero necesario, Jacinto lleva unas guías de teléfonos, en las que han cambiado el número del Museo del Prado, a un restaurante para ayudar a dos timadores, encarnados por los italianos Paolo Stoppa y Walter Chiari, a vender un falso cuadro de Murillo en una compleja operación, la única escena que se sale del bien articulado conjunto.

Mientras tanto Pepote pasa el platillo a un organillero, pero con una mosca viva en la otra mano para evitar malas tentaciones, y ayuda al timador Paco (Miguel Gila) a vender falsos relojes haciéndose pasar por su hijo hambriento. Como el tiempo transcurre y el dinero sigue sin alcanzarles, el honrado Jacinto y Pepote terminan vendiendo falsos relojes Omega, que compran a Sánchez (José Isbert), pero son detenidos y llevados ante el comisario (José Marco Davó) de la zona, que sólo les suelta cuando comprueba que él carece de antecedentes y tiene trabajo.

Deslomado tras intentar descargar un camión lleno de sacos, Jacinto es arrastrado por Pepote a la tienda de alquiler de ropa, a cuyo dueño (Juan Calvo) ha convencido para que deje el traje de luces a su tío. Llegan en metro a la plaza en el último momento, Jacinto triunfa en los primeros pases con el capote, pero luego se interponen los payasos, comienza a llover y la gente sale corriendo. A la salida Pepote miente diciéndole que no ha visto nada, que le han echado, y Jacinto le relata una noche triunfal.

Buen reflejo de la miseria madrileña de los años cincuenta, los viajes en los topes de los viejos tranvías, los colilleros, el hambre siempre latente, la picaresca para sobrevivir día a día, la constante presencia de la policía en la calle, Ladislao Vajda muestra una gran ternura en la creación del personaje del fracasado y vago Jacinto, en gran medida gracias a la ayuda de un excelente Antonio Vico, pero es un tanto excesiva con el niño Pepote, en buena parte al estar doblado Pablito Calvo por una mujer.

La última etapa de la carrera de Ladislao Vajda está marcada por unas anodinas producciones alemanas, entre las que destaca *El cebo* (Es Geschah am Hellichten Tag, 1958), una coproducción entre Suiza y España, basada en un interesante guión del dramaturgo Friedrich Dürrematt sobre un asesino de niñas. Sus últimas películas españolas son *María, matrícula de Bilbao* (1960), adaptación de una narración juvenil de José María Sánchez Silva, la comedia *Una chica casi formal* (1963) y el musical protagonizado por Sara Montiel *La dama de Beirut* (1965), durante cuyo rodaje muere.

Manolo, guardia urbano 1956

DIRECTOR: Rafael J. Salvia. GUIONISTAS: Pedro Masó, Rafael J. Salvia. FOTOGRAFÍA: Ted Pahle. MÚSICA: Federico Contreras. INTÉRPRETES: Manolo Morán, Tony Leblanc, Luz Márquez, José Isbert, Ángel de Andrés, Julia Caba Alba, Mariano Azaña, Antonio Riquelme, Nicolás Perchicot, Rafael Arcos, Pastor Serrador, Casimiro Hurtado. PRODUCCIÓN: Pedro Masó para C.B.Films, Ariel. DURACIÓN: 95'.

El cine español ha tenido siempre un amplio grupo de excelentes actores secundarios que ha permitido hacer películas corales en gran medida apoyadas en la gran calidad de su trabajo. Entre ellos destacan los que actúan durante la década de los cincuenta por estar a medio camino entre un pasado demasiado lejano y el más reciente cine. Baste recordar, por ejemplo, a Manuel Alexandre,

Manolo Morán en *Manolo, guardia urbano*

Ángel Álvarez, Ángel de Andrés, Mariano Azaña, Rafael
Bardem, Xan das Bolas, Julia Caba Alba, José Calvo, Félix
Fernández, Casimiro Hurtado, José Isbert, Tony Leblanc,
Manolo Morán, Matilde Muñoz Sampedro, Mariano Ozores, Erasmo Pascual, Nicolás Perchicot, Antonio Riquelme, Joaquín Roa, Alberto Romea. Algunos llegan a protagonizar varias películas y son más conocidos, la totalidad
tiene un rostro imborrable y buena parte de ellos trabaja
en *Manolo, guardia urbano*.

Con un logrado tono de sainete madrileño, un amplio
reparto y una mayoría de escenas rodadas en las calles de
Madrid, narra una mínima historia, pero muy bien adorna-
da con gran cantidad de anécdotas secundarias dentro de
un conjunto con una perfecta estructura dramática. Después de veinte años de matrimonio, la pareja formada por
el popular agente municipal de tráfico Manolo Martínez
(Manolo Morán), que presta servicio en la plaza de la
Cibeles, y la señora Dolores (Julia Caba Alba) tiene su primer hijo, lo que causa gran revuelo entre sus amigos y
conocidos. Mientras don Andrés (José Isbert) le bautiza en
la parroquia de San Silvestre, el atontado sacristán Antero
(Pastor Serrador) lo cambia por otro niño que se bautiza
un poco antes. Tras realizar algunas pesquisas por los hote-
les de los alrededores y la colonia de El Viso y pasar algunos días de angustia, cada bebé vuelve con sus padres.

El interés de *Manolo, guardia urbano* reside en lo bien
articuladas que aparecen, alrededor de la historia principal, una sucesión de pequeñas anécdotas para reconstruir
el sainetesco clima del Madrid de comienzos de los años
cincuenta. Desde la más destacada de la hija adoptiva
Paloma (Luz Márquez), que duda entre el amor de Rafael
(Tony Leblanc), el dependiente de la tienda de ultramarinos que quiere hacerse torero para conquistarla, y el de
Armando (Rafael Arcos), el secretario de un hombre importante que tiene un gran automóvil deportivo y no duda
en enfrentarse con el guardia urbano para que le deje salir
con su hija. Hasta las secundarias del viejo militar (Nicolás

Perchicot) que combatió en la guerra de Filipinas y quiere que su entierro pase por la Cibeles, ocasión que aprovecha el guardia Manolo para condecorarle simbólicamente; la del violinista (Antonio Riquelme), demasiado aficionado al alcohol, que sueña con revivir sus viejos triunfos, y la del párroco don Andrés, que dedicado al estudio de las quinielas, acierta los catorce resultados cuando menos lo piensa y puede llevar a los niños de su escuela a una residencia en la sierra.

Tomando como modelo las comedias de episodios entrelazados descubiertas poco antes en Italia por el guionista y productor Sergio Amidei, pero dándole un claro sabor madrileño, *Manolo, guardia urbano* hace un buen reflejo de un mundo sainetesco, pobre, de barrio, donde todos se conocen y se ayudan en la medida que pueden. Un mundillo habitado por el limpiabotas (Ángel de Andrés), el jardinero (Mariano Ozores), el viejo militar jubilado (Mariano Azaña), el dueño de la tienda de ultramarinos (Ángel Álvarez), el aficionado a los toros (Casimiro Hurtado), el taxista, el cartero y otros muchos. Personajes que encajan a la perfección dentro de un excelente guión original de Pedro Masó, uno de los más irregulares y prolíficos guionistas y productores de este tipo de cine, y de Rafael J. Salvia, que también escribe muchas de estas películas y dirige algunas, pero que nunca vuelve a alcanzar la altura conseguida en esta ocasión.

Licenciado en derecho y filosofía y letras, el tarraconense Rafael J. Salvia (1915-1976) publica libros de poesía y novelas y es redactor jefe de la revista especializada *Cinema* antes de debutar como guionista profesional en 1948. Durante casi treinta años colabora en los guiones de más de ochenta películas, entre los que destacan los que escribe con Vicente Coello, Pedro Masó o Antonio Vich durante la década de los sesenta. Desde principios de los años cincuenta hasta mediados de los sesenta desarrolla una carrera paralela como realizador que le lleva a dirigir dieciséis largometrajes de ficción con muy poco atractivo, entre los que sólo sobresale *Manolo, guardia urbano*, además de su gran éxito *Las chicas de la Cruz Roja* (1956), una comedia romántica sobre las pequeñas anécdotas que les ocurren a cuatro muchachas en Madrid el día de la cuestación para la Cruz Roja, donde también queda muy clara la influencia italiana.

Rafael J. Salvia debuta como director con dos películas en alguna medida musicales: *Concierto mágico* (1952), una tenue comedia romántica, interpretada por el matrimonio formado por José María Rodero y Elvira Quintillá, y *El pórtico de la gloria* (1953), un folletín seudorreligioso protagonizado por el cantante y sacerdote mexicano José Mojica. Entre sus restantes producciones tienen mayor interés *Vuelo 971* (1954), donde por primera vez trabaja con historias entrecruzadas, pero a niveles dramáticos, y *¡Aquí hay petróleo!* (1955) y *El puente de la paz* (1956), en buena medida consecuencia del éxito de *¡Bienvenido Mister Marshall!* (1952), de Luis G. Berlanga, tanto a niveles de planteamiento como de reparto, pero que denotan muy poca imaginación para desarrollar sus nada desdeñables historias.

Tras el éxito de *Las chicas de la Cruz Roja*, Rafael J. Salvia trata de repetir la misma fórmula en *Días de feria* (1959), donde entrelaza varias historias cómico-sentimentales en el recinto de la madrileña Feria del Campo, y *La cesta* (1963), que gira en torno a las peripecias de una tradicional cesta navideña, pero sus resultados son cada vez peores. Vuelve al cine seudomusical con *Nacido para la música* (1959), que tiene un tono melodramático, *Festival de Benidorm* (1966), en torno a los comienzos del festival de la canción, y *Proceso a una estrella* (1966), a mayor gloria de una joven Rocío Jurado. Entre sus últimas y peores películas se sitúan *Isidro el labrador* (1963), intento de hagiografía de san Isidro, y *Una tal Dulcinea* (1964), teatral adaptación de una mala obra de Alfonso Paso. Tras casi diez años de inactividad como realizador, cierra su muy desigual filmografía con *Goya* (1974), un plúmbeo y académico documental sobre el famoso pintor.

Rapsodia de sangre 1957

DIRECTOR: Antonio Isasi-Isasmendi. GUIONISTAS: Antonio Isasi-Isasmendi, Luis Arcos. FOTOGRAFÍA: Joaquín Hualde. MÚSICA: Xavier Montsalvatge. INTÉRPRETES: María Rosa Salgado, Vicente Parra, Albert Hehn, Lida Baarova, Tomás Blanco, Luis Induni, Arturo Fernández, Jesús Colomer, Carlos Lloret, Malte Jaeguer, Francisco Piquer. PRODUCCIÓN: Antonio Isasi-Isasmendi para Isasi P.C. DURACIÓN: 108'.

A finales de los años cuarenta comienza la denominada *guerra fría* entre Estados Unidos y la Unión Soviética. Esto da pie, a niveles cinematográficos, para que Hollywood produzca un buen número de películas anticomunistas, al tiempo que comienza a funcionar el «Comité de Actividades Antinorteamericanas» para expulsar a los comunistas de la industria cinematográfica.

María Rosa Salgado y Vicente Parra en *Rapsodia de sangre*

Es la perfecta coartada que necesita el cine español para empezar a su vez a rodar producciones anticomunistas. De manera que durante los años cincuenta llega a constituir casi un subgénero con características propias. De sus muchos e irregulares títulos hay que recordar *La patrulla* (1954), de Pedro Lazaga, *Murió hace quince años* (1954) y *El canto del gallo* (1955), de Rafael Gil, *Embajadores en el infierno* (1956), de José María Forqué, *...Y eligió el infierno* (1957), de César F. Ardavín; entre ellas destaca *Rapsodia de sangre* por su osadía, estar ambientada íntegramente en Hungría y su brillante realización.

Tras morir en 1953 Josif Visarionovich Stalin, el temido dictador comunista de la Unión Soviética, en las repúblicas socialistas centroeuropeas comienza un proceso de *deshielo*. Esta situación lleva a Polonia en el otoño de 1956 a un gobierno presidido por un dirigente nacionalista. Siguiendo su ejemplo, el 23 de octubre de 1956 tienen lugar en Budapest unas manifestaciones contra el gobierno, que son disueltas por la policía, pero suben al poder al líder nacionalista Imre Nagy. Sin embargo, al ver los soviéticos que los manifestantes, apoyados por el católico cardenal Mindszenty, no quieren la liberalización del régimen comunista, sino una democracia de tipo occidental, comienza una brutal represión, en contra de lo ocurrido en Polonia, que acaba con el movimiento y pone a un líder comunista de la línea estalinista al frente del gobierno de Hungría.

Estos sucesos tienen una gran repercusión en Europa, donde desencadenan enfrentamientos de conocidos intelectuales con los Partidos Comunistas de sus respectivos países, y muy particularmente en España, en que el general Franco los utiliza para poner de relieve cómo, al cabo del tiempo, sus enemigos le dan la razón en sus constantes ataques a las *hordas rojas*. Y llevan al joven productor, guionista y realizador Antonio Isasi-Isasmendi a basarse en ellos para hacer *Rapsodia de sangre*, una de las mejores y más curiosas películas sobre la guerra fría.

Narra dos historias de amor opuestas y complementarias sobre el trasfondo de las revueltas populares contra el régimen impuesto por la Unión Soviética. En primer término los jóvenes amores del famoso pianista católico Pulac Adras (Vicente Parra) con la atea Lenina Kondor (María Rosa Salgado), hija del director del importante diario comunista *Szabad nép*. Y más al fondo, el final del matrimonio entre el comandante Igor Slov (Albert Hehn), un pianista que dejó la música por la política, y la rusa Anna Solor (Lida Baarova), que cansada de su marido, de la constante represión comunista, da su vida para que la pareja de jóvenes pueda escapar de Hungría.

Dentro del conjunto destaca la primera parte, articulada en torno a un importante concierto «a beneficio de los huérfanos de la Tercera Internacional», retransmitido por radio a toda Hungría y presidido por el ruso general Vasiliev (Luis Orduña), en el que Pulac Adras, de acuerdo con el cabecilla del levantamiento estudiantil Ustlic (Arturo Fernández), debe tocar una polonesa de Federico Chopin para que comiencen las manifestaciones contra el gobierno comunista. Así como la parte central donde se entrelazan con habilidad, gracias a la presencia de los reporteros Paolo (Carlos Lloret) y Elio (Jesús Colomer) de la *Attualità italiana*, documentales auténticos con escenas hábilmente reconstruidas. Además el final, donde la pareja protagonista logra huir de Hungría en una locomotora, mientras la otra se deshace por la fuga y posterior muerte de ella.

Frente a las escenas apoyadas en el diálogo, donde Antonio Isasi-Isasmendi se encuentra un tanto perdido, destacan las de acción, en que logra muy buenos momentos. Además, dada la muy diferente perspectiva con que se ve hoy *Rapsodia de sangre*, tras la caída del muro de Berlín y la desaparición de la Unión Soviética, parece lógico su lado anticomunista y normal la búsqueda de la libertad y la paz de sus protagonistas. E, incluso, haciendo un fácil cambio de los estalinistas por los franquistas, parece un peculiar reflejo de las manifestaciones estudiantiles ocurri-

das en Madrid y Barcelona en febrero de 1956, que moti-
van algunos cambios de gobierno.

El madrileño Antonio Isasi-Isasmendi (1927) es educado en Barcelona, donde a los 13 años comienza a trabajar
como botones de la importante productora Emisora Films.
En un rápido ascenso es auxiliar, ayudante y montador de
muchas películas, mientras también trabaja como jefe de
producción, escribe algunos guiones y dirige algún cortometraje. En 1954 crea Producciones Isasi y debuta como
director con *Relato policiaco* (1954), un interesante policiaco que además escribe en colaboración y coproduce, así
como las menos atractivas *La huida* (1955), en torno a unos
niños huérfanos, y *Pasión bajo el sol* (1956), un convencional drama rural.

Tras *Rapsodia de sangre*, fracasa con *Diego Corrientes*
(1959), sobre el famoso bandolero andaluz, *La mentira tiene cabellos rojos* (1960), una comedia policiaca, *Tierra de
todos* (1961), que trata de dar una imposible visión impar-
cial de la guerra española, y *Vamos a contar mentiras*
(1962), adaptación de una obra teatral de Alfonso Paso.
Encuentra su camino cuando comienza a hacer caras
coproducciones europeas de acción con *La máscara de Sca-
ramouche* (1963), y tiene su primer gran éxito con *Estam-
bul* (1965), una historia de espionaje a la moda de la época,
que ha envejecido mal.

Antonio Isasi-Isasmendi, ya convertido en Antonio Isasi, sigue en la misma línea de relatos de acción, protagonizados por actores internacionales y cada vez rodados con
más dinero, con *Las Vegas 500 millones* (1968), *Un verano
para matar* (1972), su mejor trabajo en esta línea, y *El perro*
(1977), adaptación de una novela de Alberto Vázquez
Figueroa. Entre sus últimas producciones se sitúa el fallido
documental *Rafael en Raphael* (1975), sobre el cantante
del mismo nombre, y *El aire de un crimen* (1988), adaptación de la novela homónima de Juan Benet, que cierra su
desigual filmografía.

¿Dónde vas, Alfonso XII?   1958

DIRECTOR: Luis César Amadori. GUIONISTAS: Manuel Tamayo, Luis Mar-
quina, Gabriel Peña. FOTOGRAFÍA: José F. Aguayo. MÚSICA: Guillermo
Cases. INTÉRPRETES: Vicente Parra, Paquita Rico, Mercedes Vecino, José
Marco Davó, Lucía Prado, Tomás Blanco, Ana María Custodio, Félix
Dafauce, Jesús Tordesillas, Luisa María Payán, Mariano Azaña. PRODUC-
CIÓN: Pecsa Films. Color. DURACIÓN: 112'.

Nacido en Pescara, Italia, Luis César Amadori (1903-
1977) emigra a los 3 años a Argentina con su familia.
Abandona los estudios de medicina para dedicarse a la crítica teatral, pero no tarda en llegar a ser un importante
empresario de revistas musicales. Tras intervenir como
autor y/o empresario en más de ciento cincuenta espectáculos teatrales y musicales, debuta como actor de teatro y

Paquita Rico y Vicente Parra en *¿Dónde vas, Alfonso XII?*

cine. Abandona sus restantes actividades después de rodar *Puerto nuevo* (1936), que hace a medias con el prestigioso realizador Mario Soffici, para dedicarse en exclusiva a la dirección cinematográfica.

Tras realizar más de cincuenta películas en Argentina, es detenido como consecuencia de la caída del general Perón, en 1956 se refugia en España, como algunos de sus compatriotas, y durante diez años se convierte en el director de las más anodinas producciones comerciales españolas. La vuelta al poder del general Perón le hace regresar a Argentina a finales de los años sesenta, pero no vuelve a dirigir ninguna película. Propietario del teatro Maipo, en Buenos Aires, se dedica en exclusiva a la producción y dirección de revistas musicales hasta poco antes de su muerte.

Las dieciséis películas que realiza en España, la mayoría para el productor Benito Perojo, se dividen en adaptaciones de obras de teatro de éxito y musicales al servicio de las más populares cantantes del momento. Entre las primeras destacan *Una muchachita de Valladolid* (1958), sobre la obra de Joaquín Calvo Sotelo, *Una gran señora* (1959), sobre la de Enrique Suárez de Deza, *Un trono para Cristy* (1959), sobre la de José López Rubio. Y entre los segundos, *La violetera* (1958), *Mi último tango* (1960) y *Pecado de amor* (1961), protagonizadas por Sara Montiel, *La casta Susana* (1962), con Marujita Díaz, *Como dos gotas de agua* (1963), que lanza a las gemelas Pili y Mili, que no sólo cantan, sino que también bailan, y *Acompáñame* (1964), *Más bonita que ninguna* (1964), *Buenos días, condesita* (1966), *Amor en el aire* (1967) y *Cristina Guzmán* (1968), los mayores éxitos de Rocío Dúrcal.

Entre todas destaca *¿Dónde vas, Alfonso XII?*, una de las primeras películas que Amadori dirige en España, por el enorme éxito que alcanza en su momento, que incluso da lugar a que se haga una segunda parte. Está basada en la obra teatral homónima, también de gran éxito, de Juan Ignacio Luca de Tena (1897-1975), que a la muerte de su padre debe interrumpir su carrera literaria para hacerse cargo de la dirección del diario conservador, monárquico y madrileño *ABC*.

Narra los amores entre Alfonso XII (1857-1885), hijo de la reina Isabel II y Francisco de Asís, y su prima María de las Mercedes de Orleans y Borbón. Exiliados en París tras la revolución de septiembre de 1868 que implanta la I República y derroca a Isabel II (Mercedes Vecino), que dos años después abdica en su hijo, el joven Alfonso (Vicente Parra) conoce casualmente a su prima María de las Mercedes (Paquita Rico) en la capital francesa y no tardan en enamorarse.

Restablecida la monarquía gracias a los esfuerzos del primer ministro Antonio Cánovas del Castillo (José Marco Davó), que consigue unir los dispersos intereses de los restauradores, en diciembre de 1874 el general Martínez Campos proclama rey a Alfonso XII en Sagunto. A principios del siguiente año, el rey regresa a España, preside las primeras Cortes en febrero de 1876 y cuatro meses después firma la nueva Constitución.

Deja al margen los problemas políticos, el final de las guerras carlistas y el término de la guerra de Cuba, por las que Alfonso XII lleva el sobrenombre de «El Pacificador». *¿Dónde vas, Alfonso XII?* se centra en los amores de Alfonso y Mercedes, cómo la reina madre Isabel II se opone porque el padre de ella es uno de los principales conspiradores a favor de su caída; pero al final el amor triunfa sobre los problemas de Estado, celebrándose la boda en enero de 1878. La reina Mercedes muere poco después a consecuencia de una caída de caballo sin dejar descendencia, lo que da lugar a un dramático final y abre las puertas a una segunda parte.

Siguiendo la letra de una conocida cancioncilla popular, el éxito teatral de *¿Dónde vas, Alfonso XII?* lleva a Juan Ignacio Luca de Tena a escribir una segunda obra teatral, *¿Dónde vas, triste de ti?*, sobre los amores entre Alfonso XII y María Cristina, archiduquesa de Austria, y su boda en noviembre de 1879, por lo que el éxito de la película da lugar a una homónima segunda parte, producida y dirigida en 1960 por Alfonso Balcázar con gran parte del equipo artístico y técnico de la primera, pero todavía peores resultados.

Más allá del la intrascendencia del planteamiento histórico y político del díptico, el máximo atractivo de *¿Dónde vas, Alfonso XII?* reside en estar rodada en la mayoría de los palacios donde realmente sucede la acción, desde el Real de Madrid hasta el de Aranjuez, pasando por el de La Granja, poniendo un especial cuidado en la ambientación.

Tras la indudable agilidad narrativa dada al relato por Luis César Amadori, donde mezcla lo popular con lo histórico, *¿Dónde vas, Alfonso XII?* está llena de terribles frases huecas y altisonantes, que los actores dicen con la mirada perdida en el infinito, y de otras donde se les llena la boca al decir maravillas de España. La historia también da pie para que la conocida tonadillera Paquita Rico cante varias canciones y afianza la desigual carrera de Vicente Parra.

Un vaso de whisky   1959

DIRECTOR: Julio Coll. GUIONISTAS: José Germán Huici, Julio Coll. FOTOGRAFÍA: Salvador Torres. MÚSICA: Xavier Montsalvatge, José Solá. INTÉRPRETES: Rossana Podestà, Arturo Fernández, Carlos Larrañaga, Yelena Samarina, Carlos Mendi, Armando Moreno, Jorge Rigaud, Gisia Paradis, Maruja Bustos. PRODUCCIÓN: Germán Lorente para Este Films, Pefsa Films. DURACIÓN: 91'.

Profesor mercantil, crítico de teatro en la mítica revista *Destino* y de *jazz* en *Cine en 7 días*, el gerundense Julio Coll

Arturo Fernández y Rossana Podestà en *Un vaso de whisky*

(1919) escribe obras de teatro, *No hay botas de siete leguas*, *En el sueño está la noche*, y publica novelas, *Las columnas de Cyborn*, *Siete celdas*, antes de que el productor y director Ignacio F. Iquino le contrate como guionista fijo de la importante productora Emisora Films.

Mientras colabora en más de cuarenta guiones, entre los que destaca el de *Apartado de correos 1001* (1950), de Julio Salvador, y los de sus primeras películas, debuta como realizador con un bloque de producciones que esconden una clara problemática social, lo que en su momento se denomina *películas con mensaje*, en su mayoría policiacos con una subrayada moraleja.

Entre *Nunca es demasiado tarde* (1955), *La cárcel de cristal* (1956), *Distrito quinto* (1957), *El traje de oro* (1959) y *Los cuervos* (1961), destaca *Un vaso de whisky* por ser la más ambiciosa, estar muy cuidada a niveles de producción y tener un *mensaje*, el de cómo el comportamiento de unas personas influye sobre el de otras, visualizado a través del denominado *efecto dominó*, repetido hasta la saciedad desde los títulos de crédito hasta el final.

A través de un bien estructurado guión, narra cómo el atractivo joven Víctor (Arturo Fernández) vive en Barcelona dedicado a salir con extranjeras, correrse grandes juergas con ellas y quitarles dinero. Siempre acompañado de su amigo Carlos Aranda (Carlos Larrañaga), un estudiante de medicina que realiza sus prácticas de fin de carrera en un hospital.

Tras un comienzo donde se expone su peculiar medio de vida, una loca noche de fiesta, a la mañana siguiente los dos amigos amanecen en una playa ante el Hotel Ampurias, abandonados por las extranjeras y sin dinero para pagar el alcohol consumido y una barca que han quemado por diversión. Víctor intenta sacarle dinero a su conquista Laura (Yelena Samarina), que está al borde del alcoholismo y la ruina debido a su mala influencia, pero no lo logra y para subsistir decide seducir a María (Rossana Podestà), la joven y bella dueña del Hotel Ampurias.

De esta manera, al mismo tiempo que se describe el comportamiento de Víctor, se ve el efecto de sus egoístas acciones sobre una de sus víctimas. Y de forma paralela se cuenta cómo el boxeador Raúl Chaco (Carlos Mendi), enamorado de la destruida Laura, animado por ganar un combate, decide enfrentarse con el responsable de la mala situación física, moral y económica de su amada.

Mientras prospera la relación entre Víctor y María, ella deja a su novio Pedro (Armando Moreno), vende el Hotel Ampurias, paga sus deudas y con el resto del dinero decide irse a vivir con Víctor a Barcelona, pero él la rechaza. Víctor trata de volver a su vida habitual de juergas nocturnas con extranjeras, pero su amigo Carlos le abandona para acabar sus estudios, y le persiguen la bella María y el boxeador Raúl Chaco. Después de recibir una paliza de éste, Víctor muere en plena calle en brazos de María, mientras en sobreimpresión aparecen los personajes a quienes ha dañado con sus malas acciones.

Los defectos de *Un vaso de whisky* tienen un origen muy diverso. Frente a un comienzo y un final con bastante consistencia, hay una larga parte central donde la acción se estanca y transcurre a un ritmo demasiado lento. Aunque su principal problema es la censura, y también la autocensura existente en la época, que hace que resulte ridículo que el *gigoló* encarnado por Víctor sólo se dedique a beber y bailar con extranjeras, nunca las bese y mucho menos se acueste con ellas, y tenga que quitarles el dinero de sus bolsos, no sean ellas quienes directamente paguen sus servicios. Sin olvidar defectos menores, como que los protagonistas, según una mala costumbre de la época, estén doblados por dobladores profesionales, y los decorados, por ejemplo el del interior del Hotel Ampurias, no sean muy buenos, se note en exceso que son decorados.

Sin embargo, *Un vaso de whisky,* con sus primeras extranjeras ávidas de diversión y unos españoles dispuestos a satisfacerlas, en su momento tiene cierta repercusión, tanto de crítica como de público, y supone un pequeño paso hacia delante dentro del cine español. A pesar de que el transcurso de los años le haya hecho perder mucho, marca una fecha dentro del cine nacional, así como en las respectivas carreras del director y guionista Julio Coll y del actor Arturo Fernández, en uno de sus primeros papeles protagonistas.

Productor o coproductor de la mayoría de sus películas, desde que en 1958 crea la marca Juro Films, el resto de las obras de Julio Coll carece de contenido social, de *mensaje* y tiene mucho menos interés. Desde las producciones policiacas *La cuarta ventana* (1961), *Ensayo general para la muerte* (1962) y *Los muertos no perdonan* (1963), hasta las coproducciones con diferentes países *Fuego* (1963), *Comando de asesinos* (1966), *Persecución hasta Valencia* (1968). Sin olvidar *Jandro* (1964), fallido intento de volver al cine de *mensaje*, el drama deportivo *El mejor del mundo* (1969) y la historia sobre la conquista de Chile *La Araucana* (1971), basada en la obra clásica de Alonso de Ercilla, que cierra su filmografía.

El lazarillo de Tormes   1959

DIRECTOR Y GUIONISTA: César F. Ardavín. FOTOGRAFÍA: Manuel Berenguer. MÚSICA: Salvador Ruiz de Luna. INTÉRPRETES: Marco Paoletti, Juan José Menéndez, Carlos Casaravilla, Memmo Carotenuto, Carlo Pisacane, Margarita Lozano, Antonio Molino Rojo, Mari Paz Pondal. PRODUCCIÓN: Hesperia Films (Madrid), Vertix Film (Roma). DURACIÓN: 110'.

Perteneciente a una familia dedicada a las bellas artes, su padre es pintor, un tío escritor y otro director de cine, el madrileño César F. Ardavín (1923) comienza a trabajar en el cine como ayudante de dirección de su tío Eusebio Fernández Ardavín en *La dama de armiño* (1947). Alterna esta actividad con la de guionista hasta que a principios de los años cincuenta realiza su primer largometraje.

Después de *La llamada de África* (1952), una tendenciosa historia de espionaje ambientada en África, *Crimen*

Carlos Casaravilla y Marco Paoletti en *El lazarillo de Tormes*

imposible (1954), un pretencioso y falso policiaco, *La puerta abierta* (1956), un irregular melodrama realizado en coproducción con Italia, y de *...Y eligió el infierno* (1957), el tradicional drama anticomunista de la época, obtiene su mayor éxito con *El lazarillo de Tormes*.

Basada en la famosa novela picaresca anónima del siglo XVI del mismo título, César F. Ardavín hace su mejor trabajo al escribir un guión que sigue de cerca el original y respeta en buena parte los diálogos, pero debe adaptarse a la rígida censura del general Franco, y sobre todo al encontrar unas estupendas localizaciones. Rodada en Toledo, Salamanca, Frías, Lereya, Tordesillas, Olías del Rey, Piedralaves y La Alberca, reconstruye bien el ambiente de la época, pero con unas excesivas tendencias esteticistas y antirrealistas.

A esto colabora una excelente fotografía en blanco y negro de Manuel Berenguer en exteriores, pero que resulta demasiado preciosista y teatral en interiores. Unido a un buen y amplio reparto, en el que destacan los italianos Memmo Carotenuto y Carlo Pisacane y el español Carlos Casaravilla, frente al niño Marco Paoletti, muy conocido en aquella época de *niños prodigio*, demasiado pequeño, guapo y blando para encarnar al protagonista, pero que debe pesar mucho sobre el jurado a la hora de ganar el Oso de Oro en el X Festival de Berlín, la única de las grandes competiciones cinematográficas internacionales que siempre ha visto con buenos ojos el cine español.

Con una demasiado simple estructura de itinerario, sólo alterada cuando al final se descubre que el primer plano inicial de un hombre y la voz de fondo que puntea el relato corresponden, respectivamente, al de un cura y a la confesión de Lázaro, *El lazarillo de Tormes* narra las andanzas de un niño por las hambrientas tierras de Castilla del siglo XVI.

Tras una cita de San Agustín, que dice «El hambre es mala consejera, pero son peores la mentira, la superstición y la ignorancia. Descubridles y os acercaréis al Dios verdadero», se cuenta cómo Lázaro (Marco Paoletti) se encuen-

tra con un ciego (Carlos Casaravilla), decide irse con él y se
despide de su madre (Margarita Lozano). Las continuas
picardías que debe hacer para conseguir algo de vino, unas
uvas o una salchicha, el hambre que pasa y la crueldad del
ciego, le llevan a abandonarle por un sacristán (Carlo Pisacane), con el que sólo come en los mortuorios y al que tiene que engañar para acompañar con algo de pan las tristes
cebollas que le da para nutrirse, pero no tarda en ser descubierto.

Esto le conduce a Toledo, donde confunde a un escu-
dero famélico (Juan José Menéndez) con un rico hidalgo,
mientras sueña con su gran casa llena de enanos, diversión
y comida, para descubrir que la dura realidad es que debe
ponerse a mendigar para obtener algo con que comer su
amo y él, mientras le ve salir huyendo cuando el casero llega a fin de mes para cobrar el alquiler de su vivienda.

Para finalizar con el episodio más rico, el de los cómicos de la legua, donde su jefe (Memmo Carotenuto) se
pone de acuerdo con el alguacil (Antonio Molino Rojo) de
un pueblo, donde el cura se ha ausentado, para inventar un
falso milagro y vender la bula a todos los penitentes. Sin
embargo, a pesar de lo bien que come, los remordimientos
por su colaboración y la presencia de una pobre niña ciega
que pide ayuda para su hermano enfermo, hacen que Lázaro confiese sus culpas y los cómicos y el alguacil sean detenidos.

El lazarillo de Tormes sólo funciona bien en las escenas
donde se limita a reproducir los diálogos de la obra original sobre un bello fondo, alternando un plano general del
conjunto con un juego de plano-contraplano de los que
hablan, pero tiene una construcción dramática demasiado
débil que le hace tener constantes caídas de ritmo. Aunque
su principal defecto es la falta de realismo y fuerza en la
narración, por lo que en conjunto resulta demasiado aséptica y falsa, para llegar a caer en el ternurismo. Su máximo
atractivo es ser una película sobre el hambre, rodada en un
momento en que la situación de posguerra de España ha

mejorado, pero todavía están en la mente de casi todos las grandes hambrunas de los años cuarenta.

Posteriormente Ardavín rueda la irregular comedia ambientada en el Festival de Cine de San Sebastián *Festival* (1960), y los dramas *Cerca de las estrellas* (1961), sobre la obra teatral homónima de Ricardo López Aranda, y *La frontera de Dios* (1963), basada en la novela del mismo título del sacerdote José Luis Martín Descalzo. Vuelve a tener otro éxito con *La Celestina* (1969), esteticista y mala versión de la obra homónima de Fernando de Rojas, gracias a los tenues desnudos de Elisa Ramírez en una época en que están totalmente prohibidos.

A principios de los años sesenta, Ardavín crea la productora Aro Films para la que escribe y dirige más de doscientos documentales turísticos sin la menor imaginación, ni atractivo. Sus peores películas las realiza durante los años setenta, el policiaco *Hembra* (1970), el panfleto antiabortista *No matarás* (1974), y también su última operación de prestigio, *Doña Perfecta* (1977), falsa adaptación de la novela del mismo título de Benito Pérez Galdós.

Carmen, la de Ronda
1959

DIRECTOR: Tulio Demicheli. GUIONISTAS: José María Arozamena, A. Mas-Guindal, Tulio Demicheli. FOTOGRAFÍA: Antonio L. Ballesteros. MÚSICA: Gregorio García Segura. INTÉRPRETES: Sara Montiel, Jorge Mistral, Maurice Ronet, Amedeo Nazzari, Germán Cobos, José Marco Davó, María de los Ángeles Hortelano, Félix Fernández. PRODUCCIÓN: Benito Perojo. Color. DURACIÓN: 110'.

Nacida en 1928, en Campo de Criptana, Ciudad Real, María Antonia Abad gana un concurso de aspirantes a

Jorge Mistral y Sara Montiel en *Carmen, la de Ronda*

actrices y a mediados de los años cuarenta es contratada en exclusiva por el productor Vicente Casanova para Cifesa. Con el nombre de María Alejandra debuta en un papel secundario en *Te quiero para mí* (1944), de Ladislao Vajda, pero ya con su habitual seudónimo de Sara Montiel encarna a personajes más importantes, entre otras, en *Locura de amor* (1948) y *Pequeñeces* (1950), de Juan de Orduña.

A principios de la década de los cincuenta se va a vivir a México, donde interviene en trece irregulares producciones, pero que le sirven de trampolín para trabajar en Hollywood. Hace destacados papeles en las importantes películas norteamericanas *Veracruz* (1954), de Robert Aldrich, *Dos pasiones y un amor* (Serenade, 1956), de Anthony Mann, y *Yuma* (Run of the Arrow, 1957), de Samuel Fuller, y además se casa con el realizador Anthony Mann.

Llamada por el director Juan de Orduña regresa a España para protagonizar *El último cuplé* (1957), que narra la melodramática ascensión y caída de una cupletista de principios de siglo, pero su inesperado éxito da un giro a su carrera y a su vida. Se instala en España y hasta principios de los años setenta protagoniza trece melodramas con canciones de gran éxito de público. Entre *La violetera* (1958), *Mi último tango* (1960) y *Pecado de amor* (1961), de Luis César Amadori, *La reina del Chantecler* (1962) y *Samba* (1964), de Rafael Gil, *Noches de Casablanca* (1963), de Henri Decoin, y *Esa mujer* (1969), de Mario Camus, destaca *Carmen, la de Ronda*.

Producida por Benito Perojo en una de sus mejores etapas como productor, en *Carmen, la de Ronda* Sara Montiel se enfrenta con tres famosos galanes, el español Jorge Mistral, el francés Maurice Ronet y el italiano Amedeo Nazzari, dentro de la tradicional y famosa historia de Prosper Mérimée, pero convenientemente desvirtuada a partir de una idea del dramaturgo Alfonso Sastre, convertida en guión por el especialista José María Arozamena, A. Mas-Guindal y el realizador Tulio Demicheli.

En la versión española de *Carmen, la de Ronda*, Carmen no es la desgarrada mujer que trabaja en la fábrica de tabaco de Sevilla y juega con el amor de los hombres, concretamente un bandolero, un militar y un torero, sino simplemente una cantante de un cafetín de Ronda, que tiene la desgracia de enamorarse al mismo tiempo de un guerrillero español y un sargento del ejército francés durante la invasión de las tropas de Napoleón a principios del siglo XIX, mientras que en la francesa, además de contener algunas escenas eróticas levemente osadas para la época, los guerrilleros son los tradicionales bandoleros.

Tras un rótulo que indica Ronda, 1808, se narran los amores entre la cantante Carmen (Sara Montiel), el guerrillero Antonio (Jorge Mistral) y el sargento José (Maurice Ronet) de las tropas napoleónicas que han invadido España. Mientras por celos la limonera Micaela (María de los Ángeles Hortelano) denuncia al primero a los franceses y el segundo mata a su capitán (Amedeo Nazzari).

En medio del comienzo del levantamiento popular de los españoles contra los franceses, el sargento José debe refugiarse con los guerrilleros. Cuando es herido, Carmen utiliza su popularidad con el famoso torero Lucas Sánchez (Germán Cobos) y el alcalde y médico (José Marco Davó) para tratar de salvarle, pero al final los amantes mueren juntos bajo las balas francesas.

La popularidad del personaje creado en la novela *Carmen* (1845), del escritor francés Prosper Merimée, y recreado en 1875 por su compatriota el compositor George Bizet en la ópera homónima, hace que se convierta en un reto al que se enfrentan algunas de las más famosas actrices a lo largo de la historia del cine.

En el período mudo la danesa Asta Nielsen lo encarna en 1907 bajo la dirección de Urban Gad, las norteamericanas Theda Bora, Geraldine Farrar y Edna Purviance lo interpretan en 1915 y 1916, respectivamente dirigidas por Raoul Walsh, Cecil B. De Mille y Charles Chaplin, la alemana Pola Negri lo recrea en 1918 en una película de Ernst Lubitsch, la española Raquel Meller lo revive en 1926 en una realización del francés Jacques Feyder y la mexicana Dolores del Río lo encarna en 1927 dirigida por Raoul Walsh.

En el cine sonoro destacan Imperio Argentina en *Carmen, la de Triana* (1938), de Florián Rey, Rita Hayworth en *Los amores de Carmen* (The Loves of Carmen, 1948), de Charles Vidor, Dorothy Dandridge en *Carmen Jones* (1954), de Otto Preminger, Maruschka Detmers en *Nombre: Carmen* (Prénom Carmen, 1983), de Jean-Luc Godard, Julia Migenes en *Carmen de Bizet* (1983), de Francesco Rosi, y Laura del Sol en *Carmen* (1983), de Carlos Saura.

Los principales defectos de *Carmen, la de Ronda* son la excesiva desvirtualización de la obra original y, sobre todo, la irregular personalidad del director argentino Tulio Demicheli. Esto le hace perderse en las escenas de acción, que están bastante mal rodadas, y que las ocho canciones que interpreta Sara Montiel, tal como es habitual, estén dirigidas por ella, con un excesivo estatismo y abuso en el empleo de primeros planos mirando hacia arriba.

Después de una etapa como guionista, el argentino Tulio Demicheli (1914) debuta como director con *Arrabalera* (1949), a la que siguen otras cuatro irregulares producciones. A consecuencia del enfrentamiento con la censura del general Perón por su película *Dock Sud* (1952), emigra a México donde rueda otras catorce producciones poco atractivas.

El éxito de la producción española *La herida luminosa* (1956), sobre la obra teatral homónima de José María de Segarra, le anima a instalarse dos años después en España, nacionalizarse y realizar el resto de su obra en nuestro país, salvo el documental *El misterio de Eva Perón* (1984), que vuelve a rodar en Argentina y cierra su muy poco atractiva filmografía, especie de personal ajuste de cuentas con la dictadura del general Perón.

Entre 1958 y 1977 Tulio Demicheli dirige en España treinta y dos películas, además de producir otras muchas rodadas por otros realizadores, todas marcadas por una comercialidad que sólo en algunas ocasiones llega a obtener. Su mayor éxito es *Carmen, la de Ronda*, seguido de producciones tan distintas y poco interesantes como *El hijo del capitán Blood* (1962), una aventura cuyo máximo atractivo reside en estar protagonizada por el hijo de Errol Flynn, y *Desafío en Río Bravo* (1965), uno más de los múltiples *spaghetti-westerns* que se ruedan en Almería en coproducción entre España e Italia.

El cochecito   1960

DIRECTOR: Marco Ferreri. GUIONISTAS: Rafael Azcona, Marco Ferreri.
FOTOGRAFÍA: Juan Julio Baena. MÚSICA: Miguel Asins Arbó. INTÉRPRETES:
José Isbert, Pedro Porcel, María Luisa Ponte, José Luis López Vázquez,
José Álvarez «Lepe», Antonio Riquelme, Chus Lampreave. PRODUCCIÓN:
Pedro Portabella para Films 59. DURACIÓN: 88'.

El italiano Marco Ferreri (1928) estudia veterinaria, pero su
interés por el cine le lleva a fundar la Cineteca de Milán en
colaboración con los más tarde también directores Luigi
Comencini y Alberto Lattuada, y poco después empieza a
trabajar como guionista y productor en diferentes películas.
   En 1956 llega a España como productor ejecutivo de
Toro bravo, un ambicioso documental sobre la última

José Luis López Vázquez, José Isbert y José Álvarez «Lepe» en
El cochecito

semana de vida de un toro de lidia que dirige el interesante Vittorio Cottafavi. Mientras el productor italiano cree que el dinero lo tiene el español, tal como suele ocurrir en este tipo de coproducciones, el español está seguro de que lo pone el italiano y él sólo corre con los mínimos gastos de rodaje. Esto hace que Cottafavi abandone el rodaje, la termine malamente el realizador español Domingo Viladomat, sólo se estrene en España con el título *Fiesta brava* (1957) y el italiano no la considere suya.

Instalado en Madrid, viviendo de lo que le da la representación de los objetivos TotalScope, Ferreri se siente cómodo, conoce al humorista logroñés Rafael Azcona (1926), colaborador habitual del semanario de humor *La codorniz*, y se plantea producir una película a partir de su novela *El pisito*. Asociado con el productor Isidoro M. Ferry, acaba dirigiéndola el propio Ferreri para abaratar costes y firmándola entre los dos por los habituales problemas sindicales de la época.

Estrenada en muy malas condiciones, *El pisito* (1958) es una de las grandes películas malditas del cine español y marca la aparición del humor negro en nuestro cine, enlazando con la mejor tradición literaria y pictórica. A pesar de las mínimas repercusiones de la experiencia, Ferreri rueda en la misma línea y en similares condiciones *Los chicos* (1959), pero a pesar de ser otra gran película, en su momento, por inexplicables razones, es infravalorada por los pocos críticos que la defienden.

Ferreri completa su trilogía española con *El cochecito*, una película tan buena y maldita como las otras dos, pero que en su versión íntegra se presenta en la Mostra de Venecia y obtiene un importante premio. Sin embargo, para su mínima distribución nacional, la censura del general Franco obliga a rodar otro final, moralizante, levemente suprimido en las actuales copias en circulación.

A partir del segundo de los tres cuentos que integran el volumen *Pobre, paralítico y muerto (1969)*, de Rafael Azcona, vuelven a escribir el guión en colaboración y Ferreri realiza la mejor de sus películas españolas. Rodada en lar-

gos planos con la intervención de múltiples personajes,
sobre el muy bien captado fondo del Madrid de la época,
El cochecito narra el drama de un jubilado que cada vez se
encuentra más alejado de su familia y ve cómo también va
perdiendo a sus amigos, pero a través del prisma crítico y
deformante del humor negro.

Don Anselmo Proharan (José Isbert) va a buscar a su
amigo Lucas (José Álvarez «Lepe») a su vaquería para
acompañarle al cementerio y poner flores en las tumbas de
sus respectivas esposas en la primera salida de su amigo con
su nuevo cochecito de paralítico con motor de gasolina.
Otro día va a comer al campo con un grupo de amigos paralíticos en sus respectivos cochecitos, pero se siente desplazado al ser el único que puede andar y no está motorizado.

Hijo de un procurador, Carlos Proharan (Pedro Porcel), que tiene el bufete en su propia casa, don Anselmo se
mueve aburrido, sin saber qué hacer, por el largo pasillo de
la vivienda entre su nuera Matilde (María Luisa Ponte), su
nieta Yolandita (Chus Lampreave) y su novio Alvarito
(José Luis López Vázquez), que trabaja de pasante con su
hijo, y la criada. Va a una tienda de objetos de ortopedia a
pedir un catálogo de cochecitos para paralíticos, simula
encontrarse mal ante su familia y lo único que consigue es
que pidan un bastón prestado.

Después de asistir en el Paseo de Coches del madrileño
parque del Retiro a una carrera de cochecitos de inválidos
y ver en funcionamiento el modelo que le gusta, decide
poner en marcha una estrategia para conseguirlo. Simula
caerse en el descansillo de la escalera, su hijo llama al médico y don Julio (Antonio Riquelme) le dice que tiene piernas de ciclista, que con el cochecito se le anquilosarán, y le
receta una purga.

Al fallarle este sistema, don Anselmo Proharan empeña
las joyas de su difunta esposa por cinco mil pesetas, paga la
entrada del cochecito y firma unas letras por el resto de su
importe, pero al ver el cochecito en su casa, su hijo le hace
devolverlo y recuperar las joyas. Uno tras otro sus amigos

se niegan a prestarle dinero, lo que le impulsa a echar veneno en la comida familiar, robar el dinero a su hijo y huir en el cochecito hacia Navalcarnero, pero es detenido por una pareja de la guardia civil en bicicleta.

Ante la dureza de esta versión de *El cochecito*, que es la que se presenta en la Mostra de Venecia, la censura obliga al productor Pedro Portabella a incluir una escena en que don Anselmo, arrepentido, llama a su familia por teléfono para confesar lo que ha hecho y otra en que la familia le perdona su acción y le pide que vuelva a casa. En las copias que hoy circulan se ha cortado la confesión telefónica de don Anselmo Proharan, por lo que todavía resulta más raro que llame a su casa para que los suyos le digan que le perdonan y que vuelva con ellos.

No obstante, *El cochecito* es una de las grandes películas españolas, hace un perfecto retrato de una familia de la clase media madrileña y marca el comienzo de la trayectoria italiana de la obra de Marco Ferreri. Sus largos planos, que tienen una trascendental influencia en el cine del gran realizador Luis G. Berlanga, permiten introducir una gran cantidad de elementos secundarios que enriquecen mucho su atmósfera y que José Isbert haga una de sus grandes creaciones.

Posteriormente Marco Ferreri regresa a Italia y rueda, siempre sobre guiones escritos con Rafael Azcona, *L´ape regina* (1962), *Se acabó el negocio* (La donna scimmia, 1963), *L´uomo dei cinque palloni* (1965), *Marcia nuziale* (1966) y *El harem* (L´harem, 1967), que tienen diferentes problemas con productores y censores, dentro de la misma línea de personal humor negro creado entre ambos.

El cada vez mayor pesimismo de Ferreri sobre las relaciones entre el hombre y la mujer le conduce a hacer las irregulares *Dillinger ha muerto* (Dillinger è morto, 1969), *El semen del hombre* (Il seme dell´uomo, 1970), *La cagna* (1972) y *La última mujer* (L´ultima donna, 1976). Después de *La audiencia* (L´udienza, 1971), personal adaptación de la novela *El castillo*, de Franz Kafka, tiene su mayor éxito con *La gran comilona* (La grande abbuffata, 1973), que vuelve a escribir con Rafael Azcona, donde hace un particular análisis de la sociedad actual a través de una insólita mezcla de escatología, sexo y comida.

Marco Ferreri prosigue con su peculiar estilo en *Adiós al macho* (Ciao maschio, 1977), *Ordinaria locura* (Storie di ordinaria follia, 1981), *Historia de Piera* (Storia di Piera, 1983) y *I love you* (1987). El fracaso de la interesante *Los negros también comen* (Come sono buoni i bianchi, 1988), otra parodia de la sociedad de consumo que vuelve a escribir con Rafael Azcona, le hace regresar a sus obsesiones sobre las relaciones hombre-mujer en *La casa del sorriso* (1990), *La carne* (1991) y *Diario di un vizio* (1993).

Ha llegado un ángel   1961

DIRECTOR: Luis Lucia. GUIONISTA: José Luis Colina. FOTOGRAFÍA: Antonio L. Ballesteros. MÚSICA: Augusto Algueró. INTÉRPRETES: Marisol, Isabel Garcés, Carlos Larrañaga, José Marco Davó, Ana María Custodio, Cesáreo Quezadas «Pulgarcito», Raquel Daina, Ángeles Macua, Pilar Sanclemente, Jesús Álvarez, Julio Sanjuán. PRODUCCIÓN: Manuel J. Goyanes para Benito Perojo, Manuel J. Goyanes y Cesáreo González. Color. DURACIÓN: 90'.

Después de producir, entre otras, la importante trilogía dirigida por J. A. Bardem e integrada por *Muerte de un ciclista* (1955), *Calle Mayor* (1956) y *La venganza* (1957), el productor madrileño Manuel J. Goyanes (1913-1983) descubre a una niña rubia de ojos azules, que baila y canta con una potente voz, durante una retransmisión por televisión de la actuación de un grupo de «Coros y danzas» de Málaga en la madrileña Feria del Campo.

«Pulgarcito», Isabel Garcés y Marisol en *Ha llegado un ángel*

Todavía están recientes el éxito nacional e internacional del niño madrileño Pablito Calvo (1949) en *Marcelino, pan y vino* (1955), de Ladislao Vajda, y del niño jiennense Joselito (1946) en *El pequeño ruiseñor* (1956), de Antonio del Amo, además del de sus sucesivas películas, y Manuel J. Goyanes firma un contrato en exclusiva con la malagueña Josefa Flores (1948), cambia su nombre por el de Marisol y empieza a planear una producción hecha a su medida.

Adaptando de manera anónima algunos de los grandes éxitos de las actrices infantiles norteamericanas Shirley Temple y Deanne Durbin a las peculiaridades españolas y a la personalidad de Marisol, *Un rayo de luz* (1960), de Luis Lucia, tiene un enorme éxito en España y Latinoamérica, que supera las expectativas de Manuel J. Goyanes. Esto le lleva a plantear en una línea muy similar *Ha llegado un ángel*, la segunda película protagonizada por Marisol, pero aportando algunos elementos personales.

El punto de partida es la clásica historia de la huerfanita pobre, que llega a vivir a casa de sus lejanos parientes ricos, la reciben con hostilidad, pero acaba resolviendo sus

problemas, protagonizada por Shirley Temple, Dianne
Durbin o, más concretamente, Hayley Mills en *Pollyanna*
(1960), de David Swift. Subraya el tono de Cenicienta que
tiene el personaje y añade algunos elementos autobiográfi-
cos de los comienzos de Marisol, que además al principio
de su carrera sólo encarna a personajes que tengan su mismo seudónimo.

Ha llegado un ángel narra cómo, tras la muerte de sus
padres, Marisol toma el tren desde Cádiz hasta Madrid
para irse a vivir a la calle Serrano nº 96, que premonitoria-
mente es el domicilio de su productor, a casa de don
Ramón Gallardo (José Marco Davó), el amable hermano
de su padre. Se encuentra con una familia sin dinero, des-
unida y en plena crisis, que la recibe mal hasta que se entera de que lleva consigo las veinticinco mil pesetas que le
han dado por la venta de los muebles de sus padres.

Mientras su empingorotada tía Leonor (Ana María
Custodio) la desprecia, la toma bajo su protección la criada
gallega Herminia (Isabel Garcés) y poco a poco, gracias a
su amabilidad y simpatía, sus primos se ponen a su lado.
Consigue un trabajo de mecánico para el forzudo Jorge,
descubre que el novio de Rosario está casado y hace que se
arregle con un estudiante de notarías, y paga las deudas de
juego de Javier (Carlos Larrañaga) a la vez que logra que le
contraten como dibujante.

Al mismo tiempo, Marisol comienza a dar sus primeros
pasos en el mundo artístico. Le hacen una prueba para
actuar en una película, pero el director la rechaza por los
celos que despierta en la protagonista. De la mano de Jesús
Álvarez, el famoso presentador de Televisión Española, y
con la ayuda de un grupo de estudiantes, queda finalista en
el concurso *Salto a la fama*, que ve el productor de la película, para la que había hecho la prueba, y la contrata.

A pesar de ser lacrimosa, previsible y un tanto aburrida,
Ha llegado un ángel supone un gran triunfo personal para
Marisol, que se instala en casa de su productor Manuel J.
Goyanes y con el tiempo acaba casándose con uno de sus

hijos, un matrimonio de corta duración que es un obstáculo en su carrera. Continúan sus triunfos en *Tómbola* (1962), de Luis Lucia, *Marisol rumbo a Río* (1963) y *Búsqueme a esa chica* (1964), de Fernando Palacios, pero a los 17 años se ha convertido en una atractiva jovencita y sus productores no saben qué hacer para que dé bien el paso de niña a adulta.

Contratan a los realizadores norteamericanos de segunda fila Mel Ferrer y George Sherman para que la dirijan respectivamente en *Cabriola* (1965) y *La nueva Cenicienta* (1965), donde se plantean mínimas tramas amorosas cargadas de irregulares números musicales. Sin embargo, vuelve a ser dirigida por Luis Lucia en *Las cuatro bodas de Marisol* (1967) y *Solos los dos* (1968), que marcan el punto final de sus éxitos.

La leve apertura de la censura de finales de la dictadura del general Franco hace evolucionar a Marisol hacia *La chica del Molino Rojo* (1973), de Eugenio Martín, un musical más erótico, y *La corrupción de Chris Miller* (1972) y *El poder del deseo* (1975), de J. A. Bardem, fallidos policiacos con leves desnudos. La escasa repercusión de *Los días del pasado* (1977), de Mario Camus, su mejor película, y sus cada vez mayores problemas personales, la obligan a apartarse más del cine y retirarse a los 37 años tras el gran fracaso de *Caso cerrado* (1985), de Juan Caño.

A pesar de haber dirigido cuarenta películas en treinta años de profesión, el valenciano Luis Lucia (1914-1984) es especialmente conocido por las cinco en que dirige a Marisol. Licenciado en derecho, colabora como dibujante en revistas de humor antes de comenzar a trabajar como asesor jurídico en la productora Cifesa. Después de ser director de producción y colaborar en algunos guiones, debuta como director con *El 13-13* (1943), una irregular historia de espionaje.

Entre las comedias intrascendentes *Un hombre de negocios* (1945) y *Dos cuentos para dos* (1947), Lucia tiene su primer éxito con la producción histórica *La princesa de los Ursinos* (1947), que posteriormente le lleva a hacer en la

misma línea *Jeromín* (1953). Su pasión por el drama le hace
adaptar a Jacinto Benavente en *De mujer a mujer* (1950), a
Joaquín Calvo Sotelo en *La muralla* (1958) y a Calderón de
la Barca en *El príncipe encadenado* (1960), toscas y aburridas
películas que muestran su falta de imaginación. Y también a
rodar sobre guiones originales *Cerca de la ciudad* (1952),
sobre la vida de un trabajador sacerdote en los suburbios
madrileños, *Molokai* (1959), hagiografía del apóstol de los
leprosos padre Damián, y *La orilla* (1970), una tardía contribución a la filmografía sobre la guerra española.

Tiene mucho más éxito Luis Lucia con las películas folklóricas *Lola la Piconera* (1951) y *Gloria Mairena* (1952)
con Juanita Reina, *La hermana San Sulpicio* (1952) y *Un
caballero andaluz* (1954) con Carmen Sevilla, *La hermana
Alegría* (1954) y *Morena Clara* (1954) con Lola Flores, y *Esa
voz es una mina* (1955) con Antonio Molina. Esto hace que
Manuel J. Goyanes le confíe el lanzamiento de Marisol, y
luego también dirija las primeras películas de las jovencitas
Rocío Durcal, *Canción de juventud* (1962) y *Rocío de la
Mancha* (1963), y Ana Belén, *Zampo y yo* (1965).

Plácido   1961

DIRECTOR: Luis G. Berlanga. GUIONISTAS: Luis G. Berlanga, Rafael Azcona,
José Luis Colina, José Luis Font. FOTOGRAFÍA: Francisco Sempere. MÚSICA:
Manuel Asíns Arbó. INTÉRPRETES: Cassen, José Luis López Vázquez, Elvira
Quintillá, Manuel Alexandre, Mari Carmen Yepes, Amelia de la Torre,
José María Cafarell, José Orjas, Agustín González, Julia Caba Alba, Félix
Fernández. PRODUCCIÓN: Alfredo Matas para Jet Films. DURACIÓN: 85'.

Después de abandonar los estudios de filosofía y letras
para irse a la División Azul, el valenciano Luis G. Berlanga

Elvira Quintillá y Cassen en *Plácido*

(1921) pinta, dirige cine-clubs y escribe crítica de cine hasta que ingresa en la primera promoción del «Instituto de Investigaciones y Experiencias Cinematográficas» y se gradúa en dirección con la práctica *El circo* (1949). A principios de los años cincuenta comienza una excepcional obra como realizador, dividida en tres períodos, que a través de las dieciséis películas y media que dirige en poco más de cuarenta años de profesión le convierten en uno de los elementos fundamentales del cine español.

El primer período comienza con *Esa pareja feliz* (1951), que hace en colaboración con J. A. Bardem, una historia deudora de la mejor comedia francesa e inglesa de la posguerra, pero que permanece un tanto al margen de su obra. Sus restantes películas están basadas en el personal esquema del hombre que no consigue hacer lo que se propone. Los habitantes de Villar del Río no logran que los norteamericanos se detengan en su pueblo y les ayuden a vivir mejor en *¡Bienvenido Mr. Marshall!* (1952), ni las fuerzas vivas de una cercana localidad consiguen dar una nueva vida al balneario de Fontecilla al inventar un falso milagro en *Los jueves, milagro* (1957). A otro nivel tampoco logran sus propósitos los adolescentes protagonistas de *Novio a la vista* (1953), ni los habitantes de un pequeño pueblo mediterráneo en *Calabuch* (1956).

Convertido en uno de los grandes directores del cine español, a principios de los años sesenta Luis G. Berlanga comienza a trabajar con el nuevo guionista Rafael Azcona en una historia titulada *Siente un pobre a su mesa*, que por ridículos problemas de censura acaba llamándose *Plácido*, que no sólo marca el debut de Cassen como actor y de Alfredo Matas como productor, sino que revoluciona su personal estilo. El esquema narrativo continúa siendo el mismo, pero ahora hay un claro protagonista, siempre rodeado de un tropel de personajes secundarios, al tiempo que hace irrupción en su cine el humor negro y pasa de jugar con habilidad con el montaje a hacer unos planos cada vez más largos donde su multitud de actores se mueve con mucha mayor facilidad.

A lo largo del día de Nochebuena, en una pequeña ciudad de provincias, *Plácido* narra las desventuras de Plácido Alonso (Cassen), un pobre hombre que ha comprado un motocarro para hacer portes y con el dinero que gane poder vivir con su mujer (Elvira Quintillá) y sus dos hijos, y también de Gabino Quintanilla (José Luis López Vázquez), un empleado que está dominado por los demás. Rodeados por un auténtico enjambre de personajes entre los que inútilmente tratan de moverse para conseguir sus objetivos, pero que sólo los logran tras múltiples esfuerzos o nunca llegan a conseguirlos.

Patrocinada por Zapater (José María Cafarell), el fabricante de las ollas Cocinex, y por una asociación de mujeres caritativas, se ha organizado una cabalgata que va a la estación de ferrocarril para recoger a unas actrices de cine que llegan de Madrid. Tras cruzarse con unos presos esposados y un entierro, recorre la ciudad y las deja en el casino, donde se subasta la posibilidad de llevárselas a su casa para cenar con ellas y con unos cuantos pobres traídos del asilo por unas monjas. A mitad de la noche, uno de los pobres se pone enfermo; al enterarse las organizadoras de que vive en concubinato, le obligan a casarse en artículo *mortis* y muere poco después de la apresurada boda.

Entre medias de esta peculiar campaña de Navidades, muy típica de los años sesenta, Plácido Alonso transporta en su motocarro una gran estrella plateada y una mesa donde un pobre y un rico comen juntos simbólicamente, y Gabino Quintanilla se encarga de la organización arreglando sobre la marcha los pequeños incidentes que surgen. Mientras, Plácido Alonso se enfrenta con la incomprensión del banquero y el notario para pagar las siete mil pesetas de la primera letra de su motocarro y arrastra tras de sí a su familia, más un cuñado y un abuelo, y Gabino Quintanilla debe someterse a la voluntad de su novia Martita Galán (Mari Carmen Yepes) y de su futura suegra (Amelia de la Torre).

Después de verse obligados a llevar de mala manera el muerto a su casa, Gabino Quintanilla acaba tirado en mitad de una calle la noche de Nochebuena con un fuerte constipado, y Plácido Alonso consigue pagar en el último momento la primera letra de su motocarro, pero llega a su mísera casa muy tarde, con la familia malhumorada y sin ganas de cenar, y además sabe que durante muchos meses tendrá que volver a vivir un calvario similar. Sobre el último y largo plano de *Plácido* se oye un tradicional villancico cuyas estrofas finales dicen: «En esta tierra ya no hay caridad, ni nunca la ha habido, ni nunca la habrá».

El segundo período de la obra de Berlanga, siempre sobre guiones escritos en colaboración con Rafael Azcona, prosigue con la interesante *La muerte y el leñador*, episodio de la irregular *Las cuatro verdades* (1962), para llegar a su obra maestra *El verdugo* (1963), donde un joven empleado de pompas fúnebres, que sueña con irse a Alemania para llegar a ser un buen mecánico, se ve obligado a casarse, tener un hijo e incluso convertirse en verdugo. Tras las fallidas *La boutique* (1967), que debe rodar en Argentina por problemas de censura, y *¡Vivan los novios!* (1969), que tiene graves fallos de producción, hace uno de sus mejores trabajos con *Tamaño natural* (1974), donde un misógino francés tiene tan malas relaciones con las mujeres que incluso fracasa cuando convive con una muñeca de tamaño natural, hasta que cuando caen al Sena en su automóvil, él se ahoga y ella flota.

Con la llegada de la democracia el cine de Luis G. Berlanga vuelve a cambiar de rumbo y comienza el tercer período de su obra, ahora con la mirada puesta en la política. Tras narrar los fallidos intentos del industrial catalán Jaume Ganivell para convencer a algunos ministros del general Franco de que le ayuden a patrocinar la venta de porteros automáticos durante una cacería de perdices organizada en la finca del marqués de Leguineche en *La escopeta nacional* (1978), se sigue valiendo de la disparatada familia Leguineche en *Patrimonio nacional* (1980) para comentar el retorno de la monarquía y en *Nacional III* (1982) para jugar con la llegada de los socialistas al poder tras el fallido golpe militar del 23 de febrero de 1981. Trilogía que refleja de manera tan directa la actualidad diaria que en el momento de su estreno no es muy bien considerada por la crítica, pero que gana fuerza e interés con el paso del tiempo.

Tienen menos atractivo *La vaquilla* (1984), una farsa simbólica sobre la guerra española que Berlanga sólo puede rodar más de veinte años después de haber escrito el guión con Azcona, pero que a pesar de su gran éxito de público resulta muy superada su tesis de que entre los republicanos y los sublevados acabaron con España, y sobre todo *Moros y cristianos* (1987), una farsa sobre una familia fabricante de turrón que es su peor película y cierra su colaboración con Azcona. Con *Todos a la cárcel* (1993), escrita a medias con su hijo Jorge Berlanga, vuelve a su habitual esquema del hombre que no consigue hacer lo que se propone al narrar la odisea del industrial Artemio Bermejo para cobrar los ochenta millones que le adeuda la administración socialista.

No dispares contra mí   1961

DIRECTOR: José María Nunes. GUIONISTAS: Juan Gallardo, Germán Lorente, José María Nunes. FOTOGRAFÍA: Aurelio G. Larraya. MÚSICA: José Sola. INTÉRPRETES: Ángel Aranda, Lucile Saint-Simon, Jorge Rigaud, Ángela Bravo, Federico Fontenova, Julian Mateos, Antonio Molino Rojo. PRODUCCIÓN: Enrique Esteban y Germán Lorente para Este Films. DURACIÓN: 75'.

Después de vivir cinco años en Sevilla, el portugués José María Nunes (1930) se instala en Barcelona en 1947 y su interés por el cine le lleva a trabajar como meritorio, *script*, ayudante de dirección y guionista. Debuta como director con *Mañana* (1957), una obra personal, irregular y rodada con muy poco dinero en medio de múltiples dificultades, que desde un principio denota la marginalidad de su realizador.

Lucile Saint-Simon y Ángel Aranda en *No dispares contra mí*

Sin embargo, el interés de las películas de José María Nunes nace de su habilidad para plegarse a las más variadas tendencias del cine catalán durante el final de los años cincuenta y el principio de los sesenta. De manera que *No disparas contra mí* es una buena síntesis del cine policiaco rodado en Barcelona a comienzos de los años cincuenta, bajo la dirección de Ignacio F. Iquino, Julio Salvador o Antonio Isasi Isasmendi, con producción de Iquino, el realizado a mediados de década por Julio Coll, producido por Enrique Esteban y Germán Lorente, y las películas turístico-sentimentales que el propio Lorente rueda durante la primera mitad de los sesenta.

Luego José María Nunes sabe dar un brusco cambio, entra a formar parte de la denominada «Escuela de Barcelona» y rodar, poco después de su consolidación, *Noche de vino tinto* (1966), producida por Jacinto Esteva para Filmscontacto y con los emblemáticos actores del grupo Serena Vergano y Enrique Irazoqui, que abre su corta filmografía haciendo de Cristo en *El Evangelio según San Mateo* (Il vangelo secondo Matteo, 1964), de Pier Paolo Pasolini. A la primera la siguen dentro de la misma tendencia, pero cada vez con rodajes más económicos y una menor repercusión crítica y, sobre todo, de público, *Biotaxia* (1967), donde el guionista y teórico del grupo Joaquín Jordá hace uno de los principales papeles, y *Sexperiencias* (1969), cada vez más apartado del grupo.

Tras seis años alejado de la dirección, quizá por la práctica prohibición por la censura de *Sexperiencias*, José María Nunes vuelve al cine durante los primeros años de la democracia, en el período de transición política entre la Dictadura y la Monarquía, con *Iconockaut* (1975) y *Autopista A2-7* (1977), producciones marginales o independientes, rodadas con poquísimo dinero, que no llegan a estrenarse. Además, por absurdos problemas burocráticos de nacionalidad, dado que a pesar de haber vivido durante la mayor parte de su vida en España, Nunes sigue conservando la nacionalidad portuguesa, sus últimas películas,

En secreto, amor (1982) y *Gritos a ritmo fuerte* (1983), las tiene que firmar su hija Virginia Nunes, pero llevan su inequívoco sello de marginalidad, rodajes rápidos y falta de historia, que hacen que tampoco se estrenen y cierren definitivamente su carrera.

Debido a todo esto, su película más conocida, y posiblemente mejor, es *No dispares contra mí*, la única que goza de una distribución comercial más o menos normal, pero que no tiene el menor éxito. Sin olvidar que por centrarse en una larga huida, encerrar cierto tono existencialista en los diálogos y morir al final el protagonista, mucho más que por su eficaz, pero convencional realización, muestra una clara influencia de *Al final de la escapada* (A bout de souffle, 1959), de Jean-Luc Godard, una de las películas que más y peores influencias tiene en aquellos años, y también mucho después, sobre los nuevos realizadores.

La historia comienza cuando el joven estudiante de derecho David (Ángel Aranda) sale huyendo de un garito clandestino porque la policía, al mando de un amable comisario (Jorge Rigaud), amigo de su padre, llega para hacer una inspección rutinaria. El joven va a refugiarse a casa de su amiga francesa casada, Lucile (Lucile Saint-Simon), y toma prestado su automóvil Mercedes para escapar. Mientras huye hacia la frontera con Francia, cae del maletero el cadáver del marido de su amiga y descubre en el asiento posterior una cartera con una fuerte cantidad de dinero, que esconde en su taquilla del club de natación del pueblecito donde vive su padre.

El resto de la película es la larga huida de David, al que no tarda en unirse Lucile, alternada con escenas en que ella habla de cómo sus padres murieron a manos de los alemanes por ayudar a la Resistencia y él de cómo dejó sus estudios para comenzar a beber y jugar, perseguidos por el comisario de policía, sus hombres y la guardia civil, que le creen autor del asesinato del marido de Lucile, y el socio del muerto Kroback (Antonio Molino Rojo) y unos amigos de David, que quieren apoderarse del dinero.

Como suele ser habitual en este tipo de esquemas narrativos, mientras funciona bien la huida propiamente dicha, con sus diversos incidentes, tiene bastante menos atractivo la parte correspondiente a los distintos perseguidores, a pesar de que trata de animarse enfrentando a unos con otros. Además, los estereotipados malos pierden parte de su poca consistencia al estar doblados por conocidos dobladores con rutinarios acentos madrileños, a pesar de su evidente condición de extranjeros.

El máximo atractivo de *No dispares contra mí* reside en el personaje de Lucile, tanto por estar interpretado por la desconocida y bella francesa Lucile Saint-Simon —la habitual aportación extranjera de Germán Lorente a la producción—, como por tener su personaje un complejo pasado y una clara tendencia al existencialismo, sin olvidar su doble juego, que al final, una vez que David descubre el escondite del dinero, dispara sobre él y le mata con absoluta frialdad, olvidando su amor, sólo interesada, como todos los demás personajes, en conseguir el botín. No obstante, no desaparece con el dinero dejando tras de sí un largo reguero de hombres muertos, lo que hubiese dado lugar a un buen final enriquecedor del conjunto, sino que es inmediatamente apresada por la policía, en unos tiempos en que no sólo era infalible, sino en que también «el malhechor siempre perdía».

Viridiana

DIRECTOR: Luis Buñuel. GUIONISTAS: Luis Buñuel, Julio Alejandro. FOTO-GRAFÍA: José F. Aguayo. MÚSICA: Gustavo Pitaluga. INTÉRPRETES: Silvia Pinal, Francisco Rabal, Fernando Rey, Margarita Lozano, Juan Calvo, José Manuel Martín, Victoria Zinny, Luis Heredia, Joaquín Roa, Lola Gaos, Maruja Isbert, Teresa Rabal. PRODUCCIÓN: Pedro Portabella y Ricardo Muñoz Suay para Uninci S.A. (Madrid), Films 59 (Barcelona), Gustavo Alatriste P.C. (México). DURACIÓN: 90'.

El éxito del cortometraje *Un perro andaluz* (Un chien andalou, 1928) y del largo *La edad de oro* (L´âge d´or, 1930), realizados en Francia sobre guiones donde colabora el pintor Salvador Dalí, hacen que el turolense Luis Buñuel (1900-1983) reciba una invitación para trabajar en los estudios Metro-Goldwyn-Mayer. Permanece unos meses en

Fernando Rey, Silvia Pinal y Margarita Lozano en *Viridiana*

Hollywood como observador, pero no le gusta el ambiente, ni la forma de trabajo y regresa a Francia para hacer doblajes en los estudios Paramount, en Joinville, cerca de París, y a España para rodar en la mísera región de Las Hurdes el mediometraje *Tierra sin pan* (1932).

Su amistad con el financiero Ricardo Urgoiti, creador de la marca Filmófono, le lleva más tarde a trabajar como productor ejecutivo en *Don Quintín, el amargao* (1935), de Luis Marquina, *La hija de Juan Simón* (1935) y *¿Quién me quiere a mí?* (1936), de José Luis Sáenz de Heredia, y *Centinela alerta* (1936), de Jean Gremillón, que supervisa personalmente y con las que intenta hacer un cine popular que tenga una cierta dignidad.

La guerra española le hace viajar a París para colaborar en el montaje de *España leal en armas* (1938), de Roman Karmen, y más tarde a Hollywood para supervisar dos producciones que no llegan a rodarse. Instalado en México, desde finales de los años cuarenta hasta principios de la década de los cincuenta dirige unas veinte películas, entre las que destacan *Él* (1952), *Abismos de pasión* (1953) y *La vida criminal de Archibaldo de la Cruz* (1955), que le convierten en el mejor de los realizadores latinoamericanos.

Tras largas conversaciones con viejos amigos y nuevos profesionales, Luis Buñuel llega a Madrid para dirigir su primer largometraje español, una coproducción entre México y España que sigue la burocracia vigente en la época. Su guión se presenta a censura, se autoriza con la condición de que se cambie el final y Buñuel acepta de buen grado la sugerencia hecha por los censores. Se rueda sin ningún problema, se termina para que llegue a tiempo de competir en el Festival de Cannes y, en su calidad de coproducción y para mayor seguridad, se deposita un internegativo en unos laboratorios de París. Siguiendo los trámites habituales, es vista por los censores, la aceptan sin hacer modificaciones y, más por la personalidad de Buñuel y haber sido invitada por la dirección del festival que por gustarles, es seleccionada para representar a España en el Festival de Cannes.

El 17 de mayo de 1961 *Viridiana* gana la Palma de Oro, la noticia es comentada positivamente por la prensa española, Buñuel se niega a desplazarse desde París para recoger el premio y el director general de Cinematografía acude a Cannes en su lugar. Sin embargo, dos días después aparece un artículo en el diario vaticano *L'Osservatore Romano* que la acusa de blasfema y se origina un cataclismo en el cine español. Se prohíbe nombrar la película en los medios de comunicación, es cesado el director general, se disuelven las importantes productoras Uninci y Films 59 y se prohíben sus proyectos. Además, durante dieciséis años *Viridiana* permanece prohibida en España, mientras se convierte en una de las grandes obras del cine mundial, y sólo se estrena el 1 de abril de 1977, el mismo día que se legaliza el Partido Comunista, pero sólo se le reconoce la nacionalidad española en 1983, poco después de la llegada al poder del Partido Socialista.

Dividida en dos partes, *Viridiana* narra las peculiares relaciones eróticas que se establecen, en una destartalada hacienda castellana, entre la novicia Viridiana (Silvia Pinal) primero con su tío, don Jaime (Fernando Rey) y luego con su primo Jorge (Francisco Rabal), un hijo natural de éste a quien sólo reconoce tras su muerte.

El gran parecido entre la novicia y su mujer, muerta en sus brazos la noche de bodas, lleva a don Jaime a convencer a su sobrina de que vista el traje de novia de su esposa y, con la complicidad de su criada Ramona (Margarita Lozano), la narcotiza y la instala en su lecho, pero sólo se atreve a besarla. Sin embargo, le hace creer que la ha poseído para obligarla a casarse y que viva con él, pero ella insiste en irse y sólo regresa, renuncia a los hábitos y se queda en la hacienda dedicada a regenerar mendigos por el trabajo, cuando la guardia civil le comunica que su tío se ha suicidado colgándose de un árbol.

Un día aparece Jorge con su amante Lucía (Victoria Zinny) y acaba por enfrentarse con su prima Viridiana por la situación a que ha llegado con los mendigos, mientras él trata de que la hacienda sea productiva. Tras plantearse una atracción entre Jorge y la criada Ramona, también se da entre Jorge y Viridiana, que hace que los mendigos y la amante se vayan y queden los tres solos jugando a las cartas, según una idea de los censores, mientras él dice, subrayando con ironía el tono de cama redonda de la situación, «No te lo vas a creer, pero la primera vez que la vi me dije, mi prima Viridiana terminará por jugar al tute conmigo».

Heredera de la mejor tradición literaria y pictórica españolas, *Viridiana* está basada en un excelente guión de Julio Alejandro y Luis Buñuel y demuestra, entre otras cosas, la imposibilidad de practicar la caridad cristiana. Rodada con tanta habilidad como sencillez por Buñuel, gran parte de su atractivo reside en la multitud de pequeños detalles enriquecedores de la historia. Desde la presencia de Rita (Teresa Rabal), la pequeña hija de Ramona, testigo silencioso de la relación entre don Jaime y Viridiana, hasta los múltiples usos que se hacen de su cuerda para saltar a la comba, que don Jaime utiliza para verle las piernas a la niña y ahorcarse, y el violento pobre Monchón (José Manuel Martín) como cinturón. Sin olvidar la escena en que Jorge, compasivo, compra un perro que va atado con una cuerda bajo un carro para luego cruzarse con otro carro con otro perro en las mismas circunstancias, y el crucifijo que esconde una navaja.

Además de la presencia de la particular corte de mendigos que organiza Viridiana en la hacienda de su tío y protector. El ciego Amalio (José Calvo), la cocinera Enedina (Lola Gaos), el ponderado Ezequiel (Joaquín Roa), la coplera (Maruja Isbert), el violento Monchón, el bajito «El Poca» (Luis Heredia) y otros cuantos dan vida a algunas de las mejores escenas de la película, tanto por las particulares relaciones que se establecen entre ellos, como por la orgía, con su imitación de *La sagrada cena*, de Leonardo da Vinci, que tanto indigna al Vaticano.

El éxito de *Viridiana* convierte a Buñuel en uno de los más conocidos directores de cine, en buena parte también gracias a las producciones mexicanas *El ángel extermina-dor* (1962) y *Simón del desierto* (1965), y a las películas rodadas en Francia, entre las que sobresalen *Diario de una camarera* (Le journal d'une femme de chambre, 1963) y *El discreto encanto de la burguesía* (Le charme discret de la bourgeoisie, 1972). Sin embargo, su escándalo sólo le permite volver a España para rodar de manera clandestina algunas escenas de *La vía láctea* (La voie lactée, 1968), hacer íntegramente la genial *Tristana* (1970) y despedirse del cine con *Ese oscuro objeto del deseo* (Cet obscur objet du désir, 1977), desigual adaptación de la novela *La mujer y el pelele*, de Pierre Louÿs, un viejo proyecto de juventud.

Atraco a las tres   1951

DIRECTOR: José María Forqué. GUIONISTAS: Pedro Masó, Vicente Coello. FOTOGRAFÍA: Alejandro Ulloa. MÚSICA: Adolfo Waitzman. INTÉRPRETES: José Luis López Vázquez, Cassen, Gracita Morales, Katia Loritz, Manuel Alexandre, Agustín González, Manuel Díaz González, José Orjas, Alfredo Landa, Paula Martel. PRODUCCIÓN: Hesperia Films S.A., Pedro Masó P.C. DURACIÓN: 86'.

Interesado por el cine, el zaragozano José María Forqué (1923-1995) rueda más de doce cortometrajes antes de dirigir *Niebla y sol* (1951), su primer largo. Después de cinco películas de aprendizaje, entre las que destaca el eficaz sainete *Un día perdido* (1954), obtiene su primer éxito con la historia política *Embajadores en el infierno* (1956), adaptación de la novela homónima de Teodoro Palacios y Torcuato Luca de Tena sobre la odisea de un grupo de prisioneros españoles de la División Azul en Rusia.

Gracias a su gran éxito puede hacer una importante tri-

Agustín González, Gracita Morales, José Orjas, José Luis López Vázquez, Cassen, Manuel Alexandre y Alfredo Landa en *Atraco a las tres*

logía de películas, sobre guiones del dramaturgo Alfonso Sastre y suyos, que tiene una cierta repercusión. La mejor es *Amanecer en Puerta Oscura* (1957), ganadora del Oso de Plata en el Festival de Berlín, que narra una historia de bandidos en la Andalucía de finales del siglo XIX. Seguida de *Un hecho violento* (1958), cuyo principal problema es estar ambientada en Estados Unidos, y *La noche y el alba* (1963), que plantea un tímido reencuentro entre las dos Españas, pero con las limitaciones impuestas por la autocensura y la censura de la época.

Los años sesenta son uno de los mejores momentos de la larga carrera de José María Forqué, integrada por cuarenta y cinco películas y algunas series de televisión realizadas en cuarenta años de profesión. Entre algunos desiguales policiacos, los dedica especialmente a la comedia con títulos como *Maribel y la extraña familia* (1963), adaptación de la famosa obra homónima de Miguel Mihura, o *La vil seducción* (1968), basada en la comedia del mismo título de Juan José Alonso Millán; entre ellas destaca *Atraco a las tres*.

Tomando como punto de referencia la famosa *comedia a la italiana* Rufufú (I soliti ignoti, 1958), de Mario Monicelli, una brillante parodia de la producción francesa *Rififí* (Du rififi chez les hommes, 1956), de Jules Dassin, los prolíficos guionistas Pedro Masó y Vicente Coello escriben una historia mucho más barata, dado que buena parte se desarrolla en el interior de una pequeña sucursal bancaria, y adaptada a las características españolas de la época, que José María Forqué convierte en una eficaz comedia.

Atraco a las tres narra cómo, tras el injusto despido de don Felipe (José Orjas), el viejo director de la sucursal del banco «Previsores del mañana», cuyo lema es «Ahorro es seguridad en la vejez», y ante la animadversión que les produce su antiguo compañero y provisional director don Prudencio Delgado (Manuel Díaz González), el cajero Fernando Galindo (José Luis López Vázquez) convence a sus cinco compañeros de que deben robar su propio banco.

Fernando Galindo quiere comprarse un automóvil Mercedes, Cordero (Agustín González) desea casarse con su novia Lolita (Paula Martel), Enriqueta (Gracita Morales) necesita acabar de pagar las letras de la televisión, Benítez (Manuel Alexandre) quiere dinero para jugar al frontón y el conserje Martínez (Cassen) desea atender al nacimiento de su próximo hijo, pero Castrillo (Alfredo Landa) no está muy convencido del asunto.

Bajo la dirección de Fernando Galindo preparan la operación con cuidado. Martínez compra una pistola de juguete, Cordero se hace con unas medias de mujer para ponerse en la cabeza, Castrillo aprende a conducir y todos se reúnen repetidas veces para ensayar el plan. Todo está previsto para que den el golpe el martes 13 de diciembre, aprovechando que habrá en caja veinte millones de pesetas depositados por una constructora para la compra de unos solares.

Mientras tanto, Fernando Galindo conoce a la actriz Katia Durán (Katia Loritz), que abre una importante cuenta en el banco y espera una transferencia con otra gran suma, y cada vez que aparece por la sucursal se declara «un admirador, un amigo, un esclavo, un siervo». Una noche va a verla actuar al York Club, en su camerino conoce a un extraño argentino y pasan la noche bebiendo champán en casa de ella.

El día del atraco, a las tres, en el momento preciso, se abren las puertas de la sucursal y aparecen los ladrones, pero no son sus compañeros, sino Katia Durán y sus dos compinches. Los seis empleados del banco al ver que van a robar un dinero que ya consideran suyo, se enfrentan a los atracadores y consiguen desarmarles y apresarles. Gracias a su acción obtienen una ansiada paga extra, son citados en el boletín de la entidad y el viejo don Felipe recibe una condecoración.

A pesar de centrarse demasiado la acción en la sucursal bancaria y saberse muy poco de la vida personal de cada uno de los empleados, el director José María Forqué consigue dar un buen ritmo a la historia. Gran parte de su eficacia se debe a su excelente grupo de actores, entre los que destacan el veterano José Orjas y el debutante Alfredo Landa.

En 1967 José María Forqué funda la productora Orfeo Films, para la que trabaja hasta el final de su carrera, pero las restantes películas que dirige hasta mediados de los años ochenta tienen mucho menos atractivo. Desde las comedias que escribe en colaboración con Rafael Azcona, *El monumento* (1970), *La cera virgen* (1972), los policiacos *El ojo del huracán* (1971), *Tarots* (1972), o la ambiciosa historia de época *El segundo poder* (1976), adaptación de la novela de Segundo Serrano Poncela.

Diferente

DIRECTOR: Luis María Delgado. GUIONISTAS: Alfredo Alaria, Luis María Delgado, Jesús Saiz, Jorge Griñán. FOTOGRAFÍA: Antonio Macasoli. MÚSICA: Adolfo Waitzman. INTÉRPRETES: Alfredo Alaria, Manuel Monroy, Sandra Le Brocq, Manuel Barrio, Julia Gutiérrez Caba, Mara Laso. PRODUCCIÓN: Jesús Saiz para Aguila Films. Color. DURACIÓN: 87'.

Dentro del cine musical producido en España tras el éxito de Sara Montiel en *El último cuplé* (1957), de Juan de Orduña, y *La violetera* (1958), de Luis César Amadori, de Marisol en *Un rayo de luz* (1960), *Ha llegado un ángel* (1961) y *Tómbola* (1962), de Luis Lucia, y de Rocío Durcal en *Canción de juventud* (1962) y *Rocío de La Mancha* (1962), de Luis Lucia, destaca *Diferente* por tener un planteamiento y un desarrollo muy distinto, insólito en el cine español de la época.

Alfredo Alaria en *Diferente*

En primer lugar, es una película de autor, y no de productor, como las restantes, pero de un autor muy particular, el bailarín argentino Alfredo Alaria, que no tiene la menor idea de cine, y *Diferente* es su primera y única incursión en él a otro nivel que no sean los de actor secundario o bailarín.

Lo que no impide que esté basada en un argumento suyo, figure en los títulos como coguionista y protagonista, su personaje se llame Alfredo y además un rótulo indique «Un film de Alfredo Alaria». Aunque la empieza a dirigir el olvidado Jorge Griñán, que también aparece como coguionista, y por desavenencias con Alfredo Alaria, la acaba y firma el madrileño Luis María Delgado (1926), que al comienzo de su carrera se especializa en este peculiar tipo de cometidos para, durante la segunda mitad de los años sesenta, los setenta y parte de los ochenta, hacer treinta películas sin el menor interés.

A principios de la década de los sesenta llega a España el bailarín y coreógrafo argentino Alfredo Alaria al frente de su compañía de *ballet* moderno, en la que destaca la bailarina Sandra Le Brocq y el músico Adolfo Waitzman. Tienen grandes éxitos en teatro, alargan su estancia más de lo inicialmente previsto y Alaria consigue que el productor sevillano Jesús Saiz, entre cuyas películas destaca *Calabuch* (1956), de Luis G. Berlanga, se interese por su proyecto de hacer un musical y se ruede *Diferente*.

Su completo fracaso comercial y crítico, aunque el paso de los años la ha convertido en una de las más peculiares películas españolas rodadas bajo la censura del general Franco, hace que la compañía se disuelva, Alfredo Alaria regrese a Argentina y durante varias temporadas Sandra Le Brocq se convierta en la *estrella* de los musicales de Televisión Española y Adolfo Waitzman en uno de los músicos más característicos del cine español de los años sesenta y setenta.

Diferente narra la historia de dos hermanos de buena familia. El mayor, Manuel (Manuel Barrio), trabaja en las empresas familiares, pero al pequeño, Alfredo (Alfredo Alaria), sólo le interesa el teatro. Su padre (Manuel Monroy) le reprocha que «desde pequeño haya sido diferente» y «huya de los de su clase». Esto le hace abandonar temporalmente el teatro, comenzar a trabajar con su padre y su hermano y desarrollarse la parte más interesante de la película.

Tras cambiar la iluminación y la decoración de la oficina y aumentar la productividad de las secretarias al hacer que tecleen en sus máquinas con ritmo musical, Alfredo decide visitar personalmente a los empleados de la empresa para conocer sus problemas. En una de sus primeras entrevistas no encuentra a quien busca, pero sí a su hijo, que se le insinúa y le hace huir asustado.

Más tarde Alfredo se encuentra con una antigua compañera de baile (Sandra Le Brocq), salen a dar una vuelta en barco por un pantano, ella intenta besarle detrás de la vela y se desarrolla el siguiente diálogo entre ambos:

—Es imposible.
—Cuando se quiere no hay nada imposible.
—Cómo puedes pensar que yo contigo...
—Estarás siempre solo.....

Alfredo se ríe de ella y acaban peleándose.

Poco después tiene lugar la escena más famosa de *Diferente*. Mientras acompaña a su padre y su hermano a visitar un edificio en construcción, Alfredo queda fascinado por un obrero desnudo de medio cuerpo que trabaja con una taladradora. Esto origina un insólito montaje de leves *zooms* sobre el torso y los bíceps del obrero, la cara cada vez más sudorosa de Alfredo y primeros planos de la punta de la taladradora. Lo que le lleva a llamar a la puerta de la casa del muchacho que se le insinuó y finalizar la escena cuando le abre.

Alfredo no soporta más la vida familiar, con sus largas fiestas de Navidades y sus constantes regañinas paternales, y regresa al teatro. Su padre le comprende y decide dejar a Manuel los negocios familiares y a Alfredo unos teatros que también posee, pero cuando va a buscarle a una especie de orgía macumba, tiene un accidente y muere. Esto origina que ambos hermanos se peleen definitivamente, Manuel echa de la casa familiar a Alfredo y éste se va a abrazar un perdido árbol en mitad del campo y la película finaliza mientras comienza a caer sobre él una especie de lluvia purificadora.

El interés de *Diferente* no reside en el desigual trabajo como coreógrafo, bailarín y actor de Alfredo Alaria, ni en la irregular calidad de números como el *Baile de las espuelas*, el *Baile de los floretes*, el *Baile de las marionetas* o el *Baile caribeño*, siempre metidos a destiempo y sin guardar la menor relación con la acción, sino en que el personaje de Alfredo sea el primer homosexual declarado del cine español. Y, sobre todo, que esto ocurra bajo la censura presidida por Rafael Arias Salgado, el más duro ministro de Información y Turismo, que no se entera de nada, no comprenda la película, al año siguiente del sonado incidente ocurrido con *Viridiana* (1961), de Luis Buñuel.

La gran familia   1963

DIRECTOR: Fernando Palacios. GUIONISTAS: Rafael J. Salvia, Pedro Masó, Antonio Vich. FOTOGRAFÍA: Juan Mariné. MÚSICA: Adolfo Waitzman. INTÉRPRETES: Alberto Closas, Amparo Soler Leal, José Isbert, José Luis López Vázquez, Paula Martel, María José Alfonso. PRODUCCIÓN: Pedro Masó para Pedro Masó P.C. DURACIÓN: 99'.

El gran éxito alcanzado en su momento por *La gran familia* es origen de que dos años después el mismo equipo haga una segunda parte, *La familia y... uno más* (1965), pero también de que dieciséis años después el coguionista y

Alberto Closas, Amparo Soler Leal y Jaime Blanch en *La gran familia*

productor de ambas, Pedro Masó, ahora en su triple faceta de coguionista, productor y director, ruede una tercera parte, *La familia bien, gracias* (1979), que, debido a la presencia como coguionista de Rafael Azcona, en alguna medida es un intento de dar la vuelta a las otras dos.

Por un lado hija de la tradición italiana de las comedias de episodios entremezclados y por otro de los premios a la natalidad característicos de la dictadura del general Franco, *La gran familia* cuenta una sucesión de mínimas historias en torno al matrimonio formado por el aparejador Carlos Alonso (Alberto Closas), su mujer (Amparo Soler Leal), sus dieciséis hijos de corta edad, el padre de él (José Isbert) y el padrino (José Luis López Vázquez) de todos los niños.

A través de una serie de anécdotas sobre la vida cotidiana de una familia tan numerosa, sus vacaciones en Tarragona y el extravío del hijo pequeño en la madrileña Plaza Mayor el día de Nochebuena, se da una pringosa, bobalicona, paternalista, moralizante y muy deformada visión de la realidad española de la época. Sin embargo, funciona bien por tener una sólida estructura narrativa y, sobre todo, estar rodado con habilidad por Fernando Palacios.

Licenciado en ciencias exactas, el zaragozano Fernando Palacios (1917-1965) durante los años cincuenta trabaja como ayudante de dirección, en especial de Florián Rey y Ladislao Vajda, pero su temprana muerte a los 48 años hace que su carrera como realizador sea corta. Después de firmar como codirector, por las peculiares normas sindicales de la época, un par de producciones realizadas por extranjeros en España, y debutar como director con *Juanito* (1959), una de las últimas y peores películas protagonizadas por el actor infantil Pablito Calvo, durante la primera mitad de los años sesenta rueda diez irregulares obras, la mayoría producidas por el prolífico Pedro Masó, que se sitúan entre las más comerciales del cine español.

Entre las comedias sentimentales *El día de los enamorados* (1960), su continuación *Vuelve San Valentín* (1962) y *Tres de la Cruz Roja* (1962), el fallido drama de denuncia juvenil *Siempre es domingo* (1961) y los musicales *Marisol rumbo a Río* (1963) y *Búsqueme a esa chica* (1964), protagonizados por Marisol, y *Whisky y vodka* (1965), interpretado por las gemelas Pili y Mili, destaca el díptico formado por *La gran familia* y *La familia y... uno más*.

Como el gran actor José Isbert está muy mayor y muere poco después y la actriz Amparo Soler Leal no llega a un acuerdo económico con Pedro Masó para volver a encarnar a la madre, *La familia y... uno más* tiene un planteamiento idéntico a la anterior, pero el abuelo ha muerto de viejo y la madre al dar a luz a su hijo número dieciséis. Su todavía más mínima acción gira en torno a las tenues historias sentimentales del viudo Carlos Alonso con la joven Patricia (Soledad Miranda), con la que choca constantemente y acaba ligando con su hijo mayor arquitecto, una mexicana (Rosanna Yanni), a quien conoce casualmente durante un viaje de trabajo a La Coruña, y su fiel secretaria Julia (Julia Gutiérrez Caba).

Mientras Carlos Alonso casa a su hija mayor (Elisa Ramírez), tiene su primer nieto y discute con el padrino (José Luis López Vázquez) de sus hijos, *La familia y... uno más* aparece todavía más llena de moralina, ternurismo y terribles frases huecas, que, como es habitual en estos casos, Alberto Closas se ve obligado a decir con la mirada perdida en el infinito, lo que la hace tener aún menos interés que la anterior, pero alcanza un similar éxito comercial.

Esto es lo que dieciséis años después anima a Pedro Masó, que ahora no sólo es coguionista y productor, sino también director, a llamar al guionista Rafael Azcona para completar la trilogía con *La familia bien, gracias*, que tiene un guión no tan bueno como los anteriores, pero que enfrenta al reaccionario aparejador Carlos Alonso con la cada vez más dura realidad cotidiana.

Después de una comida con su numerosísima familia para celebrar su jubilación, al ver que su hija pequeña (Lola Forner), la única que sigue con él en la casa familiar, se va a vivir a un apartamento con una amiga y aprovechando que el padrino (José Luis López Vázquez) de sus hijos se separa de su mujer, que curiosamente en cada entrega está encarnada por una actriz distinta, Carlos Alonso decide vender su casa con sus muebles y vivir los dos una temporada con cada uno de sus hijos y ahijados, respectivamente.

Este peregrinaje da lugar a que Carlos Alonso, mientras añora el pasado a través de intercalar fragmentos sobre todo de *La gran familia*, vaya descubriendo la muy diferente realidad que le muestran sus hijos. No sólo hay una monja, dos misioneros y otra casada con un inaguantable miembro del Opus Dei, sino también otro regenta un hotel de mala nota y una de sus hijas se va a abortar a Londres. El conservadurismo de Masó se enfrenta con el liberalismo de Azcona, pero la *La familia bien, gracias* está escrita muy atropelladamente y, sobre todo, mucho peor rodada que las otras dos.

Después de trabajar como extra, botones, maquillador, regidor, ayudante de producción y jefe de producción, el

madrileño Pedro Masó (1927) comienza a escribir guiones
en 1953 con Rafael J. Salvia, Vicente Coello y Antonio Vich.
Desde 1957 interviene como productor asociado en muchas
de las películas que escribe, en 1961 crea su propia marca y
en diez años produce algo más de cuarenta películas.

A principios de los años setenta, Masó inicia una carrera paralela como director, rebaja su ritmo de trabajo a una
película al año y debuta con *Las Ibéricas F.C.* (1971) y *Las
colocadas* (1972), comedietas de múltiples parejas en la
línea de su más tradicional cine como productor. Más seguro de su nuevo oficio, rueda las más ambiciosas, pero anti-
cuadas y reaccionarias, *Experiencia prematrimonial* (1972),
Una chica y un señor (1973), *Un hombre como los demás*
(1974), *Las adolescentes* (1975), *La menor* (1976) y *La
coquito* (1977), historias dramáticas, protagonizadas por
adolescentes, encarnadas por atractivas actrices extranjeras

Sobre guiones de Rafael Azcona y suyos, Masó dirige
también *La miel* (1979), *La familia bien, gracias, El divorcio
que viene* (1980), *127 millones libres de impuestos* (1981) y
Puente aéreo (1981), que se sitúan entre sus mejores trabajos. Durante el resto de los años ochenta se dedica a escribir, producir y dirigir series de televisión con gran éxito,
para retirarse del mundo del espectáculo a comienzos de la
década de los noventa.

Los Tarantos 1963

DIRECTOR: Francisco Rovira Beleta. GUIONISTAS: F. Rovira Beleta, Alfredo Mañas. FOTOGRAFÍA: Massimo Dallamanano. MÚSICA: Emilio Pujol, Fernando G. Morcillo, José Solá, Andrés Batista. INTÉRPRETES: Carmen Amaya, Sara Lezana, Daniel Martín, Antonio Gades, Antonio Prieto, Manuel Martín, Margarita Lozano, Juan Manuel Soriano. PRODUCCIÓN: Tecisa, Films Rovira Beleta. Color. DURACIÓN: 92'.

La guerra española interrumpe sus estudios de arquitectura, derecho y filosofía y letras, y en la posguerra el barcelonés Francisco Rovira Beleta (1912), interesado por el cine *amateur*, comienza a trabajar en la productora Cifesa como ayudante de dirección de Luis Lucia y Juan de Orduña. Debuta como realizador con *Doce horas de vida* (1948), donde un legionario condenado a muerte trata de salvar su

Sara Lezana y Carmen Amaya en *Los tarantos*

vida encontrando a la mujer que engañó, *39 cartas de amor* (1949), una historia romántica ambientada en el Madrid de principios de siglo, y *Luna de sangre* (1950), adaptación del clásico *La familia de Alvareda*, de Fernán Caballero.

Se sitúa entre sus mejores películas la trilogía neorrealista integrada por *Hay un camino a la derecha* (1953), sobre el drama de un obrero sin trabajo que pierde a su hijo por su culpa, *El expreso de Andalucía* (1956), sobre el famoso robo ocurrido durante la dictadura del general Primo de Rivera, y *Los atracadores* (1961), sobre la incipiente delincuencia juvenil del momento con una escena insólita en la época de ajusticiamiento por garrote vil. También rueda las bastante menos interesantes *Once pares de botas* (1953), una comedia sentimental ambientada en el mundillo del fútbol, *Familia provisional* (1955), un argumento de Luis G. Berlanga sobre los niños trasladados a otros países durante la II Guerra Mundial, *Historias de la feria* (1957), colección de mínimas anécdotas sobre la Feria de Muestras de Barcelona, y *Altas variedades* (1960), melodrama situado en ambientes circenses.

El gran éxito de Francisco Rovira Beleta es *Los Tarantos*, adaptación de la obra teatral *Historia de los Tarantos*, de Alfredo Mañas, que convierte el clásico *Romeo y Julieta*, de William Shakespeare, en un musical de ambiente gitano, con la colaboración de la gran bailarina Carmen Amaya, la gran promesa Antonio Gades y la revelación de corta vida profesional Sara Lezana.

Ambientada en una peculiar Barcelona gitana, en *Los Tarantos* Rovira Beleta sabe aprovechar las casualidades ocurridas durante el rodaje, tanto una insólita nevada, como la celebración de las Navidades, pero cae en la tentación de utilizar algunos graves defectos del cine español de la época: el mal uso y abuso del *zoom*, el rodaje sin sonido y la manía de doblar a los actores por dobladores profesionales.

Después de plantear la rivalidad entre la familia de los Tarantos y la de los Zorangos, *Los Tarantos* narra cómo la joven de 16 años Juana Giménez (Sara Lezana), perteneciente a los Zorangos, y el joven de 23 años Rafael (Daniel Martín), de los Tarantos, se conocen durante la celebración de una boda gitana y se enamoran a primera vista.

La madre (Carmen Amaya) del muchacho queda horrorizada cuando se entera, pero al conocer a la simpática Juana, accede a ir a entrevistarse con el padre (Antonio Prieto) de la chica, pedir su mano y olvidar el viejo agravio amoroso que los separa. Sin embargo, el rencoroso patriarca de los Tarantos no sólo no accede a su petición, sino que compromete a su hija con Curro «El Picao» (Manuel Martín) para cortar de golpe la relación.

La joven pareja continúa viéndose con la complicidad de sus enamoriscados hermanos pequeños, un sistema de palomas mensajeras y su cada vez mayor amor. Mientras Curro «El Picao» mata de un navajazo a Maji (Antonio Gades), el amigo de Rafael, pega a Juana por seguir viendo al Taranto y acaba por matar a la pareja de enamorados, que incluso ha ido a la catedral a hablar con un cura para que los case, en un trágico final que hace reconciliarse a ambas familias y posibilita el amor de sus hermanos pequeños.

A pesar de que los múltiples bailes no están bien rodados por Rovira Beleta, las mejores escenas de *Los Tarantos* corresponden a la boda gitana, el baile de Carmen Amaya cuando conoce al amor de su hijo, el de Antonio Gades de noche por las Ramblas y el de Carmen Amaya con los gitanos en el bar donde suelen reunirse. Sin embargo, los números musicales están bien integrados en la acción y crean a la perfección el ambiente en que se desarrolla la historia.

Tras *La dama del alba* (1965), una ambiciosa y fallida adaptación de la obra teatral del mismo título de Alejandro Casona, Rovira Beleta vuelve a escribir en colaboración, coproducir y dirigir otro musical, *El amor brujo* (1967), sobre la obra homónima con libreto de Gregorio Martínez Sierra y música de Manuel de Falla; se sitúa entre las versiones rodadas en 1949 por Antonio Román y en 1986 por

Carlos Saura, reúne a La Polaca, Antonio Gades y Rafael de Córdoba, pero no sabe aprovechar su experiencia anterior. Repite los errores de *Los Tarantos*, pero no encuentra el tono adecuado para narrar otro amor entre gitanos, cae en un cierto esteticismo y tiene unas excesivas pretensiones surrealistas, lo que no le impide ser un gran éxito, más internacional que nacional, y volver a ser finalista en los Oscars.

El resto de las películas de Rovira Beleta carece de todo interés. La historia amorosa *La larga agonía de los peces fuera del agua* (1969), donde une malamente el éxito del cantante Joan Manuel Serrat con el fenómeno *hippie* de Ibiza, y el drama con connotaciones edípicas *No encontré rosas para mi madre* (1972). Cierra su irregular filmografía con la producción histórica sobre los Reyes Católicos *La espada negra* (1976) y el policiaco *Crónica sentimental en rojo* (1985).

Los dinamiteros   1963

DIRECTOR: Juan G. Atienza. GUIONISTAS: Luis Ligero, Juan G. Atienza. FOTOGRAFÍA: Juan Mariné. MÚSICA: Piero Umiliani. INTÉRPRETES: José Isbert, Sara García, Carlo Pissacane, Lola Gaos, Paola Ferrara, María José Alfonso, Xan das Bolas, Luis Heredia. PRODUCCIÓN: José Luis Dibildos para Agata Films (Madrid), Film Columbus (Roma). DURACIÓN: 91'.

Después de darse a conocer como productor con una serie de ligeras comedias sentimentales basadas en el modelo de la *comedia a la italiana*, entre las que destacan *Las muchachas de azul* (1957), *Ana dice sí* (1958) y *Luna de verano* (1959), dirigidas por Pedro Lazaga y protagonizadas por Fernando Fernán-Gómez y Analía Gadé, el productor y

Carlo Pissacane, Sara García y José Isbert en *Los dinamiteros*

guionista madrileño José Luis Dibildos (1929) realiza algunas ambiciosas coproducciones donde no interviene como coguionista.

Entre medias de las caras coproducciones de época realizadas con Francia, *Madame Sans Gene* (1962) y *El tulipán negro* (1964), de Christian-Jaque, *Llanto por un bandido* (1963), de Carlos Saura, y *Cyrano y D´Artagnan* (1964), de Abel Gance, Dibildos coproduce con Italia la mucho más modesta *Los dinamiteros*, la menos ambiciosa de las cinco, pero la más conseguida.

Narra cómo don Benito (José Isbert) vive con tres nietos en su propia casa, doña Pura (Sara García) tiene una habitación en el piso de su hijo, pero se lleva mal con su nuera (Lola Gaos), y don Augusto (Carlo Pisacane) sigue obsesionado por las mujeres, en especial con las jóvenes de su pensión. Los tres se conocen de verse cada mes en las colas de la mutualidad «La Paloma», fundada en 1892, para cobrar su mísera pensión.

Tras ir al Hospital Provincial a visitar a su amigo enfermo Felipe González (Luis Heredia), deciden hablar con el director de la mutualidad para pedirle un adelanto sobre sus pensiones y que su amigo pueda pasar mejor sus últimos días, pero no lo consiguen. Esto les lleva a enfadarse mucho y plantear el robo de la entidad. Así, no sólo podrán darle algún dinero a su amigo, sino que también don Benito conseguirá construir el mausoleo con el que sueña, don Augusto podrá irse de viaje de novios a Palma de Mallorca con alguna de las muchachas de su pensión y doña Pura le comprará un piso más grande a su hijo.

Amparándose en que durante casi cincuenta años han cotizado en la «Caja de Pensiones para la Vejez», reciben una mísera cantidad mensual y en el refrán «quien roba a un ladrón tiene cien años de perdón», los tres amigos comienzan a poner en marcha un minucioso plan. Leen novelas policiacas, van al madrileño cine Barceló a ver *Rapiña en Golden City* (Atrack), protagonizada por Adolfo Marsillach, Laura Valenzuela y Richard A. Harrison, inspeccionan el terreno y ensayan su estrategia.

Les cuesta mucho trabajo conseguir un potente explosivo para reventar la caja fuerte; antes hacen diferentes intentos con una vieja caldera en un pasadizo de un descampado cuando pasa por encima el tren, pero desarrollan su plan a la perfección. Se encierran en el montacargas del edificio donde está situada la mutualidad, simulan que está estropeado, aprovechan la hora de comer de los empleados para entrar en las oficinas, cometer el robo y sacar el dinero en la caja de una imagen religiosa portátil. Su único fallo es que doña Pura, con los nervios, se equivoca y deposita los billetes en la muy similar caja del viejo reloj que ha saltado por los aires al mismo tiempo que la caja de caudales.

Al final, tras fracasar su trabajo por culpa de un pequeño fallo, no se sienten desilusionados. Se han divertido como hacía tiempo no lo hacían, han demostrado servir para lo que se proponen y deciden volver a intentarlo en otra ocasión. Su nuevo objetivo será el dueño de la mantequería cercana a la casa de don Benito, enriquecido con el estraperlo durante los duros años de posguerra.

El paso de los años no ha envejecido *Los dinamiteros*, sino que en buena medida la ha rejuvenecido. El tema de las pensiones y la ahora llamada *tercera edad* están más de moda que en su momento, y además la película muestra una buena visión del Madrid de la época, la vieja plaza de Olavide con su mercado, la tradicional Cibeles, el estanque del Retiro con sus barcas, la salida de misa de la iglesia de la Concepción en la calle de Goya.

Rodada en largos planos de una gran eficacia, así como en el tradicional juego de plano-contraplano, tiene un perfecto desarrollo dramático de la historia con unas eficaces gotas de humor negro: desde la obsesión de don Benito por los entierros y los mausoleos, hasta unos segundos términos en las escenas rodadas en la calle donde siempre aparecen militares de uniforme, niñas de colegio acompañadas por monjas y similares.

Sin embargo, frente a las bien desarrolladas relaciones de don Augusto con sus compañeras de pensión y el enfrentamiento de doña Pura con su nuera, la vida familiar de don Benito con sus nietos resulta demasiado esquemática. En lo referente a la interpretación hay que señalar que los tres protagonistas están doblados por dobladores profesionales según la manía de la época, pero tanto el español José Isbert como el italiano Carlo Pisacane, a pesar de todo, consiguen estar espléndidos, y la mexicana Sara García, la más famosa de los tres, queda en un segundo plano.

Lástima que la fría acogida dispensada por el público y también por la crítica a *Los dinamiteros* le conviertan en el primero y el mejor de los tres largometrajes de la corta y extraña filmografía del valenciano Juan García Atienza (1930). Licenciado en filosofía y letras, secretario de redacción de la mítica revista especializada *Objetivo* y colaborador, entre otras, de *Cinema universitario*, trabaja como ayudante de dirección y se diploma en dirección en la «Escuela Oficial de Cinematografía».

El fracaso de *Los dinamiteros* le lleva a rodar algunos cortometrajes y a trabajar en Televisión Española, mientras publica relatos de ciencia-ficción y esoterismo. Esta afición paralela le permite años después rodar con muy pocos medios dos irregulares documentales de largometraje: *La historia y la vida extraterrestre* (1975), codirigido con Álvaro Saavedra, y *Un agujero en el tiempo* (1976), pero su interés es mínimo.

A tiro limpio 1963

DIRECTOR: Francisco Pérez-Dolz. GUIONISTAS: José María Ricarte, Miguel Cusso, Francisco Pérez-Dolz. FOTOGRAFÍA: Francisco Marín. MÚSICA: Francisco Martínez Tudó. INTÉRPRETES: José Suárez, Luis Peña, Carlos Otero, Joaquín Novales, María Asquerino, María Francés, Gustavo Re. PRODUCCIÓN: Francisco Balcázar para Balcázar Producciones. DURACIÓN: 85'.

En la línea que va desde *Apartado de Correos 1001* (1951), de Julio Salvador, con sus obligatorias alabanzas a lo bien que funciona la policía española, hasta *Fanny «Pelopaja»* (1984), de Vicente Aranda, apoyada en una excelente mezcla de sexo y violencia, en un punto intermedio se sitúa *A tiro limpio*, con una subrayada negrura y pesimismo, dentro del interesante cine policiaco que se produce en Cataluña y en el que también pueden citarse, entre otros muchos títulos, *No dispares contra mí* (1961), de José María Nunes, o los más recientes *Asunto interno* (1995), de Carlos Balagué, y *Cuerpo en el bosque* (1996), de Joaquín Jordá.

Durante la posguerra, el madrileño Francisco Pérez-Dolz (1922) comienza a recorrer la escala cinematográfica profesional, pero al llegar a ayudante de dirección se estan-

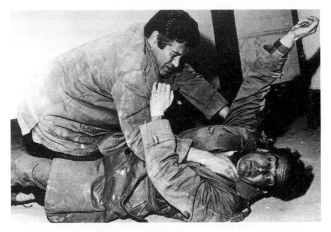

José Suárez y Luis Peña en *A tiro limpio*

ca y pasa muchos años ejerciendo esta actividad, sobre
todo en Barcelona. Tras colaborar en varios guiones y
rodar algún cortometraje, debuta como realizador con *A
tiro limpio*, su mejor y casi única película. También dirige
El mujeriego (1963), una comedia sin el menor atractivo, y
por motivos sobre todo sindicales aparece como codirector de *Los jueves de la Biblia* (I grandi condottieri, 1964),
del italiano Marcello Baldi, un *peplum* anodino. Posteriormente crea su propia productora de cine publicitario para
la que trabaja con intensidad y muy de vez en cuando realiza algún cortometraje.

A tiro limpio es un interesante policiaco, lleno de pesimismo, pero donde no es difícil adivinar un trasfondo político que prácticamente ha desaparecido a manos de la censura del general Franco. En un determinado momento se
habla de Toulouse, uno de los protagonistas es francés y
otro ha pasado cuatro años en la cárcel por un robo y tiene
escondidas unas ametralladoras, además de que llega a
insinuarse que un viejo secundario es de izquierdas y está
relacionado con el protagonista, elemento que hubiese

enriquecido mucho la situación y habría explicado la relación existente entre los protagonistas, además de justificar el pesimismo de los personajes, en particular, y de la película, en general.

De manera muy directa, sin el menor preámbulo, quizá también desaparecido por obra y gracia de la censura, *A tiro limpio* comienza con Martín (Luis Peña) y Antoine (Joaquín Novales) dirigiéndose en automóvil a un garaje, mientras por la radio oyen recitar poesías de Lope de Vega y Tirso de Molina, para hacer un pequeño robo entre los clientes. Se puede suponer que son comunistas, vienen del sur de Francia para organizar un grupo que cometa acciones desestabilizadoras, acaban de llegar a Barcelona y Martín se pone en contacto con su viejo camarada Román Campos (José Suárez) para hacer un atraco de mayor envergadura.

Román Campos va a buscar a su amigo Jorge Abad «El Picas» (Carlos Otero), que vive retirado en una masía trabajando con su vieja madre (María Francés) y su mujer embarazada, para pedirle su colaboración y que le deje las ametralladoras que tiene escondidas. «El Picas» acaba de pasar cuatro años en la cárcel por un atraco en que participaron ambos y no le delató, pero a pesar de que vive tranquilamente y, tras varios años de matrimonio, va a tener su primer hijo, a su amigo no le cuesta demasiado trabajo convencerle de que colabore en la acción delictiva.

Sin grandes dificultades, gracias al plan de Martín, los cuatro asaltan en pleno día una sucursal de un banco en Barcelona, pero el botín es mucho menor de lo supuesto, debido a que poco antes el cajero de una constructora retira una fuerte cantidad. Quedan citados en la casa de Marisa (María Asquerino), la amante de Román Campos, pero todos están de mal humor por el poco dinero que tienen que repartirse, «El Picas» se emborracha y la dueña de la casa se enfada con ellos.

Los cuatro se reúnen en una mansión abandonada de las afueras y Martín les expone su nuevo, doble e infalible plan. Román Campos y «El Picas» asaltan un domingo por la tarde el local de la Delegación Provincial en Barcelona donde están depositadas las recaudaciones de las quinielas deportivas, mientras se lleva a cabo el escrutinio, pero al mismo tiempo Martín y Antoine roban a los clientes de un *mueblé* para distraer a la policía. Debido a la minuciosidad con que realizan el plan, no tienen el menor contratiempo y consiguen robar una fuerte cantidad de dinero.

En una inspección rutinaria por el puerto, la policía descubre su escondite, uno de ellos reconoce a «El Picas», durante la huida le hieren y Martín le ahoga con sus propias manos, indignado porque estaba fichado, en contra de lo que le había asegurado Román Campos. Los tres atracadores se reúnen en la mansión abandonada para repartirse el botín, pero en venganza Román Campos ahorca a Antoine. Mientras la policía les rodea, los dos supervivientes se enzarzan en una dura pelea, Martín muere a manos de Román Campos, que logra escapar, pero la policía acaba con él en el Metro tras perseguirle.

Siguiendo la tradición del cine policiaco catalán, pero con unas ciertas influencias de la entonces muy de moda *nouvelle vague* francesa, Francisco Pérez-Dolz hace una película realista, dura, sin concesiones, donde destaca la claridad con que están narradas las múltiples escenas de acción. Además, en *A tiro limpio* no sólo se habla castellano y algo de francés, sino también catalán, un hecho bastante insólito en la época, y en un determinado momento se ve bailar unas sardanas delante de la catedral de Barcelona.

Lástima que la dura intervención de la censura desvirtúe por completo el proyecto y sólo deje algunos mínimos elementos que permiten adivinar lo que habría podido ser. Por ejemplo, el personaje de Martín que, tal como demuestra en el robo del garaje y el del *mueblé*, le interesa el escarnio de los burgueses que encuentra en ambos lugares tanto o más que el dinero conseguido. Sin duda, esto hace que Francisco Pérez-Dolz se sienta profundamente decepcionado y abandone el cine de ficción para dedicarse a sobrevivir haciendo cine publicitario.

Treinta y tres años después, en un cine como el español tan poco dado a hacer nuevas versiones de viejas películas, el debutante Jesús Mora rueda *A tiro limpio* (1996), que parte del guión original de José María Ricarte, Miguel Cusso y Francisco Pérez-Dolz, para hacer un policiaco ambientado en Palma de Mallorca y protagonizado por Adolfo Fernández, Toni Cantó y Amparo Pamplona. A pesar de que el resultado obtenido tiene un cierto interés, guarda muy poca relación con el original y siguen sin aparecer las motivaciones políticas de los personajes.

El mundo sigue   1963

DIRECTOR Y GUIONISTA: Fernando Fernán-Gómez. FOTOGRAFÍA: Emilio Foriscot. MÚSICA: Daniel J. White (Jesús Franco). INTÉRPRETES: Lina Canalejas, Fernando Fernán-Gómez, Gemma Cuervo, Milagros Leal, Agustín González, Francisco Pierrá, José Morales. PRODUCCIÓN: Juan Estelrich para Ada Films. DURACIÓN: 124'.

Actor, director y autor teatral, articulista y novelista, Fernando Fernán-Gómez (1921), peruano de nacimiento y madrileño de adopción, es uno de los nombres clave del cine español en su cuádruple faceta de actor, director, guionista y productor. Como actor ha intervenido en más de ciento cincuenta películas a lo largo de cincuenta y tantos años de profesión, y como director ha firmado veinticuatro producciones, la mayoría de las cuales también ha escrito e incluso ha producido alguna.

Su obra como realizador de cine es muy irregular, como directo reflejo de los constantes vaivenes del cine español durante casi la mitad de su existencia. Está integrada por películas sin el menor interés, como *Los palomos* (1964),

Lina Canalejas, Gemma Cuervo y Milagros Leal en *El mundo sigue*

adaptación de una obra teatral de Alfonso Paso, y *La querida* (1975), fotonovela para lucimiento de la cantante
Rocío Jurado, e intentos fallidos, como *Yo la vi primero*
(1974), comedia donde colabora con el director, guionista,
productor y actor Manuel Summers, *Bruja más que bruja*
(1976), parodia de las tradicionales zarzuelas, *Mi hija Hil-
degard* (1977), adaptación de una novela feminista de
Eduardo de Guzmán, *Fuera de juego* (1991), una comedia
sobre la *tercera edad*, y *Siete mil días juntos* (1994) y *Pesadilla para un rico* (1996), comedias negras con guiones de
Luis Alcoriza, el director español instalado en México;
pero también por películas de interés.

Después de una etapa de aprendizaje, donde rueda
Manicomio (1952), integrada por cuatro episodios codiri-
gidos con Luis María Delgado, *El mensaje* (1953), una
extraña aventura ambientada en la Guerra de la Independencia, y *El malvado Carabel* (1955), adaptación de la
novela homónima de Wenceslao Fernández Flórez en clave de comedia realista, Fernán-Gómez tiene su primer éxito como director con *La vida por delante* (1958), una comedia crítica sobre guión propio, que origina su inferior
continuación, *La vida alrededor* (1959).

Entre las irregulares adaptaciones teatrales *Sólo para hombres* (1960) y *Ninette y un señor de Murcia* (1965), sobre obras de Miguel Mihura, *La venganza de don Mendo* (1961), sobre el astracán homónimo de Pedro Muñoz Seca, y *Mayores con reparos* (1966), sobre la comedia de Juan José Alonso Millán, destacan el sórdido melodrama *El mundo sigue* y el esperpento *El extraño viaje* (1964), sus obras más personales. Aunque los mejores trabajos como director de Fernando Fernán-Gómez son *El viaje a ninguna parte* (1986), basada en una novela propia, y en menor medida *El mar y el tiempo* (1989), sobre una serie de televisión suya.

Dentro de esta desigual filmografía sobresale *El mundo sigue* por ser un desgarrado melodrama, dirigido con gran fuerza, casi un folletín, algo insólito dentro del cine español, pero también por su peculiar carrera comercial. Basado en una novela del escritor realista Juan Antonio Zunzunegui publicada en 1960 y ambientada en el Madrid castizo de la época, Fernando Fernán-Gómez escribe una adaptación, pero es prohibida por la censura.

Gracias a la mínima apertura que significa la aparición de Manuel Fraga Iribarne al frente del Ministerio de Información y Turismo, es aprobada con numerosos cambios, sobre todo para suavizar la dureza del diálogo, pero no encuentra productor y acaba financiándola el propio Fernán-Gómez con la ayuda de su amigo Juan Estelrich. Una vez finalizada, la vende a una distribuidora con un pequeño beneficio, pero en las grandes capitales nunca se estrena, sólo tiene una mínima distribución en pueblos y capitales de segundo orden en programa doble. A pesar de que *El extraño viaje*, realizada inmediatamente después, tarde más de ocho años en estrenarse en Madrid, *El mundo sigue* es su película maldita por excelencia dado que no se ha estrenado nunca.

Ambientada en la madrileña plaza de Chueca y sus modestos alrededores, narra la melodramática relación de dos hermanas de gran belleza. Eloísa (Lina Canalejas), casada con el camarero Faustino (Fernando Fernán-Gómez), cuya única obsesión es ganar millones en las quinielas, y Luisa (Gemma Cuervo), que sólo quiere casarse, pero con alguien con dinero para ascender de clase social. El continuo enfrentamiento entre las hermanas nace de que cada una quisiera ser la otra, pero Eloísa no se atreve a vender su cuerpo, a pesar de intentarlo varias veces, y Luisa no logra casarse y tener hijos.

Tras una cita de Fray Luis de León, extraída de la *Guía de pecadores*, «Verás maltratados los inocentes, perdonados los culpables, menospreciados los buenos, honrados y sublimados los malos; verás los pobres y humildes abatidos, y poder más en todas los negocios que en favor de la virtud», se describe un hogar de clase media baja, situado en un ático con terraza, donde viven el guardia municipal Agapito (Francisco Pierrá), su mujer Eloísa (Milagros Leal) y sus hijos solteros, el beato Rodolfo (José Morales) y la independiente Luisa, alterados por los problemas de la hija casada Eloísa.

En acciones paralelas, pero siempre en torno a este hogar familiar, *El mundo sigue* describe cómo Eloísa, que antes de casarse fue *Miss Maravillas*, se lleva cada vez peor con su marido Faustino, que tras ganar tan sólo cinco mil pesetas por una quiniela de catorce aciertos, abandona a su mujer y sus hijos, se lía con «La Alpujarreña» (María Luisa Ponte), roba en el bar donde trabaja y acaba en la cárcel. Mientras, su hermana Luisa va de un hombre rico a otro que todavía tiene más dinero, hasta llegar a su barrio en un gran automóvil que le ha regalado su reciente marido. En un folletinesco final, esto provoca que su hermana Eloísa salte por el balcón, caiga encima del automóvil y muera.

A pesar de su excesiva longitud, poco más de dos horas, algo insólito en una película española de la época, *El mundo sigue* tiene una sólida estructura dramática, una buena interpretación y una eficaz dirección que hace que se mantenga con el paso del tiempo. Sólo han envejecido, o más bien han sobrado siempre, algunos discutibles hallazgos

expresivos, como ciertos pequeños *flashbacks*, a veces en-
fatizados por *zooms*, además de la utilización de una voz de
fondo de los distintos personajes para subrayar cosas generalmente muy evidentes.

Nunca pasa nada   1963

DIRECTOR: J. A. Bardem. GUIONISTAS: J. A. Bardem, Alfonso Sastre,
Henry-François Rey. FOTOGRAFÍA: Juan Julio Baena. MÚSICA: George
Delerue. INTÉRPRETES: Corinne Marchand, Antonio Casas, Jean Pierre
Cassel, Julia Gutiérrez Caba. PRODUCCIÓN: Suevia Films-Cesáreo Gonzá-
lez (Madrid), Raymond Borderie-Cocinor, Les Films Marceaux (París).
Scope. DURACIÓN: 95'.

Antonio Casas y Corinne Marchand en *Nunca pasa nada*

Tanto por su sutil y bien tratado tema, la pareja de mediana edad que se siente fracasada en una ciudad castellana y trata de sobrevivir con amores frustrados, como por la perfección de su tratamiento cinematográfico, una excelente alternancia de complejos planos-secuencia con escenas rodadas de manera más entrecortada, *Nunca pasa nada* es una gran película, la mejor de las dirigidas por J. A. Bardem.

Sin embargo, y por razones difíciles de comprender, se convierte en uno de sus menos justificados fracasos. Desde el punto de vista crítico, por tomarla como una repetición de *Calle Mayor* (1956), tan sólo por volver a tratar el inagotable tema de la provincia, a pesar de que aquella es una adaptación de *La señorita de Trévelez*, la excelente comedia de Carlos Arniches, muy influenciada por *Los inútiles* (I vitelloni, 1963), de Federico Fellini, y ésta un guión original, con una buena estructura dramática y muy bien rodado. Desde el punto de vista comercial, por ser una película bilingüe que narra con crudeza, sin la menor concesión, una historia demoledora.

El autocar donde viaja la «Gran Compañía Internacional de Revista», que se dirige desde tierras de Castilla hasta Santander, debe detenerse en Medina del Zarzal. La *vedette* francesa Jacqueline (Corinne Marchand) se encuentra mal, tiene fiebre y es hospitalizada. Mientras el resto de la compañía prosigue su viaje, es operada de apendicitis por el cincuentón doctor Enrique (Antonio Casas), que se enamora de ella y prolonga su convalecencia.

La presencia de la atractiva francesa en la ciudad de provincias solivianta a los alumnos del instituto, hace hablar a los miembros del «Círculo Mercantil y Agrícola» y escandaliza a las señoras piadosas. Sobre este sórdido fondo se desarrolla la relación sentimental entre el médico y la *vedette*, un tanto tímida por la autocensura existente en la época, pero eficaz, al tiempo que Juan (Jean Pierre Cassel), el profesor de francés del instituto, le declara su viejo amor a Julia (Julia Gutiérrez Caba), la mujer del doctor.

Con estos elementos Bardem hace un perfecto dibujo de una triste, sórdida y aburrida ciudad de provincias con sus chismes y habladurías, la apatía generalizada, las huidas a la capital como única forma de esparcimiento, mientras traza el perfil de unos seres frustrados, desengañados, fracasados, que han visto cómo la vida se les escurría entre las manos. Sólo el profesor de francés tiene posibilidad de cambiar de vida al ser más joven, por lo que la *vedette* Jacqueline insiste en que se vaya, abandone la ciudad y emprenda una nueva vida en otro sitio, pero mientras todo continúa igual, ella es la única que se va cuando vuelve a pasar el autocar de su compañía.

Frente a una cierta tosquedad dramática y, sobre todo, narrativa de sus mejores películas anteriores, *Muerte de un ciclista* (1955) y *Calle Mayor*, sin olvidar su excesivo tono doctrinario, *Nunca pasa nada* tiene una altura jamás alcanzada por Bardem: los camiones que atraviesan la pequeña ciudad, la incomprensión entre el médico y la *vedette* en sus diálogos mitad en francés y mitad en castellano, la frustración del matrimonio que estalla en la excelente escena, rodada en un largo, preciso y complejo plano, de la discusión entre marido y mujer, subrayada por una excelente música del gran compositor francés George Delerue.

El injusto fracaso de *Nunca pasa nada* y el hecho de que su coproductor sea el francés Raymond Borderie y su compatriota Henry-François Rey se encargue de la redacción de los diálogos franceses, llevan a Bardem a rodar en Cadaqués *Los pianos mecánicos* (1965), basada en la novela homónima de gran éxito de Rey. Una coproducción europea, sobre las licenciosas relaciones, muy aligeradas en la versión española por la censura del general Franco, de un grupo de extranjeros en la Costa Brava, encarnados por Melina Mercuri, Hardy Kruger y James Mason, que es su primer encargo, su primera película impersonal, pero cuyo éxito tuerce la carrera de Bardem para no volver a enderezarse jamás.

Después de la fallida producción bélica *El último día de*

la guerra (1968), el torpe musical al servicio de Sara Montiel *Varietés* (1970), la aburrida versión de la novela homónima de Jules Verne *La isla misteriosa* (1972), Bardem rueda los irregulares policiacos *La corrupción de Chris Miller* (1972) y *El poder del deseo* (1975) para tratar de salvar la carrera de la antigua estrella infantil Marisol.

Con la llegada de la democracia Bardem vuelve al cine de denuncia que más le interesa con *El puente* (1976) y *Siete días de enero* (1978), pero los resultados demuestran que su estilo no ha evolucionado, ha envejecido demasiado, sólo le interesa la carga política de sus historias y la trasmite con una excesiva tosquedad narrativa. Por ello, tras rodar en Bulgaria *La advertencia* (Preduprezhdénie, 1982), biografía con tonalidades hagiográficas del líder comunista George Dimitrov, queda relegado a la realización de algunas irregulares series de televisión.

Muy lejos quedan los tiempos en que, tras formar parte de la primera promoción del mítico «Instituto de Investigaciones y Experiencias Cinematográficas», el madrileño Juan Antonio Bardem (1922) debuta con la comedia realista *Esa pareja feliz* (1951), codirigida con Luis G. Berlanga, así como los éxitos nacionales e internacionales alcanzados por la trilogía formada por *Cómicos* (1953), excelente retrato del mundo teatral de la época, *Muerte de un ciclista*, buen dibujo de la burguesía de la posguerra, y *Calle Mayor*, delicado drama de una solterona de provincias, que le convierten en la gran esperanza del cine español de la posguerra, situación que se tuerce a lo largo de *La venganza* (1957), ambicioso proyecto en buena medida frustrado por la censura, *Sonatas* (1959), fallida coproducción entre España y México basada en la obra de Ramón del Valle Inclán, *A las cinco de la tarde* (1960), plana adaptación de una obra teatral de Alfonso Sastre sobre las interioridades del mundo de los toros, y *Los inocentes* (1962), un didáctico guión de Antonio Eceiza y Elías Querejeta que por problemas de censura se ve obligado a rodar en Argentina, pero que no logra enderezar la gran calidad de *Nunca pasa nada*, que una ciega crítica internacional llega a denominar *Calle Menor*, al considerarla tan sólo una nueva versión de su más famosa película.

El camino   1964

DIRECTORA: Ana Mariscal. GUIONISTAS: José Zamit, Ana Mariscal. FOTO-GRAFÍA: Valentín Javier. MÚSICA: Gerardo Gambau. INTÉRPRETES: Julia Caba Alba, Mary Delgado, Joaquín Roa, José Antonio Mejías, María Paz Pondal, Maruchi Fresno, Maribel Martín, Angel Díaz, Jesús Crespo, Juan Luis Galiardo. PRODUCCIÓN: Ana Mariscal y Valentín Javier para Bosco Films. DURACIÓN: 96'.

A pesar de ser una tradicional tendencia que desde hace unos años ha comenzado a cambiar, el cine español nunca ha sido muy propenso a hacer adaptaciones de novelas. Durante la posguerra hay una cierta moda de llevar a la pantalla acartonadas obras de época, pero hasta hace muy poco son muy escasos los escritores contemporáneos que ven que sus obras son llevadas al cine con una mínima regularidad.

Una de las excepciones a esta regla es el novelista Miguel Delibes, que ha visto cómo en las últimas tres décadas algunas de sus mejores novelas se convertían en películas. La primera en adaptar al cine una de sus novelas es la actriz Ana Mariscal, que parte de *El camino* (1950) para, catorce años después, hacer una obra tan sencilla como eficaz, donde interviene como directora, coguionista y coproductora.

A su falta de pretensiones une la eficacia de sus sencillos resultados y la identificación con la obra original de Delibes. Narra de una manera directa la vida de un pequeño pueblo castellano durante un tiempo indeterminado a

Maribel Martín y José Antonio Mejías en *El Camino*

través de las mínimas andanzas de cuatro niños y un grupo bastante más amplio de personas mayores.

Daniel «El Mochuelo» (José Antonio Mejías) es un chico de 14 años, amigo de Germán «El Tiñoso» (Ángel Díaz) y Roque «Moñigo» (Jesús Crespo), cuyos padres, dedicados a la fabricación artesanal de queso, quieren mandarle a la ciudad a estudiar.

Se siente atraído por la guapetona muchacha rica «La Mica» (Mari Paz Pondal), que coquetea con él hasta que conoce a un joven de su edad —un Juan Luis Galiardo en su primera película—, pero tiene que conformarse con el amor de la niña Mariuca (Maribel Martín). Mientras, gana la cucaña en las fiestas de su pueblo y ve cómo su amigo «Tiñoso» muere en un accidente en el río.

El eje de las personas mayores es Lola (Julia Caba Alba), la propietaria de la tienda de ultramarinos «La Purísima», una escrupulosa beata que siempre se está confesando de sus imaginarios pecados con el cura (Joaquín Roa), pero tiene que sufrir que su hermana Irene «La Guindilla» se vaya con un hombre y, poco tiempo después, vuelva deshonrada.

Mientras, con la ayuda del cura montan un cine recreativo, donde sólo exhiben extrañas películas del denominado cine católico, como *El milagro de Fátima* (1953), de Jorge Brum do Canto, *Marcelino, pan y vino* (1954), de Ladislao Vajda, *El hijo del Hombre, Sor Intrépida* (1952), de Rafael Gil, y *Segundo López*, de la propia Ana Mariscal; pero, ante lo que consideran escandaloso comportamiento del público, acaban convirtiéndose en insobornables defensoras voluntarias de la moralidad.

Hermana del actor y director de cine Luis Arroyo, la madrileña Ana Mariscal (1925-1995) estudia ciencias exactas antes de debutar como actriz en *El último húsar* (1940), de Luis Marquina, y convertirse en un nombre imprescindible del cine y el teatro españoles de los años cuarenta y en menor medida también de los cincuenta.

De manera paralela, en 1952 Ana Mariscal funda la productora Bosco Films —cuyo nombre viene de que san Juan Bosco es el patrón del cine español—, con su marido, el director de fotografía Valentín Javier, y comienza una carrera como directora, guionista y productora. Realizan una serie de irregulares películas, donde ambos intervienen en sus respectivos cometidos profesionales y se reparten las tareas de producción.

Mientras desciende su actividad como actriz y comienza a dar clases de interpretación en el «Instituto de Investigaciones y Experiencias Cinematográficas» y en la «Escuela Oficial de Cinematografía», entre 1952 y 1968 Ana Mariscal dirige diez largometrajes, la mayoría de los cuales también produce, pero que no tienen éxito comercial, y cuya práctica totalidad carece de cualquier atractivo.

Después del fracaso económico de *Segundo López* (1952), su primera película como directora, que narra con pretensiones neorrealistas las peculiares andanzas de un pueblerino en Madrid, y hasta *Con la vida hicieron fuego* (1957), melodrama con resonancias políticas sobre el lejano trasfondo de la guerra española, transcurren cinco años, primero de trabajo en teatro en Argentina y luego en cine en España.

El fracaso comercial de sus dos primeras e insólitas películas lleva a Ana Mariscal a un cine comercial sin el menor interés: la comedia populachera *La quiniela* (1959), la folklórica *Feria en Sevilla* (1960), la melodramática *¡Hola, muchacho!* (1961), la política *Occidente y sabotaje* (1962), la folklórica *Los duendes de Andalucía* (1966), el folletín musical *Vestida de novia* (1968) y el melodrama *El paseíllo* (1968). Todas rodadas en adversas condiciones económicas, con escaso dinero y en muy poco tiempo y la mayoría también protagonizadas por ella.

La excepción dentro de la muy poco atractiva obra como directora de Ana Mariscal es *El camino*, buen retrato de la vida de un pequeño pueblo, hecho con eficacia, sensibilidad y humor, que muy poco, o más bien nada, tiene que ver con el resto de sus películas. Un amplio grupo de actores, tanto consagrados como noveles, demuestran la habilidad de la actriz para dirigirlos, pero el resultado, como sigue siendo habitual en el cine español de la época, pasa completamente desapercibido, se estrena tarde y mal y es una de las grandes películas malditas del cine español.

En 1978 la realizadora de cine y televisión Josefina Molina vuelve a partir de la novela homónima de Miguel Delibes para hacer *El camino*, una serie de televisión para Televisión Española integrada por cinco capítulos rodados en color de media hora de duración cada uno. El resultado es mucho más fiel al original de Delibes, pero carece de la gracia lograda por Ana Mariscal en la mejor de sus películas.

La tía Tula   1964

DIRECTOR: Miguel Picazo. GUIONISTAS: José Miguel Hernán, Luis Sánchez
Enciso, Manuel López Yubero. FOTOGRAFÍA: Juan Julio Baena. MÚSICA:
Antonio Pérez Olea. INTÉRPRETES: Aurora Bautista, Carlos Estrada, Mari
Loli Cobo, Carlos Sánchez, Enriqueta Carballeira, Coral Pellicer. PRO-
DUCCIÓN: José López Moreno, Francisco Molero y Nino Quevedo para
Esco Films, Surco Films. DURACIÓN: 114'.

En 1962 Manuel Fraga Iribarne es nombrado ministro de
Información y Turismo con la principal misión de crear
una nueva imagen de la España del general Franco de cara
al extranjero. Uno de los más destacados aspectos de su

Carlos Estrada y Aurora Bautista en *La tía Tula*

labor se sitúa en el terreno cinematográfico y da lugar a una nueva legislación que apoya las películas de los diferentes diplomados del «Instituto de Investigaciones y Experiencias Cinematográficas», que a partir de este momento pasa a denominarse «Escuela Oficial de Cinematografía».

De esta manera nace lo que oficialmente, y también por buena parte de la crítica, viene a llamarse *Nuevo cine español*, integrado por películas de nuevos directores que intentan dar una diferente, nueva y realista visión del país. Sin embargo, mientras algunas de estas películas representan a España en los festivales internacionales de cine, y muchas ganan algún premio, la censura muestra la misma rigidez con ellas y tienen una difícil vida comercial en España.

Una de las obras más representativas de este peculiar movimiento es *La tía Tula*, personal adaptación de la novela homónima de Miguel de Unamuno, que sirve a Miguel Picazo, su debutante director y coguionista, para hacer uno de los mejores retratos de la tradicional dureza de la vida en una pequeña ciudad castellana, pero que al cabo de los años se resiente un tanto de su elemental estructura, heredada de la obra original.

Narra cómo, tras catorce años de matrimonio, muere Rosa y deja al cuidado de su hermana Tula (Aurora Bautista) a su desconsolado viudo Ramiro (Carlos Estrada) y a sus dos hijos, Ramirín (Carlos Sánchez) y Tulita (Mari Loli Cobo). El viudo y sus hijos se van a vivir a su casa para poder atenderles mejor y, después de una temporada de diaria convivencia, Ramiro le pide a Tula que se case con él, pero ella le rechaza escandalizada, a pesar de parecerle una buena medida a su confesor (José María Prada).

Durante las vacaciones de verano, que pasan en casa de unos parientes en un cercano pueblo, una calurosa noche Ramiro deja embarazada a la joven Juanita (Enriqueta Carballeira) y, ante la desesperación de Tula, decide casarse con ella. En un excelente final, la solterona Tula va a despedir a la estación a Ramiro, Juanita y sus dos sobrinos, que se dirigen hacia una nueva vida, mientras ella queda atada para siempre a su pasado.

Rodada en largos y complejos planos, que en muchos casos abarcan toda una secuencia, *La tía Tula* hace un perfecto dibujo de una de esas pequeñas ciudades de provincias donde «nunca pasa nada». Destacan la escena de la confesión de Tula, en que su confesor le aconseja que se case con Ramiro, hábilmente resuelta en un largo plano fijo, y la de la llegada del autobús al pueblo donde van a pasar las vacaciones de verano, rodada en una perfecta mezcla de panorámica y grúa descendente, así como las escenas de Tula con sus amigas en las dependencias parroquiales y la despedida de soltera de Jovita (Coral Pellicer) en casa de una de ellas.

Sin embargo, dentro del conjunto, y treinta y tantos años después de su realización, desentona el excesivo comportamiento de sus principales protagonistas. A pesar de la opresión que late sobre ellos, de la bien reflejada rutina diaria en que se mueven, no se comprende por qué Ramiro se siente atraído por Tula y mucho menos la negativa de ella a casarse con él, a lo que tampoco ayuda mucho el trabajo de los actores, tanto por una Aurora Bautista, muy alabada en su momento, pero demasiado cercana al tono de su personaje protagonista en *Agustina de Aragón* (1950), de Juan de Orduña, que la hizo famosa, como un Carlos Estrada, al que en más de una ocasión le traiciona su acento argentino, que hace demasiado frío su personaje.

Nacido en Jaén, pero educado en Guadalajara, Miguel Picazo (1927) consigue un gran prestigio personal con *La tía Tula*, lo que no impide que su carrera sea bastante desafortunada. Tarda tres años en hacer *Oscuros sueños de agosto* (1967), su segunda película, pero es un fracaso por culpa de la censura y por coincidir su realización con la muerte del productor, el famoso Cesáreo González, creador de la marca Suevia Films, y durante años debe refugiarse en Televisión Española para subsistir.

Después de realizar más de setenta programas dramáticos para televisión, la nueva situación política creada tras la muerte del general Franco permite a Miguel Picazo volver al cine y en 1976 rueda dos películas muy diferentes: *El hombre que supo amar*, una biografía realista de san Juan de Dios, ambientada en Granada a mediados del siglo XVI, producida por la misma orden religiosa creada por el santo, sobre un flojo guión de Santiago Moncada y protagonizada por Timoty Dalton, un futuro James Bond, pero que no gusta a sus productores por su excesivo realismo y apenas tiene difusión y la interesante *Los claros motivos del deseo*, una producción de José Frade, donde vuelve a hacer un eficaz y realista retrato de una pequeña ciudad de provincias a través de las sórdidas relaciones entre un grupo de adolescentes, que es su mejor trabajo. Sin embargo, y tal como ocurre a muchas buenas películas españolas de la época, se pierde entre la avalancha de famosas producciones extranjeras, prohibidas durante los últimos años de la dictadura, que se estrenan por estas mismas fechas, y no tiene el éxito que merece.

Miguel Picazo vuelve a refugiarse en los programas dramáticos de Televisión Española y casi diez años después, gracias a las facilidades de producción para trabajos personales creadas por la llamada *Ley Miró*, rueda *Extramuros* (1985), su quinta y última película, una irregular adaptación de la novela homónima de Jesús Fernández Santos sobre las relaciones entre unas monjas en el enrarecido ambiente de un convento bajo el reinado de Felipe II.

Donde tú estés 1964

DIRECTOR: Germán Lorente. GUIONISTAS: Enrique Josa, Juan García Hortelano, Germán Lorente, Ángel G. Gauna, Juan Marsé. FOTOGRAFÍA: Massimo Dallamano. MÚSICA: Luis Enríquez Bacalov. INTÉRPRETES: Maurice Ronet, Claudia Mori, Ángel Aranda, Amedeo Nazzari, María Asquerino, Helga Liné, Luis Dávila. PRODUCCIÓN: P.C.Vértice (Barcelona), International Film Service (Roma), Euram Film (Roma), Dicifrance (París). Color. Scope. DURACIÓN: 86'.

Licenciado en derecho, el castellonense Germán Lorente (1932) colabora en algunas revistas especializadas, publica un par de novelas, escribe guiones y llega a ser productor ejecutivo de la marca Este Films. Creada por Enrique Esteban a principios de los años cincuenta, durante la década de los sesenta se convierte en la productora de las películas

Claudia Mori y Maurice Ronet en *Donde tú estés*

turísticas que primero escribe, luego produce y finalmente también dirige Lorente.

Tanto las películas de la primera parte de la carrera de Germán Lorente, desde *Un vaso de whisky* (1958), de Julio Coll, y *Bahía de Palma* (1962), de Juan Bosch, en cuyos guiones y producciones interviene, hasta *Su nombre es Daphne* (1966) y *Sharon vestida de rojo* (1968), que también dirige y cierran la etapa personal de su trayectoria, cuentan una misma historia, con mínimas variaciones, que se desarrolla en playas de moda con personajes en su mayoría extranjeros residentes en España.

El protagonista suele ser un artista en decadencia, sobre todo pianista o escritor, al borde del fracaso por culpa de un pasado más o menos turbio, que en una playa española de moda, en un ambiente de lo más cosmopolita, se enamora de la mal criada hija de un rico industrial extranjero, que acaba de sufrir un desengaño amoroso, entre los que momentáneamente se interpone otra mujer, pero al final triunfa el amor en medio de la belleza de los lugares turísticos potenciados.

Es un cine en buena medida fruto de las campañas de promoción turística desarrolladas por Manuel Fraga Iribarne en su etapa al frente del Ministerio de Información y Turismo, en general, y de la denominada *25 años de paz*, en concreto, que da lo mejor de sí mismo en las primeras películas dirigidas por Lorente. Después de *Antes de anochecer* (1963), escrita en colaboración con Joaquín Jordá y en la que se nota demasiado estar rodada con muy pocos medios y ser una historia demasiado alargada, Lorente hace su mejor trabajo con *Donde tú estés* gracias a ser una coproducción realizada con algún dinero, buenos y conocidos actores y tener una apropiada música del hoy famoso compositor argentino Luis Enríquez Bacalov.

Una vez más narra cómo la joven alemana Lisa Oldstein (Claudia Mori) es abandonada por su amante Rudolph (Luis Dávila), se encuentra en Torremolinos con el escritor francés Paul Vallier (Maurice Ronet), que ha publicado dos novelas, ha dejado de escribir y vive del dinero que le saca a su amante Colette (María Asquerino), y no tardan en enamorarse. Mientras él deja de beber y vuelve a escribir, llega Gunther (Ángel Aranda), el novio de ella, directo colaborador de su padre Max (Amedeo Nazzari), y se pone en marcha el mecanismo de su boda, pero tras un intento de suicidio de Lisa, su padre la ayuda para que prosiga su relación con Paul Vallier.

Rodada con eficacia en largos planos, funciona bien el terceto protagonista, formado por el francés Maurice Ronet y los italianos Claudia Mori y Amedeo Nazzari, y también resultan creíbles los sofisticados ambientes de Torremolinos en que se mueven, pero sobre todo la historia. A pesar de ser la misma de siempre y encerrar similares lugares comunes y unos diálogos imposibles llenos de tópicos y falsas frases brillantes, tiene más fuerza por la colaboración en el guión de los novelistas Juan García Hortelano y Juan Marsé.

Sin embargo, *Donde tú estés* es el punto más alto de la muy irregular carrera de Lorente. Los posteriores guiones que escribe o comienza a escribir con García Hortelano nunca llegan a rodarse, pero sí los que hace con los bastante menos interesantes guionistas Enrique Josa y Ángel G. Gauna. Además, nunca vuelve a conseguir unas condiciones de producción tan apropiadas, ni unos actores tan buenos y conocidos como en esta ocasión, por lo que su cine, a pesar de que una y otra vez narra la misma historia con muy pocas variaciones, se hunde a lo largo de *Playa de Formentor* (1965), *Vivir al sol* (1965), *Su nombre es Daphne* (1966), *Un día después de agosto* (1967), *Cover Girl* (1967) y *Sharon vestida de rojo* (1968), cada vez más apresuradamente rodadas y con menor convicción, antes de caer en el todavía peor cine de encargo que realiza posteriormente, tanto en las comedias *Las nenas del mini-mini* (1969), *Coqueluche* (1970), *¡Qué cosas tiene el amor!* (1971), *Una chica casi decente* (1971), como en las eróticas, y algo más personales, que cierran su filmografía, *Sensuali-*

dad (1975), *Striptease* (1976), *La violación* (1976), *Adolescencia* (1981).

Mucho mejor productor que director, Lorente no sólo logra que la joven alemana Elke Sommer aparezca con el primer *bikini* del cine español en una breve escena de *Bahía de Palma,* sino que siempre consigue como protagonistas de sus más personales películas a actores extranjeros que han tenido o van a tener un cierto nombre, los italianos Gabriele Tinti en *Playa de Formentor* y Dominique Bosquero en *Vivir al sol,* la yugoslava Beba Loncar en *Cover Girl,* el norteamericano George Chakiris en *Sharon vestida de rojo* y el inglés Terence Stamp y la francesa Corinne Clery en *Striptease.*

La ciudad no es para mí   1965

DIRECTOR: Pedro Lazaga. GUIONISTAS: Pedro Masó, Vicente Coello. FOTOGRAFÍA: Juan Mariné. MÚSICA: Antón García Abril. INTÉRPRETES: Francisco Martínez Soria, Doris Coll, Eduardo Fajardo, Cristina Galbó, Alfredo Landa, Gracita Morales. PRODUCCIÓN: Pedro Masó P.C. DURACIÓN: 100'.

El cómico aragonés Francisco Martínez Soria (1902-1982) representa durante años por los escenarios españoles con gran éxito *La ciudad no es para mí,* de Fernando Ángel Lozano. Esto hace que el productor y guionista Pedro Masó decida hacer una adaptación cinematográfica lo más fiel posible a la obra original. El resultado tiene tal éxito que se convierte en una de las películas españolas de máxima recaudación y hace que Martínez Soria deje el teatro por el cine y pase la última etapa de su vida protagonizando similares historias moralizantes.

Francisco Martínez Soria y Gracita Morales en *La ciudad no es para mí*

La infalible fórmula de *La ciudad no es para mí* reside en mezclar dos historias de éxito seguro. Por un lado la del hombre situado en un medio que le resulta hostil, en este caso un paleto en una gran ciudad, origen de películas tan diferentes, pero en el fondo tan iguales como la norteamericana *Tarzán en Nueva York* (Tarzan's New York Adventure, 1942), de Richard Thorpe, o la australiana *Cocodrilo Dundee* (Crocodile Dundee, 1986), de Peter Faiman. Y por otro la de la buena persona que pasa una temporada con una familia donde todos se llevan mal y, gracias a su bondad, consigue arreglar sus problemas, origen de infinidad de producciones, generalmente protagonizadas por niñas.

Tiene un guión de Pedro Masó y Vicente Coello que se limita a airear la obra original mínimamente, al introducir un prólogo y un epílogo, que se desarrollan en el pueblecito de Calacierva, en la provincia de Zaragoza, todavía con una evidente influencia del de *¡Bienvenido Mr. Marshall!* (1951), de Luis G. Berlanga, y a incluir una voz de fondo inicial que, tras describir los horrores del Madrid de la época sobre unas imágenes aceleradas del intenso tránsito del centro, resalta la tranquilidad de los pueblos.

Tras describir la bondad de Agustín Valverde (Francisco Martínez Soria), *La ciudad no es para mí* narra cómo deja su pueblo de Calacierva para irse a Madrid a pasar una temporada a casa de su hijo médico (Eduardo Fajardo). Por su interés por los demás y su típica cazurronería aragonesa, en poco tiempo consigue que su nuera Lucy (Doris Coll) no llegue a ser la amante de Ricardo Torres (Sancho Gracia), un médico compañero de su marido, que su nieta Sarita (Cristina Galbó) también deje de estar enamorada de él y que incluso la criada Filo (Gracita Morales) se case con el sinvergüenza de Jenaro (Alfredo Landa), que la ha dejado embarazada.

Arreglados los problemas sentimentales de su familia, Agustín Valverde deja a su hijo, su nuera y su nieta en Madrid para que vivan su vida felices y contentos, y se vuelve a Calacierva para seguir ejerciendo las funciones de bondadosa hada madrina, en un final que enlaza directamente con el comienzo y, de puro sentimentaloide, resulta todavía más insoportable que el resto de la película, aunque en su conjunto *La ciudad no es para mí* es mucho más antigua que reaccionaria.

Rodada sin la menor gracia por el prolífico Pedro Lazaga, es la más moralizante y famosa de las múltiples comedias que rueda para el productor Pedro Masó, la mayoría sobre guiones escritos en colaboración por el propio Masó, y la primera de las que, en una línea muy similar, vuelve a hacer para lucimiento de Francisco Martínez Soria: *Abuelo made in Spain* (1969), *Hay que educar a papá* (1971), *El abuelo tiene un plan* (1973), *Estoy hecho un chaval* (1975).

Después de luchar en la guerra española, el tarraconense Pedro Lazaga (1918-1979) se va a combatir con la División Azul junto a los alemanes y contra los rusos. Interesado desde niño por el cine, a su regreso comienza a trabajar como guionista y, sobre todo, ayudante de dirección, hasta que debuta como realizador con el drama rural *Campo bra-*

vo (1948). Tras algunas películas personales, generalmente basadas en guiones propios y relacionadas con la guerra española, *La patrulla* (1954), *El frente infinito* (1956), *Torrepartida* (1956), encuentra su verdadero camino al empezar a hacer comedias.

En la segunda mitad de los años cincuenta comienza a rodar, sobre guiones de José Luis Dibildos y para su marca Agata Films, unas comedias de múltiples personajes e historias entrelazadas, de clara inspiración italiana, que suponen una novedad dentro del cine español y tienen una buena aceptación comercial. Después de *Las muchachas de azul* (1956), *Ana dice sí* (1958), *Luna de verano* (1958) y *Los tramposos* (1959), vuelve al tema de la guerra española con la ambiciosa *La fiel infantería* (1959).

Superados unos años en que vuelve a hacer todo tipo de películas, el *peplum* en coproducción con Italia *Los siete espartanos* (1962), la biografía del torero Manuel Benítez «El Cordobés» *Aprendiendo a morir* (1962), el musical con las gemelas Pili y Mili *Dos chicas locas, locas* (1964), el policiaco *El rostro del asesino* (1965), y la nueva historia sobre la guerra española *Posición avanzada* (1965), Pedro Lazaga regresa a la comedia.

De la mano del productor y guionista Pedro Masó, durante la segunda mitad de los años sesenta rueda veintitantas comedias, a una media de cinco o seis al año. Baratas películas de consumo, muy similares unas a otras, tanto por sus argumentos como por sus intérpretes, con un atractivo bastante limitado, que constituyen una de las bases más amplias de la denominada *comedia a la española*, pero que al cabo de los años siguen emitiéndose con regularidad por televisión.

Muerto tras el rodaje de *Siete chicas peligrosas* (1979) y cuando prepara su siguiente producción, con sus noventa películas rodadas en cuarenta y un años Pedro Lazaga es uno de los directores más prolíficos del cine español. Durante los años setenta, la última etapa de su carrera, prosigue con las comedias, pero cada vez de una manera más ramplona, sin volver a la novedad de las rodadas para José Luis Dibildos, ni alcanzar un éxito similar al de *La ciudad no es para mí.*

La piel quemada

1966

DIRECTOR Y GUIONISTA: Josep María Forn. FOTOGRAFÍA: Ricardo Albiñana. MÚSICA: Federico Martínez Tudó. INTÉRPRETES: Antonio Iranzo, Marta May, Silvia Solar, Luis Valero, Ángel Lombardo, Carlos Otero. PRODUCCIÓN: Josep María Forn para P.C. Teide. DURACIÓN: 110'.

El interés de *La piel quemada* radica en ser una de las pocas películas españolas de la década de los sesenta protagonizadas por obreros, más concretamente por tratar el proble-

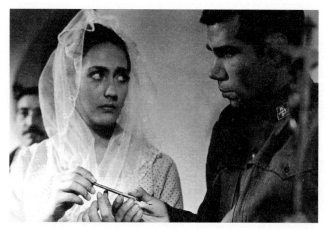

Marta May y Antono Iranzo en *La piel quemada*

ma de los *charnegos*, los trabajadores andaluces emigrados a Cataluña, y tener una elementalidad narrativa que da una gran fuerza a sus resultados.

Su estructura narrativa se apoya en dos acciones paralelas, que sólo confluyen en las últimas escenas, en las que de vez en cuando se incluye un *flashback*, dentro de un realismo muy primitivo, casi un duro naturalismo, sin ningún tipo de juego estético, salvo la aparición de Jaime Picas, un crítico de cine de la época, con una conversación de altos vuelos, que sobra por completo.

Por un lado cuenta cómo José Molina (Antonio Iranzo) trabaja como albañil en Lloret de Mar, un pueblecito turístico de la Costa Brava, en un bloque de apartamentos junto a la playa. Todos los obreros son andaluces, menos uno portugués (Carlos Otero), y están fascinados por las extranjeras en *bikini* que les rodean, mientras es catalán el encargado que va a pagarles a finales de semana.

Y por otro lado narra cómo su mujer Juana (Marta May), sus dos hijos y su cuñado Manolo (Luis Valero), parten de su casa en Guadix, Granada, toman un autobús que les lleva a la estación de ferrocarril para, después de pasar por Valencia y Barcelona, volver a subir a otro autobús que les deja en Lloret de Mar.

Mientras se describe la vida cotidiana de José Molina, éste se despide de la pensión donde ha vivido solo durante unos cuantos meses, intenta decirle a una amante, que trabaja como camarera, que llega su familia, pero no se atreve, y lleva una cama hasta una casa que ha alquilado cerca del cementerio para vivir todos juntos. José Molina recuerda cómo en Guadix casi nunca tenía trabajo, la primera vez que se acostó con Juana y las veces que trabajaba vareando aceitunas. Mientras, Juana en el tren se acuerda de cuando José Molina llegó de hacer la mili, le dijo que estaba embarazada, su padre le pegó al enterarse, se casaron en la iglesia y tuvo que poner su huella dactilar en el registro por ser analfabeto.

Concluye con la despedida de soltero que, la noche

anterior a la llegada de su familia, le preparan sus compañeros de trabajo, los demás albañiles, ligar con una francesa (Silvia Solar), pasar la noche con ella y, por su culpa, llegar tarde a buscar a su familia a la parada del autobús, donde finaliza sus varios días de incómodo viaje.

La última escena es un recorrido por Lloret de Mar, demasiado largo, de José Molina con su mujer, sus dos hijos y su cuñado, hasta llegar a la casa que ha alquilado, y centrarse la acción en el personaje de Manolo, el hermano y cuñado, respectivamente, fascinado por las mujeres en *bikini* que le rodean, con el que la historia volverá a repetirse.

Lo insólito del tema de *La piel quemada*, que además en el largo viaje en tren en vagones de tercera incluye el encuentro con un republicano que combatió en la guerra española junto a Enrique Líster y luego pasó por los campos de concentración, y el hecho de que de vez en cuando se oiga alguna conversación en catalán, hacen que tenga repetidos problemas con la censura del general Franco, sea mal calificada por la junta que reparte las subvenciones económicas y su carrera comercial sea mala, pero obtenga una buena crítica.

A pesar de sus irregulares resultados de público, estas críticas animan a Josep María Forn, en su triple calidad de guionista, director y productor, a continuar en la misma línea con *La contestación*, que narra una historia en torno a la juventud comprometida del momento, pero la censura la prohíbe durante largos años, sólo la autoriza con una serie de cortes y con el título *La respuesta* (1969), y como es lógico, su resultado es mucho peor y hunde su carrera.

Después de una larga experiencia como *script* y guionista, el barcelonés Josep María Forn (1928) debuta como director con la irregular producción *Yo maté* (1955), a la que siguen ocho despersonalizadas obras, a pesar de colaborar en sus guiones y producirlas en su gran mayoría, entre las que cabe citar los irregulares policiacos *El inocente* (1957), *La ruta de los narcóticos* (1961), *¿Pena de muerte?* (1961), la desigual comedia *La vida privada de Fulano* *de Tal* (1960), la fallida biografía del bandolero andaluz *José María* (1963) y la adaptación de la obra teatral homónima de Alejandro Casona *La barca sin pescador* (1966).

Con el final de la dictadura del general Franco y la llegada de la democracia, Forn renueva sus actividades cinematográficas. Tras fundar y dirigir durante unos años el «Institut de Cinema Catalá» y realizar algunos documentales, encamina su actividad a producir ambiciosas, pero irregulares, películas ajenas, como *La ciudad quemada* (La ciutat cremada, 1976), de Antoni Ribas, u *Ocaña, retrato intermitente* (Ocaña, retrat intermitent, 1978), de Ventura Pons.

Después de permanecer doce años alejado de la dirección, Forn también escribe, produce y realiza *Companys, proceso a Cataluña* (Companys, procés a Catalunya, 1978), poco lograda biografía del último año de vida de Lluis Companys, el presidente de la Generalitat de Cataluña entregado por la Gestapo al general Franco e inmediatamente juzgado y fusilado. Tras otro intermedio de trece años, vuelve a la dirección con *¿Lo sabe el ministro?* (Ho sap el ministre?, 1991), una farsa política-social que no encuentra su tono.

Desde 1952 Josep María Forn es propietario de la marca P.C. Teide, para la que hace buena parte de sus películas, y está casado con la actriz catalana Marta May, razón por la cual encarna a Juana, la protagonista de *La piel quemada*; a pesar de no dar el tipo, está convenientemente doblada por una andaluza, que sin embargo emplea algunos giros típicamente catalanes, lo que es uno de los fallos de la película.

El precio de un hombre 1966
THE BOUNTY KILLER

DIRECTOR: Eugenio Martín. GUIONISTAS: Don Prindle, José G. Maesso, Eugenio Martín. FOTOGRAFÍA: Enzo Barboni. MÚSICA: Stelvio Cipriani. INTÉRPRETES: Richard Wyler, Tomas Milian, Ilka Karin, Manuel Zarzo, Hugo Blanco, Glenn Foster, Lola Gaos, Mario Brega, Ricardo Canales, Antonio Iranzo, Luis Sánchez Pollack. PRODUCCIÓN: Tecisa (Madrid), Discobolo Film (Roma). Color. Scope. DURACIÓN: 94'.

Durante los años sesenta, por razones difíciles de determinar, aparece en el cine español y el italiano un género directamente importado de Estados Unidos que no tiene la menor relación con España ni con Italia. No tarda en denominarse *spaghetti-western* y está formado por películas ambientadas en el Oeste norteamericano en los años

Tomas Milian y Ilka Karin en *El precio de un hombre*

finales del siglo XIX, rodadas en Almería en coproducción entre Italia y España, protagonizadas por famosos actores de Hollywood en decadencia o desconocidos italianos y españoles con seudónimos, y dirigidas por italianos o españoles que también acostumbran a ocultar sus verdaderos nombres tras apodos con sabor anglosajón.

Habría que buscar su antecedente más directo en el díptico integrado por *El Coyote* (1954) y *La justicia del Coyote* (1954), basadas en el popular personaje creado por el escritor José Mallorquí y dirigidas al mismo tiempo por Joaquín Luis Romero-Marchent, uno de los mejores cultivadores del género, al sustituir en el último momento al realizador mexicano José Soler. Sin embargo, la extraña e inexplicable realidad es que desde principios de los años sesenta se ruedan cada vez más *spaghetti-westerns* porque se venden con facilidad al extranjero como si fuesen norteamericanos de bajo presupuesto.

En la segunda mitad de la década todavía se producen muchos más gracias al enorme éxito de público alcanzado por la trilogía de coproducciones italo-españolas formada por *Por un puñado de dólares* (Per un pugno di dollari, 1964), *La muerte tenía un precio* (Per qualque dollaro in più, 1965) y *El bueno, el feo y el malo* (Il bueno, il brutto, il cattivo, 1966), rodados en Almería bajo la dirección del italiano Sergio Leone y protagonizados por el norteamericano Clint Eastwood. Además incluso llegan a ser admirados por la crítica y cuentan con una obra maestra como *Hasta que llegó su hora* (C'era una volta il West, 1968), también realizado por Sergio Leone.

Con una mínima relación con el clásico y mejor *western* norteamericano, que no va más allá de narrar historias que se desarrollan en unos ambientes similares, en un paisaje parecido y en unas mismas décadas, el *spaghetti-western* incorpora un tipo de historias, generalmente sangrientas venganzas, y una violencia que el verdadero *western* nunca ha tenido, así como un muy peculiar tipo de música que también es ajeno al norteamericano. Lo curioso es que, a través del hilo conductor que se establece por el actor, y más tarde también excelente director, Clint Eastwood, entre el realizador italiano Sergio Leone y el norteamericano Donald Siegel, sus dos grandes maestros, estas variantes llegan al *western* norteamericano y en poco tiempo acaban con su larga tradición, mientras el *spaghetti-western* sigue vigente durante unos años.

El mayor éxito del *spaghetti-western* más español, al estar dirigido por un español e interpretado por un buen número de actores españoles, es *El precio de un hombre*, una película hoy olvidada, que casi nunca se emite por televisión, pero que en su momento se sitúa a la cabeza de las recaudaciones. Está basada en *The Bounty Killer*, de Marvin H. Albert, una novela y un autor sin duda inexistentes, tras los que se esconde un oscuro guionista de la época, y apoya su atractivo en no narrar la habitual venganza, no incidir en exceso en la violencia y dejar tras de sí tan sólo unos veinte muertos.

Ambientada en Texas en 1850, narra cómo el infalible cazador de recompensas Luke Chilson (Richard Wyler) se pone en acción cuando se entera de que dan tres mil dólares por la captura del bandido mexicano José Gómez (Tomas Milian), personaje que en la versión italiana se llama Faradin, que al ser conducido a la prisión de Yuma se ha fugado gracias a la ayuda de su novia Eden (Ilka Karin) y los miembros de su banda.

Buena parte de la acción se centra en el solitario y primitivo Hotel Los Charcos, regentado por la joven Eden, su tío, un ex-*sheriff* de Kansas City, y algunas otras personas, y donde van a refugiarse José Gomez y su pandilla. Allí Luke Chilson se enfrenta con los bandidos, pero es hecho prisionero debido a la intervención de Eden y los que trabajan con ella.

Lo que cuenta *El precio de un hombre* es el proceso por el cual José Gómez demuestra con sus acciones que nada tiene que ver con el muchacho de 15 años, hijo de un hacendado mexicano, que un día vio cómo asaltaban el

rancho de los suyos, mataban a su familia y robaban cuanto tenían y, al verse obligado a matar a un soldado en una
pelea leal, se convirtió en un bandido. Y, sobre todo, cómo
su novia Eden va descubriéndolo y pasa de ayudarle a
escaparse y defenderle, a liberar a Luke Chilson para que
les libre de su cada vez más terrible presencia.

Realizada con una cierta eficacia por Eugenio Martín,
en un estilo lento, bien manejado, donde se nota una clara
influencia del que consagra a Sergio Leone, *El precio de un
hombre* difiere en el final en sus versiones española e italiana. Mientras la española acaba con un plano general del
Hotel Los Charcos y sus alrededores con Eden y sus amigos acercándose al cadáver de José Gómez tras ser eliminado en el habitual duelo final a pistola entre el *bueno* y el
malo, la versión italiana es un poco más larga y explícita y
en ella se ve cómo Luke Chilson parte en su caballo con el
cadáver de José Gómez para cobrar la recompensa, pero
antes echa una significativa mirada a Eden, que encierra
una promesa de regresar.

Después de estudiar derecho, publicar algunos libros
de poesía y dirigir algunos cine-clubs en su ciudad natal, el
granadino Eugenio Martín (1925) se diploma en dirección
en el famoso «Instituto de Investigaciones y Experiencias
Cinematográficas». Gracias a sus conocimientos de inglés
empieza a trabajar como ayudante de dirección en películas británicas y norteamericanas que se realizan en España.

Debuta como director con *Despedida de soltero* (1958),
la única obra realista de su larga trayectoria cinematográfica, para desde principios de los años sesenta y durante dos
décadas realizar veinte películas de género. En la última
etapa de su carrera vuelve al realismo cuando hace para
televisión las series *Juanita la Larga* (1982), basada en la
novela homónima de Juan Valera, y *Vísperas* (1985), sobre
la trilogía de novelas de Manuel Andújar

Entre medias rueda historias de piratas, *Los corsarios
del Caribe* (1960), de intriga, *Hipnosis* (1962), *La muerte se
llama Myriam* (1965), *La última señora Anderson* (1970),

de aventuras, *Duelo en el Amazonas* (1964), de terror, *Pánico en el transiberiano* (1972), *Una vela para el diablo* (1973), *Aquella casa en las afueras* (1979), *Sobrenatural* (1981), comedias musicales, *Las Leandras* (1969), *La vida sigue igual* (1969), *La chica del Molino Rojo* (1973), comedias, *No quiero perder la honra* (1975), *Esclava te doy* (1975), *Tengamos la guerra en paz* (1976), además de los *spaghetti-western*s tradicionales *El hombre de Río Malo* (1971), *El desafío de Pancho Villa* (1971).

La busca   1966

DIRECTOR: Angelino Fons. GUIONISTAS: Angelino Fons, Juan Cesarabea, Flora Prieto, Nino Quevedo. FOTOGRAFÍA: Manuel Rojas. MÚSICA: Luis de Pablo. INTÉRPRETES: Jacques Perrin, Emma Penella, Sara Lezana, Hugo Blanco, Daniel Martín, Lola Gaos, Luis Marín, José María Prada. PRODUCCIÓN: Nino Quevedo para Surco Films S.A. DURACIÓN: 92'.

Las relaciones con el cine del gran novelista Pío Baroja (1872-1956), miembro destacado de la generación del 98, no son muy fructíferas. Comienzan bien con *Zalacaín el aventurero* (1927), interesante versión muda de su novela homónima dirigida por Francisco Camacho y protagonizada por Pedro Larrañaga y Amelia Muñoz, donde tienen papeles destacados el novelista Andrés Carranque de Ríos, el pintor Ricardo Baroja e incluso el propio autor hace una aparición, pero luego se pierden por la desigual cinematografía española.

El prometedor Arturo Ruiz-Castillo debuta con *Las inquietudes de Shanti-Andía* (1947), que no sólo produce y dirige, sino que también escribe y decora. Protagonizada por Jorge Mistral, Manuel Luna y Josita Hernán, es dema-

Hugo Blanco, Jacques Perrin y Daniel Martín en *La busca*

siado compleja para una primera película y su resultado es
irregular. Mucho menos interés tiene *Zalacaín el aventu-*
rero (1954), nueva y rutinaria versión sonora de la novela
homónima, dirigida por Juan de Orduña y protagonizada
por Virgilio Texeira, Jesús Tordesillas y Elena Espejo, dentro del grandilocuente cine producido por Cifesa en la
época. Por ello *La busca* aparece como la mejor de las películas basadas en novelas de Pío Baroja.

En 1904 Baroja publica su gran trilogía de novelas *La*
lucha por la vida, integrada por *La busca*, *Mala hierba* y
Aurora roja, un fresco agrio, descarnado y muy real sobre
la vida en Madrid a principios de siglo. Tomando como
punto de partida la primera de ellas, el debutante Angelino
Fons rueda la mejor y más personal de sus trece películas.
Sin embargo, a pesar de centrar la narración en el personaje de Manuel, un joven de 17 años que desde el pueblo de
Almazán llega a Madrid para hacerse un lugar en la vida, la
empresa resulta excesiva para su muy limitada experiencia.

Tras un breve prólogo donde, en una rápida sucesión de fotografías de la época y con la ayuda de una aséptica voz de fondo, trata de describirse la situación de España durante los últimos años del siglo XIX y principios del XX, las malas condiciones en que se enfrenta con el mundo moderno, Manuel (Jacques Perrin) llega a la pensión donde trabaja de criada su madre Petra (Lola Gaos) para comenzar su lucha por la vida.

En un rápido descenso a los infiernos de la miseria y el crimen, Manuel trabaja de recadero en la pensión, inicia una relación amorosa con la guapa modistilla Justa (Sara Lezana), para seguir de aprendiz de zapatero en el taller de un tío suyo, donde sus primos Leandro (Luis Marín) y Vidal (Daniel Martín) le introducen en el submundo de los barrios bajos, lleno de ladronzuelos, prostitutas y criminales.

Una reyerta en una verbena finaliza con el suicidio de Leandro y la muerte de su novia (Coral Pellicer), lo que lleva a Manuel a intentar apartarse de ese mundo terrible, buscar empleo por otro lado y acabar viviendo y trabajando en una tahona. La muerte de su madre, el abandono de Justa, que le deja para casarse por interés con el hijo de un rico comerciante, y la dureza del trabajo de panadero, le hacen desesperarse y unirse a su primo Vidal.

A la sombra de la prostituta Rosa (Emma Penella) y sobreviviendo a base de pequeños robos, Vidal forma parte de la banda de «El Bizco» (Hugo Blanco) y con ella comienza a colaborar Manuel. Después de un robo con el que obtienen muy poco beneficio, mientras Rosa se enamora de Manuel y empiezan a preparar un nuevo golpe, «El Bizco» se enfrenta con el joven en un duelo a navaja que lleva a Manuel a convertirse en un asesino y esperar llorando la llegada de los guardias que vienen a apresarlo.

La cuidadísima ambientación, sobre todo en exteriores e interiores naturales, restos buscados con gran cuidado de una lejana época de Madrid, y un buen guión, pero que inevitablemente tiene demasiado de resumen de la novela original, quedan muy por encima de la poco brillante dirección de Angelino Fons y la discutible interpretación de Jacques Perrin en *La busca*.

Contratado gracias al éxito obtenido en España entre ciertos grupos progresistas, por una versión demasiado cortada y manipulada por la censura del general Franco de *La chica con la maleta* (La ragazza con la valigia, 1960), de Valerio Zurlini, la película que le da a conocer en el panorama cinematográfico europeo, el francés Jacques Perrin es demasiado guapo y cosmopolita para encarnar a Manuel, lo que no le impide ganar la Copa Volpi de interpretación en la Mostra de Venecia.

El resto del amplio reparto de *La busca* es mucho más adecuado, pero con el tradicional inconveniente, característico de esta etapa del cine español, de estar todos los actores doblados por dobladores profesionales, salvo Emma Penella y Lola Gaos. Además, Angelino Fons no logra extraer todo el posible fruto de una historia muy difícil de narrar en imágenes, únicamente apoyada en peculiares ambientes y descarnados personajes episódicos, donde ya aparecen ciertos desajustes estilísticos que años más tarde acaban por hundir su cada vez más irregular producción.

Tras abandonar los estudios de filosofía y letras, el madrileño Angelino Fons (1935) se diploma en dirección en el «Instituto de Investigaciones y Experiencias Cinematográficas» con la práctica *A este lado del muro* (1963). Mientras escribe crítica de cine en diferentes publicaciones especializadas y trabaja como ayudante de dirección, empieza a colaborar como guionista en *Amador* (1965), de Francisco Regueiro, *La caza* (1965), *Peppermint frappé* (1967) y *Stress es tres, tres* (1968), de Carlos Saura.

Sin embargo, Fons no sabe aprovechar el relativo éxito de su primera película, rueda el desafortunado musical *Cantando a la vida* (1968) y luego dos desiguales adaptaciones de novelas homónimas de Benito Pérez Galdós, *Fortunata y Jacinta* (1969), para lucimiento de Emma Penella, y *Marianella* (1972), con la que trata de demostrar que la cantante juvenil Rocío Durcal también es una buena actriz.

Del resto de la cada vez menos interesante filmografía de Angelino Fons, entre subproductos como *Mi hijo no es lo que parece* (1973), *De profesión, polígamo* (1973) o *El Cid cabreador* (1983), su última película, destaca *Emilia... parada y fonda* (1976), basada en una narración de Carmen Martín Gaite, que sigue el camino trazado por sus anteriores adaptaciones literarias, pero con peor fortuna.

Cada vez que... 1967

DIRECTOR: Carlos Durán. GUIONISTAS: Carlos Durán, Joaquín Jordá. FOTOGRAFÍA: Juan Amorós. MÚSICA: Marco Rossi. INTÉRPRETES: Serena Vergano, Daniel Martín, Irma Walling, Jaap Guyt, Alicia Tomás, Romy. PRODUCCIÓN: Jacinto Esteva para Filmscontacto. DURACIÓN: 88'.

Jaap Guyt e Irma Walling en *Cada vez que...*

Frente al realismo, con evidentes influencias del cine italiano, que caracteriza a las mejores películas que se hacen en Madrid en la década de los sesenta, los miembros de la denominada «Escuela de Barcelona», un término creado por el polifacético Ricardo Muñoz Suay para aglutinar a algunos cineastas de la época, comienzan a rodar unas producciones muy influenciadas por la *nouvelle vague* francesa, en general, y el cine de Jean-Luc Godard, en concreto, donde la estética aparece muy por encima del contenido dramático.

Una de sus más características producciones es *Cada vez que...* por pretender tan sólo narrar una historia de amor con una estética diferente, lejos de los planteamientos teóricos y formales que también encierran películas de la «Escuela de Barcelona» como *Dante no es únicamente severo* (1967), de Jacinto Esteva y Joaquín Jordá, *Nocturno 29* (1968), de Pedro Portabella, y *Fata Morgana* (1966), de Vicente Aranda, pero al igual que todas ellas recibe el más firme rechazo de la crítica y el público.

Con un título extraído de una famosa frase dicha por la actriz francesa Brigitte Bardot, «Cada vez que me enamoro creo que es para siempre», que en realidad es su auténtico y largo título, y dedicada, al igual que *Dante no es únicamente severo*, al montador José Luis Oliver, entonces recientemente desaparecido, narra una historia de una enorme, excesiva simplicidad, pero con múltiples adornos estéticos de claro origen francés.

La atractiva jovencita medio francesa Ana (Irma Walling), el muchacho Salva (Jaap Guyt) y Mark (Daniel Martín) van al aeropuerto de Barcelona a buscar a Serena (Serena Vergano), que viene de Milán con algunas de sus modelos para participar en un desfile de modas. A partir de este momento se desarrolla una relación amorosa entre Ana y Salva, a pesar de que ella debe casarse en Francia el mes siguiente, y de tipo comercial entre Serena y Mark.

No pasa nada más en *Cada vez que...*, es decir no pasa nada, dado que lo poco que ocurre está tan disperso entre pequeñas bromas, chistes privados y tenues números musicales, que se diluye por completo y llega a desaparecer para convertirse en otro pequeño guiño más al espectador avisado, dentro de una completa falta de estructura dramática, que hace que algunos personajes, como el de la vendedora de la tienda de fotografías, encarnado por Alicia Tomás, desaparezcan sin dejar rastro, cuando parecía que iban a tener un cierto peso en la historia.

Cada vez que... incluye en su desarrollo citas directas de *Al final de la escapada* (A bout de souffle, 1959) y *Pierrot, el loco* (Pierrot le fou, 1965), de Jean-Luc Godard, pero también de *Jules y Jim* (Jules et Jim, 1961), de François Truffaut, *La aventura* (L´avventura, 1959), de Michelangelo Antonioni, *Dante no es únicamente severo*, *Apartamento para tres* (Walk, Don´t Run!, 1966), de Charles Walters, y un homenaje al *western* en torno al *spaghetti-western* catalán *Oklahoma John* (1965), de Jaime Jesús Balcázar.

También está llena de chistes privados, como el del *comepiedras*, objeto de uno de los nueve episodios de que consta *Dante no es únicamente severo*, la presencia del coguionista Joaquín Jordá en el papel del mirón y del propio director Carlos Durán en el personaje episódico del hombre cuyo automóvil se ha quedado sin batería y los protagonistas deben empujarlo, así como la aparición del director de fotografía Luis Cuadrado y del realizador Jaime Camino mientras ruedan en el puerto de Barcelona, para finalizar con la frase «cómo ganar dinero vendiendo terrenos y perderlo de golpe haciendo una película», en una clara referencia a las actividades del productor y realizador Jacinto Esteva.

En el interior de *Cada vez que...* conviven diferentes documentales, donde el innovador director de fotografía Juan Amorós luce sus habilidades, sobre la inauguración del mítico bar Boccaccio, diversas calles barcelonesas, varios desfiles de modas, así como un par de números directamente rodados en color, la presentación de las modelos en el aeropuerto de Barcelona, y las canciónes *It´s*

a Long Way y *Why de las Cover Girls*, interpretadas por el
grupo Adam en el parque Güell en un claro homenaje a las
películas del realizador Richard Lester con el grupo musical *The Beatles*; todo esto dentro de un diálogo que es un
puro juego, pero que en buena parte resulta falso al no
existir la espontaneidad que da el sonido directo empleado
por Jean-Luc Godard en sus películas, y estar todos los
actores doblados por dobladores profesionales, menos
Serena Vergano que se dobla a sí misma con su peculiar
acento italiano. También se pierde la pretendida espontaneidad erótica de la pareja protagonista, al impedir la censura la existencia de los desnudos que constantemente
pide la atractiva Irma Walling, ser demasiado velados sus
encuentros amorosos con Jaap Guyt e incluso besarse con
la boca cerrada, según la moda cinematográfica impuesta
por la censura en décadas anteriores.

Más tarde Carlos Durán sólo dirige *Liberxina 70* (1970),
una película en la misma línea narrativa muy influenciada
por la *nouvelle vague*, pero donde también aparecen variadas reflexiones políticas derivadas de los sucesos revolucio-
narios de mayo de 1968 en Francia. Esto la hace tener múltiples problemas con la censura del general Franco, que
sólo la autoriza tras variar su título original y hacerse diferentes cortes. Debido a ello Durán abandona la dirección
para dedicarse a tareas de producción, en especial en las
películas realizadas por Vicente Aranda.

Después de trabajar en los más variados oficios y llegar
a ser fotógrafo profesional de modas y publicidad, el barcelonés Carlos Durán (1935-1988) se diploma en dirección
en el I.D.H.E.C., la escuela de cine de París. Más tarde trabaja como ayudante de dirección para llegar a ser organi-
zador de rodajes, director técnico y jefe de producción en
diferentes películas de la «Escuela de Barcelona».

Nocturno 29 1967

DIRECTOR: Pedro Portabella. GUIONISTAS: Joan Brossa, Pedro Portabella. FOTOGRAFÍA: Luis Cuadrado. MÚSICA: Josep María Mestres Quadreny. INTÉRPRETES: Lucía Bosé, Mario Cabré, Ramón Juliá, Joan Ponç, Antonio Saura, Antonio Tapies, Luis Ciges. PRODUCCIÓN: Pedro Portabella para Films 59. DURACIÓN: 85'.

Perteneciente a una influyente familia catalana, el gerundense Pere Portabella (1929) estudia química antes de colaborar con los pintores Eduardo Chillida, Antonio Saura y Antonio Tapies en los movimientos de vanguardia artística de los años cincuenta. Su interés por el cine le lleva a crear la productora Films 59, que resulta decisiva para

Lucia Bosé en *Nocturno 29*

el cine español de finales de la década de los cincuenta y principios de la de los sesenta, pero tiene una breve vida y un trágico final.

Debuta como productor con *Los golfos* (1959), la primera película dirigida por Carlos Saura, un interesante documento dramatizado sobre los jóvenes madrileños marginados de la época, que es seleccionado para participar en el Festival de Cannes, pero es cortado por la censura y tan mal clasificado por la junta que distribuye las subvenciones económicas, que casi se impide su estreno y su amortización. A ésta le sigue *El cochecito* (1960), la última de las tres películas españolas del realizador italiano Marco Ferreri, que, basada en un relato de Rafael Azcona y sobre un guión de ambos, introduce de manera eficaz el humor negro en el cine español y gana un premio en la Mostra de Venecia.

La primera parte de la experiencia de Portabella como productor finaliza con *Viridiana* (1961), la primera película dirigida por Luis Buñuel en España tras la guerra. Coproducida con el mexicano Gustavo Alatriste y con la productora madrileña Uninci, a raíz de ganar la Palma de Oro del Festival de Cannes y ser denunciada por blasfema por la Iglesia católica, el gobierno del general Franco niega su existencia y clausura las actividades de sus productoras.

Después de unos años de obligado silencio cinematográfico, Portabella colabora con Ricardo Muñoz Suay y Pedro Beltrán en el guión de *El momento de la verdad* (Il momento della verità, 1965), que el italiano Francesco Rosi rueda en España, pero su nombre es censurado en la versión española. Por la misma época comienza a colaborar con el productor y director Jacinto Esteva en el documental de largometraje sobre la España trágica y profunda *Lejos de los árboles*, que finaliza y firma Esteva en solitario en 1970.

Esta relación les lleva a plantear una película de episodios, que en un principio iban a dirigir el arquitecto Ricardo Bofill, el productor y director Jacinto Esteva, el guionista y realizador Joaquín Jordá y el propio Portabella, pero finalmente da lugar a varias películas independientes, sólo unidas por un estilo experimental, origen de la denominada «Escuela de Barcelona». Bofill hace *Esquizo* (1970), Esteva y Jordá codirigen *Dante no es únicamente severo* (1967) y Portabella realiza el mediometraje *No contéis con los dedos* (No comteu amb els dits, 1967).

Contento con la experiencia y, sobre todo, la colaboración con el personal dramaturgo catalán Joan Brossa, vuelven a trabajar juntos en el largometraje *Nocturno 29*, desarrollado en la misma línea experimental para la resucitada Films 59. Con una clara referencia en el título a los años pasados hasta entonces bajo la dictadura del general Franco, reúne muy desiguales episodios, sin ningún hilo argumental, lejos de cualquier estructura dramática, realizados con cierta brillantez.

En primer lugar significa el rescate para el cine de la actriz italiana Lucía Bosé, retirada desde que a mediados de los años cincuenta llega a España para rodar *Muerte de un ciclista* (1955), de J. A. Bardem, conoce al torero Luis Miguel Dominguín y acaba casándose con él, además del leve retorno del también matador de toros Mario Cabré, mítico por su trabajo y sus amores con Ava Gardner durante el rodaje en España de la producción británica *Pandora y el holandés errante* (Pandora and the Flying Dutchman, 1950), de Albert Lewin, pero sobre todo es una de las grandes obras de la vanguardia cinematográfica española.

Entre los desiguales episodios que integran *Nocturno 29* destacan los que distorsionan la realidad por observarla desde un punto de vista diferente al habitual, en los que incluyen algún elemento chirriante ajeno a su desarrollo, como el inicial de la pareja de *hippies* que convierte la extracción de una espina en la planta del pie de la chica en una peculiar escena erótica, el del señor que llega a una gran mansión, se sienta en un sillón a ver una retransmisión del denominado *Desfile de la victoria* por televisión, primero se quita un ojo y luego el otro, la descripción del funcionamiento de un solariego casino sobre una curiosa voz de fondo que habla de las dificultades de cambiar los billetes para efectuar un viaje en barco, el paseo del personaje burgués encarnado por Lucía Bosé por una fábrica textil cerrada hasta llegar a una máquina cubierta por una sábana blanca, descubrirla, acariciarla y ponerla en marcha en una acción erótica, la descripción del complejo proceso por el cual el personaje burgués al que da vida Mario Cabré cobra un talón en un gran banco, mezclado con el de una viejecita que va a abrir su caja de seguridad y descubre que es el mismo Mario Cabré al reflejarse su rostro en el espejo que encierra, y por último, la escena rodada en color, donde Lucía Bosé va a una tradicional tienda de tejidos a comprar banderas, mira y toca varias, no le convence ninguna y se va como ha venido.

Después de sufrir algunas mutilaciones a manos de la censura, *Nocturno 29* tiene una mínima carrera comercial y es recibida con cierto furor por la crítica. Sin embargo, y como es lógico, esto no desanima a Portabella que, entre medias de diferentes cortometrajes sobre pintores, poetas y cantantes catalanes, rueda en un similar estilo experimental los interesantes largos *Cuadecuc* (1970), especie de contradocumental sobre el rodaje de *El conde Drácula* (1970), de Jesús Franco, y *Umbracle* (1972), las dos protagonizadas por el actor británico Christopher Lee.

La llegada de la democracia lleva a Portabella a realizar *Informe general* (1977), una amplia colección de entrevistas hechas poco antes de las primeras elecciones legislativas, tras casi cuarenta años de dictadura. Entre 1977 y 1982 abandona el cine por la política al convertirse en senador por Gerona, pero vuelve a escribir, producir y dirigir *El puente de Varsovia* (El pont de Varsovi, 1989), que hace en la misma línea del resto de su cine, como prueba de que no ha evolucionado, pero sí ha envejecido.

Después del diluvio   1968

DIRECTOR: Jacinto Esteva Grewe. GUIONISTAS: Jacinto Esteva Grewe, Manuel Requena, Francisco Ruiz-Camps, Francisco Viader. FOTOGRAFÍA: Juan Amorós. MÚSICA: Joan Manuel Serrat, Tete Montoliu. INTÉRPRETES: Francisco Rabal, Mijanou Bardot, Francisco Viader, Luis Ciges, Romy. PRODUCCIÓN: Ricardo Muñoz Suay para Filmscontacto. Color. Scope. DURACIÓN: 101'.

Después de una larga experiencia cinematográfica en las productoras madrileñas Altamira y Uninci y como ayudante de dirección y guionista, Ricardo Muñoz Suay se instala en Barcelona a finales de los años sesenta. Se inventa el nombre de «Escuela de Barcelona», bajo el que se aglutinan aquellos que empiezan a hacer cine por estos años en Cataluña con un criterio estético diferente, y comienza a

Francisco Viader y Francisco Rabal en *Después del diluvio*

trabajar como productor ejecutivo en la empresa Films-contacto, productora de la mayoría de sus películas, para que dé un giro y haga un cine más rentable tanto de cara al público como de la crítica.

Su trabajo en Barcelona vale para dar a conocer a la «Escuela de Barcelona» y dotarla de una cierta entidad propia, pero no consigue salvar de la catástrofe a la productora Filmscontacto, en gran medida por la personalidad anarquista y autodestructiva de su creador y propietario Jacinto Esteva. La bien planteada estrategia de Muñoz Suay se apoya en tres jugadas diferentes, pero las tres le salen mal por muy distintos motivos.

La primera es la realización de una película que aglutine a alguno de los nuevos elementos estéticos de la «Escuela de Barcelona» con los más comerciales del tradicional cine español, pero tal como demuestra *Tuset Street* (1968) es una empresa imposible. Escrita por Rafael Azcona, dirigida por Jorge Grau y protagonizada por Sara Montiel, en torno a los amores entre una cantante del típico cabaret El Molino y un miembro de la denominada *gauche divine*, el resultado no puede ser peor. Sara Montiel no se acopla a las exigencias de Jorge Grau, se pelean a mitad del rodaje, la acaba y firma Luis Marquina y es una de las peores películas del grupo y de la estrella.

La última es la realización de coproducciones de calidad dirigidas por prestigiosos directores de fama internacional, pero el fracaso de *Cabezas cortadas* (1970) también demuestra la dificultad de este camino. Primera película rodada fuera de su país por el brasileño Glauber Rocha tras el gran éxito europeo de *Terra em transe* (1967) y *Antonio das Mortes* (1968), es una personal versión en clave latinoamericana de *Macbeth*, de William Shakespeare, rodada con escasos medios en algunas localizaciones de Cataluña, pero muestra su poca facilidad para trabajar en otros países y marca el principio del fin del hasta entonces combativo realizador.

Entre ambas jugadas se sitúa *Después del diluvio*, la más ambiciosa de las películas de Jacinto Esteva y la que tiene una mayor difusión, dentro de su habitual fracaso. Se presenta en la Mostra de Venecia en una de sus más conflictivas ediciones y tiene una mínima carrera comercial, pero su resultado, tanto de cara al público como a la crítica, es tan frustrante como el del resto de su obra por las constantes contradicciones y anarquías que presiden su trabajo.

Después de estudiar filosofía y letras en Barcelona y arquitectura en Ginebra, el barcelonés Jacinto Esteva Grewe (1936-1985) rueda el polémico corto *Notes sur l'emigration* (1960), codirigido con el italiano Paolo Brunato, y se especializa en urbanismo en París. De nuevo en Barcelona, comienza a trabajar como arquitecto y a dirigir algunos cortometrajes. En 1965 crea la productora Filmscontacto, en torno a la que poco a poco se aglutina la luego denominada «Escuela de Barcelona» al producir no sólo sus películas, sino varias de José María Nunes y Carlos Durán.

Su primer y mejor largometraje es el personal documental sobre la más negra España, *Lejos de los árboles* (1970), que comienza a rodar en 1965 con Pedro Portabella y sólo se estrena cinco años más tarde después de salvar múltiples problemas de rodaje, montaje y, sobre todo, censura. Mientras tanto escribe y dirige en colaboración con Joaquín Jordá *Dante no es únicamente severo* (1967), una obra muy influenciada por las primeras películas rodadas en Francia por el suizo Jean-Luc Godard, dividida en «un prólogo, nueve capítulos y un epílogo», pero con los graves inconvenientes derivados de estar doblada, tener que pasar censura y la discutible inventiva de sus autores.

Después del diluvio tiene sus mismos inconvenientes además del de ser estirado uno de sus episodios hasta la extensión de un largometraje. Narra una desigual parábola, con contradictorio y no muy comprensible mensaje, donde dos hombres, el maduro Pedro (Francisco Rabal) y el joven Mauricio (Francisco Viader), viven en un perdido bosque quemado dedicados a la caza. Un día llega hasta su aislada casa la sofisticada francesa Patricia (Mijanou Bardot) y no tarda en iniciar una relación sentimental con

Pedro. Después de contarse unos a otros una sucesión de poco interesantes historias, Mauricio y Patricia aprovechan una breve ausencia de Pedro para huir a Londres, pero él les persigue y logra encontrarles. Los dos hombres vuelven a vivir solos en el bosque quemado hasta que un día, en que casualmente están disfrazados de mujer, aparece Patricia con un rifle y los mata a tiros.

Una bella fotografía en color y *scope* de Juan Amorós no logra disimular ni su demasiado tenue historia, ni el difícil simbolismo de esta especie de parábola sobre la homosexualidad, ni sobre todo que una buena parte de los diálogos, de las historias que se cuentan unos a otros, están improvisadas durante el rodaje por Francisco Rabal, Mijanou Bardot y Francisco Viader, que aparecen en los títulos como dialoguistas, y que además pierden su posible naturalidad al no estar rodadas con sonido directo.

Las últimas películas de Jacinto Esteva son *Metamorfosis* (1971) y *El hijo de María* (1972), que se sitúan en esta misma dirección experimental, pero están peor hechas y tienen menor interés. Posteriormente, coincidiendo con sus aventuras africanas, comienza a rodar *Mozambique* y *Del arca de Noé al pirata de Rhodes*, pero no las finaliza. Unos años después de su muerte, su amigo y colaborador Joaquín Jordá dirige el personal documental y ajuste de cuentas *El encargo del cazador* (1990), sobre la última etapa de su vida, la más sórdida y menos conocida, con la colaboración de su hija Daria Esteva, que siguiendo la tradición de su cine ni se estrena, ni se pasa por televisión.

La residencia 1969

DIRECTOR: Narciso Ibáñez Serrador. GUIONISTA: Luis Peñafiel. FOTOGRA-
FÍA: Manuel Berenguer. MÚSICA: Waldo de los Ríos. INTÉRPRETES: Lilli
Palmer, Cristina Galbó, John Moulder Brown, Maribel Martín, Mary
Maude, Cándida Losada, Tomás Blanco. PRODUCCIÓN: Anabel Films S.A..
Color. Scope. DURACIÓN: 90'.

A finales de la década de los sesenta, y en gran parte por el
éxito obtenido por *La residencia*, se pone de moda la realización de películas de terror en España. Sus principales motivos son de orden secundario, en primer lugar su tono asép-
tico, ser uno de los géneros de más larga tradición y más
característicos del cine, además posibilita su exportación al
extranjero, y luego permite el fácil añadido de escenas más o
menos eróticas en las versiones que se venden fuera.

Lilli Palmer y Cándida Losada en *La residencia*

Este fenómeno lleva a la producción durante estos años de un abundante número de películas dentro de un amplio espectro. Desde subproductos dirigidos por León Klimovsky, *La noche de Walpurgis* (1968), *El doctor Jekyll y el hombre lobo* (1972), *La orgía nocturna de los vampiros* (1972), o por Amando de Ossorio, *La noche del terror ciego* (1972), *El ataúd de los muertos sin ojos* (1973), hasta películas con alguna entidad, como *La novia ensangrentada* (1972), de Vicente Aranda, pasando por el fenómeno Paul Naschy, un actor con una amplia filmografía en el género, que gana algún premio internacional, y que también llega a dirigir bajo su verdadero nombre, Jacinto Molina.

La residencia es la primera película de Narciso Ibáñez Serrador (1935) y producto de sus éxitos en televisión, en concreto de la serie *Historias para no dormir*. Hijo de los actores Narciso Ibáñez Menta y Pepita Serrador, nace en Montevideo, Uruguay, durante una de las giras de sus padres, y en 1947 viaja por primera vez a España como actor en la compañía de su madre. Desde los 18 años dirige obras de teatro y en 1958 tiene gran éxito en Argentina con su obra *Aprobado en inocencia*, que firma con su habitual seudónimo Luis Peñafiel.

Desde 1958 trabaja en Argentina como director de televisión y alcanza gran éxito con series como *Cuatro maestros del terror*. En 1963 se instala en España, comienza a trabajar en Televisión Española y en buena medida repite sus triunfos argentinos. El gran éxito obtenido por la serie de narraciones de terror *Historias para no dormir*, le lleva a la realización de *La residencia*, que se mueve en las mismas coordenadas, pero con un presupuesto mucho más elevado.

A través de la nueva pupila Teresa Graven (Cristina Galbó), que un amigo (Tomás Blanco) de su madre lleva a una residencia para señoritas con problemas, se describe el siniestro funcionamiento de la institución. Allí se trata de regenerar a jóvenes de alrededor de 20 años de carácter difícil, pertenecientes a hogares no ejemplares, que han llegado al robo o la prostitución. Bajo la dura dirección de *madame* Fourneau (Lilli Palmer), las jóvenes estudian diversas materias, reciben castigos corporales, se duchan con camisón y hacen turno para acostarse con el muchacho que cada quince días viene a traer leña.

Luis (John Moulder Brown), el hijo de la directora, se dedica a espiar a las residentes e intentar enamorarlas. Trata de que no se entere su madre, a quien no le parece bien que pierda el tiempo con esas muchachas de vida poco recomendable y que son mucho peores que ella. Debido a la dura existencia que llevan en la residencia, Luis ayuda a fugarse a algunas, a su querida Isabel (Maribel Martín) y también a Teresa Graven, una vez que sus condiscípulas descubren que es hija de una cantante que actúa en un cabaret de mala fama. En los últimos tres meses se han fugado cinco pupilas de la residencia, pero no ha vuelto a saberse nada de ellas. A raíz de la fuga de Teresa Graven, su condiscípula Irene Doupont (Mary Maude) descubre, con la ayuda de la directora, que en realidad las muchachas no llegan a irse, sino que Luis las asesina para construir con diversas partes de su cuerpo la mujer perfecta, la más parecida a su madre, final que a niveles de guión es un claro homenaje a *El doctor Frankenstein* (Frankenstein, 1930), de James Whale, y de realización a *Psicosis* (Psycho, 1961), de Alfred Hitchcock.

Sobre un cuento de Juan Tébar, el propio Narciso Ibáñez Serrador, bajo su habitual seudónimo Luis Peñafiel, escribe un guión lleno de tópicos, ambientado en Francia a finales del siglo XIX, pero por problemas de censura más que de carácter estético. Rodada con una cierta eficacia y una buena utilización de amplios medios puestos a su disposición en unos apropiados exteriores en Comillas, Cantabria, y en unos espléndidos decorados de un siniestro caserón, la historia resulta demasiado previsible, pero consigue crear un clima con un cierto erotismo, que la convierte en uno de los grandes éxitos del cine español.

Mientras tanto Narciso Ibáñez Serrador sigue trabajando con éxito en Televisión Española en diferentes y
variados programas y series. Sólo hace un segundo largometraje *¿Quién puede matar a un niño?* (1972), una historia en la misma línea de terror, pero con un leve toque de
ciencia-ficción, que al ser más ambicioso, resulta menos
conseguido y no es bien acogido ni por la crítica, ni por el
público. Este fracaso en una carrera llena de relativos triunfos, le hace dedicarse en cuerpo y alma a la televisión, donde durante largos años dirige el tan famoso como insoportable concurso *Un, dos, tres, responda otra vez* y el no menos
terrible *El semáforo*, y olvidarse por completo del cine.

No desearás al vecino del quinto   1970

DIRECTOR: Ramón Fernández. GUIONISTAS: Juan José Alonso Millán.
FOTOGRAFÍA: Hans Burmann. MÚSICA: Piero Umiliani. INTÉRPRETES:
Alfredo Landa, Jean Sorel, Ira de Fürstemberg, Isabel Garcés, Guadalupe Muñoz Sampedro, Margot Cottens, Adrián Ortega, Anabella Incontrera. PRODUCCIÓN: José Frade para Atlántida Films (Madrid), Fida Cinematografica (Roma). Color. Scope. DURACIÓN: 85'.

A finales de los años sesenta y principios de los setenta,
mientras en el resto de Europa comienza a desaparecer la
férrea censura cinematográfica existente desde la II Guerra Mundial, en España sufre un endurecimiento. Debido
a ello, al tiempo que en el exterior los desnudos y el erotismo empiezan a ser el eje en torno al que giran cada vez más
películas, en el interior se desarrolla la llamada *comedia a la
española*.

Hundiendo sus raíces en el sainete, de sólida raigram-
bre madrileña, y en la comedia de parejas, importada de

Ira de Fürstemberg, Jean Sorel y Alfredo Landa en
No desearás al vecino del quinto

Italia una década antes, comienzan a hacerse comedias que giran en torno a la insatisfacción sexual del español medio, entre las que hay que citar *No desearás la mujer de tu prójimo* (1968), de Pedro Lazaga, *No somos de piedra* (1968), de Manuel Summers, *El triangulito* (1970), de José María Forqué, *Préstame quince días* (1971), de Fernando Merino, *Vente a Alemania, Pepe* (1971), de Pedro Lazaga, *No desearás la mujer del vecino* (1971), de Fernando Merino, y un largo etcétera.

Son comedias ligeras, realizadas deprisa y corriendo, con muy escasos medios y la única intención de ganar un dinero fácil. Curiosamente, además de la desigual aceptación obtenida en el momento de su estreno, veinte años después se emiten regularmente por televisión y alcanzan la misma o mayor audiencia que las grandes producciones norteamericanas. Entre ellas destaca *No desearás al vecino del quinto* por ser la que tiene mayor éxito, convertirse en un fenómeno que lanza el subgénero y al actor Alfredo Landa, darse en ella sus principales características y tener un título que, con algunas variantes, se repite con frecuencia.

Ambientada en Toledo en el momento de su rodaje, *No desearás al vecino del quinto* narra las relaciones entre el ginecólogo Pedro Andreu (Jean Sorel) y su vecino del piso quinto, el modisto Antón (Alfredo Landa). Mientras el primero tiene la consulta vacía por ser muy atractivo y no fiarse de él ni los padres, ni los hermanos, ni los maridos, ni los novios de sus posibles pacientes, el segundo tiene su negocio lleno de mujeres que no les importa desnudarse ante él por ser homosexual.

Debido a su falta de ingresos, Pedro Andreu sigue viviendo con su madre doña Rosario (Isabel Garcés); desde hace doce años es novio de la atractiva Jacinta (Ira de Fürstemberg) y pasa las tardes jugando al parchís en casa de sus futuros suegros con la madre (Margot Cottens) y la abuela (Guadalupe Muñoz Sampedro) de su novia.

Un día viaja a Madrid para asistir a unas conferencias sobre ginecología y, mientras está en una discoteca tomando una copa con unos compañeros, ve a Antón bailando con unas rubias despampanantes. Se acerca a él y el modisto le cuenta que en Toledo se hace pasar por homosexual para no tener problemas con su clientela, pero tiene un piso en Madrid y una vez al mes va unos días para divertirse.

Pedro Andreu abandona su hotel, se instala en el apartamento de Antón y comienzan a ligar con las azafatas que viven en la casa de enfrente, a las que espían con un catalejo, ante el mal humor del vecino *gangster* siciliano Fred Corleone (Adrián Ortega), a quien no dejan dormir y llegan a invitar a sus juergas para que les deje tranquilos.

Celosa por el injustificado alargamiento de la estancia de Pedro Andreu en la capital, Jacinta convence a doña Rosario para ir a Madrid e investigar qué ocurre. Siguiendo su rastro desde el hotel, ambas llegan hasta el apartamento de Antón y deducen por las apariencias que Pedro se ha hecho homosexual.

La noticia corre por Toledo, la consulta de Pedro Andreu se llena de pacientes; pero Jacinta está muy preocupada, decide ir a Madrid, seducirle y demostrarle que sigue siendo un hombre. Asustado, su novio rechaza su ataque, pero cuando Jacinta se va desesperada, se encuentra a una mujer (Annabella Incontrera) con cinco niños que le cuenta que Antón es el padre de sus hijos. Ambas se hacen pasar por azafatas, tienden una trampa a los dos amigos y les sorprenden con las manos en la masa.

De esta manera y para tenerles bien vigilados, la mujer de Antón se convierte en su secretaria y Pedro Andreu se casa con Jacinta y ella comienza a trabajar como su enfermera. Todo marcha muy bien hasta que un día van a la consulta de Pedro Andreu las mujeres de la familia del *gangster* siciliano Fred Corleone, que al descubrir que no es el homosexual que creía, sino su vecino juerguista, le da una paliza. Cuando Antón va a visitarle al hospital, se encuentra con su mujer y sus cinco hijos, que le llaman a gritos «¡Mariquita, mariquita!», por lo que ella les responde «Eso no se dice» y él: «Y menos a un padre».

Dirigida por Ramón Fernández de manera bastante tosca, en una desaliñada planificación mezclada con variados *zooms*, *No desearás al vecino del quinto* debe su gran éxito de público al nada sutil guión del dramaturgo especializado en comedias Juan José Alonso Millán, pero sobre todo a la eficacia de la composición realizada por el popular Alfredo Landa del peluquero homosexual Antón con su querida perrita Fifí.

Gran especialista en comedias, el asturiano Ramón Fernández (1930) debuta como realizador, tras una larga andadura como ayudante de dirección, con *Aquí están las vicetiples* (1960), *Ahí va otro recluta* (1960) y *Margarita se llama mi amor* (1961), escritas y producidas por Vicente Escrivá. El enorme éxito de público alcanzado por *No desearás al vecino del quinto* le encasilla dentro de la *comedia a la española* y entre las muchas que rueda durante la primera mitad de la década de los setenta pueden citarse *Simón, contamos contigo* (1972), *Los novios de mi mujer* (1972) y *Doctor, me gustan las mujeres ¿es grave?* (1973).

Canciones para después de una guerra

1971

DIRECTOR Y GUIONISTA: Basilio Martín Patino. FOTOGRAFÍA: José Luis Alcaine. PRODUCCIÓN: José Luis García Sánchez para Turner Films. Color. DURACIÓN: 110'.

Licenciado en filosofía y letras, el salmantino Basilio Martín Patino (1930) crea en 1953 el famoso cine-club universitario de Salamanca y poco después la revista especializada *Cinema universitario*. Diplomado en dirección en el «Instituto de Investigaciones y Experiencias Cinematográficas» con la práctica *Tarde de domingo* (1960), años después llega a ser profesor de montaje, su especialidad, en la «Escuela Oficial de Cinematografía».

Canciones para después de una guerra

Mientras trabaja con continuidad en cine publicitario, debuta como director con *Nueve cartas a Berta* (1965), una de las obras más significativas del llamado «Nuevo cine español». A través de las cartas que un joven universitario castellano escribe a la hija de un republicano exiliado que vive en el Reino Unido, Patino hace un buen compendio de la vida en una capital de provincias de la época.

Después del fracaso, más crítico que comercial, de *Del amor y otras soledades* (1969), intento de análisis de una crisis conyugal de una pareja de la alta burguesía, con una clara influencia de la «Escuela de Barcelona», Patino abandona el cine de ficción por el documental de montaje. Durante la primera mitad de los años setenta, en los últimos años de la dictadura del general Franco, de forma casi clandestina realiza tres documentales, en buena parte producidos por el librero y editor madrileño Manuel Arroyo, que se sitúan entre los mejores del género.

Frente al clasicismo de *Caudillo* (1975), un documental sobre la guerra española que presta especial atención a la figura del general Franco, pero en el que falta una cierta garra crítica, y el apoyo en el denominado *cinema-verité* de *Queridísimos verdugos* (1973), historia del garrote vil, entremezclada con entrevistas a los tres verdugos en activo que hay en España en el momento del rodaje, basada en dos sólidas obras del escritor Daniel Sueiro, destaca la novedad y la fuerza que desprende *Canciones para después de una guerra*.

A través de una excelente mezcla de documentales de la época, fragmentos de películas, fotografías, recortes de periódicos, anuncios publicitarios y un total de cuarenta y cinco canciones de moda en aquellos años, se narra por un leve orden cronológico, y con una mínima división en capítulos, la dura historia de la posguerra española, desde el final de la guerra en 1939 hasta la firma del primer tratado con Estados Unidos en 1953. Entre el texto del último parte de guerra, con el himno *Cara al sol*, y un reportaje sobre el futuro Juan Carlos I adolescente, con la canción *Se va el caimán*, se hace un minucioso retrato a medio camino entre el realismo y lo sentimental, con personales toques de humor negro, sobre estos quince años de vida de un país hundido en la miseria: La *vedette* Celia Gámez canta el chotis *¡Ya hemos pasao!* sobre imágenes de Madrid bombardeado, gente quitando los rótulos con los nombres de las calles y la popular estatua de la diosa Cibeles recubierta de ladrillos. Un reportaje sobre las labores de Auxilio Social, el despioje de niños o el regreso a sus casas, con la canción *La bien pagá* de fondo. La famosa entrevista en Hendaya entre Adolf Hitler y el general Franco con la canción *Lili Marleen*. Fragmentos de la película *Los últimos de Filipinas* (1945), de Antonio Román, en especial de su canción *Yo te diré*, entremezclados con imágenes de la partida de la División Azul. Un montaje de colilleros, estraperlistas, el conocido payaso Ramper, el personaje de las historietas gráficas Carpanta, el hambre, con la canción *¡Qué se mueran los feos!* Imágenes del final de la II Guerra Mundial, la invasión de las fuerzas aliadas de Europa, los campos de concentración, las restricciones y la canción *La gallina papanatas*. Un reportaje sobre el Congreso Eucarístico de Barcelona con el himno *Gloria Cristo Jesús*. Las restricciones eléctricas, las cartillas de racionamiento, la tuberculosis y *Mi vaca lechera*. El estreno de la película *La fe* (1947), de Rafael Gil, en el madrileño cinematógrafo Palacio de la Música con la característica sintonía del NO-DO. Una selección de diapositivas en color de anuncios que se proyectan en los descansos de los cines con la increíble canción *Raska Yu*. La jota *El sitio de Zaragoza* sobre un montaje de conocidas películas producidas por Cifesa y dirigidas por Juan de Orduña, *¡A mí la legión!* (1942), *Agustina de Aragón* (1950), *Alba de América* (1951). El regreso de los embajadores y la llegada de famosos actores extranjeros, Gary Cooper, Cary Grant, Frank Sinatra, Jorge Negrete, con la canción *La televisión*. Mezcla de imágenes de las bases norteamericanas, los pobres y la guerra de Corea con la canción *A lo loco*. El primer anuncio cinema-

tográfico español de Coca-Cola. La llegada del barco
Semíramis con los repatriados de Rusia con la canción
Limosna de amor.

Canciones para después de una guerra es una perfecta
mezcla de imágenes y sonidos muy característicos de los
años del hambre, de la dura posguerra española, hasta conseguir un documental único. No sólo es vetada por los
miembros de la comisión de censura, sino que además despierta las iras del mismísimo almirante Carrero Blanco y
permanece prohibida hasta el final de la dictadura del
general Franco, que, como en buena medida resulta lógico,
no puede admitir esta dura, auténtica visión de lo que han
sido sus años de máxima gloria. Estrenada cinco años después, durante el período de transición política, alcanza un
merecido éxito de crítica y público, pero por problemas
con los derechos de las canciones y algunas imágenes, hace
tiempo que ha desaparecido de la circulación y no se emite
por televisión.

Tras diez años de trabajo en el terreno del vídeo, Basilio
M. Patino vuelve al cine con la interesante *Los paraísos perdidos* (1985), una especie de segunda parte de *Nueve cartas
a Berta*, su primera película. Rodada veinte años después,
la entonces invisible protagonista viaja a España para asistir a la muerte de su madre, reencontrarse con el mundo de
su niñez y tomar contacto con la desconocida realidad de
la España socialista. Cierra su brillante y corta filmografía
con *Madrid* (1987), atractiva síntesis de su interés por el
documental, la ficción, el cine y el vídeo, pero su fracaso
comercial le hace alejarse definitivamente de la dirección
cinematográfica para trabajar en exclusiva en vídeo.

Lo verde empieza en los Pirineos   1973

DIRECTOR: Vicente Escrivá. GUIONISTAS: Vicente Escrivá, Vicente Coello.
FOTOGRAFÍA: Raúl Pérez F. Cubero. MÚSICA: Antón García Abril. INTÉR-
PRETES: José Luis López Vázquez, José Sacristán, Rafael Alonso, Nadius-
ka, Guadalupe Muñoz Sampedro, Trini Alonso. PRODUCCIÓN: Vicente
Escrivá para Aspa P.C., Filmayer Producción S.A. Color. DURACIÓN: 90'.

A principios de los años setenta la censura desaparece en la
mayoría de los países europeos y tienen grandes éxitos
películas como *La naranja mecánica* (A Clockwork Oran-
ge, 1971), de Stanley Kubrick, *El último tango en París*
(Ultimo tango a Parigi, 1972), de Bernardo Bertolucci, y
La gran comilona (La grande abbufata, 1973), de Marco
Ferreri, por poner tan sólo tres ilustres ejemplos. Sin
embargo, en España no sólo no desaparece, sino que inclu-

José Luis López Vázquez, José Sacristán y Rafael Alonso en *Lo verde
empieza en los Pirineos*

so se recrudece, sobre todo en comparación con los países más liberales.

Estas producciones, y otras muchas, alcanzan tal popularidad en España, tanto por su fama de obras eróticas, como por estar prohibidas, que arrastran a un buen número de españoles a los cines del sur de Francia, donde incluso llegan a exhibirse con subtítulos en castellano. La gran cantidad de películas que están prohibidas en España durante los últimos años de la dictadura del general Franco hace que las agencias de viajes organicen, durante los fines de semana y los puentes, excursiones colectivas para verlas, primero en las ciudades fronterizas francesas y más tarde, después de la llamada «revolución de los claveles», también en las portuguesas.

Los denominados *week-end cinematográficos* se anuncian en las revistas especializadas de cine y en los principales diarios nacionales. Permiten conocer, a un ritmo de tres o cuatro películas diarias y a precios asequibles, producciones que circulan libremente en Francia y Portugal, pero están prohibidas en España. Este curioso fenómeno llega a alcanzar tal popularidad que las autoridades, cada vez más suspicaces, acaban por prohibir su publicidad en la prensa española, pero es origen de *Lo verde empieza en los Pirineos*, una de las *comedias a la española* de mayor éxito en estos años.

Según los repetidos y nada originales cánones del subgénero, narra las aventuras en Biarritz de tres españoles de mediana edad, provenientes de una indeterminada capital de provincias. Frente a los casados Manolo Castillo (José Sacristán), un representante de mazapán, y Román (Rafael Alonso), un dentista que sólo quiere «echar una canita al aire», destaca Serafín Requejo (José Luis López Vázquez), un anticuario, verdadero protagonista de la historia.

Debido a un trauma infantil, provocado cuando su padre le descubre viendo hacer pis a una niña y le pone como modelo de virtudes a una mujer barbuda, el pobre Serafín Requejo siempre que le gusta una mujer la ve con

barba y debe pronunciar la palabra mágica *Filomatic* —la
marca de una popular hoja de afeitar de la época— para
que desaparezca, pero lo hace acompañado de su deseo
sexual.

Los tres amigos parten muy ilusionados en automóvil
hacia Francia, donde son recibidos con pancartas que
rezan «Bienvenida a los españoles que llegan a Biarritz
buscando la cultura cinematográfica», ven las famosas
películas prohibidas y deciden pasar a la acción. Impeca-
blemente vestidos de negro van a un *cabaret* donde la
vedette obliga a Serafín Requejo a disfrazarse de conejo y
bailar con ella y creen haber conquistado a tres chicas,
pero acaban yéndose con unos motoristas, y finalmente
sólo les hacen caso unos travestidos.

Serafín Requejo tiene más suerte que sus amigos: la
dueña (Trini Alonso) del hotel donde se hospedan le
encuentra muy parecido a su difunto marido y le hace ves-
tirse con su uniforme de gendarme y pasar la noche con
ella, y sobre todo, despierta las simpatías de la camarera
Paula (Nadiuska), una española de Turégano, muy decente, que trabaja en Francia para ahorrar y poder abrir
una mercería en Segovia.

Una vez que han comprado la *poupée diabolique*, una
muñeca de tamaño natural, y tienen una cita con dos jóvenes francesas, aparecen las mujeres de Manolo y Román.
Ante su indignación van a ver las mismas películas que
ellos y a similares *cabarets*, lo que origina una pelea que
acaba con la excursión. Mientras tanto, Serafín Requejo
debe volver apresuradamente a su tienda de antigüedades
porque surge un problema con un cuadro. Una vez en su
ambiente decide volver a Biarritz en busca de Paula, besarla, comprobar que ha desaparecido el problema de la
barba y casarse con ella.

Escrita, dirigida y producida por el valenciano Vicente
Escrivá (1913), *Lo verde empieza en los Pirineos* es uno de
los grandes éxitos de su productora Aspa Films. Especialmente conocido por las películas político-religiosas pro-

ducidas en la primera mitad de los años cincuenta, *Balarra-sa* (1950), de José Antonio Nieves Conde, *La guerra de Dios* (1953), *Murió hace quince años* (1954) y *El canto del gallo* (1955), de Rafael Gil, se pasa a la dirección a finales de la década.

Después del fracaso de las estetizantes *El hombre de la isla* (1959) y *Dulcinea* (1962), Escrivá realiza tres películas al servicio del cantante Raphael, para llegar a la *comedia a la española* con *Aunque la hormona se vista de seda* (1971), *La curiosa* (1972) y *Polvo eres* (1974). Entre ellas destaca *Lo verde empieza en los Pirineos* que, según la más reaccionaria ideología de la época, sostiene con una gran obviedad que no hay nada como España y, por mucho que se diga de las francesas, son todavía mejores las españolas.

La desaparición de la censura, que trae consigo el final de la dictadura, lleva a Vicente Escrivá a un cine directamente erótico con *La lozana andaluza* (1976), sobre la obra clásica de Francisco Delicado, *Niñas... ¡al salón!* (1977), adaptación de una novela de Fernando Vizcaíno Casas, y el díptico hablado en valenciano *El virgo de Visenteta* (1978) y *Visenteta esta-te queta* (1979). Entre sus pocas películas posteriores destaca *Montoyas y Tarantos* (1989), nueva versión de *Los Tarantos* (1963), de Francisco Rovira Beleta, para dedicarse más tarde en cuerpo y alma a las series de televisión, pero siempre con la misma mentalidad de otra época.

La prima Angélica

1973

DIRECTOR: Carlos Saura. GUIONISTAS: Rafael Azcona, Carlos Saura. FOTO-
GRAFÍA: Luis Cuadrado. INTÉRPRETES: José Luis López Vázquez, Lina
Canalejas, Fernando Delgado, Clara Fernández Loaysa, Lola Cardona,
Julieta Serrano, Encarna Paso, Pedro Sempson, María de la Riva. PRO-
DUCCIÓN: Elías Querejeta P.C. Color. DURACIÓN: 102'

Fotógrafo profesional y diplomado en dirección en el «Instituto de Investigaciones y Experiencias Cinematográficas» con la práctica *Tarde de domingo* (1957), el oscense
Carlos Saura (1932) comienza su trayectoria profesional
con el excelente retrato realista de un grupo de jóvenes
marginados *Los golfos* (1959), que tiene graves problemas

Lina Canalejas, Clara Fernández Loaysa, Fernando Delgado, María de
la Riva y José Luis López Vázquez en *La prima Angélica*

con la censura del general Franco, y con la irregular biografía del bandolero andaluz José María «El Tempranillo», *Llanto por un bandido* (1964).

El encuentro con el productor vasco Elías Querejeta abre una de las etapas más sólidas de su carrera. En dieciséis años realizan trece películas juntos, muy similares, la mayoría ganadoras de premios internacionales, que les consolidan como uno de los grandes binomios del cine europeo. Entre *La caza* (1965), una parábola sobre la guerra española con la que inician su colaboración, y *Dulces horas* (1981), una irregular síntesis de los temas que tratan juntos con la que finaliza, se desarrolla un estrecho trabajo en común.

Después de la trilogía protagonizada por Geraldine Chaplin e integrada por la interesante *Peppermint frappé* (1967), la fallida *Stress es tres, tres* (1968) y la teatral *La madriguera* (1969), donde investiga sobre las relaciones hombre-mujer, y antes de los personales y atractivos análisis, escritos en solitario, sobre el mundo infantil, *Cría cuervos...* (1975), las relaciones entre padre e hija, *Elisa, vida mía* (1977), y la tortura, *Los ojos vendados* (1978), Saura hace, con guiones de Rafael Azcona y suyos, tres de sus películas más conocidas.

Analiza los mecanismos de poder de la burguesía española durante la dictadura del general Franco en la irregular *El jardín de las delicias* (1970), la demasiado simbolista *Ana y los lobos* (1972), sobre cuyos personajes vuelve en la tenue comedia *Mamá cumple cien años* (1979), y la sólida *La prima Angélica*, su película de mayor éxito de las que hace para Elías Querejeta.

El «Premio Oficial del Jurado» obtenido en el Festival de Cannes hace que se estrene sin cortes de censura, pero la delicada situación política existente durante los últimos años de la dictadura y que uno de los personajes, el tío Miguel (Fernando Delgado), sea un duro falangista que, herido en el frente, debe permanecer escayolado con el brazo derecho en alto, según el típico saludo fascista,

impulsan a las fuerzas políticas más reaccionarias a organizar actos de sabotaje contra su exhibición, lo que auto-
máticamente convierte a *La prima Angélica* en un gran
éxito.

Con un procedimiento narrativo muy similar al emplea-
do por primera vez por Ingmar Bergman en *Fresas salvajes*
(Smultronstället, 1957), el del personaje que con su mismo
aspecto actual se introduce en sus recuerdos infantiles,
Saura narra cómo Luis Hernández (José Luis López Váz-
quez), un solitario y tristón editor cuarentón que vive en
Barcelona, revive los años pasados en Segovia, con la fami-
lia materna, al trasladar los restos mortales de su madre
Luisa (Encarna Paso) desde su tumba en el cementerio de
Madrid hasta el panteón familiar en Segovia.

Entrelazando con habilidad el presente y los años de
guerra, Saura describe la realidad actual de una familia de
la burguesía que vive en una pequeña capital de provincias, pero sobre todo los años de la guerra. Llevado por sus
padres a finales de junio de 1936 para pasar un mes con su
abuela (María de la Riva) y su tía Pilar (Lola Cardona),
Luis Hernández vive toda la guerra con su beata familia
materna, que detesta a su padre republicano, y treinta y
tantos años después revive los momentos más significativos de aquella época: la situación de caos creada en la casa
familiar por los pocos disparos del 18 de julio en Segovia,
el colegio de religiosos al que comienza a ir, la película *Los
ojos de Londres* que ve en el colegio, las llagas de la tía
monja (Julieta Serrano), las pláticas sobre la muerte de uno
de los sacerdotes (Luis Peña), el bombardeo del comedor
del colegio, pero sobre todo sus infantiles amores con su
prima Angélica (Clara Fernández Loaysa).

A través de una repetición de actores, la joven Clara
Fernández Loaysa es tanto Angélica a los 11 años como la
actual hija de su prima, Lina Canalejas es al mismo tiempo
la madre de Angélica y Angélica en la actualidad y, debido
a una clara asociación de ideas del personaje principal,
Fernando Delgado es a la vez el falangista padre de Angé-

lica y su inculto marido, Saura consigue que el pasado del personaje se integre por completo en el presente.

Con una excesiva lentitud, pero con una gran solidez, *La prima Angélica* narra los amores frustrados entre los niños Angélica y Luis, perseguidos por los curas, que le interrogan para saber si la ha besado y qué ha sentido al hacerlo, y por su tío, que llega a darle una paliza con su cinturón cuando unos soldados les traen a casa tras su fallido intento de fuga. Y también los amores imposibles entre los adultos Angélica, que se siente abandonada por su marido, y Luis, que permanece demasiado perdido en sus recuerdos.

Después de la tristeza que destilan tanto esta película, como todas las producidas por Elías Querejeta, Carlos Saura cambia por completo de estilo cuando hace para el productor Emiliano Piedra la trilogía musical formada por *Bodas de sangre* (1981), *Carmen* (1983) y *El amor brujo* (1986). Más tarde sigue mostrando una versatilidad difícil de imaginar pocos años antes, cuando para el productor Andrés Vicente Gómez realiza *El Dorado* (1987), una gran producción rodada en Costa Rica sobre el controvertido conquistador americano Lope de Aguirre, *La noche oscura* (1988), personal biografía de los años más duros de la vida de san Juan de la Cruz, y *¡Ay, Carmela!* (1990), una tragicomedia sobre la guerra española basada en la obra teatral de José Sanchís Sinisterra,

Este constante cambio de estilo continúa en sus últimos y variados trabajos. Van desde *Marathón* (1992), la producción oficial de los Juegos Olímpicos de Barcelona, hasta los atractivos policiacos *Dispara* (1993) y *Taxi* (1996), sus únicas películas en cuyos irregulares guiones no interviene. También destacan más por su éxito internacional que nacional los musicales *Sevillanas* (1994), un calculado mediometraje sobre el baile andaluz, y *Flamenco* (1995), una austera exposición de una característica forma de cantar.

Tormento   1974

DIRECTOR: Pedro Olea. GUIONISTAS: Ricardo López Aranda, José Frade, Pedro Olea, Ángel María de Lera. FOTOGRAFÍA: Fernando Arribas. MÚSICA: Carmelo Bernaola. INTÉRPRETES: Ana Belén, Francisco Rabal, Javier Escrivá, Concha Velasco, Rafael Alonso, Ismael Merlo, María Luisa San José, Amelia de la Torre, Milagros Leal. PRODUCCIÓN: José Frade P.C.S.A. Color. DURACIÓN: 93'.

El éxito nacional e internacional de *Tristana* (1970), la obra maestra de Luis Buñuel sobre la novela homónima de Benito Pérez Galdós, vuelve a poner de moda las adaptaciones de clásicos de la literatura española tras dos décadas de olvido. Sin embargo, no tienen mucho interés *La Araucana* (1971), de Julio Coll, sobre Alonso de Ercilla, ni *Nada menos que todo un hombre* (1971), sobre Miguel de Una-

Francisco Rabal y Ana Belén en *Tormento*

muno, *La duda* (1972), sobre Pérez Galdós, *La guerrilla* (1972), sobre Azorín, y *El mejor alcalde, el rey* (1973), sobre Lope de Vega, las cuatro dirigidas por Rafael Gil.

Este fenómeno, unido al deterioro de las relaciones entre la Iglesia y el Estado que se da al final de la dictadura del general Franco, hace posible la realización de algunas películas basadas en famosas novelas españolas, pero que se apoya en relaciones amorosas entre mujeres y sacerdotes. En 1974 se producen *Pepita Jiménez*, rodada por Rafael Moreno Alba sobre la obra de Juan Valera, *La Regenta*, realizada por Gonzalo Suárez sobre la gran novela de Leopoldo Alas, y *Tormento*, dirigida por Pedro Olea sobre la obra de Pérez Galdós.

El éxito de estas últimas hace posible también la existencia de otras tres producciones, pero no ambientadas a finales del siglo XIX y basadas en clásicos, sino que transcurren en época actual y narran historias originales. Son el inefable melodrama *Tu Dios y mi infierno* (1974), de Rafael Romero Marchent, la oportunista y morbosa *Un hombre como los demás* (1974), de Pedro Masó, y la adolescente y moralizante *¡Ya soy mujer!* (1975), de Manuel Summers.

La mejor de todas es *Tormento*, que marca el comienzo de las relaciones entre el productor José Frade y el director Pedro Olea, con la que inician una atractiva trilogía sobre Madrid. Se completa con *Pim, pam, pum... ¡fuego!* (1975), que narra las relaciones entre una corista, un maqui y un estraperlista en la más dura posguerra, y *La Corea* (1976), sobre el submundo de homosexuales, prostitutas y chulos del Madrid de la época, que enlaza con la primera al comenzar con una escena en que el protagonista llega a la capital y se encuentra con el rodaje de *Tormento* en la estación de Atocha. Aunque la película más interesante que hacen juntos es *Un hombre llamado Flor de Otoño* (1978), que cuenta la historia de un abogado barcelonés que en los años veinte, durante la dictadura del general Primo de Rivera, de día defiende a los sindicalistas con problemas y de noche canta cuplés vestido de mujer en un cabaret.

Tormento narra cómo tras una larga estancia en América, el indiano de mediana edad Agustín Caballero (Francisco Rabal) regresa a Madrid, se pone en contacto con sus primos Brincas, la ambiciosa Rosalía (Concha Velasco) y el buenazo Francisco (Rafael Alonso), y enseguida se siente atraído por Amparo (Ana Belén), una guapa muchacha, pariente lejana, a quien han ayudado tras la muerte de sus padres, que trabaja en su casa como criada. A pesar de sus aires de timidez, Amparo ha mantenido una larga y tormentosa relación con el sacerdote Pedro Polo (Javier Escrivá), que lo ha llevado a colgar los hábitos, pero los remordimientos han obligado a la muchacha a romper con él, aunque sigue persiguiéndola.

Cuando la de Brincas, que sueña con enviudar y casarse con su primo o, al menos, que su joven hija llegue algún día a convertirse en su esposa, se entera de las intenciones del indiano, monta una compleja estrategia para impedirlo. No le resulta difícil que Agustín Caballero se entere de la historia amorosa que Amparo no se ha atrevido a contarle, mientras se pone en contacto con Marcelina Polo (Amelia de la Torre), una hermana del sacerdote que no le habla, pero lo socorre con algún dinero a través de su amigo el padre Nones (Ismael Merlo), para que le entregue unas cartas comprometedoras para la muchacha.

Gracias a la ayuda de Francisco Brincas y, sobre todo, al buen juicio del interesado, Agustín Caballero se entrevista con la muchacha. Le cuenta que siendo muy joven, tras la muerte de sus padres, el sacerdote Pedro Polo comenzó a socorrerla, se enamoró perdidamente de ella y no hizo nada para impedírselo, pero su estado la obligó a dejarle, y que no se ha atrevido a contarle la historia en el momento adecuado. Ante la desesperación de su prima, Agustín Caballero no decide dejar a Amparo, sino poner tierra por medio e irse de Madrid con ella.

Rodada con cierta soltura por Pedro Olea, con una cuidada ambientación y un amplio y buen reparto, el principal problema de *Tormento* es un guión, escrito entre el dramaturgo Ricardo López Aranda, el productor José Frade, el novelista Angel María de Lera y el propio director, donde intentan concentrar en poco más de noventa minutos la riqueza del original. Esto les obliga a mantener a la mayoría de los personajes y, sobre todo, a recurrir a métodos narrativos no muy acordes con el conjunto, como las voces de fondo de Rosalía y Amparo en momentos cruciales para dejar claros sus pensamientos y un breve *flashback* que subraya las relaciones entre la muchacha y el sacerdote. También es un grave inconveniente la existencia de una rígida censura que deja rodar una historia basada en los amores entre una joven y un cura, pero no permite ser nada explícito.

Licenciado en dirección en la «Escuela Oficial de Cinematografía» con la práctica *Anabel* (1964), el bilbaíno Pedro Olea (1938) comienza a hacer documentales para televisión antes de debutar como director de cine con las fallidas *Días de viejo color* (1967), una comedia romántica bastante tonta, y *En un mundo diferente* (1969), un torpe relato de ciencia ficción al servicio de dos olvidados cantantes del momento. Después de *El bosque del lobo* (1970), su primer trabajo personal, que narra la historia de un hombre-lobo gallego, rueda las irregulares *La casa sin fronteras* (1972), imposible parábola crítica sobre el Opus Dei en su momento de máxima influencia política, y *No es bueno que el hombre esté solo* (1973), sobre las relaciones entre un hombre y una muñeca, que queda muy lejos de la obra maestra de Luis G. Berlanga sobre el mismo tema *Tamaño natural* (1973).

Después de su tetralogía para el productor José Frade, Pedro Olea permanece cinco años apartado del cine, dedicado a la publicidad, pero regresa, gracias a la llamada *Ley Miró* de ayudas al cine del Gobierno socialista y a las subvenciones del Gobierno vasco, para hacer *Akelarre* (1983), una fallida historia de brujería, y *Bandera negra* (1986), una mal construida historia de modernos piratas. Sus últimas películas son *El día que nací yo* (1991), un musical al servicio de la cantante Isabel Pantoja, *El maestro de esgrima* (1992), adaptación de la conocida novela de época de Arturo Pérez Reverte, *Morirás en Chafarinas* (1995), basada en una interesante novela policiaca de Fernando Lalana, y *Más allá del jardín* (1996), sobre una novela de éxito de Antonio Gala.

La trastienda

1975

DIRECTOR: Jorge Grau. GUIONISTAS: Jorge Grau, Alfonso Jiménez Romero. FOTOGRAFÍA: Fernando Arribas. INTÉRPRETES: María José Cantudo, Frederick Stafford, Rosanna Schiaffino, Ángel del Pozo, José Suárez, Pep Munné, Carmen de Lirio, Maruchi Fresno. PRODUCCIÓN: José Frade P.C.S.A. Color. Scope. DURACIÓN: 101'.

Los resultados de la tímida apertura del primer gobierno de Carlos Arias Navarro se materializan en el terreno cinematográfico en una cierta tolerancia en los temas eróticos, frente a la completa intolerancia anterior, y en la aparición de unas nuevas normas de censura. Como anticipo de una prometida Ley de Cine, que nunca llega a materializarse, el 19 de febrero de 1975 se promulga un nuevo «Código de Censura», que deroga las «Normas de Censura Cinematográfica» vigentes desde el 16 de febrero de 1963. Su novedad reside en el artículo n° 9, que dice literalmente: «Se admitirá el desnudo siempre que esté exigido por la unidad total del film, rechazándose cuando se presente con intención de despertar pasiones en el espectador normal o incida en la pornografía».

De hecho este «Código de Censura» se limita a autorizar tímidos desnudos, lo que en primer lugar permite que se estrenen un buen número de películas extranjeras prohi-

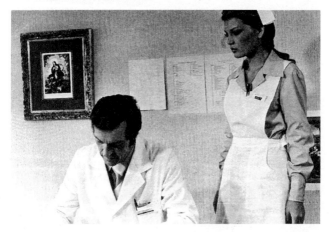

Frederick Stafford y María José Cantudo en *La trastienda*

bidas durante los últimos años, y que poco después comience a rodarse un nuevo tipo de producciones españolas. Frente a las *comedias a la española*, donde el protagonista siempre está ávido de mujeres, que saturan el mercado desde finales de los años sesenta, aparece un estilo diferente de películas cuya única razón de ser es mostrar leves y fugaces desnudos femeninos, los exija o no el guión.

Buena prueba de este nuevo estilo de producciones es *La trastienda* por incluir el primer desnudo frontal íntegro femenino del cine español, una María José Cantudo apoyada en el marco de una puerta, reflejada en un espejo y comiendo una simbólica manzana, que meses antes hubiese sido eliminado por la censura y sólo hubiera permanecido en las copias para la exportación. Sin embargo, las razones de su enorme éxito hay que buscarlas también en que es una película con una cierta solidez de los mejores tiempos de José Frade y que encierra una personal crítica de Jorge Grau hacia el Opus Dei.

Actor y director de teatro, pintor y guionista de radio, en 1957 el barcelonés Jorge Grau (1930) consigue una beca para estudiar dirección en el «Centro Sperimentale di Cinematografia» de Roma. De regreso a España trabaja como ayudante de dirección, rueda algunos cortos y durante los años sesenta realiza seis desiguales largometrajes experimentales: *Noche de verano* (1962), *El espontáneo* (1964), *Acteón* (1965), *Una historia de amor* (1966), *Historia de una chica sola* (1969), *Chicas de club* (1970).

Durante esta primera etapa de su obra, por problemas con la protagonista abandona el rodaje de *Tuset Street* (1968), un musical con la estética de la denominada «Escuela de Barcelona» al servicio de la *estrella* Sara Montiel, y la finaliza y firma Luis Marquina. En los años setenta hace la trilogía de películas de terror formada por *Ceremonia sangrienta* (1972), *Pena de muerte* (1973) y *No profanar el sueño de los muertos* (1974). Ya plenamente instalado en el cine comercial, durante la segunda mitad de la década rueda para el productor José Frade las irregulares *El secreto inconfesable de un chico bien* (1975), *La siesta* (1976) y *Cartas de amor de una monja* (1978), entre las que destaca *La trastienda*.

Tras unos coqueteos iniciales con el Opus Dei, que le llevan a rodar para su productora Procusa sus primeros cortos y su primer largo *Noche de verano*, Jorge Grau se distancia cada vez más de la poderosa organización religiosa y en *La trastienda* elige como protagonista a uno de sus miembros, un caso único dentro de la historia del cine español, para mostrar su forma de actuar y hacer una leve crítica de ella.

Desarrollada en Pamplona, bajo el ambiente lúdico creado en las fiestas de san Fermín, lo que le lleva a mezclar con habilidad el documental con la ficción, narra las relaciones que se establecen entre el serio y meticuloso doctor Jaime Navarro (Frederick Stafford) y su atractiva enfermera Juana Ríos (María José Cantudo). Casado con la guapa Lourdes Echave (Rosanna Schiaffino), que le engaña con uno de sus amigos, y padre de un joven (Pep Munné), que sólo piensa en divertirse, lleva una minuciosa vida entre su trabajo en el hospital, su familia y sus obligaciones en el Opus Dei, dependientes del sacerdote don Pablo (José Suárez), mientras lee *Camino*, de monseñor Escrivá de Balaguer, antes de hacer el amor con su mujer.

Todo marcha bien hasta que un día la enfermera le declara su amor, en una curiosa escena en que el doctor la rechaza fríamente, mientras se hace unas heridas en la mano derecha al apretar su crucifijo. Desesperada, la joven intenta suicidarse, se salva gracias a la intervención de una de sus compañeras de piso y el doctor Navarro se ve en la obligación de cuidarla más allá de su estricta obligación. Esto enfurece a su mujer, hace que le denuncie al director del hospital por desatender sus obligaciones profesionales y empuja a Jaime Navarro a tener una aventura con Juana Ríos.

Cuando se ha convertido en el escándalo de su grupo de amigos y está dispuesto a emprender una nueva vida con la enfermera, su confesor don Pablo tiene una entrevista con él y finalizan las fiestas de san Fermín. Ante la desesperación de la joven enfermera, el doctor decide abandonarla e irse a vivir a otra ciudad, lejos de su mujer y su hijo, para que se olviden del escándalo y no salpique a los otros miembros del Opus Dei que le rodean.

Durante los años ochenta desciende el ritmo de trabajo de Jorge Grau, pero todavía hace algunas películas personales, *Coto de caza* (1983), *Muñecas de trapo* (1984), *El extranger ¡oh! de la calle Cruz del Sur* (1986) y *La puñalada* (1988). Tras cinco años de silencio cinematográfico, vuelve a dirigir con *Tiempos mejores* (1994), una de sus peores producciones.

Furtivos 1975

DIRECTOR: José Luis Borau. GUIONISTAS: Manuel Gutiérrez, José Luis Borau. FOTOGRAFÍA: Luis Cuadrado. MÚSICA: Vainica Doble. INTÉRPRETES: Lola Gaos, Ovidi Montllor, Alicia Sánchez, José Luis Borau, Felipe Solana, Ismael Merlo. PRODUCCIÓN: José Luis Borau para El Imán. Color. DURACIÓN: 95'.

En 1975, el último año de la larga dictadura del general Franco, cuando hace tiempo que la censura ha desaparecido de los países civilizados, en España se realizan algunas películas especialmente significativas y consiguen burlar la todavía férrea censura gracias al apoyo de la prensa democrática y estrenarse tal y como fueron concebidas por sus directores, guionistas y productores. El caso más destacado es el de *Furtivos*.

José Luis Borau en *Furtivos*

Por estar escrita y dirigida por José Luis Borau es una obra tan interesante como personal, pero además por estar también producida por él y tener una fe ciega en el resultado de su trabajo, le permite no verse obligado a estrenarla enseguida para comenzar a recuperar la inversión y poder aguantar durante meses la lucha contra la censura. Al ser uno de los principales personajes un gobernador civil, encarnado por el propio Borau, y verse envuelto en un sangriento drama rural, la censura quiere mutilar el personaje, así como alguno de los diferentes desnudos que incluye la narración.

Borau no acepta los cambios que la censura le propone y trata de que inviten la película a algún festival internacional para poder exhibirla tal como la ha realizado, romper el cerco en que le ha encerrado e incluso ganar algún premio que apoye su estreno. Después de ser rechazada por Cannes y Venecia, finalmente la acepta San Sebastián y *Furtivos* gana la Concha de Oro en medio del enrarecido clima creado en septiembre de 1975 por las últimas ejecuciones firmadas por el general Franco, tres terroristas del F.R.A.P. y dos de E.T.A.

Gracias a haber podido retrasar su lanzamiento y a esta minuciosa estrategia largamente preparada, meses después de estar acabada se estrena *Furtivos* tal como ha sido concebida por Borau y en pocas semanas se convierte en uno de los grandes éxitos del cine español de todos los tiempos, tanto por su calidad intrínseca, como por la fama que, durante estos largos meses de lucha contra la censura, se ha ganado de película prohibida e incluso escandalosa.

Narra las eróticas relaciones que se establecen entre cuatro personajes que habitan en el interior de un bosque y se salen bastante de lo habitual. El tímido cazador furtivo Ángel (Ovidi Montllor), que vive dominado por su incestuosa madre Martina (Lola Gaos) en un pequeño mesón, queda fascinado por la atractiva y descarada Milagros (Alicia Sánchez), una muchacha que se ha escapado del internado de las monjas del Divino Consejo, pero es la amante

del buscado *quinqui* «El Cuqui» (Felipe Solano). Dentro
de un ambiente donde conviven una gran tensión dramática con un peculiar sentido del humor.

La situación se enriquece mucho al desarrollarse en los
días en que el gobernador civil, Santiago (José Luis Borau),
hermano de leche de Ángel y que sigue tratando a Martina
como a su vieja ama de cría, va al bosque a cazar, come con
sus amigos los viejos guisos que le hacía de niño y les ayuda, tanto con algún dinero como patrocinando la boda de
Ángel y Milagros.

A través de un hábil juego de elipsis narrativas, la historia se desarrolla con una impecable perfección y crece con
los celos que, desde un primer momento, la joven Milagros
despierta en la vieja Martina, que ante todo no soporta, tal
como se describe en una magnífica y gráfica escena, que su
hijo la sustituya en su cama por la otra.

En un principio la historia de *Furtivos* es mucho más
del director Manuel Gutiérrez Aragón —que en esta época
todavía firma como Manuel Gutiérrez—, al desarrollarse
en un bosque, ser un ama de cría la protagonista, encerrar
un cierto aire de fábula santanderina, a pesar de estar en su
mayor parte rodada en Segovia, y tener un relevante peso
la comida —caldereta de cabrito, berzas con sangre, leche
con nata, trufas, chuletas de gamo—, elementos muy habituales en las películas que posteriormente rueda. Sin
embargo, el guión también tiene el característico rigor
narrativo de José Luis Borau, que además juega muy bien
con las elipsis, en especial las que ligan la muerte a palos de
un lobo con la desaparición de Milagros.

Mientras José Luis Borau está perfecto en el personaje
del gobernador civil, —un papel escrito para José Luis
López Vázquez, pero que no puede hacer y debe sustituir-
le en el último momento—, *Furtivos* tiene dos defectos que
se han acentuado con el paso de los años. En primer lugar
que, arrastrando la mala costumbre del cine español de
esta etapa, todos los actores están doblados por dobladores profesionales, a excepción de Lola Gaos, que se dobla

a sí misma con su inconfundible voz. Y también, como suele ocurrir en el cine español de gran parte de los años sesenta y setenta, que la música es muy mala, nada tiene que ver con lo que se narra y llega a ser un molesto pegote que sobra.

Diplomado en dirección en el «Instituto de Investigaciones y Experiencias Cinematográficas» con la práctica *En el río* (1961), el zaragozano José Luis Borau (1929) debuta como director con *Brandy* (1963), un típico *spaghetti-western*, y *Crimen de doble filo* (1964), un tímido policiaco, dos encargos que rueda con cierta habilidad profesional, pero producen en él tal frustración que hacen que abandone la realización hasta que pueda ser su propio productor y hacer sus proyectos personales a su manera.

Dedicado durante años al cine publicitario, en 1967 crea la marca «El Imán», produce *Un, dos, tres... al escondite inglés* (1969), de Iván Zulueta, y *Mi querida señorita* (1972), de Jaime de Armiñán, y diez años después de su última película vuelve a dirigir con *Hay que matar a B* (1974), una extraña historia de perdedores, ambientada en un imaginario país latinoamericano, que no acaba de funcionar, y sobre todo *Furtivos*, gracias a cuyo gran éxito consigue la ansiada independencia económica.

Sin embargo, y de manera curiosa, desde este momento las películas de José Luis Borau se distancian y se convierten en complicadas aventuras personales: la coproducción con Suecia rodada en Andalucía con un reparto internacional *La Sabina* (1979), la historia fronteriza *Río abajo* (1984), que hace con grandes dificultades entre Estados Unidos y México, la personal comedia *Tata mía* (1986), donde también vuelve a tener problemas, pero a menor escala, y, por último, la filosófica *Niño nadie* (1996), que hace tras diez años alejado del cine, convertido en realizador de televisión, director de un festival de cine experimental y editor de libros de cine.

El anacoreta   1976

DIRECTOR: Juan Estelrich. GUIONISTAS: Rafael Azcona, Juan Estelrich. FOTOGRAFÍA: Alejandro Ulloa. MÚSICA: J. S. Bach. INTÉRPRETES: Fernando Fernán-Gómez, Martine Audo, José María Mompín, Charo Soriano, Claude Dauphin, Isabel Mestres, Maribel Ayuso, Eduardo Calvo, Luis Ciges. PRODUCCIÓN: Alfredo Matas para Incine (Madrid), Arcadie Productions (París). Color. DURACIÓN: 104'.

El logroñés Rafael Azcona (1926) llega a Madrid a principios de los años cincuenta, comienza a colaborar en el semario de humor *La codorniz*, «la revista más audaz para el lector más inteligente», y a publicar novelas, *Los muertos no se tocan, nene* (1956), *Los ilusos* (1958), *Los europeos* (1962), y a finales de la década empieza una brillante carrera como guionista de cine, que se extiende a lo largo de casi cuarenta años y numerosísimas películas.

Entre sus muchos guiones destacan los que escribe para el italiano Marco Ferreri, *L´ape regina* (1963), *Se acabó el negocio* (La donna scimmia, 1963), *Los negros también comen* (Come sono buoni i bianchi, 1987); su larga colaboración con los españoles Luis G. Berlanga, *El verdugo* (1963), *Tamaño natural* (1973), *La escopeta nacional* (1977), Carlos Saura, *Peppermint frappé* (1967), *La madriguera* (1969), *Ana y los lobos* (1972), *La prima Angélica* (1973), *¡Ay, Carmela!* (1990), y José Luis García Sánchez, *Pasodoble* (1988), *El vuelo de la paloma* (1989), *Suspiros de España (y Portugal)* (1995), *Tranvía a la Malvarrosa* (1996); además de las dos películas que escribe con Fernando Trueba, *El año de las luces* (1986) y *Belle époque* (1982).

Gran profesional y convencido de que las películas son de los directores, Azcona escribe según las exigencias de los distintos realizadores con quienes colabora y son muy diferentes los guiones que hace para Ferreri, Berlanga, Saura, García Sánchez o Trueba, por lo que su personali-

Martine Audo y Fernando Fernán-Gómez en *El anacoreta*

dad suele quedar oculta o desvirtuada por la de ellos y sólo se muestra de manera clara en *El pisito* (1958) y *El cocheci-to* (1960), de Marco Ferreri, por estar basadas en novelas suyas, y sobre todo en algunas pocas películas, basadas en argumentos originales suyos y que transcurren en lugares cerrados, tal como ocurre en *Dillinger ha muerto* (Dillinger è morto, 1969), *La gran comilona* (La grande abbugata, 1973), de Marco Ferreri, que transcurren casi íntegramente en una casa, y *El anacoreta*, la única película dirigida por su amigo el director general de producción Juan Estelrich, una peculiarísima historia de amor que se desarrolla íntegramente en un cuarto de baño.

Narra la historia de Fernando Tobajas (Fernando Fernán-Gómez), un hombre de cincuenta y tantos años, que lleva once encerrado en el cuarto de baño de la casa donde viven su mujer Marisa (Charo Soriano) y su amante Augusto (José María Mompín), la criada Clarita (Maribel Ayuso) y por la que de vez en cuando aparece su *hippie* hija Sandra (Isabel Mestres). Encerrado en el cuarto de baño porque la vida no le ha ofrecido nada mejor, sólo se relaciona con el mundo exterior a través de sus familiares, sus amigos y los personales mensajes que envía por el retrete en tubos de aspirina.

Tras la máxima enmarcada y colocada en una pared del cuarto de baño que dice «En aquellos tiempos todos los desiertos estaban llenos de anacoretas» (Anatole France), *El anacoreta* comienza cuando la atractiva Arabel Lee (Martine Audo), una bella panameña de 23 años, hija de inglés y rusa, irrumpe en su vida. Mientras se bañaba en aguas de Capri ha encontrado uno de sus mensajes, ha quedado impresionada, ha encargado a un detective de la Agencia Lux que localizase a su autor y llega al cuarto de baño del piso 4° derecha de la calle Hortaleza n° 11 bis, de Madrid, para hacerle salir de su encierro.

Fernando Tobajas queda fascinado por la belleza de Arabel Lee, un nombre con fuertes resonancias literarias por corresponder al de uno de los más famosos personajes creados por el escritor norteamericano Edgar Allan Poe, además por ser el primero de los dos mil ciento cincuenta y nueve mensajes enviados durante once años que descubre que ha llegado a su destinatario. Busca en sus archivos y encuentra el mensaje mil novecientos veintiuno, enviado el 21 de febrero de 1970 y lo leen entre los dos.

Arabel Lee dice: «Cuenta Flaubert en *Las tentaciones de San Antonio*... Si pasas un dedo sobre mi espalda, le dijo al anacoreta la reina de Saba, sentirás un reguero de fuego en tus venas. La posesión de la más pequeña parte de mi cuerpo te hará más feliz que la conquista de un imperio. Mis besos tienen el gusto de un fruto que se funde en el corazón. Embriagado por el aroma de mis senos, arrobado en la contemplación de mis miembros, abrasado en mis pupilas, te sentirás arrastrado por un torbellino». Y Fernando Tobajas contesta: «Antonio era un santo y con un signo de la cruz puso a la reina de Saba en fuga, humillada y llorosa, pero yo, resistiría yo a la reina de Saba si se presentara aquí, en mi retiro, para sacarme de él».

Una bella reina de Saba llega para sacar a Fernando Tobajas de su largo encierro voluntario y se desencadena un particular enfrentamiento amoroso entre ellos. El amante de Arabel Lee, el multimillonario Jonathan Boswell (Claude Dauphin), le ofrece hasta ochenta mil libras, el equivalente a un millón de pesetas de la época, por salir del cuarto de baño. Sin embargo, el anacoreta no acepta porque sabe que, en cuanto salga del cuarto de baño, la reina de Saba dejará de interesarse por él.

El multimillonario consigue tentar a la mujer del anacoreta y a su amante, que se vayan con él en su yate a las islas Bahamas. Esto permite a Arabel Lee vivir una larga temporada con Fernando Tobajas en el cuarto de baño hasta que finalmente logra tentarle, que haga el amor con ella y después le abandona. Entonces el anacoreta intenta volver a su vida anterior, pero descubre que ya no tiene sentido, da la vuelta al cuadro con la máxima de Anatole France, aparece otra firmada por él que dice: «Vendrán tiempos en que todos los retretes estarán llenos de anacoretas» y se tira por la ventana.

El barcelonés Juan Estelrich (1927-1993) trabaja como ayudante de dirección o producción de las grandes películas que los norteamericanos ruedan en España a principios de la década de los sesenta. Amigo de Luis G. Berlanga, colabora con él en algunas de sus mejores películas, y su amistad con el guionista Rafael Azcona y el productor Alfredo Matas, para el cual también trabaja en repetidas ocasiones, le lleva a dirigir esta única producción.

Estelrich consigue que *El anacoreta* sea una peculiarísima comedia sentimental, desarrollar la historia de amor escrita por Azcona y captar su particular filosofía de la vida, pero al mismo tiempo darle un toque muy personal e incorporar al conjunto ese característico mundo de Azcona, a través de la situación y, más en concreto, de los amigos que juegan a las cartas en el cuarto de baño, el grupo de gitanos que va a cantarle y el marroquí Wiz-Bnete (Luis Ciges) con quien se ha ido a vivir su hija, e incluso hacer olvidar que, según la mala costumbre de la época, los franceses Martine Audo y Claude Dauphin, a pesar de hacer de extranjeros, hablan en correcto castellano sin el menor acento y con las voces, respectivamente, de Amparo Soler Leal y José María Rodero.

Raza, el espíritu de Franco   1977

DIRECTOR: Gonzalo Herralde. GUIONISTAS: Román Gubern, Gonzalo Herralde. FOTOGRAFÍA: Tomás Pladevall. INTÉRPRETES: Pilar Franco, Alfredo Mayo. PRODUCCIÓN: Gonzalo Herralde para Septiembre P.C. Color. DURACIÓN: 85'.

Tras haber publicado *Marruecos: diario de una bandera* (1922), una especie de memorias sobre sus campañas en África, que se reeditan con gran éxito en 1939, el general Franco (1892-1975) escribe desde finales de 1940 hasta principios de 1941 *Raza*, una ficción llena de referencias históricas y en la que proyecta gran cantidad de frustracio-

Alfredo Mayo y Raúl Cancio en *Raza, el espíritu de Franco*

nes personales. Publicada en forma de novela en 1942 por Ediciones Numancia, con el subtítulo «Anecdotario para el guión de una película», dedicada «a las juventudes de España que con su sangre abrieron el camino de nuestro resurgir» y bajo el seudónimo Jaime de Andrade, el apellido de un antepasado materno cuyo linaje se remonta al siglo XIV, no tardan en hacerse las gestiones para que se convierta en la gran película de la *nueva España*.

Acelera esta decisión el hecho de que *El crucero Baleares* (1941), de Enrique del Campo, una de las primeras películas realizadas por los vencedores de la guerra para conmemorar una de sus gestas, a pesar de haber cumplido los complejos trámites de censura, tras una proyección en el Ministerio de Marina, alegando falta de calidad no sólo es prohibida, sino que se destruyen sus negativos y sus copias. De manera que *Raza* se plantea como una gran producción, pero también como el modelo que han de imitar las películas que traten temas relacionados con la reciente guerra.

Poco después se crea el «Consejo de la Hispanidad», un organismo que acaba convirtiéndose en el «Instituto de Cultura Hispánica»,cuya misión inicial es producir *Raza*. El propio general Franco elige como director a José Luis Sáenz de Heredia, primo hermano de José Antonio Primo de Rivera, fundador del partido fascista Falange Española, y comienzan los preparativos con cierto sigilo y gran amplitud de presupuesto. Tras un rodaje de dieciocho semanas, algo insólito en el cine español, con un presupuesto de un millón seiscientas cincuenta mil pesetas de la época, realizada en cincuenta decorados con quinientos trajes y empleando cuarenta y cinco mil metros de negativo, se estrena el 5 de enero de 1942 en el cine Palacio de la Música de Madrid, al mismo tiempo que se hace un pase en el palacio de El Pardo para el general Franco y el cuerpo diplomático.

Como es lógico *Raza* tiene un gran éxito, pero además es del completo agrado del general Franco, que gracias a ella pasa de ser, junto a Benito Mussolini, Adolf Hitler, Josif Visarionovich Stalin y Fidel Castro, otro más de los dictadores interesados por el cine, para convertirse en el único guionista de una película, en la que además de transformar en una meritoria gesta guerrera la rebelión contra el gobierno legal de la II República que ha encabezado, desdobla su personalidad para autoelogiarse bajo el personaje del valiente y exaltado protagonista José Churruca y mitificarse como la figura del distante *Generalísimo*.

Lo que resulta extremadamente curioso es que, finalizada la II Guerra Mundial con la completa derrota de las fuerzas fascistas alemanas, japonesas e italianas, cuando a principios de la década de los cincuenta se comprende que España no puede seguir viviendo aislada del mundo, se hace una nueva versión de *Raza* con el menos sospechoso título *Espíritu de una raza*, por un lado para seguir advirtiendo a los españoles del peligro de los extranjeros, y por otro para quitar los símbolos y frases fascistas que jalonan la primera versión. Para ello se hace un nuevo montaje y, sobre todo, se doblan los diálogos, razón por la cual en las copias que circulan, hasta que en 1995 la Filmoteca Española vuelve a encontrar la original, los actores aparecen con voces que no son las suyas. Esta medida es origen de una terrible práctica que invade el cine español durante unos treinta años, y en buena parte se debe a la mayor facilidad que encuentra la censura para manipular una película de la que primero se rueda la imagen y luego se doblan los diálogos.

Muerto el general Franco, finalizada la larga dictadura, el historiador Román Gubern publica el interesante estudio *Raza: un ensueño del general Franco* (1977). A la luz de las teorías del famoso psicoanalista Alfred Adler analiza la novela *Raza* para demostrar con claridad y amenidad cómo detrás de la protagonista familia Churruca se esconde el elogio que el general Franco hace de sí mismo y también cómo hubiese deseado que fuese su mujeriego, jugador y borrachín padre y sus republicanos hermanos, al tiempo que indaga sobre la particular visión que expone de la reciente historia de España y de la guerra que acaba de ganar.

Atraído por este estudio, el cineasta Gonzalo Herralde obtiene los derechos de *Raza* y, con la colaboración de Román Gubern, plantea una película que es el exacto equivalente del libro. A través de la contraposición de una larga entrevista con Pilar Franco, —entonces la única superviviente de los hermanos Franco, donde cuenta la realidad de la vida familiar— con un buen resumen de la película, se aprecian con claridad los estrechos márgenes existentes entre la realidad y la ficción. Los defectos de *Raza, el espíritu de Franco* son que no cuenta con *Raza*, sino con la expurgada *Espíritu de una raza*, y que sus testimonios son de una gran pobreza, además de los de Pilar Franco, sólo incluye los mucho menos interesantes del actor Alfredo Mayo.

Raza y *Espíritu de una raza* comienzan en 1897 en Villagarcía con doña Isabel Acuña (Rosina Mendía) y sus cua-

tro hijos esperando a su padre, el valeroso marino Pedro
Churruca (Julio Rey de las Heras), que después de darles
su peculiar visión de la historia contemporánea de España,
muere luchando en Cuba. Treinta años más tarde, el hermano mayor Pedro (José Nieto) es un diputado de izquierdas, José (Alfredo Mayo) es oficial del ejército, Isabel
(Blanca de Silos) se casa con el oficial Luis Echevarría
(Raúl Cancio) y el pequeño Jaime (Luis Arroyo) se ha
hecho sacerdote. La insurrección militar del 18 de julio de
1936 acaba con la vida del diputado por traicionar sus
ideas y del sacerdote por ser fiel a las suyas, mientras convierte en un héroe al militar, que al final desfila sobre un
caballo blanco por el madrileño Paseo de la Castellana en
el *Primer Desfile de la Victoria* ante el general Franco.

Posteriormente el barcelonés Gonzalo Herralde (1949)
sólo hace otro documental, el interesante *El asesino de
Pedralbes* (1978), apoyado en una larga entrevista con un
loco asesino encarcelado. El resto de su corta producción
tiene menos atractivos y oscila entre los toscos policiacos
La muerte del escorpión (1975), su primera película, y *Vértigo en Manhattan* (1980), rodado en Nueva York, y las
irregulares adaptaciones literarias *Últimas tardes con Teresa* (1984), de Juan Marsé, *Laura, del cielo llega la noche*
(1986) y *La fiebre del oro* (1992), de Narcis Oller, la mayoría escritas en colaboración y producidas por el propio
Herralde para su marca Septiembre P.C.

Tigres de papel 1977

DIRECTOR Y GUIONISTA: Fernando Colomo. FOTOGRAFÍA: Ángel Luis Fernández. MÚSICA: Tomasso Albinoni. INTÉRPRETES: Miguel Arribas, Carmen Maura, Joaquín Hinojosa, Pedro Díez del Corral, Concha Gregori, Félix Rotaeta, Emma Cohen. PRODUCCIÓN: La Salamandra. Color. DURACIÓN: 97'.

Las relaciones entre dos parejas separadas, pero que no se atreven a dejar de verse —la formada por el izquierdista Juan (Joaquín Hinojosa), que vive en el piso familiar y quiere tener una historia con una vecina ácrata (Emma Cohen), y Carmen (Carmen Maura), que ha vuelto con sus padres, y la integrada por Alberto (Miguel Arribas), que acaba acostándose con Carmen, y María (Concha Gregori), que tiene una relación estable con otro— que ocupan alternativamente el domicilio conyugal una semana cada uno, son la base narrativa en que se apoya *Tigres de papel*.

Joaquín Hinojosa, Emma Cohen, Carmen Maura y Miguel Arribas en
Tigres de papel

Una de las películas más características del período de transición política por estar rodada y ambientada durante las primeras elecciones legislativas en la primavera de 1977, desarrollarse una escena durante un mitin en Villaverde Alto, hablarse de la III República española y de *Unidad popular*, mientras se agitan banderas rojas y republicanas, transcurrir otra escena cuando los protagonistas pegan carteles de propaganda electoral, llega un grupo de fascistas y uno de ellos (Luis G. Berlanga), pistola en mano, preside la paliza que les dan, y también por mostrar a un nuevo tipo de personajes, progresistas cercanos a los treinta años, que no saben muy bien qué hacer con su vida y que tienen una nueva manera de hablar, en buena parte gracias a la utilización de sonido directo cuando todavía la práctica habitual en el cine español sigue siendo rodar sin sonido y posteriormente doblar a los personajes y añadir ruidos y efectos ambientales.

Su éxito crea un nuevo tipo de comedia, la denominada *comedia madrileña*, a la que enseguida se apuntan Alberto Bermejo con *Vecinos* (1980), Emilio Martínez-Lázaro con *Sus años dorados* (1980), Fernando Trueba con *Ópera prima* (1980), José Luis Cuerda con *Pares y nones* (1982) y tantos otros, donde se narran similares historias de parejas separadas, a punto de hacerlo y más o menos entremezcladas, desarrolladas en interiores naturales, con abundantes diálogos y con sonido directo, pero cada vez más alejadas de una realidad que tan sutilmente sabe captar *Tigres de papel*. Esta situación se agudiza cuando los personajes tienen más años, a la par que guionistas y directores comienzan a ganar más dinero, a vivir en casas más espectaculares y falsas, a separarse por completo de la realidad cotidiana y dar paso a lo que podría denominarse *comedia de ejecutivos*, que invade el cine español desde mediados de los años ochenta con películas cada vez menos atractivas.

Después de un demasiado lento e irregular principio con el grupo de amigos pasando un fin de semana en un chalet de la sierra madrileña, *Tigres de papel* no tarda en ganar altura y convertirse en una peculiar comedia sentimental, (como subraya que la música de fondo sea un conocido fragmento del *Primer concierto para violín en sí bemol*, de Tomasso Albinoni) que narra la relación entre dos hombres y una mujer, pero que el público de la época convierte en mucho más comedia de lo que en realidad es al verse reflejado por primera vez en unos personajes inéditos en el cine español.

Rodada de manera bastante elemental, generalmente en larguísimos planos con los personajes sentados, hablando sin parar y la cámara haciendo leves desplazamientos, *Tigres de papel* al cabo de los años se ha convertido en un eficaz documento sobre una época muy determinada. Su apropiado título, tomado de una frase del entonces muy de moda presidente chino MaoTseTung, nace de un diálogo entre Carmen y Alberto en uno de los planos más largos de la película, cuando ella le dice que los hombres parecen «tigres de papel dispuestos a abalanzarse sobre la pieza», y él le responde que «serán tigres de papel, como dice Mao, del imperialismo y las fuerzas reaccionarias». No sólo revela a dos buenas actrices, Carmen Maura, que no tarda en convertirse en una de las grandes del cine nacional, y Concha Gregori, que desaparece a la misma velocidad que aparece, sino también al desigual guionista, productor y realizador Fernando Colomo.

Licenciado en arquitectura, el madrileño Fernando Colomo (1946) estudia decoración en la «Escuela Oficial de Cinematografía» y rueda varios cortometrajes, entre los que destaca el divertido *Pomporrutas imperiales* (1976), donde ensaya el tono de personal comedia sentimental que algo más tarde desarrolla en sus primeros largos, antes de convertirse en el eficaz productor de unas películas que no sólo escribe, sino que también dirige.

Después de *Tigres de papel*, y siempre dentro de las características de la *comedia madrileña*, Colomo se inclina más por una comedia con tonalidades policiacas en la fallida *¿Qué hace una chica como tú en un sitio como éste?*

(1978) y la irregular *La mano negra* (1980). Dentro de su particular estilo funcionan peor *Estoy en crisis* (1982), por un exceso de pretenciosidad, *La línea del cielo* (1983), por estar rodada en Nueva York con un presupuesto demasiado reducido, y *El caballero del dragón* (1985), por intentar ser también una brillante historia de ciencia ficción ambientada en la Edad Media.

Su mayor éxito es *La vida alegre* (1983), intento de regresar a sus orígenes con más oficio, pero menos espontaneidad. Productor o coproductor de todas estas películas a través de diferentes marcas, su personal línea se tuerce cuando trabaja para otros, tanto en *Miss Caribe* (1988), un fallido intento de comedia tropical que rueda en Costa Rica para aprovechar el galeón construido para el rodaje de *El Dorado* (1987), de Carlos Saura, como en *Bajarse al moro* (1988), poco inspirada adaptación del moderno sainete homónimo de José Luis Alonso de Santos.

Tras la larga serie de televisión *Chicas de hoy en día* (1991), que le mantiene alejado del cine durante cinco años, regresa con la poco atractiva *Rosa, Rosae* (1993), una comedia basada en el reencuentro entre dos viejas amigas de infancia que se complementan; la brillante *Alegre ma non troppo* (1994), uno de sus mejores trabajos, que gira en torno a las relaciones entre un profesor de trompa, su hijo y una alumna en el seno de la «Joven Orquesta Nacional de España»; y *El efecto mariposa* (1995), su mejor película, una divertida comedia incestuosa sobre las relaciones entre un ordenado joven y su desordenada tía durante un verano en Londres. Mientras, a principios de los años noventa, y gracias a la colaboración de Beatriz de la Gándara, su mujer, también comienza a producir películas de jóvenes debutantes, como *Mi hermano del alma* (1993), de Mariano Barroso, *Entre rojas* (1994), de Azucena Rodríguez, *Hola, ¿estás sola?* (1996), de Icíar Bollaín, y *Más que amor, frenesí* (1996), de Alfonso Albacete, Miguel Bardem y David Menkes.

A un dios desconocido 1977

DIRECTOR: Jaime Chávarri. GUIONISTAS: Elías Querejeta, Jaime Chávarri. FOTOGRAFÍA: Teo Escamilla. MÚSICA: Luis de Pablo. INTÉRPRETES: Héctor Alterio, Xavier Elorriaga, María Rosa Salgado, Mercedes Sampietro, Rosa Valenty, Ángela Molina, Mirta Miller, Margarita Mas, José Pagan, Emilio Siegrist, José Joaquín Boza. PRODUCCIÓN: Elías Querejeta P.C. Color. DURACIÓN: 100'.

Siempre interesado por los problemas familiares, el madrileño Jaime Chávarri (1943) los trata en la mayoría de sus mejores trabajos, tanto en sus más personales y autobiográficas películas, *Los viajes escolares* (1973), su primer largometraje comercial, y *El río de oro* (1985), las únicas basadas en guiones originales suyos, pero que no tienen el éxito

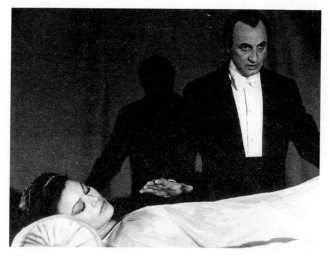

Mirta Miller y Héctor Alterio en *A un dios desconocido*

que merecen y carecen de continuidad, como en los encargos que constituyen el resto de su carrera.

Sólo se sitúan al margen de esta tendencia *Las cosas del querer* (1989) y *Las cosas del querer 2* (1995), levemente basadas en la vida del popular cantante de los años treinta Miguel de Molina, el atractivo díptico de musicales protagonizado por la desigual pareja formada por Ángela Molina y Manuel Bandera, realizado para el productor Luis Sanz, que constituyen los mayores éxitos de su carrera. También la fallida comedia *Gran slalon* (1995), basada en un viejo guión de Rafael Azcona, y el musical rodado en Argentina sobre el mundo del tango *Sus ojos se cerraron* (1997). Sus demás películas, tanto las producidas por Alfredo Matas como las financiadas por Elías Querejeta, desarrollan esta problemática familiar.

Las películas de Alfredo Matas son adaptaciones de obras preexistentes, escritas en colaboración con el guionista Salvador Maldonado: *Bearn o la sala de las muñecas* (1982), que parte de la novela homónima de Lorenç Villalonga para hacer una respetuosa reconstrucción de la vida de la noble familia mallorquina Bearn durante la primera mitad del siglo XIX; *Las bicicletas son para el verano* (1983), adaptación de la obra teatral homónima de Fernando Fernán-Gómez, que describe la vida de una familia de clase media en Madrid durante la guerra española; *Tierno verano de lujurias y azoteas* (1993), que toma una novela de Pablo Solozábal para narrar la relación amorosa entre dos primos de diferentes edades sobre un tenue trasfondo familiar.

Las producciones de Elías Querejeta parten de guiones originales escritos en colaboración entre el director y el productor y cubren una gama más amplia y original. Su colaboración comienza con *El desencanto* (1976), un insólito documental donde la mujer y los hijos del poeta falangista Leopoldo Panero hablan de sus relaciones familiares y de ellos mismos para crear un sólido cuadro de la decadencia burguesa. Finaliza en la desconcertante *Dedicatoria* (1980), una obra en gran parte fallida debido a problemas de reparto que interrumpen su rodaje durante largos meses. Entre ambas se sitúa *A un dios desconocido*, la más compleja, atractiva y mejor de sus películas.

Un prólogo situado en Granada en julio de 1936, desconcertante, inútil y que fácilmente podría haberse eliminado, describe las complejas relaciones amorosas entre tres adolescentes, los burgueses hermanos Soledad (Ángela Molina) y Pedro (José Joaquín Boza) y el proletario José García, presididas con cierta pedantería por la lejana y mítica figura del poeta Federico García Lorca, dentro de un paraíso de paz y tranquilidad que no tarda en ser destruido por la guerra española.

Cuarenta años después, José García (Héctor Alterio) vuelve a esta nunca olvidada casa de Granada para tomar el té con una envejecida y solterona Soledad (Margarita Mas) y decirle «A veces tengo la impresión de no haber dejado de pensar en Pedro un solo día». Más tarde en Madrid, *A un dios desconocido* describe con frialdad la solitaria vida de José García, su trabajo como mago en un *cabaret* y su ruptura con su ayudante Ana (Mirta Miller), su relación con su vecina Adela (María Rosa Salgado), que pretende que se case con ella, y con su hijo Jorge (Emilio Siegrit), su amor por Miguel (Xavier Elorriaga), entre el que se interpone Clara (Rosa Valenty), y sus entrevistas con su hermana Mercedes (Mercedes Sampietro).

La historia de este homosexual de mediana edad que vive de manera casi ritual encerrado en una cápsula de cristal, representada por el ascensor de su edificio a través de cuyos cristales observa a sus vecinos, sus esfuerzos por salir de ella, relacionarse con los demás de manera más cálida y vivir de algo más que de sus perdidos recuerdos de adolescente, está muy bien rodada, tiene momentos excelentes y algunas escenas de antología, como aquella en que José García, de nuevo en Granada, asiste a una fiesta organizada por Soledad en su casa y al final un grupo de invitados canta una habanera, que es un puro recuerdo de sus perdidos años, mientras entabla una pasajera relación con Julio (José Pagan), un hombre solitario que toca el piano, otra que describe cómo en un minucioso rito José García se desnuda y acuesta mientras oye una cinta en que recita un fragmento de *Poeta en Nueva York*, de Federico García Lorca, al principio en solitario y al final ante la presencia de un Miguel casi invisible, al que no hace el menor caso, y también aquella donde peina frente a un espejo a su hermana Mercedes, recién duchada, medio desnuda, mientras ella le cuenta de una manera tenue y discreta sus primeros placeres eróticos.

Licenciado en derecho, Jaime Chávarri ingresa en la «Escuela Oficial de Cinematografía» y de manera simultánea desarrolla una gran actividad en el terreno del cine en super-8, tanto en películas directamente familiares —bodas, bautizos, puestas de largo, primeras comuniones—, como en los largometrajes de ficción *Run, Blancanieves, Run* (1967) y *Ginebra en los infiernos* (1969). Al mismo tiempo que comienza a trabajar en la industria como ambientador o ayudante de producción de muy diferentes películas, hace algunos cortometrajes y programas de televisión y el episodio *La danza* del largo colectivo *Pastel de sangre* (1971).

Soldados   1977

DIRECTOR: Alfonso Ungría. GUIONISTAS: Alfonso Ungría, Antonio Gregori. FOTOGRAFÍA: José Luis Alcaine. MÚSICA: Franz Schubert. INTÉRPRETES: Marilina Ross, Ovidi Montllor, Claudia Gravi, Francisco Algora, José María Muñoz, Julieta Serrano, José Calvo, Lautaro Murúa. PRODUCCIÓN: Antonio Gregori P.C. Color. DURACIÓN: 120'.

Mientras estudia económicas en la Universidad de Madrid, el madrileño Alfonso Ungría (1946) hace montajes teatra-

Marilina Ross y Claudia Gravy en *Soldados*

les en el Teatro Español Universitario. Después de dirigir
algunos cortos, debuta en el largometraje con *El hombre
oculto* (1970), personal, claustrofóbica y demasiado larga
historia en torno a uno de los hombres que permanece
encerrado desde el final de la guerra española por miedo a
las represalias de los vencedores, que tiene buena acogida
crítica, pero una mínima carrera comercial.

Vuelve a demostrar su interés por los personajes marginados, característica de toda su obra, en *Tirarse al monte*
(1971), atractiva y extraña narración donde se combinan
con habilidad obsesiones personales y políticas. El hecho
de que nunca se estrene por una compleja mezcla de problemas con la censura del general Franco y enfrentamiento
entre los productores, hace que Ungría se sitúe dentro del
terreno de los directores malditos.

A principios de la década de los setenta comienza a trabajar en televisión, primero como guionista y poco después como realizador, mientras cada vez le cuesta más trabajo encontrar productor para sus películas. Vuelve a
interesarse por los seres desarraigados en *Gulliver* (1976),

una elaborada fábula, escrita en colaboración y protagonizada por Fernando Fernán-Gómez, en torno al famoso
personaje literario creado por Jonathan Swift, pero es otro
fracaso de público.

Su atracción por los personajes desarraigados le lleva a
interesarse por la gran novela *Las buenas intenciones*
(1954), de Max Aub, que con la ayuda como coguionista y
productor de Antonio Gregori convierte en *Soldados*, su
obra maestra. Sin embargo, vuelve a aparecer una vez más
su calidad de director maldito y no es el éxito de público
que debía haber sido. Presentada en la Mostra de Venecia
con buenas críticas, su estreno en 1978 coincide con el de
las películas prohibidas durante la última etapa de la dictadura del general Franco y, al igual que otras interesantes
producciones españolas de este año, ni el público, ni la crítica le prestan la atención que merece.

Situada en marzo de 1939, *Soldados* narra la huida hacia
Alicante de un grupo de soldados republicanos al mando
de un capitán (Juan Calvo). Su cruce con un automóvil en
que las prostitutas Remedios (Marilina Ross) y Tula (Claudia Gravi) se dirigen hacia Madrid, da lugar a que cinco
desarraigados personajes recuerden sus vidas, en un continuo ir y venir, a lo largo de algunos *flashbacks* muy bien
estructurados.

La criada Remedios está embarazada del señor Alfaro
(Lautaro Murúa), su hijo Agustín (Ovidi Montllor) acepta
casarse con la criada para que su madre no se entere, pero
como su padre sigue acostándose con ella, la muchacha les
abandona y se hace puta. Al pistolero Tomás Requejo
(Francisco Algora), más conocido por Tellina, le echan del
seminario por su mala conducta y falta de vocación,
comienza a trabajar como minero, pero mata a un compañero que se burla de él, utiliza un par de pistolas para conseguir a la mujer que le gusta y al comienzo de la guerra
huye a la zona republicana.

El comunista Javier Barroso (José María Muñoz) tiene
una historia con la librera Pilar (Julieta Serrano), pero

cuando amenaza con dejarla, se vuelve loca, tira a su hijo por el hueco de la escalera e intenta suicidarse, y él va a inscribirse en el ejército republicano. El señorito Agustín sueña que crucifica a su amada Remedios para calmar sus dolores, en uno de los momentos más personales de *Soldados*, pero acaba matando a su padre cuando la joven se va y él se une a los republicanos en su lucha contra los fascistas.

La campesina Tula (Claudia Gravi) se casa por motivos económicos con el rico de su pueblo, pero cuando descubre que Vicente (Francisco Guijar) sólo quiere utilizarla como tapadera de sus amores incestuosos con su madre (Pilar Bardem), enloquece, corre en camisón bajo la lluvia y aborta en una de las mejores y más desgarradas escenas de la película. Más tarde se hace prostituta y llega a regentar un importante burdel en Madrid, pero cuando la guerra la obliga a huir, se va con sus joyas y las pierde al atravesar un río para salvar la vida.

Las cinco historias se desarrollan entre un prólogo, en que el batallón de soldados republicanos libra una refriega en un pueblecito, y un epílogo, donde Agustín y Remedios se encuentran al final de la guerra en un prostíbulo de Barcelona; finalmente follan, pero en mitad de un bombardeo y poco después él es detenido por los vencedores y fusilado. Mientras, en una continua huida hacia Alicante, se da el éxodo de los restos de un ejército, de un pueblo vencido en busca de una salida, de unos barcos, anunciados, pero nunca materializados, en los que escapar al extranjero, a un largo exilio.

Gracias a un hábil juego de primeros planos, fundidos en negro y elementos personales, ensamblados dentro de una original y eficaz estructura, Alfonso Ungría convierte *Soldados* tanto en una buena adaptación de la obra de Max Aub, como en su mejor película. Sin embargo, su irregular acogida por parte del público abre otro paréntesis en su carrera cinematográfica. Mientras continúa su trabajo en Televisión Española, donde destacan las series *Cervantes* (1981), *Gatos en el tejado* (1988) y *Hasta luego, cocodrilo*

(1991), sólo rueda *La conquista de Albania* (1983), la menos personal de sus películas, una curiosa historia de época realizada gracias a una subvención del gobierno vasco.

Mientras prosigue su actividad en televisión, Ungría rueda el mediometraje vasco *Cien metros* (1986) y diez años después *África* (1996), una de sus mejores películas. Ambientada en el madrileño barrio obrero de San Blas, pero tratada con tonalidades africanas, narra cómo un joven intenta salir del deprimente ambiente que le rodea a través de su obsesión por las carreras de maratón. No obstante, y una vez más a pesar de su indudable interés, no consigue conectar ni con el público, ni con buena parte de la crítica.

La verdad sobre el caso Savolta   1978

DIRECTOR: Antonio Drove. GUIONISTAS: Antonio Drove, Antonio Larreta. FOTOGRAFÍA: Gilberto Azevedo. MÚSICA: Egisto Macchi. INTÉRPRETES: José Luis López Vázquez, Charles Denner, Omero Antonutti, Ovidi Montllor, Ettore Manni, Alfredo Pea, Stefania Sandrelli. PRODUCCIÓN: Andrés Vicente Gómez para P.C. Domingo Pedret (Barcelona), Nef Diffusion (París), Filmalpha (Roma). Color. DURACIÓN: 120'.

La primera novela de Eduardo Mendoza, *La verdad sobre el caso Savolta* (1975), tiene un gran éxito de crítica y de ventas por lo que supone de renovación de la literatura española. Con un estilo ágil, casi periodístico, muy cinematográfico, narra a través de un imaginario caso concreto los inicios de la difícil etapa del pistolerismo catalán, los años finales de la Gran Guerra y el comienzo de la dictadura del general Primo de Rivera.

Stefania Sandrelli y Ovidi Montllor en *La verdad sobre el caso Savolta*

Estas circunstancias hacen que no tarde en plantearse una adaptación cinematográfica. El productor Andrés Vicente Gómez compra los derechos de la novela y encarga el guión a Antonio Drove, pero ante las dificultades que encuentra para realizar su trabajo, pide la colaboración del guionista profesional uruguayo Antonio Larreta. La complejidad de la trama y la gran cantidad de personajes hacen que el guión resulte un tanto farragoso, pero mucho más claro que la brillante novela original, y demasiado apoyado en el diálogo.

Mientras tanto, Andrés Vicente Gómez ha conseguido montar una coproducción con Francia e Italia, en una de sus primeras películas de alcance internacional, y encarga la dirección al propio Antonio Drove. En medio de un reparto encabezado por los españoles José Luis López Vázquez y Ovidi Montllor, pero donde tienen un gran peso los italianos Omero Antonutti, Ettore Manni y Stefania Sandrelli, y el francés Charles Denner, Antonio Drove ve la ocasión propicia para hacer su primera película personal y un canto al anarquismo más idealista.

Tras interrumpir sus estudios de ingeniería industrial para ingresar en la «Escuela Oficial de Cinematografía», el madrileño Antonio Drove (1942) se gradúa con la práctica *La caza de brujas* (1967), prohibida durante varios años. El éxito de su atractivo mediometraje *¿Qué se puede hacer con una chica?* (1969), le lleva a hacer documentales para televisión y trabajar como guionista.

Contratado por el productor José Luis Dibildos dirige las impersonales comedias *Tocata y fuga de Lolita* (1974) y *Mi mujer es muy decente dentro de lo que cabe* (1974) y luego rueda para Alfredo Matas *Nosotros que fuimos tan felices* (1976). Con esta experiencia profesional a sus espaldas, Antonio Drove se enfrenta con *La verdad sobre el caso Savolta*, la primera película donde no sólo puede demostrar su habilidad como narrador, sino también exponer sus propias ideas.

Sin embargo, demasiado imbuido del espíritu de la historia que está narrando, Drove no tarda en creerse el idealista periodista Pajarito y enfrentarse por los retrasos que sufre el rodaje con el productor Andrés Vicente Gómez como si se tratase del mismísimo malvado Lepprince. El resultado es un rodaje extremadamente conflictivo, que se interrumpe varias veces para reanudarse cada vez en peores condiciones, y que la película se resienta de él. Las versiones italiana y francesa, que Antonio Drove no controla en absoluto, sufren múltiples variaciones, tanto cortes como algunos añadidos, frente a la española que vigila muy de cerca.

En Barcelona, durante los años finales de la Gran Guerra, *La verdad sobre el caso Savolta* narra cómo el periodista anarquista Domingo Pajarito de Soto (José Luis López Vázquez) descubre, en contra de lo que cree su propietario, que la fábrica de armas de Enrique Savolta (Omero Antonutti) no sólo vende sus productos al ejército francés, sino también al alemán.

El ambicioso francés Jean André Lepprince (Charles Denner), ayudado por el violento Nicolas Claudedeu (Ettore Manni), es el responsable de la operación. No sólo está a

punto de casarse con la hija de Enrique Savolta para here-
dar su imperio, sino que también trata de aprovecharse de
él haciendo un doble juego. En medio de una amenaza de
huelga, que puede hundir su negocio, Lepprince trata de
pactar con Pajarito de Soto a través del oficinista Javier
Miranda (Ovidi Montllor), pero la situación se le escapa de
las manos.

En plenas Navidades se ve obligado a matar a un grupo
de anarquistas, amigos de Pajarito de Soto, para que, por
un lado, consideren que el periodista les ha vendido, y, por
otro, tener preparado un móvil cuando sus mismos hombres matan a Enrique Savolta en su casa, durante la celebración de un baile de fin de año. Tras acabar también con
el periodista Pajarito de Soto, una vez que se ha apoderado
de los papeles comprometedores que guarda, consigue
aliarse con el testigo Javier Miranda para enfrentarse a un
duro futuro en que, finalizada la Gran Guerra, la compe-
tencia en Europa sea muy dura y la situación en España
conduzca hacia la revolución o la dictadura.

El principal problema de *La verdad sobre el caso Savolta*
es que, tras una interesante primera parte, se diluye demasiado la historia en la segunda y la intriga pierde fuerza, al tiempo que hay algunos atractivos personajes desaprovechados y
que incluso sobran, en especial Teresa (Stefania Sandrelli),
la mujer de Pajarito de Soto, que le engaña con Javier Miranda. A pesar de estar muy bien narrada a través de largas y
complejas escenas con muchos personajes, donde se multiplican e intercambian los puntos de vista con habilidad, hay
un exceso de diálogo que empaña el resultado final.

El largo y conflictivo rodaje hace que la carrera cinematográfica de Antonio Drove sufra un importante parón. Tras
volver a trabajar en televisión y hacer algunos documentales,
tarda nueve años en dirigir su siguiente película, *El túnel*
(1987), una interesante adaptación de la novela homónima
de Ernesto Sábato, rodada en inglés y con actores extranjeros. A pesar de sus buenas críticas, no tiene éxito de público
y desde entonces permanece apartado del cine.

Arrebato   1979

DIRECTOR Y GUIONISTA: Iván Zulueta. FOTOGRAFÍA: Ángel Luis Fernández. MÚSICA: Negativo. INTÉRPRETES: Eusebio Poncela, Cecilia Roth, Will More, Marta Fernández-Muro, Carmen Giralt, Helena Fernán-Gómez, Antonio Gasset. PRODUCCIÓN: Augusto M. Torres para N.A.P.C. Color. DURACIÓN: 110'.

El donostiarra Iván Zulueta (1943) es uno de los personajes más interesantes y con una personalidad más definida del moderno cine español, pero la limitación, peculiaridad y dispersión de su obra hace que sea muy poco conocido. Sin embargo, es uno de los más influyentes sobre buena parte del cine de principios de los años ochenta, en general, y de la estética desarrollada por Pedro Almodóvar a lo largo de sus muy difundidas películas, en concreto.

Estudia decoración en el «Centro de Nuevas Profesiones», de Madrid, y pintura y dibujo publicitario en el «Art

Cecilia Roth y Eusebio Poncela en *Arrebato*

Students League», de Nueva York. De regreso a España, en 1964 ingresa en la «Escuela Oficial de Cinematografía», pero no consigue diplomarse, mientras comienza a hacer sus personales películas en super 8, que no sólo escribe, produce y dirige, sino que también fotografía y monta.

Uno, dos, tres... al escondite inglés (1969), su primer largometraje como director, pero que por absurdos problemas sindicales debe firmar su productor José Luis Borau, es fruto de su trabajo durante 1968 en el programa musical de Televisión Española *Último grito*. Demasiado influenciada por *¡Qué noche la de aquel día!* (A Hard Days's Night, 1964) y *Help!* (1965), dirigidas por Richard Lester con el conjunto *The Beatles*, y rodada con un presupuesto mínimo, resulta una película tan insólita en el cine español de la época, como envejecida por el paso del tiempo.

Durante la década de los setenta y principios de los ochenta Zulueta desarrolla una amplia e interesante actividad como creador de carteles publicitarios para películas, pero también realiza para Borau los atractivos cortometrajes en 35 mm *Frank Stein* (1972) y *Masaje* (1972), además trabaja de manera continuada y fascinante en el terreno del super 8. Muy influido por lo mejor del cine *underground* nortemericano de los años sesenta, sus películas se difunden muy poco en virtud de su formato; sin embargo son repetidamente secuestradas por la policía durante los últimos tiempos de la dictadura del general Franco.

Esta etapa cristaliza en el comienzo de las relaciones profesionales entre Iván Zulueta y el entonces productor de cine independiente Augusto M. Torres. Después de colaborar por primera vez en el corto *Leo es pardo* (1976), rodado en 16 mm, pero ampliado a 35 mm para su distribución comercial, el hecho de concursar en el Festival de Berlín y el relativo éxito obtenido en su exhibición nacional, les anima a repetir la experiencia.

Cuando el guión del nuevo corto está escrito y se disponen a rodarlo, Zulueta conoce a una rica bilbaína, queda prendada de su simpatía y ofrece financiarle un largome-

traje. Mientras amplía el guión hasta convertirlo en el de
un largo, la bilbaína se desengaña y retira su apoyo económico. Encariñado con el proyecto, Zulueta encuentra a
unos toscos aprendices de productores que le facilitan el
mínimo dinero para convertirlo en película y nace *Arrebato* con la ayuda incondicional de los actores Eusebio Poncela, Cecilia Roth y Will More, el director de fotografía
Ángel Luis Fernández y el productor ejecutivo Augusto M.
Torres.

Con una fuerte carga autobiográfica, cuenta, a medio
camino entre el cine narrativo tradicional y el no-narrativo
underground, las relaciones entre dos personajes fascinados por el cine como droga dura, el realizador de películas
de terror de bajo presupuesto José Sirgado (Eusebio Poncela) y el adicto al super-8 Pedro (Will More), cara y cruz
de la personalidad del propio Iván Zulueta, especie de
doctor Jekyll y mister Hyde de sus conexiones con el cine.

Contada a través de una sucesión de *flashbacks*, dentro
de otro *flashback* general, una gran parte de *Arrebato* se
desarrolla durante la noche en que, tras finalizar el montaje de *La maldición del hombre lobo*, su más reciente película, José Sirgado llega a su casa y se encuentra con su
examante argentina y protagonista de sus últimas producciones Ana Turner (Cecilia Roth) y con un paquete de
Pedro donde le manda sus nuevas experiencias cinematográficas y una *casette* con unas minuciosas explicaciones.
Durante una noche en la que hay más de la heroína que llegó a separarles que del sexo que les unió, José Sirgado ve
las películas y oye la *casette* junto a Ana Turner, mientras
recuerda cómo conoce a Pedro y queda fascinado por su
extraña personalidad.

Dejando al margen algunos fallos de punto de vista,
debidos a que la última parte constituye el corto autónomo
inicial, *Arrebato* finaliza con la explicación de cómo Pedro
ha descubierto que su cámara de super-8 con temporiza-
dor se ha convertido en un vampiro más poderoso y des-
tructor que la propia heroína. Fascinado por la experiencia

de su amigo, José Sirgado abandona a Ana Turner para comprobar cómo Pedro ha muerto a manos del cine, o más bien ha desaparecido vampirizado por su cámara, y suicidarse también él de la misma forma.

A través de unas imágenes con un especial atractivo, fruto a todos los niveles de la poderosa imaginación de Zulueta, *Arrebato* plantea una curiosa reflexión sobre las relaciones entre cine, vampirismo y droga. Al mismo tiempo, describe con particular eficacia un caso de autodestrucción, encerrado en una exaltación de las drogas y una terrible apología del suicidio: fascinado y atraído por Pedro, un homosexual que como Peter Pan se niega a envejecer, José Sirgado prefiere suicidarse y unirse a él en la muerte antes que seguir viviendo con Ana Turner al borde del abismo de las drogas.

Estrenada de mala manera a principios del verano de 1980, *Arrebato* pasa desapercibida salvo para unos cuantos, pero poco a poco, y gracias a su exhibición en circuitos paralelos, llega a convertirse en lo que se denomina una *película de culto*. Sin embargo, su particular defensa del mundo de la droga y el puritanismo de algunos festivales dificulta su difusión a escala internacional, al tiempo que se convierte en un grave escollo en la carrera de sus protagonistas y su director.

Atrapado en el mundo de la droga como su propio protagonista, Iván Zulueta cada vez se aleja más del cine. No logra poner en pie ninguno de sus proyectos más inmediatos, al tiempo que poco a poco deja de trabajar en el formato super-8 e incluso deja de hacer carteles publicitarios y, tras una temporada dedicado a hacer personales fotografías *polaroid*, abandona por completo toda actividad artística. Mientras, su influencia se deja sentir especialmente en las películas de Pedro Almodóvar, que colabora anónimamente en *Arrebato* poniendo una peculiar voz al personaje secundario encarnado por Helena Fernán-Gómez.

Operación ogro   1979
OGRO

DIRECTOR: Gillo Pontecorvo. GUIONISTAS: Ugo Pirro, Giorgio Arlorio, Gillo Pontecorvo. FOTOGRAFÍA: Marcello Gatti. MÚSICA: Ennio Morricone. INTÉRPRETES: Gian Maria Volontè, Eusebio Poncela, José Sacristán, Severino Marconi, Ángela Molina, Georges Staquet, Nicole Garcia, Ana Torrent. PRODUCCIÓN: Franco Cristaldi para Vides Cinematografica (Roma), Sabre Films (Madrid), Action Films (París). Color. DURACIÓN: 120'.

Poco después de ser nombrado presidente de gobierno por el general Franco, cargo que durante toda la dictadura había ostentado el propio general, el almirante Carrero Blanco, su mano derecha durante muchos años y su claro sucesor, muere en Madrid el 20 de diciembre de 1973 en un atentado perpetrado por la organización terrorista vasca E.T.A. Muerto el general Franco, finalizada la dictadura, con el título *Operación Ogro*, y firmado por un tal Julen Aguirre, en 1976 se publica un libro donde, a través de una

Gian Maria Volontè, Nicole García, Eusebio Poncela y Ángela Molina en *Operación Ogro*

serie de entrevistas con los autores materiales del criminal atentado, se explican minuciosamente los hechos.

Tras licenciarse en química, trabajar como periodista, crítico de cine, actor y guionista, el italiano Gillo Pontecorvo (1919) dirige el mediometraje *Giovanna* (1956), que más tarde pasa a formar parte del largo *La rosa dei venti* (Die Windrose, 1958), junto a episodios realizados por el brasileño Alberto Cavalcanti, el ruso Sergei Gerasimov y la francesa Yannick Bellon. Su muy escasa e irregular obra cinematográfica tiene un claro tono político de izquierdas, derivado de su militancia en el Partido Comunista de Italia, pero sólo está integrada por cinco largometrajes rodados a lo largo de cuarenta años.

Pontecorvo debuta como director de largometrajes con *Prisioneros del mar* (La grande strada azzurra, 1957), adaptación de una novela del guionista Franco Solinas sobre los problemas de los pescadores, a la que sigue *Kapò* (1960), que narra de manera en exceso melodramática la historia de una atractiva muchacha judía que para sobrevivir se hace ayudante de los nazis en un campo de concentración, que vuelve a escribir en colaboración con Solinas.

El éxito de *La batalla de Argel* (La battaglia di Algeri, 1966), ganadora del León de Oro de la Mostra de Venecia, que cuenta las acciones antiterroristas del ejército francés en Argelia para acabar con el movimiento independentista, le conduce a *Queimada* (1969), su producción más ambiciosa. Sin embargo, por las presiones del gobierno del general Franco, que hacen que la acción se sitúe en las colonias portuguesas en América en lugar de en las españolas, y por las imposiciones de Marlon Brando, que encarna al protagonista, la película que trata de explicar el colonialismo es un fracaso comercial y artístico.

Poco después de su publicación, cae en manos de Gillo Pontecorvo un ejemplar de *Operación Ogro*, le parece una buena idea para una película y comienza a trabajar en el guión con Ugo Pirro, tras distanciarse de su colaborador habitual Franco Solinas. Ligado a la productora norteame-

ricana United Artists, que ha financiado su anterior película, consigue implicarles en el proyecto, pero poco después
se retiran temerosos de su tema y de que sea prohibida en
España. Entonces se sitúa al frente del proyecto el conocido
productor italiano Franco Cristaldi, que monta una coproducción con el español José Sámano y unos franceses.

Con sus habituales y peculiares dudas, Gillo Pontecorvo deja de trabajar con su guionista Ugo Pirro para seguir
escribiendo nuevas versiones del guión con Giorgio Arlorio. Mientras, se cuestiona si la película puede tomarse
como un apoyo al grupo terrorista italiano Brigadas Rojas
e investigar si, como se rumorea en algunos ambientes, el
atentado contra el almirante Carrero Blanco está financiado por la agencia norteamericana de espionaje C.I.A. y
también si se realiza con el beneplácito de algunas fuerzas
del régimen del general Franco. Sin tener todavía una versión definitiva del guión, en 1978 las Brigadas Rojas
secuestran y asesinan al político demócrata-cristiano Aldo
Moro, lo que está a punto de hacerles archivar el proyecto,
pero acaba por ser la chispa que lo pone definitivamente
en marcha.

Planteada como un enfrentamiento entre dos posicio-
nes en el interior de la organización terrorista E.T.A., los
que creen que la lucha armada sólo es necesaria bajo la
dictadura y los que piensan que sigue siendo necesaria
con la democracia, *Operación Ogro* las plasma en dos personajes que se conocen desde la infancia: el interpretado
por Eusebio Poncela, que en 1978 muere de un disparo en
un atentado contra dos guardias civiles en Bilbao, y el que
da vida Gian Maria Volontè, que con la llegada de la
democracia abandona la violencia para pasar a la política
y declara a un periodista «La lucha armada nosotros la
hemos utilizado contra el franquismo porque no teníamos
otro medio. Hoy es algo distinto. La situación actual nos
permite el uso de otras armas, de otros caminos, y nosotros queremos utilizarlos todos, no queremos desperdiciar
ninguno».

La acción se sitúa en Bilbao, Euskadi, 1978, a partir del reencuentro del defensor de la lucha armada (Eusebio Poncela) con su mujer (Ángela Molina), su interés en que haga las paces con su viejo amigo (Gian Maria Volontè) y la muerte del primero en un atentado. Y a través de una sucesión de diferentes *flashbacks* se narra cómo de niños ambos amigos son castigados en el colegio por hablar euskera, hacen pintadas en favor de la independencia de Euskadi y son aleccionados por un cura (Fedor Atkine); cómo en febrero de 1973 el mismo cura preside una asamblea de E.T.A. donde se vota el secuestro del almirante Carrero Blanco para canjearlo por ciento cincuenta presos políticos; y sobre todo la preparación del atentado.

Llega a Madrid un comando integrado por cuatro personas, encarnadas por José Sacristán y Severino Marconi y por Gian Maria Volontè y Eusebio Poncela, que no hacen más que discutir, dado que el primero es el jefe y el segundo es más partidario del atentado que del secuestro. Tras descubrir que el almirante va todos los días por el mismo camino a misa de nueve a la iglesia de los jesuitas de la calle de Serrano con un solo guardaespaldas, comienzan a preparar su secuestro, pero cuando lo tienen todo dispuesto, es nombrado presidente del gobierno. Esto imposibilita la operación porque sigue con la misma devota costumbre, pero ahora va rodeado por cinco guardaespaldas y un automóvil de escolta.

En una nueva asamblea de E.T.A. se vota realizar un atentado y el mismo comando instalado en Madrid comienza los preparativos. Uno de sus miembros (José Sacristán) se hace pasar por un escultor, alquila un sótano en la calle de Claudio Coello, detrás de la iglesia de los jesuitas, por donde la víctima pasa todos los días a la misma hora tras oír misa, y comienza a hacer un túnel bajo la calle. Dada la dureza del trabajo, enseguida le ayudan los otros tres; la mujer de uno de ellos (Ángela Molina) lleva la dinamita desde Bilbao en un automóvil con su hija pequeña. El 20 de diciembre de 1973 el automóvil donde va el almirante Carrero Blanco vuela por los aires hasta el jardín de la iglesia de los jesuitas y el comando de E.T.A. no tiene ninguna dificultad para salir de Madrid y regresar a Euskadi.

A medio camino entre el documental y la ficción, tal como le gusta a Gillo Pontecorvo, *Operación Ogro* es su quinta y última película. Tiene los habituales defectos del cine dogmático que siempre hace, pero no es peor ni mejor que sus restantes trabajos. Siguiendo la tradicional estructura del comando al que le encargan la realización de una arriesgada misión y la ejecuta con minuciosidad y eficacia, el resultado es demasiado esquemático, pero llega a serlo todavía más con el paso de los años y la cada vez mayor complejidad política de la situación de Euskadi. En España tiene un relativo éxito por su inusual tema, pero en Italia es un fracaso por estrenarse en un momento demasiado delicado políticamente.

Mater amatisima   1980

DIRECTOR: Josep A. Salgot. GUIONISTAS: Josep A. Salgot, J. Rodríguez Jordana. FOTOGRAFÍA: Jaime Peracaula. MÚSICA: Vangelis. INTÉRPRETES: Victoria Abril, Julio de la Cruz, Consuelo Tura, Jaume Sorribas, Reyes Milá, Carmen Contreras, Carlos Lucena. PRODUCCIÓN: Ricardo Muñoz Suay para Imatco. Color. DURACIÓN: 90'.

El valenciano Ricardo Muñoz Suay (1917), también denominado en ciertos ambientes el *Papa Negro*, es uno de los personajes más curiosos del cine español. Militante del Partido Comunista desde su juventud, tras la guerra española pasa una temporada en la cárcel. Perteneciente a la primera promoción del «Instituto de Investigaciones y Experiencias Cinematográficas», a principios de los años cincuenta participa en la fundación de las productoras

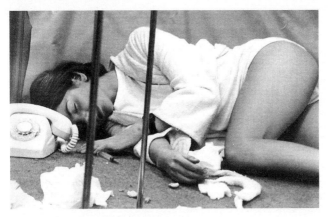

Victoria Abril en *Mater amatisima*

Altamira y Uninci y comienza a trabajar en cine como ayudante de dirección en las más famosas primeras películas
de Luis G. Berlanga y J. A. Bardem, al tiempo que colabora con Berlanga y el italiano Cesare Zavattini en los guiones inéditos de *Cinco historias de España* y *Festival de cine*.
También participa en la fundación de la mítica revista
especializada *Objetivo* y más tarde en la de *Nuestro cine*.

Su trabajo como ayudante de los realizadores extranjeros Georges Rouquier en *Sangre y luces* (1953) y de John
Berry en *Don Juan* (1955), por razones sindicales le hace
aparecer en España como codirector de ambas películas.
Sin embargo, su labor más importante en estos años es
convencer a su amigo Luis Buñuel para que regrese a rodar
Viridiana (1961) y a Bardem para que, en su calidad de
presidente de la productora Uninci, la coproduzca con el
mexicano Gustavo Alatriste.

En la segunda mitad de la década de los sesenta abandona el Partido Comunista y como productor ejecutivo de
la marca Filmscontacto es el creador de la denominada
«Escuela de Barcelona» y el impulsor de algunas de sus más
destacadas películas. Hace algunos años crea la Filmoteca

de la Generalitat Valenciana, que también impulsa y dirige, a través de la que realiza una meritoria labor de recuperación y divulgación, mientras su última película como productor ejecutivo es la inclasificable *Mater amatisima*.

Basada en un argumento del entonces poco conocido J. J. Bigas Luna, convertido en guión por el director Josep A. Salgot y J. Rodríguez Jordana, *Mater amatisima* narra las complejas relaciones entre la joven madre soltera Clara (Victoria Abril) y su hijo autista Juan (Julito de la Cruz). Lo que la convierte en una película insólita es la fuerte relación vampírica que se establece entre el hijo y su madre y que el niño esté encarnado por un verdadero autista, pero convenientemente doblado según una larga tradición del cine español, que por estos años toca a su fin.

Tras un prólogo donde se explica escuetamente cómo la solitaria Clara se queda embarazada, decide tener a su hijo y resulta ser autista, se desarrollan las relaciones materno-filiales entre los 5 y los 13 años del niño. Según le explica su amiga Ana (Consuelo Tura), directora de un centro psiquiátrico, el autismo es un estado mental de desconexión del individuo con el entorno, una especie de esquizofrenia precoz. Los autistas tienen un mundo propio con sus leyes y un bloqueo casi total en las comunicaciones con los demás; su hijo nunca podrá llevar una vida normal y lo mejor que puede hacer, tanto para ella, como para él, es internarlo.

Sin embargo, Clara se niega a seguir este consejo y, en contra de la opinión de su madre (Carmen Contreras), su padre (Carlos Lucena) y su amigo Ramón (Jaume Sorribas), decide abandonar su importante trabajo de ingeniero en el campo de los ordenadores, dedicarse en cuerpo y alma al cuidado del niño, romper todo contacto con el exterior e intentar ser tan autista o más que su hijo.

Lo mejor de *Mater amatisima* es el peculiar mundo que construye la madre para poder vivir con su hijo. Corta las relaciones con el exterior, se niega a hablar por teléfono, sólo recibe a su madre cuando va a verlos, deja de limpiar la casa, la acondiciona de manera que el niño la pueda estropear lo menos posible y únicamente consumen alimentos envasados. Pasan el tiempo dormitando y viendo por televisión viejas películas norteamericanas, como *Mogambo* (1953), de John Ford, o *El doctor Frankenstein* (Frankenstein, 1931), de James Whale.

Más allá de algunos trucos dramáticos demasiado elementales, en especial que la doctora Ana suministre una amplia información sobre los autistas y la voz de fondo del propio enfermo haciendo un hipotético resumen de sus problemas, lo mejor de *Mater amatisima* es cómo se muestra en imágenes ese peculiar mundo. Josep A. Salgot juega con habilidad con múltiples primeros planos de objetos, que convierten la más simple de las explicaciones en un complejo trabajo de montaje.

Sin embargo, el final resulta tan terrible como discutible. No habiendo logrado convertirse en una autista, Clara decide aceptar la generosa oferta de su amigo Ramón y se va a vivir con él y con su hijo. Temerosa de lo que pueda ocurrir, convencida de que su hijo no tiene remedio, envenena al niño con unas nuevas y fuertes píldoras que le ha recetado la doctora Ana. Lo emotivo e interesante de este duro final es que, mientras Clara da a su hijo las venenosas píldoras, emiten por televisión *Pinocho* (Pinocchio, 1940), de Walt Disney, y Salgot establece un lírico contrapunto entre la muerte de Juan y la conversión del mítico muñeco de madera en niño.

Esta insólita película también se convierte en una rara excepción dentro de la breve obra del barcelonés Josep A. Salgot (1953). Antes sólo codirige con Carles Jover la *comedia catalana* elemental *Serenata a la luz de la Luna* (1978) y posteriormente el fallido y tópico policiaco *Estación central* (1989). Esto hace pensar que en gran medida *Mater amatisima* es producto de la afortunada mezcla del trabajo de Ricardo Muñoz Suay como productor, de J. J. Bigas Luna como argumentista y de Victoria Abril, en uno de los primeros papeles que demuestra que es una gran actriz, como protagonista.

El nido

DIRECTOR Y GUIONISTA: Jaime de Armiñán. FOTOGRAFÍA: Teo Escamilla.
MÚSICA: Haydn, Maxence Canteloube. INTÉRPRETES: Héctor Alterio, Ana
Torrent, Luis Politti, Patricia Adriani, Amparo Baró, Ovidi Montllor,
María Luisa Ponte, Agustín González, Mercedes Alonso. PRODUCCIÓN: A
Punto P.C. Color. DURACIÓN: 97'.

Descendiente de actores, periodistas y dramaturgos, el
madrileño Jaime de Armiñán (1927) estudia derecho por
imperativos familiares, pero lo que le gusta es el teatro y
no tarda en estrenar con regularidad. Entre sus primeras
obras destacan *Eva sin manzana* (1954) y *Nuestro fantasma*
(1956), con las que gana, respectivamente, los premios
Calderón de la Barca y Lope de Vega.

Sus éxitos teatrales de los años cincuenta le llevan a
escribir guiones para televisión a finales de la década y
convertirse en un prolífico guionista en las sucesivas con

Ana Torrent y Héctor Alterio en *El nido*

famosas series como *Galería de maridos* o *Las doce caras de Eva*. Al mismo tiempo desarrolla una carrera paralela como guionista cinematográfico y durante los años sesenta colabora, sobre todo, con José María Forqué.

A finales de la década Armiñán debuta como director de cine y, entre las películas de aprendizaje *Carola de día, Carola de noche* (1969), un musical al servicio de Marisol, *La Lola dicen que no vive sola* (1970), una comedia sentimental protagonizada por Serena Vergano, y *Un casto varón español* (1973), una más de las comedietas interpretadas por José Luis López Vázquez en esta época, hace las interesantes *Mi querida señorita* (1971), gracias a la colaboración como guionista y productor de José Luis Borau, y *El amor del capitán Brando* (1974), que cuenta con un sólido guión escrito en colaboración con Juan Tébar.

Después de las irregulares *¡Jo, Papá!* (1975), *Nunca es tarde* (1977) y *Al servicio de la mujer española* (1978), demasiado ligadas a la comedia de costumbres, peligro en el que suelen caer los guiones de Armiñán, dirige *El nido*, su mejor película. Al igual que el resto de su obra, está basada en un guión original suyo, pero también marca sus comienzos como productor asociado al prestigioso director de fotografía Teo Escamilla.

El nido narra las relaciones entre don Alejandro (Héctor Alterio), un viudo sesentón que vive en una gran casa de campo con su criada Amparo (María Luisa Ponte) en los alrededores de un pueblo de la provincia de Salamanca, y Goyita (Ana Torrent), la hija de 13 años de un número de la guardia civil destinado en la localidad.

Tras un prólogo demasiado lento donde se expone la vida del protagonista, su afición por la música sinfónica, sus paseos a caballo por un cercano bosque y su interés por la ornitología, la historia arranca cuando descubre que los mensajes que encuentra en sus paseos por el bosque son de una bella niña de grandes ojos que recita el papel de *lady* Macbeth con recia voz en el ensayo de una función del colegio del pueblo.

Mientras don Alejandro toma al cura Eladio (Luis Politti) como confidente de sus platónicos amores con la jovencita, la maestra Marisa (Patricia Adriani) advierte a Goyita del peligro que puede acarrearle la relación en que se mete. Frente al tímido y asustadizo don Alejandro, que no se atreve a tomar ninguna decisión, como es habitual en los personajes de Armiñán, destaca la fuerza y la dureza de Goyita, que no sólo trata de dominarle, sino que incluso por él se enfrenta a sus padres y a un duro sargento (Agustín González) de la guardia civil.

En un demasiado trágico y acomodaticio final, don Alejandro, siguiendo en alguna medida las órdenes que le ha dado Goyita, se deja matar por los disparos del duro sargento y de Manuel (Ovidi Montllor), el padre de la jovencita, dentro de una historia que no llega todo lo lejos que hubiese podido y debido, pero que tiene gran fuerza por el estupendo trabajo interpretativo de Ana Torrent, frente a un Héctor Alterio que no consigue hacer simpático a su complejo personaje.

Posteriormente Jaime de Armiñán obtiene muy diferentes resultados con las comedias de costumbres *En septiembre* (1981), *Stico* (1984), *La hora bruja* (1985) y *Mi general* (1987). Después de estar siete años dedicado por completo a la televisión, donde hace largas series de éxito como *Juncal* (1988), regresa al cine con las fallidas *Al otro lado del túnel* (1994) y *El palomo cojo* (1995), adaptación de la novela homónima de Eduardo Mendicutti, su única película que no está basada en un argumento propio.

Más interesado por la escritura que por la dirección, Armiñán lo expone con claridad en su atractiva obra *Diario en blanco y negro* (1994), un diario de rodaje escrito con absoluta libertad, integrado por lo ocurrido durante el lluvioso rodaje de *Al otro lado del túnel* y por una amena reunión de recuerdos que van desde los profesionales hasta los familiares, pasando tímidamente por los políticos. Una obra insólita dentro de la literatura cinematográfica en concreto y la literatura en general, escrita con enorme soltura creativa, como si nunca fuese a publicarse, tan sólo para liberarse de las horas muertas que genera un rodaje en exteriores.

Dada la facilidad con que se lee, la buena descripción que hace del rodaje de una producción media española en la primera mitad de los años noventa, el único defecto de *Diario en blanco y negro* es que se limita al rodaje propiamente dicho, no se extiende a la génesis de la película, ni a las diferentes fases de post-producción y estreno, lo que hubiese redondeado el resultado y le hubiera convertido en un libro imprescindible para conocer cómo se hace el cine español durante los años del gobierno socialista, además de la vida del propio Jaime de Armiñán.

Colegas   1982

DIRECTOR: Eloy de la Iglesia. GUIONISTAS: Gonzalo Goicoechea, Eloy de la Iglesia. FOTOGRAFÍA: Hans Burmann, Antonio Cuevas. MÚSICA:. Miguel Botafogo. INTÉRPRETES: Antonio Flores, Rosario González, José Luis Manzano, Enrique San Francisco, José Manuel Cervino, Queta Ariel, Francisco Casares, José Luis Fernández. PRODUCCIÓN: José Antonio Pérez Giner para Ópalo Films. Color. DURACIÓN: 92'.

A finales de los años setenta y principios de los ochenta se ruedan un buen número de interesantes películas sobre el tema de la nueva delincuencia juvenil que comienza a proliferar a principios de la democracia. Van desde el díptico *Perros callejeros* (1976) y *Perros callejeros II* (1979), cuyo éxito genera *Perras callejeras* (1984) y *Yo «El Vaquilla»* (1985), todas de José Antonio de la Loma, hasta productos de mucha más calidad como *Deprisa, deprisa* (1980), de Carlos Saura, y *Maravillas* (1980), de Manuel Gutiérrez Aragón.

José Luis Manzano y Rosario González en *Colegas*

Sin embargo, el director que mejor sabe manejar este tema es Eloy de la Iglesia, que lo trata indirectamente en muchas de sus obras, pero sobre todo en *Navajeros* (1980), *El pico* (1983) y *El pico II* (1984), sus mejores trabajos, y en mucha menor medida también en las fallidas *Miedo a salir de noche* (1979) y *La estanquera de Vallecas* (1987). Entre ellas ocupa una posición especialmente destacada *Colegas* por narrar de una manera minuciosa y clara las facilidades para entrar en el mundo de la delincuencia de la juventud que vive en barrios obreros, sólo tiene una educación elemental y carece de trabajo.

De una manera muy directa, más cercana del naturalismo que del realismo, *Colegas* narra la vida diaria de dos amigos y sus respectivas familias que viven en el madrileño barrio de Ventas. Antonio (Antonio Flores) tiene 19 años, vive con su hermana Rosario (Rosario González), que tiene un año menos que él, con su padre taxista (Francisco Casares) y su madre (Queta Ariel). José (José Luis Manzano) es el mayor de cinco hermanos, uno de ellos Pirri (José Luis Fernández), un delincuente juvenil, y también vive con su familia de obreros, donde lleva la voz cantante el padre (José Manuel Cervino).

A sus habituales problemas de no tener nada que hacer, ni encontrar trabajo, se une el de que Jose deja embarazada a su novia Rosario. Desde el primer momento Antonio decide ayudarles a encontrar dinero para abortar. Se acuesta con una antigua amiga prostituta, le pide las veinticinco mil pesetas que necesitan, pero no se las da. A través de un amigo común va con Jose a una sauna para que les paguen unos homosexuales por manosearles, pero se van a mitad de la operación.

Finalmente se compran una navaja cada uno y deciden atracar un estanco, pero entra una mujer, se pone a gritar y salen huyendo. A través de Pirri van a ver a Rogelio (Enrique San Francisco), que les facilita los contactos necesarios para *bajar al moro* a por droga y traerla en los intestinos desde Marruecos hasta Madrid. Una vez que han conseguido el dinero, llevan a Rosario a una enfermera para que le haga el aborto, pero en el último momento se arrepiente y salen corriendo.

Cuando Rogelio se entera de su problema y de que Rosario ha decidido tener al niño, le propone comprárselo por cuatrocientas mil pesetas para luego venderlo a matrimonios que quieren adoptar niños, siempre que sus padres no sepan nada de la historia. En una de las habituales discusiones entre Rosario y su madre por culpa de su novio, la muchacha le dice que le quiere, que está embarazada y va a tener un hijo suyo.

Esto genera una sucesión de discusiones y la parte más densa y mejor de *Colegas*, tanto la escena del enfrentamiento final entre madre e hija, como, sobre todo, aquella en que los padres de ella suben a casa de los padres de él para pedirles responsabilidades y se organiza una gran discusión en el descansillo de la escalera, donde interviene buena parte del vecindario. Eloy de la Iglesia sabe dar el tono exacto a estas escenas, conseguir que sean plenamente naturalistas, pero que en ningún momento resulten excesivas.

A partir de aquí la historia degenera hasta llegar a un demasiado dramático y moralizante final. Los tres jóvenes dejan a sus familias, se van a vivir a una pensión, Rogelio se entera de que los padres de ella saben que está embarazada y trata de ponerse en contacto con Rosario para que no se hunda su negocio, lo que lleva a una persecución un tanto gratuita que acaba con la muerte de Antonio de un disparo en los solares de Azca. La última escena es el entierro de Antonio, con la pareja decidida a vivir juntos, tener a su hijo y no aceptar la ayuda de sus familias.

Frente al gran atractivo de las escenas de las discusiones familiares y el perfecto reflejo de la situación de una parte de la juventud a principios de los años ochenta, destaca el tono profundamente moralizante de la historia: desde el malestar físico que provoca en Antonio y Jose la realización de cualquier delito para conseguir el dinero, hasta que Rosario, en una de las típicas y siniestras escenas de aborto del cine español, en el último momento decida tener a su hijo. Tal como además subraya la muerte final de Antonio para que alguien pague por los males cometidos.

Esto no impide que *Colegas* sea una de las mejores películas del vasco Eloy de la Iglesia (1944). Tras debutar a los 22 años con la producción infantil *Fantasía...3* (1966), deja muy clara su peculiar personalidad con el sórdido melodrama *Algo amargo en la boca* (1967). Hasta el final de la dictadura del general Franco tiene graves problemas de censura con los policiacos de trasfondo erótico *El techo de cristal* (1970), *La semana del asesino* (1971), *Nadie oyó gritar* (1972) y *Una gota de sangre para morir amando* (1973).

Tras la llegada de la democracia, en su cine entra el erotismo, —*Juego de amor prohibido* (1975), *La otra alcoba* (1976)—, la homosexualidad —*Los placeres ocultos* (1976), *El sacerdote* (1978)—, la zoofilia, *La criatura* (1977), y, mezclada con los anteriores, también la política —*El político* (1978), *La mujer del ministro* (1981)—. Una vez realizadas sus películas sobre la nueva delincuencia juvenil, está tan inmerso o más que sus personajes en el mundo de la droga, su carrera se acaba y nunca puede rodar su guión *Galopa y corta el viento*, sobre los amores entre un guardia civil y un miembro del grupo terrorista E.T.A.

Volver a empezar   1982

DIRECTOR: José Luis Garci. GUIONISTAS: José Luis Garci, Ángel Llorente. FOTOGRAFÍA: Manuel Rojas. MÚSICA: Johann Pachelbel, Cole Porter. INTÉRPRETES: Antonio Ferrandis, Encarna Paso, José Bódalo, Agustín González, Marta Fernández-Muro, Pablo Hoyos. PRODUCCIÓN: José Luis Garci para Nickel Odeon. Color. DURACIÓN: 100'.

El gran decorador Gil Parrondo gana sendos Oscars por las películas norteamericanas rodadas en España *Patton* (1970) y *Nicolás y Alejandra* (Nicholas and Alexandra, 1971), ambas dirigidas por Franklin J. Schaffner. El innovador director de fotografía Néstor Almendros obtiene un Oscar por la producción norteamericana *Días del cielo* (Days of Heaven, 1976), de Terrence Malick. La producción francesa *El discreto encanto de la burguesía* (Le charme discret de la bourgeoisie, 1972), dirigida por el genial

Encarna Paso y Antonio Ferrandis en *Volver a empezar*

Luis Buñuel, consigue el Oscar destinado a las producciones extranjeras.

Sin embargo, la primera película española que gana un Oscar es *Volver a empezar*, escrita en colaboración, producida y dirigida por José Luis Garci. El 11 de abril de 1983, menos de seis meses después de que el Partido Socialista Obrero Español llegue al poder, Garci recoge la preciada estatuilla personalmente en medio de la tradicional, larga y aburrida ceremonia. Esto le permite que la película se reestrene y siga siendo acogida con la misma frialdad que en el momento de su estreno poco tiempo antes. Diez años después *Belle époque* (1982), escrita en colaboración y dirigida por Fernando Trueba, se convierte en la segunda producción española que consigue un Oscar.

En un largo rótulo final Garci dedica *Volver a empezar* a los miembros de la denominada *tercera edad* cuyas vidas fueron destrozadas por la guerra española: «Esta película quiere rendir homenaje a los hombres y mujeres que empezaron a vivir su juventud en los años treinta; y en especial, a los que aún están aquí, dándonos ejemplo de esperanza, amor, entusiasmo, coraje y fe en la vida. A esa generación interrumpida, gracias». Todo dentro de una leve historia llena de nostalgia, viejos recuerdos y amor por la ciudad de Gijón y su equipo de fútbol, Real Sporting, que se puede resumir en la frase publicitaria, extraída del diálogo, «sólo se envejece cuando no se ama».

Narra cómo Antonio Miguel Albajara (Antonio Ferrandis), un republicano español que se ve obligado a exiliarse el 14 de marzo de 1938, tras estar en un campo de concentración en Francia, vivir una temporada en México, acaba dando clases de literatura en la Universidad de Berkeley, en Estados Unidos, regresa a su ciudad natal de Gijón desde Estocolmo después de haber recogido el Premio Nobel de Literatura.

Instalado en el modesto Hotel Asturias, al cuidado del servicial encargado Gervasio Losada (Agustín González), la telefonista Carolina (Marta Fernández-Muro) y el botones Ernesto (Pablo Hoyos), pasea por la ciudad a los excesivos acordes de la música romántica de Johann Pachelbel y, sobre todo, va a ver a su antigua novia Elena (Encarna Paso) a la galería de arte que regenta.

El rey Juan Carlos I llama por teléfono para darle la enhorabuena por el galardón. La prensa, la radio y la televisión le persiguen para entrevistarle, pero consigue escabullirse. Recuerda sus viejos tiempos como antiguo jugador de fútbol, como medio centro en el Sporting de Gijón y es agasajado por la actual directiva del club y los jugadores. Le cuenta a su viejo amigo médico Roxu (José Bódalo) que ha venido porque le han dado siete u ocho meses de vida y quiere despedirse de su tierra.

Mientras, sobre todo pasea con Elena por la ciudad y sus alrededores, le habla de su vida, su matrimonio con una norteamericana, sus dos hijos, su separación, y ella le relata su larga relación con un hombre casado con una mujer cada vez más enferma, y se repiten lo mucho que se han acordado el uno del otro durante estos largos años de separación. Después de pasar dos días juntos, tras una apacible noche de amor, Antonio Miguel Albajara regresa a Estados Unidos, a la Universidad de Berkeley, para acabar sus clases, finalizar un par de libros, poner en orden sus cosas con su ex-mujer y sus dos hijos y morir en paz consigo mismo.

A pesar de que *Volver a empezar* tiene el grave defecto de que no ocurre nada y sus personajes no paran de añorar un lejano e irrecuperable pasado, se comprende que gane un Oscar porque es una continua alabanza de Estados Unidos. Una vez más aparece como el paraíso de la libertad, que recoge a los refugiados políticos de las más diversas partes del mundo; su famoso protagonista sólo pasa un par de días en España, regresa allí para morir e incluso hay unas últimas escenas donde se ve lo bien que vive en Norteamérica.

Dentro de la desigual obra de José Luis Garci, tiene el interés de ser su primera película destinada a la *tercera edad* al narrar unos días de amor entre dos personas mayores. Un camino que tiene continuidad en las adaptaciones planteadas durante la década de los noventa, tanto las realizadas *Canción de cuna* (1994), enésima versión de la obra de Gregorio Martínez Sierra, y *La herida luminosa* (1997), sobre el drama homónimo de Joan de Segarra, como el proyecto *La muralla*, basada en la famosa obra teatral del mismo título de Joaquín Calvo Sotelo, claramente destinadas a un público mayor.

Crítico de cine en distintas revistas, diarios y emisoras de radio y televisión, autor de algunos libros de ciencia-ficción y cine, guionista de películas y programas de televisión ajenos durante la primera mitad de los años setenta, el madrileño José Luis Garci (1944) tiene un gran éxito con sus dos primeros largometrajes como director, *Asignatura pendiente* (1977) y *Solos en la madrugada* (1978), que sobre el trasfondo de los años decisivos de la transición política narran historias sentimentales de personajes de izquierdas de su generación.

El semifracaso de *Las verdes praderas*, que trata de agotar la misma vía con peores resultados y un exceso de falso simbolismo, le conduce a dos peculiares policiacos. En *El crack* (1980) y *El crack II* (1983) cuenta las aventuras del detective madrileño Germán Areta (Alfredo Landa) con una excesiva influencia del *cine negro* norteamericano. Entre ambas se sitúa *Volver a empezar* que en España le proporciona mucho más prestigio que éxito.

Desconcertado por esta situación rueda *Sesión continua* (1984), que describe de una forma tan ambiciosa como fallida el largo diálogo entre un director y su guionista, y *Asignatura aprobada* (1987), que trata de enlazar de alguna manera con su primer triunfo. Alejado del cine siete años, en los que se dedica a trabajar para radio y televisión y convertirse en editor de unos peculiares libros de cine, regresa con *Canción de cuna*, una cuidada adaptación que se sitúa entre sus películas de mayor éxito de público.

Demonios en el jardín   1982

DIRECTOR: Manuel Gutiérrez Aragón. GUIONISTAS: Manuel Gutiérrez Aragón, Luis Megino. FOTOGRAFÍA: José Luis Alcaine. MÚSICA: Javier Iturralde. INTÉRPRETES: Ángela Molina, Ana Belén, Encarna Paso, Imanol Arias, Eusebio Lázaro, Francisco Merino, Eduardo McGregor, Pedro del Río, Álvaro Sánchez-Prieto. PRODUCCIÓN: Luis Megino P.C. Color. DURACIÓN: 100'.

Licenciado en filosofía y letras en la Universidad de Madrid y en dirección en la «Escuela Oficial de Cinematografía» con la práctica *Hansel y Gretel* (1970), el santanderino Manuel Gutiérrez Aragón (1942) colabora en diferentes guiones de prestigiosas películas después de debutar como realizador con *Habla, mudita* (1973), una fábula realista donde sienta las bases de su personal estilo.

A pesar de que pasa desapercibida para el público, se convierte en el director más reputado de su generación

Ana Belén, Álvaro Sánchez-Prieto y Ángela Molina en
Demonios en el jardín

gracias a las excelentes críticas que obtiene la peculiar trilogía integrada por *Camada negra* (1977), *Sonámbulos* (1977) y *El corazón del bosque* (1978), donde mezcla con gran habilidad lo político con lo experimental dentro de unas complejas estructuras dramáticas cuyos orígenes se sitúan en los más tradicionales cuentos infantiles.

Después de proseguir su colaboración con Luis Megino, a niveles de guión y producción, en *Maravillas* (1980), la más original de las películas sobre la nueva delincuencia juvenil que se ruedan a finales de los años setenta y principios de los ochenta, Manuel Gutiérrez Aragón rueda *Demonios en el jardín*, una de sus mejores películas y su gran éxito de público y crítica, tanto por la película en sí, como por ser el origen de una ambiciosa trilogía donde se plantea un personal análisis de los últimos decenios de la sociedad española: *Demonios en el jardín* narra un drama rural en la etapa de la más dura posguerra a través de los ojos de un niño enfermo. *La mitad del cielo* (1984) cuenta la ascensión de un ama de cría en la década de los sesenta gracias a regentar un restaurante que se pone de moda en Madrid entre la clase política. *El rey del río* (1995) hace el retrato de un joven aspirante a una destacada figura pública en la etapa del gobierno socialista.

Después de un breve prólogo, situado en 1942 en el pueblo de Torre del Valle, —donde se narra cómo Gloria (Encarna Paso), la propietaria de la tienda de coloniales «El Jardín», se ocupa de los preparativos de la boda de su hijo Óscar (Eusebio Lázaro) con la bella Ana (Ana Belén), mientras su otro hijo Juan (Imanol Arias) piropea a la novia, se pelea con su hermano y engendra un hijo con su prima Ángela (Ángela Molina)—, *Demonios en el jardín* desarrolla de manera muy particular esta inicial e intensa situación dramática.

Tras el título «Años después», prosigue la historia a principios de los años cincuenta. La solitaria prima Ángela vive con su hijo Juanito (Álvaro Sánchez-Prieto) en una apartada casa en mitad del campo, pero su abuela Gloria consigue convencerla de que lo deje vivir con ella, porque estará mejor atendido, y además el matrimonio entre Óscar y Ana no ha dado ningún fruto. Sin embargo, el niño no tarda en caer enfermo, se convierte en el centro de la vida familiar y consigue todos sus antojos gracias a su abuela, su tía y su madre.

A través de los ojos de Juanito, un débil niño con fiebres reumáticas, cuidado con mucho cariño por todos, se describe el peculiar mundo de la tienda de ultramarinos y el estraperlo que enriquece a su familia, el enfrentamiento entre su tía y su madre por culpa de Juan y también de su abuela, mientras cada vez llegan más fuertes los ecos de la vida de su padre, que trabaja al servicio del general Franco y siempre tiene problemas económicos.

El personal humor de Gutiérrez Aragón sazona la historia y hace que algunas escenas, en principio secundarias, lleguen a ser lo mejor de *Demonios en el jardín*. Por ejemplo aquella donde el general Franco va a inaugurar un cercano pantano; entre su numeroso séquito se encuentra Juan, toda su familia va a verle y Juanito por fin consigue conocer a su padre y al *Caudillo*, pero queda tan defraudado cuando descubre que es camarero, que se niega a saludar a Francisco Franco.

Además, mientras Juanito descubre las intrigas familiares, —cómo Ana se convierte en la amante de Juan y acaba pidiendo a Ángela que se case con él para tenerle siempre cerca, que la tranquilidad vuelva a «El Jardín» y el negocio familiar tenga un heredero—, crece su interés por las películas. Gracias a la amistad de su familia con el proyeccionista (Pedro del Río) del cine del pueblo, Juanito ve desde la cabina de proyección un NO-DO para conocer al general Franco y a su padre, pero también ve bailar a Silvana Mangano el famoso bayón de *Ana* (Anna, 1952), de Alberto Lattuada, y su tía Ana le cuenta algunas películas.

Siempre interesado por la comida, Manuel Gutiérrez Aragón le concede una especial importancia en *Demonios en el jardín*, tanto por girar toda la intriga en torno a una

tienda de alimentación y al estraperlo, como por la magnífica escena de la tortilla de patata: la abuela Gloria prepara
a Juanito una tortilla a base de patata, lomo y sesos, pero el
niño la rechaza porque está sosa, y se la terminan comiendo entre el viajante (Francisco Merino), el médico de cabecera (Eduardo McGregor) y algunos familiares.

Después del fracaso de *Feroz* (1984), una nueva versión
de su primera película que vuelve a producir Elías Querejeta, su cine sigue siendo igual a sí mismo, pero con unas
pretensiones comerciales que no acaban de funcionar en
La noche más hermosa (1984) y *Malaventura* (1988). Entre
los trabajos de la última etapa de su carrera destaca *El Quijote* (1991), una serie de televisión sobre la primera parte
del clásico de la literatura de Miguel de Cervantes. En
1993 es elegido presidente de la Sociedad General de Autores de España y se convierte en el primer cineasta que
preside una sociedad de este tipo.

El sur 1983

DIRECTOR Y GUIONISTA: Víctor Erice. FOTOGRAFÍA: José Luis Alcaine.
MÚSICA: Maurice Ravel. INTÉRPRETES: Omero Antonutti, Sonsoles Aran-
guren, Icíar Bollaín, Lola Cardona, Rafaela Aparicio, Aurora Clement,
Germaine Montero. PRODUCCIÓN: Elías Querejeta P.C. (Madrid), Chloe
Productions (París). Color. DURACIÓN: 90'.

Licenciado en ciencias políticas, el vizcaíno Víctor Erice
(1940) se diploma en dirección en el «Instituto de Investigaciones y Experiencias Cinematográficas» con la práctica
Los días perdidos (1963), muy influenciado por el entonces
famosísimo realizador italiano Michelangelo Antonioni.
Colabora en la revista especializada *Nuestro cine*, participa

Icíar Bollaín en *El sur*

en la redacción de un par de guiones ajenos y en 1969, siempre de la mano de su amigo el productor vasco Elías Querejeta, comienza una de las carreras más extrañas y fascinantes del cine español.

Su primer trabajo como director profesional es el tercer episodio de *Los desafíos* (1969), una producción en la que Querejeta pretende seguir investigando sobre la violencia personal, en una línea cercana a la desarrollada en las películas que en la misma época produce a Carlos Saura y dar a conocer a tres nuevos realizadores. El producto resulta fallido a ambos niveles por la inconsistencia de las tres historias narradas y por la trayectoria de los otros dos realizadores: Claudio Guerín muere cuatro años después en un accidente durante el rodaje de su segundo largometraje, y José Luis Egea no vuelve a dirigir películas de ficción.

La consagración de Erice llega con *El espíritu de la colmena* (1973), su primer largometraje, una de las grandes películas españolas. Nace como un encargo de una distribuidora para hacer una nueva versión de la novela clásica *Frankenstein*, de Mary Shelley. Gracias al excelente guión de Ángel Fernández-Santos y el propio Erice, consigue ser fiel a la idea original y hacer un perfecto dibujo de la infancia, las relaciones de dos niñas con sus padres y la dura posguerra en un pueblo castellano, pero el proyecto atraviesa múltiples dificultades.

Erice sólo consigue rodar durante una semana con los protagonistas, Fernando Fernán-Gómez y Teresa Gimpera, y el equipo se resiente de que dedique toda su atención a Ana Torrent e Isabel Tellería, las excelentes niñas protagonistas descubiertas por él. Querejeta corta el rodaje una semana antes de lo previsto y Erice debe montar la película dando una nueva estructura al material rodado y con la inclusión de algunos planos indispensables extraídos de otras producciones del propio Querejeta.

A pesar de los buenos resultados nacionales e internacionales obtenidos por *El espíritu de la colmena*, Víctor Erice se siente desengañado, se va a vivir a la perdida región de Las Alpujarras y sobrevive haciendo *spots* publicitarios de vez en cuando. Diez años después parte del excelente relato homónimo de Adelaida García Morales, publicado al mismo tiempo que se estrena la película, para vivir una aventura en alguna medida similar, pero todavía peor, titulada *El sur*.

Erice escribe en solitario un magnífico y largo guión articulado en dos partes complementarias. La primera se desarrolla en torno a la casa «La Gaviota», situada en las afueras de una ciudad del norte de España, y desarrolla las complejas relaciones existentes entre Estrella, una niña que primero tiene 8 años (Sonsoles Aranguren) y luego 15 (Icíar Bollaín), su padre el médico Agustín (Omero Antonutti) y su madre Julia (Lola Cardona) dentro de un contexto de posguerra. La segunda se sitúa en un pueblo de Andalucía, desvela el misterio de las relaciones del padre con su familia y con la actriz Irene Ríos (Aurora Clement), y amplía su desarrollo.

A Querejeta vuelve a gustarle mucho este guión, pero como le parece implanteable una película de tres horas de duración, Erice lo reduce a poco más de dos. Comienza el rodaje y desde un principio se multiplican los problemas al haberse eliminado diversas escenas de la primera parte. Terminado el montaje de la parte situada en el norte poco después de finalizar su rodaje, mientras se prepara el rodaje de la parte ambientada en el sur, a la vista de ese montaje Querejeta decide no rodarla y añadir una voz de fondo, perteneciente al personaje de Estrella, pero situado en un lejano pasado, que rellene lo más posible los huecos narrativos.

Para los pocos que conozcan el guión original de Víctor Erice y los muchos que hayan leído *El sur*, la novela de Adelaida García Morales, la película sólo es un fragmento de un proyecto muy ambicioso frustrado, pero para todos los demás, como de nuevo confirman los muchos premios internacionales ganados, es otra obra maestra de Erice.

El mundo de la adolescencia, las complejas relaciones de una hija única con su padre, la fascinación creada por el cine, la vida en un perdido pueblo durante los años de posguerra y el reflejo del sur a través de la breve presencia en el norte de la vieja criada Milagros (Rafaela Aparicio), así como el descubrimiento de otras dos grandes actrices: las jovencísimas Sonsoles Aranguren, que no vuelve a hacer ninguna película, e Icíar Bollaín, que comienza una prometedora carrera que la lleva incluso a dirigir, son los grandes hallazgos de esta película.

De nuevo desengañado por esta dura experiencia, Erice vuelve a esconderse en sus perdidos pueblos y en la publicidad. Durante otros diez años permanece alejado del cine comercial hasta que rueda el excelente *El sol del membrillo* (1992), un minucioso, perfecto y atractivo documento donde el pintor realista Antonio López trata de pintar un membrillero durante dos horas y no lo consigue.

Por último cabe preguntarse ¿qué serían *El espíritu de la colmena* y *El sur* sin la intervención de Elías Querejeta? Tal vez no se habrían rodado nunca, serían mucho mejores o quizá peores. Conocida su prestigiosa trayectoria profesional, como productor de Carlos Saura durante años y descubridor de directores tan conocidos como Manuel Gutiérrez Aragón, Ricardo Franco, Emilio Martínez-Lázaro y Montxo Armendáriz, no hay que ver sus intervenciones en los trabajos de Erice como el simple desarrollo de sus ideas mercantilistas. Detrás de este tradicional enfrentamiento entre productor y director siempre queda la duda de si las películas serían mejores como fueron concebidas originalmente, que como realmente son.

Fanny «Pelopaja»   1984

DIRECTOR Y GUIONISTA: Vicente Aranda. FOTOGRAFÍA: Juan Amorós. MÚSICA: Manuel Camps. INTÉRPRETES: Fanny Cottençon, Bruno Cremer, Francisco Algora, Berta Cabré, Ian Sera, Paca Gabaldón. PRODUCCIÓN: Carles Duran para Lola Films (Barcelona), Morgana Films (Barcelona), Lima P.C. (Madrid), Carlton Film Export (París). Color. DURACIÓN: 100'.

Huyendo de la dura posguerra y en busca de nuevos horizontes, el barcelonés Vicente Aranda (1926) emigra en 1949 a Venezuela y llega a tener un puesto importante en la empresa internacional de informática N.C.R. En 1956 regresa a España y, siempre interesado por el cine, trata de ingresar en el «Instituto de Investigaciones y Experiencias Cinematográficas», pero no es admitido por no haber acabado el bachillerato. Se instala en Barcelona, comienza a integrarse en el mundillo cinematográfico y casi una década más tarde dirige sus primeras películas. Después de más de treinta años de trabajo y dieciocho producciones, se convierte en uno de los grandes directores del cine español.

Sus primeras películas se mueven por caminos muy diversos y abarcan un demasiado amplio espectro de estilos. Debuta con *Brillante porvenir* (1964), una obra realista

Fanny Cottençon en *Fanny «Pelopaja»*

de denuncia inspirada en la novela *El gran Gatsby*, de Francis Scott Fitzgerald, a la que siguen dos de las obras más características de la «Escuela de Barcelona», *Fata Morgana* (1966), donde aparece en estado puro el realismo fantástico que defiende el grupo, y *Las crueles* (1969), un policiaco que está mezclado con elementos comerciales, ambas basadas en relatos de Gonzalo Suárez. Sus siguientes trabajos se sitúan a medio camino entre lo comercial y lo personal, tanto *La novia ensangrentada* (1972), una fallida historia de terror basada en *Carmilla*, de Joseph Sheridan Le Fanu, como *Clara es el precio* (1974), una tosca comedia erótica basada en un guión original de Pedro Carvajal.

El principal problema de estas cinco primeras películas de Aranda es que están muy marcadas por la autocensura, a niveles de planteamiento, y por la censura propiamente dicha, por tener todas tienen significativos cortes, que posteriormente, con la llegada de la democracia, Aranda tiene la paciencia de restituir. Por ello el final de la dictadura, la desaparición de la censura el 1 de diciembre de 1977, resulta especialmente beneficioso para su obra.

Después de *Cambio de sexo* (1977), la correcta y fría historia de un transexual, realizada en completa libertad, que marca su encuentro con Victoria Abril para convertirse en su actriz favorita, sus películas adquieren solidez y comienzan a tener éxito desde principios de la década de los ochenta.

Gracias a *La muchacha de las bragas de oro* (1980), *Si te dicen que caí* (1989) y *El amante bilingüe* (1993), sobre las novelas homónimas de Juan Marsé, *Asesinato en el Comité Central* (1982), sobre la obra del mismo título de Manuel Vázquez Montalbán, *Fanny «Pelopaja»*, sobre la narración policiaca de Andreu Martín, *Tiempo de silencio* (1986), basada en el clásico de Luis Martín Santos, *El Lute, camina o revienta* (1987) y *El Lute II, mañana seré libre* (1988), sobre la biografía del *quinqui* Eleuterio Sánchez, la serie de televisión *Los jinetes del alba* (1990), sobre la novela homónima de Jesús Fernández Santos, y *La pasión turca* (1994), sobre la obra del mismo título de Antonio Gala, Vicente Aranda se convierte en un excelente adaptador de novelas españolas contemporáneas, debido a su habilidad para llevarlas a su terreno, pero respetando el espíritu de la obra original.

Entre medias Aranda también rueda algunas de sus mejores películas basadas en guiones originales, tales como el díptico de narraciones criminales integrado por *Amantes* (1991) e *Intruso* (1993), escritas en colaboración con Álvaro del Amo, y *Libertarias* (1996), un viejo proyecto sobre la guerra española, escrito con José Luis Guarner, que finalmente puede realizar. Sin embargo, en una gran mayoría de sus películas aparece un claro interés por lo policiaco en sus muy diferentes formas, nunca suficientemente subrayado, que le lleva a analizar las relaciones entre el amor y la muerte a través de la pasión y a hacer algunos de sus mejores trabajos. Esto, por ejemplo, queda muy claro en *Fanny «Pelopaja»*, su primera gran película, un policiaco de gran fuerza, que pasa demasiado desapercibido en su momento.

Con una peculiar y eficaz estructura dramática, *Fanny «Pelopaja»* está narrada por un personaje secundario, una socióloga (Paca Gabaldón) que es robada y besada por Encarnación Sánchez, alias Fanny «Pelopaja» (Fanny Cottençon), en un aparcamiento; al día siguiente la encuentra y le ofrece sus servicios profesionales y acaba tratándola profesionalmente al final de la historia, que sirve para introducir al principio y al final una discreta voz de fondo.

Después de pasar tres años en la cárcel, Fanny «Pelopaja» trabaja en una gasolinera cuando recibe una llamada telefónica desde Barcelona de Julián «El Ronco» (Francisco Algora) diciéndole que ha visto al ex policía Andrés Gallego (Bruno Cremer). Enseguida deja su trabajo, se va en autobús a Barcelona y durante el trayecto recuerda cómo conoció al policía Andrés Gallego. La detiene mientras hace un pequeño robo en unos grandes almacenes y se acuesta con ella a cambio de proteger a su novio Manuel «El Gato» (Ian Sera) y para que le diga dónde esconden las armas conseguidas en su último golpe.

Una vez en Barcelona Fanny «Pelopaja» se instala en la habitación donde se acostaba con el policía y recuerda cómo, gracias a esconderse una pistola en la vagina, saca a su novio del hospital donde se recupera de las lesiones que le han causado sus compinches en la cárcel. El policía Andrés Gallego les esconde en una casa abandonada, pero acaba matando por celos a Manuel «El Gato» y partiéndole los dientes a ella en una pelea en la comisaría.

En la segunda parte de *Fanny «Pelopaja»* se narra cómo se encuentra con Julián «El Ronco» y «La Nena» (Berta Cabré), una hermana de Manuel «El Gato» que trabaja como bailarina en el popular *cabaret* «El Molino», y le cuentan que Andrés Gallego fue expulsado de la policía y ahora trabaja en una empresa de seguridad. Con las armas que escondían y la ayuda de tres profesionales, asaltan el furgón blindado en que trabaja Andrés Gallego y roban veinticuatro millones de pesetas, pero Fanny «Pelopaja» no se decide a pegarle un tiro en la nuca y se limita a golpearle con una pistola en los dientes.

El ex policía Andrés Gallego no tarda en localizar y matar a Julián «El Ronco» y «La Nena», despreciar la parte del botín del robo al furgón que les corresponde y localizar a Fanny «Pelopaja» en la habitación donde se acostaban. Más tarde la policía les encuentra en la cama, él con una navaja clavada en la espalda y ella en pleno ataque de locura abrazada al cadáver.

Basada en la novela *Prótesis*, del especialista Andreu Martín, el gran atractivo de *Fanny «Pelopaja»* reside en que Vicente Aranda cambia el sexo del atracador protagonista y le convierte en una dura mujer, por lo que la relación planteada con un policía se transforma en una fascinante historia de amor y odio teñida de muerte. Dentro de una modélica y rigurosa narración, destacan el gran poder de síntesis desarrollado por Vicente Aranda en los dos amplios *flashbacks* que integran la película y la eficacia con que está contado el robo final, sin olvidar la perfecta mezcla de erotismo y violencia que encierran muchas escenas.

Realizada en coproducción entre España y Francia, tiene el inevitable defecto de que sus dos protagonistas están doblados. Sin embargo, mientras Bruno Cremer hace uno de sus mejores papeles en el género, la insignificante Fanny Cottençon realiza el mejor trabajo de su irregular carrera. Lamentablemente Aranda no consigue controlar la versión francesa, que es alterada por los coproductores y pierde la mayoría de los atractivos de la española y pasa desapercibida en el extranjero.

Tasio

DIRECTOR Y GUIONISTA: Montxo Armendáriz. FOTOGRAFÍA: José Luis Alcaine. MÚSICA: Ángel Llarramendi, Fermín Gurbindo. INTÉRPRETES: Patxi Bisquert, Amaia Lasa, Nacho Martínez, José María Asín, Francisco Sagarzazu, Enrique Goicoechea, Elena Uriz, Miguel Ángel Rellán, Francisco Hernández. PRODUCCIÓN: Elías Querejeta P.C. Color. DURACIÓN: 90'.

La entrada en vigor y desarrollo del régimen de autonomías tiene una gran influencia sobre el cine español. La mayoría de las autonomías fomenta un cine localista, que tiene cierto éxito en la región de origen por estar hablado en la correspondiente lengua prohibida durante la dictadura del general Franco, pero muy poco en las demás,

Amaia Lasa y Patxi Bisquert en *Tasio*

donde se exhibe doblado al castellano. El primer criterio de ayuda al cine del Gobierno vasco es el más inteligente de los utilizados por las distintas administraciones autonómicas.

El Gobierno vasco subvenciona hasta con un 25% del presupuesto a diferentes producciones, sólo con que estén habladas en euskera, traten temas característicos de la región y en sus equipos haya una mayoría de técnicos y actores vascos. Estas medidas dan lugar a un buen número de películas de interés, entre las que hay que citar *La fuga de Segovia* (1981) y *La muerte de Mikel* (1984), de Imanol Uribe, *La conquista de Albania* (1983), de Alfonso Ungría, *Akelarre* (1983), de Pedro Olea, y a la aparición de nuevos realizadores, entre los que destacan Juanma Bajo Ulloa con *Alas de mariposa* (1991) y Julio Medem con *Vacas* (1991).

Entre estos nuevos realizadores vascos tiene una especial importancia el navarro Montxo Armendáriz (1949) por ser un claro producto de esta nueva política cinematográfica y haber realizado en poco más de diez años cuatro personales películas, siempre para el productor, también vasco, Elías Querejeta. Tras estudiar electrónica y ejercer como profesor en el Instituto Politécnico de Pamplona, su interés por el cine le lleva a rodar cuatro cortometrajes entre finales de los años setenta y principios de los ochenta.

Entre estos cortos sobresale *Carboneros de Navarra* (1981) tanto por su interés intrínseco, como por ser el punto de partida de *Tasio*, su primer y mejor largometraje. Sin embargo, supone una mala influencia sobre el largo al ser también carbonero su protagonista, dar por supuesto el conocimiento por parte del espectador de la complejidad de su trabajo y no explicar nada de él. Aunque éste es el único defecto de una película de gran interés, que gracias a su desdramatizado estilo y a la habilidad de Montxo Armendáriz para dirigir actores poco o nada profesionales, consigue un perfecto equilibrio entre documental y ficción.

Narra la historia de Tasio, que vive en un pueblo situado en los montes navarros de Urbasa, en el valle de Amescoas, desde que a los 8 años debe empezar a trabajar por necesidades familiares, hasta que a los cuarenta y tantos su hija le dice que va a casarse. En estos cuarenta años, y con una gran capacidad de síntesis, *Tasio* describe a través de mínimas escenas la personalidad de un ser independiente, que está contento con la vida al aire libre, tanto al seguir la tradición familiar de fabricar carbón de leña, como de hacer de cazador furtivo, pero no le gusta trabajar para nadie.

Dividida en tres grandes bloques, describe la vida cotidiana de Tasio centrándose en su niñez, su adolescencia y su madurez. Tras contar su interés por los pájaros y el bosque en su niñez, relata cómo a los 15 años Tasio (Isidro José Solano) conoce en un baile a la adolescente con trenzas Paulina (María Pilar Caci) y ambos se enamoran, para luego narrar cómo años más tarde, Tasio (Patxi Bisquert) y Paulina (Amaia Lasa) vuelven a encontrarse en un baile tras un partido de frontón y comienzan a verse con regularidad.

Deben casarse por quedar embarazada Paulina, pero Tasio se defiende bien con su trabajo como carbonero y furtivo, tanto por comerse los conejos y jabalíes que caza, como vendiendo sus pieles, pero el guarda (Francisco Sagarzazu) siempre anda tras de él. Finalmente le descubre quitándole unas truchas, es multado por la guardia civil y tiene que pasar una noche en el cuartelillo. Paulina enferma del corazón y muere, mientras su hija se hace amiga de la del guarda para controlar sus movimientos y facilitar el trabajo a su padre. La historia finaliza cuando la hija (Amaia Lasa) de Tasio va a la carbonera a comunicar a su padre que se casa, ven que el guarda les está observando, le invitan a beber con ellos y los tres brindan por su futuro.

Rodada en el valle de Amescoas, en las localidades de Zudaire, Baquedano, Barindano, Viloria, Galdeano, Eulz, Artaza, Eraul, Mañeru, Ulibarri y Estella, *Tasio* es, en primer lugar, un excelente documental de esta bella zona de Navarra y, luego, la perfecta reconstrucción de una manera de hablar y de vivir, además de un brillante ejercicio de estilo donde, con un gran poder de síntesis y con un hábil juego de elipsis, se resumen cuarenta años de la vida de una persona independiente. Al tiempo, el lanzamiento de un grupo de buenos actores, perfectamente dirigidos, pero que, salvo en los casos de Patxi Bisquert y Nacho Martínez, tienen una mínima carrera profesional.

Posteriormente Montxo Armendáriz continúa por este mismo camino, pero sin alcanzar nunca la altura de su primera película. En *27 horas* narra una historia de jóvenes drogadictos ambientada en San Sebastián, pero resulta en exceso convencional y falsa, a pesar de aplicar los mismos principios a una narración que se desarrolla en poco más de un día. Algo similar ocurre con *Las cartas de Alou*, desigual y demasiado desdramatizada producción sobre el problema de la emigración africana clandestina, lo que no le impide ganar la Concha de Oro del Festival de San Sebastián.

Tras un paréntesis de cinco años, y siempre con producción de Elías Querejeta, Armendáriz hace *Historias del Kronen* (1995), su gran éxito comercial. Parte de la novela homónima de José Ángel Mañas para plantearse la descripción realista y moralizante de un grupo de nuevos *rebeldes sin causa*, hijos de padres ricos, durante el verano de 1994 en Madrid, pero el resultado queda lejos de sus intenciones. Muy bien rodada por Armendáriz, su habitual tono desdramatizado hace demasiado fría la historia y excesivamente repulsivo a su protagonista. A continuación escribe y dirige para otros productores *Secretos del corazón* (1996), uno de sus mejores y más personales trabajos.

Lulú de noche 1985

DIRECTOR Y GUIONISTA: Emilio Martínez-Lázaro. FOTOGRAFÍA: Juan Amorós. MÚSICA: Ángel Muñoz-Alonso. INTÉRPRETES: Imanol Arias, Amparo Muñoz, Antonio Resines, Assumpta Serna, Patricia Adriani, Asunción Balaguer, Fernando Vivanco, Bárbara Tardón, El Gran Wyoming, Mercedes Camins. PRODUCCIÓN: Emilio Martínez-Lázaro para Kaplan y Fernando Trueba P.C. Color. DURACIÓN: 96'.

Las dos películas más interesantes escritas, producidas y dirigidas por Emilio Martínez-Lázaro son el cortometraje *Circunstancias del milagro* (1968), su primer contacto con el cine, rodado en 16 mm con escasísimos medios, que ligeramente remontado, ampliado a 35 mm para su exhibición comercial y rebautizado para evitar problemas con la susceptible censura de la época, se convierte en *El camino del*

Imanol Arias y Asunción Balaguer en *Lulú de noche*

cielo (1971), y el largo *Lulú de noche*. Con enormes diferencias entre ellas, sobre todo técnicas y visuales, ambas cuentan una historia muy similar y el extraño protagonista del corto se convierte en Rufo, el complejo protagonista del largo, el más personal, atractivo y complejo de los creados por Martínez-Lázaro.

Lulú de noche entremezcla con gran habilidad dos mundos muy diferentes: el del director de teatro Germán Ríos (Antonio Resines), que quiere montar una nueva versión de *La caja de Pandora*, —la famosa obra teatral de Frank Weedekind, convertida en excelente película por el alemán G. W. Pabst, con la colaboración de la actriz norteamericana Louise Brooks, y en brillante ópera por Alban Berg—, con el pedante título de *La política del hombre lobo* y casi reducido a un enfrentamiento entre Lulú y Jack «El Destripador», y el del saxofonista Rufo (Imanol Arias), un extraño personaje que actúa en un perdido café, ha tenido un hijo con la prostituta Sara (Bárbara Tardón) y vive con su posesiva madre Josefina (Asunción Balaguer), obsesionada por el papa Juan Pablo II y los tranquilizantes, que roba en farmacias con ayuda de su hijo.

Fascinados ambos por las mujeres, en alguna medida aparecen como las dos caras de una misma moneda, el doctor Jekyll y *mister* Hyde. Germán Ríos utiliza el señuelo del atractivo papel de Lulú, a quien todos confunden demasiado con la niña heroína de la conocida historieta gráfica *La pequeña Lulú*, de Marge Henderson, para intentar recuperar a su ex-mujer Amelia (Assumpta Serna) —que le ha dejado por el futbolista Paco (El Gran Wyoming)— acostarse con la camarera Lola (Patricia Adriani), conquistar al gran amor de su vida Nina (Amparo Muñoz) e incluso, en el último momento, ligar con una chica (Mercedes Camins) a la que conoce en una hamburguesería. Mientras Rufo se libra de la prostituta Sara estrangulándola mientras hacen el amor, intenta realizar lo mismo con su madre, es asaltado con visiones de Juan Pablo II y no lo consigue, pero entabla una relación con

Nina, a quien atropella con su automóvil, que le conduce a una muerte violenta.

Martínez-Lázaro maneja con habilidad una decena de personajes a través de breves escenas entre algunos de ellos en la primera parte y en la final, mientras en la intermedia se encuentran casi todos en una fiesta, utilizando una mínima anécdota. De manera simultánea se desarrollan las intrigas de Germán Ríos para conseguir que financie su obra César Valle (Fernando Vivanco), el marido de Nina, ofreciéndole como cebo a la camarera Lola y su búsqueda de la intérprete ideal de Lulú, además de la peripecia vital de Rufo con las mujeres; de esta manera, cuando se conocen, Germán Ríos enseguida ve en Rufo al intérprete idóneo de Jack «El Destripador».

Más allá de algunos leves fallos de interpretación —actores y actrices que no están a la altura de sus personajes—, y ambientación y vestuario —los inverosímiles ricos que acostumbran poblar las películas españolas de los años ochenta y noventa—, *Lulú de noche* es un trabajo de gran interés, muy conseguido, pero Emilio Martínez-Lázaro no sigue trabajando por esta apasionante dirección. Posteriormente realiza la anodina comedia de enredo *El juego más divertido* (1987) y logra éxito con la comedia juvenil *Amo tu cama rica* (1991), que nada tiene que ver con su más interesante cortometraje *Amo mi cama rica* (1970), lo que le lleva a repetirlo en *Los peores años de nuestra vida* (1994), películas cada vez mejor rodadas, que hace con gran facilidad, pero en las que se compromete muy poco, o nada y no se arriesga en absoluto.

Después de estudiar física, el madrileño Emilio Martínez-Lázaro (1945) dirige algunos cortometrajes mientras tiene una mínima actividad como crítico de cine y escribe guiones para películas de bajo presupuesto. Durante los años setenta trabaja sobre todo como realizador de programas dramáticos en Televisión Española y a finales de la década Elías Querejeta le contrata para escribir y dirigir *Las palabras de Max* (1977), un irregular drama sobre la soledad que tiene muy poco que ver con el resto de su cine y gana el Oso de Oro del Festival de Berlín.

Convertido en su propio productor, rueda en forma de cooperativa y con muy bajo presupuesto *Sus años dorados* (1980), una atractiva comedia de parejas, dentro de las coordenadas de la *comedia madrileña*, que se desarrolla sobre el trasfondo de los agitados años de la transición política, y posteriormente hace para Televisión Española *Todo va mal* (1984), una mucho menos interesante comedia de equívocos. En los años noventa ha conectado con el público más joven a través de unas comedias intrascendentes, que ya ni siquiera escribe, que rueda con eficacia, pero cada vez más alejadas de sus intereses y de su mejor cine.

Réquiem por un campesino español   1985

DIRECTOR: Francesc Betríu. GUIONISTAS: Raúl Artigot, Francesc Betríu, Gustau Hernández. FOTOGRAFÍA: Raúl Artigot. MÚSICA: Antón García Abril. INTÉRPRETES: Antonio Ferrandis, Antonio Banderas, Fernando Fernán-Gómez, Terele Pávez, Simón Andreu, Emilio Gutiérrez Caba, Francisco Algora, Eduardo Calvo, Antonio Iranzo, Ana Gracia, Conrado San Martín, María Luisa San José. PRODUCCIÓN: Angel Huete para Nemo Films S.A., Venus Producción P.C., TV3. Color. DURACIÓN: 95'.

El aragonés Raúl J. Sender (1901-1982) es uno de los mejores y más característicos escritores representantes del exilio originado por la guerra española. En los años treinta publica algunas de sus mejores novelas, *Imán* (1930), *Siete domingos rojos* (1932), *Mr. Witt en el cantón* (1935), por la que obtiene el Premio Nacional de Literatura, al tiempo que desarrolla una amplia actividad como periodista. De-

Ana Gracia y Antonio Banderas en *Réquiem por un campesino español*

fensor de la II República, tras ser asesinadas su mujer y su hija por los rebeldes, en 1938 emigra a Francia, luego a México y en 1942 acaba asentado en Estados Unidos, se naturaliza norteamericano y durante más de treinta años trabaja como profesor de literatura española en la Universidad de Albuquerque.

A pesar de la calidad y la amplitud de su obra literaria, la mayoría escrita en el exilio, el cine español se ha valido muy poco de ella: durante la larga dictadura por claros motivos de censura, pero posteriormente por ese sentimiento tan español que es el olvido. Aunque *El crimen de Cuenca* (1979), de Pilar Miró, y *El Dorado* (1987), de Carlos Saura, tratan, respectivamente, los mismos temas que sus novelas *El lugar de un hombre* (1939) y *La aventura equinocial de Lope de Aguirre* (1964), están basadas en guiones originales y no en ellas.

Tan sólo se adaptan al cine dos de sus mejores obras: la larga trilogía autobiográfica *Crónica del alba* (1942-1966) es origen del interesante díptico formado por *Valentina* (1982) y *1919* (1983), de Antonio J. Betancor, y una de sus novelas más populares, *Mosén Millán* (1960), también titulada *Réquiem por un campesino español*, que da lugar a la película homónima. Sin embargo, a pesar de los buenos resultados económicos y artísticos conseguidos por estas producciones, ningún director vuelve a interesarse por las novelas de Ramón J. Sender.

El leridano Francesc Betríu (1940) es uno de los más atípicos realizadores del cine español de los años setenta y ochenta. Interesado por el mundo del espectáculo, cuando realiza el servicio militar en África organiza una compañía teatral, dirige varias obras y hace una gira por algunos cuarteles. Posteriormente ingresa en la especialidad de dirección de la «Escuela Oficial de Cinematografía», pero antes de finalizar sus estudios es expulsado por *motivos administrativos*.

A finales de los años sesenta, aprovecha el auge del cortometraje de ficción y crea la marca In-Scram para producir cortos de nuevos directores, pero sólo lleva a cabo su proyecto mínimamente. Por un lado gasta mucho más dinero del previsto en *¿Qué se puede hacer con una chica?* (1969), de Antonio Drove, que se convierte en un interesante mediometraje, y por otro, tras realizar *Gente de mesón* (1969) y *Bolero de amor* (1970), decide volver a su idea inicial de dirigir largos.

Betríu debuta en el largometraje con una trilogía donde plantea un cine barato, hecho con un estilo a medio camino entre el esperpento y el más duro realismo, pero que, por diferentes motivos, no acaba de funcionar como debería. Está integrada por *Corazón solitario* (1972), basada en la peculiar estética de las fotonovelas, pero se nota demasiado que es una inexperta primera película; *Furia española* (1974), un esperpento sobre el tema de la afición al fútbol, muy cortado por la censura del general Franco, y *La viuda andaluza* (1976), una barata adaptación de la novela clásica erótica de Francisco Delicado, rodada al mismo tiempo que Vicente Escrivá hace su versión con un amplio presupuesto titulada *La lozana andaluza* (1976).

Su fracaso supone un parón de cuatro años en su carrera para luego dedicarse con mayor éxito a la televisión. Entre las series de éxito *La plaza del diamante* (1982), adaptación de la novela de Mercè Rodoreda, de la que también se hace un montaje para exhibirse en salas cinematográficas, *Vida privada* (1987), sobre la novela de Josep María de Segarra, y *Un día volveré* (1991), basada en la novela de Juan Marsé, realiza su mejor película, *Réquiem por un campesino español*, un trabajo muy cuidado, superior a sus restantes películas, tanto a la precedente *Los fieles sirvientes* (1980), fallida parábola social sobre unos criados que temporalmente pasan a ocupar el lugar de sus señores, como a la posterior *Sinatra* (1988), un intento no logrado de volver al realismo esperpéntico de sus comienzos.

A través de una sucesión de cinco *flashbacks*, *Réquiem por un campesino español* narra las relaciones entre el sacerdote Mosén Millán (Antonio Ferrandis) y el joven campesino Paco «El del Molino» (Antonio Banderas) en un pequeño pueblo aragonés, desde que le bautiza, le hace su monaguillo, ayuda a su confirmación y le casa con Agueda (Ana Gracia), hasta que le bendice antes de que un grupo de falangistas le fusilen tras haberle delatado. Rodada con una cuidada utilización de planos generales, Francesc Betríu hace la mejor de sus películas, pero el conjunto tiene una excesiva frialdad y carece de un cierto calor humano que transmita más emoción.

La mayor parte de la película cuenta cómo, tras las elecciones municipales del 12 de abril de 1931 y ser elegido Paco «El del Molino» uno de los nuevos concejales, durante los primeros tiempos de la II República Española se produce un enfrentamiento entre las antiguas fuerzas vivas de la localidad, —don Valeriano (Fernando Fernán-Gómez), el administrador del invisible señor Duque a quien pertenecen las tierras del pueblo, don Cástulo (Simón Andreu) el alcalde, don Gumersindo (Eduardo Calvo), uno de los ricos, y Mosén Millán—, y las nuevas fuerzas municipales por negarse a pagar al señor Duque por el arrendamiento de sus tierras.

El tan poderoso como invisible señor Duque trama una
dura venganza con el apoyo de las fuerzas vivas. La guardia
civil se retira del pequeño pueblo, casi al mismo tiempo
que llega un grupo de falangistas. Pegan a algunos, cortan
el pelo a varias mujeres y fusilan a otros, pero Paco «El del
Molino», a quien consideran el cabecilla de la insubordina-
ción, se les escapa montado en un caballo blanco. Sin
embargo, es capturado y fusilado gracias a la cobardía de
Mosén Millán y a la amistad que le une con el perseguido.

Mosén Millán se viste mientras espera que acudan los
vecinos al funeral de Paco «El del Molino», pero sólo llegan para asistir a la ceremonia el administrador, el alcalde
y el rico, los culpables indirectos de su muerte. Los tres se
ofrecen a pagar la misa de réquiem, pero el cura se niega a
que le den dinero y acaba poniéndolo de su bolsillo. En un
exceso de simbolismo, tras galopar por el pueblo desierto,
también acude el caballo blanco de Paco «El del Molino».

El año de las luces   1986

DIRECTOR: Fernando Trueba. GUIONISTAS: Rafael Azcona, Fernando
Trueba. FOTOGRAFÍA: Juan Amorós. MÚSICA: Francisco Guerrero. INTÉR-
PRETES: Jorge Sanz, Maribel Verdú, Manuel Alexandre, Rafaela Aparicio,
Verónica Forqué, Violeta Cela, Diana Peñalver, José Sazatornil «Saza»,
Santiago Ramos, Chus Lampreave. PRODUCCIÓN: Andrés Vicente Gómez
para Compañía Iberoamericana de TV. Color. Scope. DURACIÓN: 100'.

Después de estudiar imagen en la Facultad de Ciencias de
la Información de la Universidad de Madrid, ser crítico de
cine del diario *El País*, fundar la revista especializada *Casablanca* y dirigir algunos cortos, el madrileño Fernando
Trueba (1955) debuta como realizador de largos con *Ope-*

Maribel Verdú y Jorge Sanz en *El año de las luces*

ra prima (1980), una de las películas más conocidas de la denominada *comedia madrileña*.

Mientras colabora en algunos guiones ajenos, realiza los dos peores trabajos de su cada vez más brillante carrera: el desigual documento *Mientras el cuerpo aguante* (1982), sobre la poco atractiva personalidad del cantante Chicho Sánchez Ferlosio, hijo del escritor falangista Rafael Sánchez Mazas, y la fallida comedia *Sal gorda* (1983), que muy poco tiene que ver con sus restantes incursiones en el género.

Su trabajo comienza a mejorar de una manera apreciable a raíz de que el productor Andrés Vicente Gómez le encarga, primero, escribir el guión y, más tarde, también dirigir *Sé infiel y no mires con quién* (1985), una comedia teatral de equívocos de gran éxito, original de los dramaturgos ingleses Ray Conney y John Chapman. Trueba consigue una comedia muy dinámica, rodada con gran habilidad, cuyo éxito le permite hacer una de sus más personales comedias para el mismo productor.

Sobre un argumento de Manuel Huete, convertido en guión por Rafael Azcona y el propio Trueba, realiza *El año de las luces*, la historia de una peculiar educación sentimental en la dura España de la más inmediata posguerra. No sólo marca el principio de su interesante colaboración con Azcona, sino que también es un sólido borrador de *Belle époque* (1992), su película más famosa, al narrar ambas una misma historia.

En abril de 1940, un año después del final de la guerra española, el teniente José Morales (Santiago Ramos) lleva a sus hermanos Manolo (Jorge Sanz), de 15 años, y Jesús (Lucas Martín), de 11, desde el triste y desabastecido Madrid del hambre, las cartillas de racionamiento y el estraperlo, a un preventorio antituberculoso infantil en Extremadura, cerca de Portugal, regido por la Sección Femenina de Falange Española.

A pesar de admitir sólo a niños menores de 12 años, aceptan a Manolo por ser hijo de caído y por la fascinación que produce en la solterona directora Irene (Verónica Forqué) y en algunas de las muchachas que allí trabajan: Vicenta (Violeta Cela), a la que ve desnudarse cada noche, y Paquita (Diana Peñalver), con la que tiene algún escarceo. Le toma bajo su protección el envejecido Emilio Zorzano (Manuel Alexandre), un anarquista afrancesado, admirador de la literatura y la poesía y adorador de san Buenaventura (Durruti).

Un aburrido Manolo pasa las semanas dedicado a la práctica del onanismo y enfrentado a la maestra doña Tránsito que, en el comedor y bajo el lema «Ni un hogar sin lumbre, ni un español sin pan», cada día bendice la mesa con la jaculatoria «Bendice Señor esta mesa y los alimentos que vamos a tomar, al Caudillo, a José Antonio, a los caídos por Dios y por España, al *Führer*, al *Duce* y al Emperador del Japón», hasta que el sexo deja paso al amor en su vida.

Cuando Manolo está próximo a tener una relación carnal plena con Vicenta, ella debe irse a su pueblo a cuidar de su madre y la sustituye María Jesús (Maribel Verdú), la sobrina o, más bien, la hija de don Teódulo (José Sazatornil), el cura que atiende el preventorio, y el amor no tarda en nacer entre ellos. Descubiertos por la directora cuando se besan con pasión, a pesar de que hacen todo lo posible por tener un hijo y que les obliguen a casarse, no tienen suerte y Manolo vuelve a Madrid con su hermano y María Jesús a su casa.

Después de un prólogo en Madrid y un viaje en autobús demasiado largo hasta Extremadura, *El año de las luces* adquiere fuerza cuando los hermanos llegan al preventorio antituberculoso. Fernando Trueba consigue obtener el difícil tono entre el realismo y el humor para contar una atípica historia sentimental, llena de la tristeza y la amargura de los años de posguerra, en buena parte gracias al atractivo guión escrito entre Rafael Azcona y él.

Su éxito le conduce a *El sueño del mono loco* (1985), un complejo, extraño y sórdido policiaco, que rueda en París, en inglés, sobre una olvidada novela de Christopher Frank. Una historia con personajes norteamericanos, ingleses y franceses, que se desarrolla en el mundo del cine, pero que resulta demasiado fría y tiene una desconcertante sucesión de finales. Una experiencia que aparece como un islote perdido dentro de la bastante coherente obra de Fernando Trueba.

Tras este tropezón, más que fracaso, Trueba escribe con Azcona la más conocida de sus películas, *Belle époque*, que gana el Oscar destinado a la producción extranjera y obtiene un gran éxito nacional y también internacional. Vuelve al mismo esquema narrativo de *El año de las luces* para contar una historia muy similar, otra peculiar educación sentimental; pero mientras aquélla está teñida del pesimismo de la posguerra, ésta aparece bañada por el optimisno de los breves años de la II República española.

En *Belle époque* es el joven desertor Fernando (Jorge Sanz) quien, en un caserón perdido en mitad del campo, tiene diferentes experiencias eróticas con las cuatro hijas de su amigo Manolo (Fernando Fernán-Gómez). Después de acostarse con Violeta (Ariadna Gil), Rocío (Maribel Verdú) y Clara (Miriam Díaz-Aroca), acaba formalizando sus relaciones con la pequeña Luz (Penélope Cruz).

Su éxito conduce de nuevo a Trueba a una discutible experiencia, en esta ocasión la comedia *Two Much* (1995), que rueda en inglés, en Estados Unidos, con un reparto casi exclusivamente norteamericano, sobre una anodina novela policiaca del especialista Donald Westlake. Sin embargo, resulta más personal que *El sueño del mono loco* en cuanto gira en torno a una situación que parece interesarle mucho más: el hombre que mantiene relaciones simultáneas con varias hermanas.

Dragon Rapide   1986

DIRECTOR: Jaime Camino. GUIONISTAS:. Jaime Camino, Román Gubern. FOTOGRAFÍA: Juan Amorós. MÚSICA: Xavier Montsalvatge. INTÉRPRETES: Juan Diego, Victoria Peña, Manuel de Blas, Francisco Casares, Pedro Díez del Corral, Santiago Ramos, Miguel Molina, Saturnino Cerro, Laura García Lorca. PRODUCCIÓN: Jaime Camino para Tibidabo Films, TVE. Color. DURACIÓN: 105'.

La emblemática figura del general Franco ha sido encarnada en cine por tres actores muy diferentes en otras tantas producciones muy distintas entre sí. El último por orden cronológico es Juan Echanove en la fantástica, realista y personal visión de la posguerra que es *MadreGilda* (1993), de Francisco Regueiro. Entre medias se sitúa el argentino José Soriano en la fantasía *Espérame en el cielo* (1987), de Antonio Mercero, que especula sobre el tema del doble. Y en primer lugar aparece *Dragon Rapide*, que en contra de las otras dos no sólo pretende ser un documento recons-

Juan Diego y Victoria Peña en *Dragon Rapide*

truido, sino que es la única donde Francisco Franco aparece joven, antes de convertirse en dictador.

Bajo el título *Dragon Rapide* se esconde el nombre del avión británico De Havilland que el general Franco utiliza para trasladarse desde Las Palmas de Gran Canaria hasta Tetuán y ponerse al frente de las fuerzas que se sublevan contra el gobierno de la II República, pero también la crónica de los quince días anteriores al 18 de julio de 1936, la pequeña historia de un fallido golpe de estado que genera una larga y sangrienta guerra.

Narra cómo Luis Bolín (Santiago Ramos), con dinero del banquero Juan March (Pedro del Río), alquila en Londres un hidroavión para ir a cazar leones a la cordillera del Atlas. Tras hacer escalas en Oporto y Casablanca, llega a Las Palmas de Gran Canaria, recoge al general Franco, vuelve a detenerse en Casablanca y llega a Tetuán. Al mismo tiempo, y en un hábil montaje entrecruzado, con acciones que también se desarrollan en Pamplona, Barcelona y Navarra, se relatan algunas historias paralelas, tanto reconstrucciones históricas, como puramente ficticias.

El periodista progresista Paco (Miguel Molina), tras pasar la noche con la activista falangista Patricia (Laura García Lorca), se entera de los preparativos de la sublevación, pero el director (Rafael Alonso) de su periódico no quiere creerle. El general Emilio Mola (Manuel de Blas) hace todo lo posible para evitar que la rebelión se convierta en un sangriento desastre. Tras la muerte violenta del teniente Castillo, el diputado José Calvo Sotelo (José Luis Pellicena) es asesinado por un grupo de guardias de asalto. La prudente Carmen Polo (Victoria Peña) teme que el golpe militar fracase y el futuro de su hija y su marido, el general Franco, sea tan negro como incierto. El músico Pau Casals (Jarque) ensaya un concierto en el Palau de la Música de Barcelona, pero se suspende por el comienzo de la rebelión armada.

Jaime Camino se mueve con soltura entre este entramado de pequeñas historias, consigue hacer una buena crónica desde el 4 al 18 de julio de 1936 y mezclar con habilidad las reconstrucciones históricas con la pura ficción dentro de un conjunto en el que destacan las escenas del general Franco, su mujer y su hija en la intimidad. Sin embargo, al tiempo que maneja bien a su amplio y variado reparto, la escasez de medios con que está realizada *Dragon Rapide* hace que se echen en falta escenas exteriores, frente a un exceso de escenas interiores. También sobra el toque catalanista, el concierto de Pau Casals, que sólo es una mala excusa para incluir un alegato final en catalán por la paz .

Interesado por el tema de la guerra española, Jaime Camino lo trata en otras tres ocasiones. En *Las largas vacaciones del 36* (1975) da una peculiar versión a través de un grupo de niños a quien sorprende la rebelión militar veraneando con sus familias en un pequeño pueblo de los alrededores de Barcelona. *La vieja memoria* (1977) es un documental de montaje que entrelaza entrevistas con personalidades de la época para indagar sobre los antecedentes del conflicto. En *El largo invierno* (1991) narra el final de la guerra en Barcelona a partir de dos hermanos que luchan en distintos bandos y el mayordomo de la casa familiar. A pesar del interés de estas producciones, y de que frente al éxito de la primera, la segunda pasa desapercibida y la tercera es un fracaso, su mejor película sobre el tema es *Dragon Rapide*.

Licenciado en derecho y profesor de piano y armonía, el barcelonés Jaime Camino (1936) es propietario de la marca Tibidabo Films, con la que produce la mayoría de sus películas, y coguionista de todas ellas. Aunque forma parte, durante finales de los años sesenta y principios de los setenta, del grupo denominado «Escuela de Barcelona», sus películas poco tienen que ver con las del resto de sus componentes por hacer un cine más comercial y menos esteticista.

Tras rodar algunos cortometrajes, debuta en el largo con *Los felices 60* (1963), sobre un intento de adulterio en un verano en Cadaqués, desvirtuada por la autocensura característica de la época. Tiene más interés *Mañana será otro día* (1966), en torno a las relaciones entre un aprendiz de delincuente y una prostituta, pero está muy mediatizada por la censura. Mientras, están directamente cortadas *España otra vez* (1968), intento de visión crítica de la realidad nacional de la época a través de los ojos de un antiguo miembro de las Brigadas Internacionales, y *Un invierno en Mallorca* (1969), que narra la estancia en la isla del pianista Federico Chopin y la novelista George Sand.

El fracaso de *Mi profesora particular* (1972) lleva a Jaime Camino a cuatro años de inactividad cinematográfica, de la que le saca el productor José Frade cuando le encarga *Las largas vacaciones del 36*, cuyo final, la entrada de las fuerzas moras del general Franco en Cataluña, también desaparece en uno de los últimos coletazos de la censura. El poco éxito de público del documental *La vieja memoria* le conduce a otros dos años de inactividad y a la fallida *La campanada* (1979), sobre la crisis de un ejecutivo.

Sus últimas películas son las pretenciosas *El balcón abierto* (1984), una producción de Televisión Española sobre la figura del poeta Federico García Lorca, y *Luces y sombras* (1988), sobre los problemas de un director que rueda una película en torno al famoso cuadro *Las meninas*, de Diego Velázquez, además de las citadas visiones de la guerra española *Dragon Rapide* y *El largo invierno*. El fracaso de esta última y la cada vez más deteriorada situación económica del cine español hacen que Jaime Camino regrese a su vocación inicial de novelista para publicar *Moriré en Nueva York* (1996), la primera de sus obras literarias que ve la luz.

El disputado voto del Sr. Cayo   1986

DIRECTOR: Antonio Giménez-Rico. GUIONISTAS: Manuel Matji, Antonio Giménez-Rico. FOTOGRAFÍA: Alejandro Ulloa. MÚSICA: Maestro Arrieta. INTÉRPRETES: Francisco Rabal, Juan Luis Galiardo, Iñaki Miramón, Lydia Bosch. PRODUCCIÓN: José María Calleja para P.C. Penélope S.A. Color. DURACIÓN: 103'.

El punto de partida de la mayoría de las películas norteamericanas es una novela, pero el cine español nunca ha sentido especial predilección por la literatura. Los escritores siempre han despreciado el cine, los productores jamás han destacado por su afición a la lectura y los directores han preferido escribir sus propias historias para no tener que repartir los derechos de autor.

Esta situación cambia radicalmente cuando a finales de 1980 Televisión Española pone en marcha un primer programa de colaboración con el cine y destina mil trescientos millones de pesetas de la época a la producción de películas que, tras dos años de exhibición en locales cinematográficos, serán emitidas por televisión. Una de las principa-

Francisco Rabal en *El disputado voto del Sr. Cayo*

les condiciones de este programa es que estén basadas en grandes novelas de la literatura española.

Desde este momento se produce un fenómeno de signo contrario y cada vez son más los proyectos de películas españolas que no parten de una adaptación de alguna novela de un autor nacional contemporáneo. Nunca más vuelve a aparecer esta condición ni para conseguir los adelantos que dan los diferentes canales de televisión, ni las subvenciones del Ministerio de Cultura y las autonomías, pero a la vista de los buenos resultados obtenidos por la primera hornada de películas basadas en novelas, se considera como una garantía y la racha continúa.

El vallisoletano Miguel Delibes (1920) es uno de los novelistas que en alguna medida escapa a esta regla, dado que de sus ocho novelas que hasta ahora se han llevado al cine, sólo cuatro se han hecho en los años ochenta. En 1963 Ana Mariscal dirige una buena adaptación de *El camino* (1950) con el mismo título, pero pasa desapercibida. En 1976 Antonio Giménez-Rico parte de *Mi idolatrado hijo Sisí* (1953) para realizar *Retrato de familia*, que tiene un cierto éxito. En 1977 Antonio Mercero rueda *La guerra de papá*, que consigue grandes recaudaciones, a partir de la novela *El príncipe destronado* (1973) y en 1988 convierte *El tesoro* (1985) en una película con el misto título, pero no tiene el menor éxito.

En 1984 Mario Camus hace una adaptación homónima de *Los santos inocentes* (1981), que tiene gran éxito nacional e internacional. A pesar de que no está directamente basada en una novela de Delibes, el origen de *Función de noche* (1981), de Josefina Molina, es la adaptación teatral de la novela *Cinco horas con Mario* (1966) y la gira que la actriz Lola Herrera hace con ella por toda España. Antonio Giménez-Rico vuelve a partir de la novela homónima *El diputado voto del Sr. Cayo* (1978) para rodar la mejor de sus películas. Y, por último, el español exiliado en México Luis Alcoriza cierra su irregular filmografía en 1990 con una adaptación homónima de *La sombra del ciprés es alargada* (1947), la primera novela de Delibes.

Sobre un sólido guión de Manuel Matji y el propio Giménez-Rico, *El diputado voto del Sr. Cayo* narra una típica historia de Delibes en torno a las primeras elecciones legislativas del 15 de junio de 1977, tras cuarenta años de dictadura del general Franco. Víctor Velasco (Juan Luis Galiardo), el candidato por el Partido Socialista Obrero Español al Congreso de los Diputados por la provincia de Burgos, y sus colaboradores Rafael (Iñaki Miramón) y Lali (Lydia Bosch) van a visitar unos olvidados pueblos al norte de su provincia para rematar su campaña electoral.

Tras cruzarse con un automóvil de un grupo de fascistas de la organización Fuerza Nueva también en busca de votos, comer y visitar un maravilloso cañón por el que corre un río, los tres amigos llegan a Curiña dispuestos a hacer un mitin, pero se encuentran con que tan sólo hay tres vecinos. No tardan en intimar con el amable viejo Cayo Fernández (Francisco Rabal), el alcalde de la localidad, más tarde conocen a su muda mujer y no llegan a ver a su odiado y único vecino.

Lo que narra *El diputado voto del Sr. Cayo* es el particular enfrentamiento que se produce entre la progresista mentalidad política de los tres amigos y la vieja filosofía campesina del señor Cayo. La fascinación que su peculiar personalidad produce en Víctor Velasco le lleva al convencimiento de que su concepción de la vida es más importante que la suya. Esto unido a la aparición de los violentos jóvenes de Fuerza Nueva, que les insultan y agreden, le conduce a emborracharse y más tarde acabar abandonando la política.

Para dar mayor actualidad a la historia, los guionistas inventan una discutible argucia narrativa. La película se cuenta desde 1986, con el P.S.O.E. en el poder, Rafael convertido en un influyente diputado y utilizando como excusa la muerte de un olvidado Víctor Velasco. Desde un presente en blanco y negro, se introducen cuatro *flash-backs* en color que describen el día que casi diez años antes pasan los tres amigos con el señor Cayo.

Tras asistir a su entierro en el cementerio civil de Madrid, Rafael y Lali se van a comer juntos para recordar a su amigo desaparecido. Al final de la comida Lali le pide a Rafael que cuando vaya a Burgos se acerque a Curiña para llevar al señor Cayo el encendedor de Víctor Velasco como recuerdo. Cuando llega al pueblo, encuentra al viejo solo y enfermo, han muerto su mujer y su vecino, y llama a una ambulancia para que le trasladen a un hospital.

El diputado voto del Sr. Cayo tiene interés por la buena descripción que hace de la personalidad de su viejo protagonista, las relaciones que se establecen entre él y los políticos profesionales, pero sobre todo por las buenas interpretaciones de Francisco Rabal y Juan Luis Galiardo. Sin embargo, no consigue que tengan vida propia las escenas actuales por falta de una mínima trama dramática y quedan reducidas a una argucia narrativa.

Abogado, periodista radiofónico y ayudante de dirección, el burgalés Antonio Giménez-Rico (1939) debuta como director de cine con la producción infantil *Mañana*

de domingo (1966) y la fallida trilogía de comedias formada
por *El hueso* (1968), *El cronicón* (1969) y *¿Es usted mi
padre?* (1970). Tras permanecer seis años apartado del cine,
trabajando en Televisión Española, regresa con *Retrato de
familia*, una de sus mejores películas.

Durante finales de los años setenta y principios de los
ochenta, una vez más alterna el cine y la televisión, pero
desde el éxito de *El disputado voto del Sr. Cayo* trabaja en
cine con regularidad en películas de mucho menor interés:
Jarrapellejos (1987), adaptación de la novela homónima de
Felipe Trigo, y las historias originales *Soldadito español*
(1988), que escribe con Rafael Azcona, *Catorce estaciones*
(1991) y *Tres palabras* (1993). En 1996 vuelve a partir de
una novela de Miguel Delibes, *Las ratas* (1962), para hacer
una película.

Me hace falta un bigote   1986

DIRECTOR Y GUIONISTA: Manuel Summers. FOTOGRAFÍA: Tote Trenas.
MÚSICA: Carlos Vizziello, David Summers. INTÉRPRETES: Jacobo Echeva-
rría, Paloma Osorio, Gregorio García Morcillo, Beatriz Martínez, Álvaro
Summers, Ismael Oliver, Belén Ordóñez. PRODUCCIÓN: M. Summers
P.C., M-2 Films S.A. Color. DURACIÓN: 87'.

Obsesionado por el primer amor, los amores infantiles y
adolescentes, el director y guionista sevillano Manuel Summers (1935-1993) les dedica una buena parte de su muy
desigual filmografía. Su primer proyecto profesional está
integrado por tres historias de amor entre personas de muy
diferentes edades; la de los jóvenes se desgaja para convertirse en *La niña de luto* (1964), su segunda película, y *Del
rosa al amarillo* (1963), su primer trabajo profesional, está

Jacobo Echevarría y Paloma Osorio en *Me hace falta un bigote*

compuesta por una historia de amor entre niños, que dura una hora, y otra entre ancianos, que sólo dura treinta minutos.

Entre las tradicionales *comedias a la española* sin interés *No somos de piedra* (1968), *¿Por qué te engaña tu marido?* (1969), o la terrible trilogía sobre tontos episodios rodados con cámara oculta e integrada por *To er mundo e güeno* (1981), *To er mundo e... mejó* (1982) y *To er mundo e... demasio* (1985), Summers vuelve a sus queridos amores infantiles con el díptico formado por *Adiós, cigüeña, adiós* (1971) y *El niño es nuestro* (1973), sobre la aventura que supone para una quinceañera y sus amigos quedarse embarazada, sin olvidar *Ya soy mujer* (1975) y *Mi primer pecado* (1976), que tienen una mayor carga erótica y por ello deben salvar algunos problemas de censura.

La mejor de sus películas en este terreno, su más elaborado trabajo es *Me hace falta un bigote*, uno de sus mayores fracasos. Lo que no le impide volver una vez más sobre el mismo tema en sus dos últimas producciones, los fallidos musicales *Sufre mamón* (1987) y *Suéltate el pelo* (1988) al servicio del grupo Hombres G., cuya alma es su hijo David Summers, que de nuevo cuentan historias de amores juveniles, pero cada vez con una mayor carga misógina.

Tras la dedicatoria «A ti *pelaíto* estés donde estés», sutil referencia al famoso actor mexicano de los años cuarenta Jorge Negrete, *Me hace falta un bigote* comienza con la escena final del episodio infantil de *Del rosa al amarillo*, donde el niño Guillermo (Pedro Díaz del Corral) vuelve a suspirar por la inalcanzable Margarita (Beatriz Galbó). Después de la palabra fin, que no aparece en la película original, y olvidando el episodio de los ancianos, comienza un coloquio en el ficticio programa de televisión *Hora H*, donde el periodista Jesús Hermida interroga sobre sus primeros amores al actor y director Luis Escobar, la cantante María Ostiz, el dramaturgo Juan José Alonso Millán, el escultor Otero Besteiro, el cura Jorge Rodríguez San José y el propio Manuel Summers.

Cada uno de los contertulios televisivos cuenta una breve experiencia sentimental en la infancia y Summers narra cómo a los 10 años se enamoró de una bella niña de 12. Días después, mientras rueda y monta una de sus películas hechas con cámara oculta, comienza a recibir extraños avisos telefónicos de una señora y finalmente llega a sus manos una carta con una fotografía de Luisita, su amor infantil, proponiéndole que se vean. Una vez que han concertado una cita en casa de ella, la imaginación de Summers se despierta y comienza a escribir sus recuerdos de aquella historia de amor.

Dividida en nueve bloques casi autónomos, que cuentan breves anécdotas rodadas en blanco y negro, entre las que aparece Summers en color escribiendo, buscando documentales sobre finales de los años cuarenta o intentando encontrar a alguien que se parezca a Jorge Negrete para encarnarlo en una de las escenas finales de una posible película, se desarrolla la historia de *Me hace falta un bigote*.

El niño Manolo (Javier Echevarría) ayuda a misa y a dar la comunión a su amiga Luisita (Paloma Osorio). Vestido de falangista y rodeado de niños canta el *Cara al sol* y luego su amigo Pibe (Gregorio García Morcillo) le pide que dé un regalo de su parte a su hermana Carmen (Beatriz Martínez). Después de estudiar en su casa con sus amigos, le da el regalo de Pibe a su hermana, pero ella le dice que sólo le gusta Panchi.

Antes de dormirse Manolo reza «Jesús mío, haz un milagro, haz que Luisita me quiera, y te juro que si me caso con ella, cuando se muera, me voy de misionero a Japón. De verdad, que te lo juro», pero su amigo Pibe le dice que a Luisita le gusta Jorge Negrete. Se bebe los restos de *cognac* dejados por los amigos de su padre para reanimarse por la noticia, se emborracha, se cree que se va a morir y llama a sus hermanos para hacer testamento.

Mientras hacen algunas diabluras, como echar tinta en la pila del agua bendita para que las beatas se manchen la frente al santiguarse, un día se reúnen en su casa niños y niñas para jugar a las tinieblas y el seminarista Hilario, que les cuida mientras besuquea a la criada Felipita, les anima a meterse en el cuarto de baño por parejas y declararse preguntando el niño a la niña «¿Quieres ser la madre de mis hijos»?, pero Luisita le confirma a Manolo que está enamorada de Jorge Negrete.

El grupo de amigos y amigas van al madrileño cine Capitol para ver *Allá en el Rancho Grande* (1948), de Fernando de Fuentes, una de las mejores y más famosas películas protagonizadas por Jorge Negrete, que pone de moda su personal bigote. Luisita se muestra encantada con su actor favorito y Manolo al llegar a su casa se mete en el cuarto de baño, se pinta un bigote y se peina como el actor mexicano.

Luisita le da a Manolo un beso y una fotografía suya, pero cuando se entera de que Jorge Negrete llega a Madrid para rodar con Carmen Sevilla *Jalisco canta en Sevilla* (1948), de Fernando de Fuentes, la primera coproducción hispano-mexicana, le pide que la acompañe a la estación de ferrocarril a recibirle. Manolo no puede aceptar por tener una marcha con su centuria falangista al monasterio de San Lorenzo de El Escorial, pero acaba por desertar a mitad de camino y acompañar a la estación a su amada para verla saludar a su ídolo.

Cuando Manuel Summers decide no hacer la película que está escribiendo porque estos recuerdos infantiles le ponen muy triste, acude a la cita a casa de su amor de infancia y le abre la puerta su hija (Paloma Osorio). Es idéntica a su madre y está enamorada de Michael Jackson, por lo que Summers cambia de opinión y decide rodar *Me hace falta un bigote* con ella de protagonista, se lo propone y la quinceañera acepta.

Realizada con muy pocos medios y con el desaliño característico de sus últimas películas, Manuel Summers consigue el mejor de sus múltiples dibujos de amores infantiles por la buena mezcla de elementos sentimentales y humorísticos y, sobre todo, por estar planteada como episodios autónomos que construyen una historia general, a pesar de que sobra la práctica totalidad de las escenas rodadas en color, las protagonizadas por el propio Summers, que sólo son una buena idea para alargar una película demasiado corta.

La guerra de los locos   1986

DIRECTOR Y GUIONISTA: Manolo Matji. FOTOGRAFÍA: Federico Ribes. MÚSICA: José Nieto. INTÉRPRETES: Álvaro de Luna, José Manuel Cervino, Juan Luis Galiardo, Pep Munné, Pedro Díaz del Corral, Luis Marín, Francisco Algora, Achero Mañas, Maite Blasco, Emilio Gutiérrez Caba, Alicia Sánchez, Ana Marzoa. PRODUCCIÓN: José María Calleja para Xaloc S.A. DURACIÓN: 104'.

La guerra española ha dado lugar a una abundantísima bibliografía, tanto a niveles de ensayo como de novela. Sin embargo, la filmografía que ha generado es mucho más escasa. Las razones son de muy distinta índole, pero se

Achero Mañas, José Manuel Cervino y Pedro Díez del Corral en *La guerra de los locos*

concentran en tres puntos. A diferencia de lo que ocurre con la escritura, son muy pocos los extranjeros que han tratado el tema. Los cuarenta años de dictadura del general Franco imponen una única, tendenciosa y plana visión, que no tarda en agotarse en sí misma. Y, por último, cuando finalmente pueden exponerse las más variadas opiniones sobre ella, han pasado demasiados años y comienza a ser olvidada.

Dentro del irregular conjunto de películas sobre la guerra española, *La guerra de los locos* ocupa una posición muy especial. En primer lugar por acercarse a ella desde una postura tan particular como es la de la locura de sus principales personajes. Luego por tratarse de la primera y ambiciosa película del guionista, productor y director Manolo Matji, y estar realizada con tanto entusiasmo como eficacia. Y, por último, por contar una historia de pura acción, una especie de *western* muy particular, además de tener un amplio y en buena medida renovador grupo de actores, casi exclusivamente masculino.

   Tras un rótulo que indica: «Agosto 1936. La historia
que aquí se cuenta sucedió al comienzo de la Guerra Civil
española, cuando el Ejército sublevado avanzó desde el sur
hacia la capital de la nación. En su retaguardia se produje-
ron bolsas donde desesperados combatientes permanecie-
ron leales a la República», *La guerra de los locos* parte de
hechos reales, de un argumento del novelista Isaac Montero, para contar la historia de un peculiar grupo de combatientes republicanos atrapados en una de estas bolsas en la
zona de Extremadura.

   La narración comienza con un prólogo en el pueblo de
Navagrande. En mitad de la noche es tomado por un grupo
de fascistas al mando del cruel don Salvador (Juan Luis
Galiardo), el cacique de la zona, el médico del cercano pueblo de Andones del Río. El maestro Rufino (Pedro Díaz del
Corral) consigue huir por los tejados, ve cómo fusilan a los
republicanos y el doctor mata de un tiro en la nuca a Felisa
(Alicia Sánchez), cuyo único delito es ser la mujer de Saturnino Grande, más conocido por «El Rubio» (Álvaro de
Luna), un valeroso combatiente republicano que permanece libre en la zona tomada por el ejército rebelde.

   En el Hospital Psiquiátrico de Piedraescrita, en vista de
los acontecimientos, don Frutos (José Vivó), el médico que
regenta la amplia institución situada en mitad del campo,
deja los enfermos al cuidado de la responsable hermana
Matilde (Maite Blasco) y de otra joven hermana (Manuela
Camacho) y se marcha en una motocicleta con *sidecar*. Los
locos no tardan en matar y violar a las monjas, mientras
Ángel Frutos (José Manuel Cervino), el más listo, impulsi-
vo y loco de todos ellos, se hace pasar por médico y se
pone al frente de la institución.

   Al llegar un teniente al mando de dos pelotones de soldados insurrectos al Hospital Psiquiátrico, Ángel Frutos
consigue atemorizarle con la peligrosidad de los locos, que
no entren en el edificio y acampen en el jardín. Cansado de
los fallos del camioncillo de la institución y de la prepoten-
cia del militar, que requisa todo cuanto le gusta, Ángel

Frutos le roba el suyo. Disfrazado del doctor que les cuida, emprende una huida hacia ninguna parte en compañía de los locos Andrés (Pep Munné), Roque (Luis Martín), Serafín (Emilio Laín) y Rafael (Juan Potau).

Las menguadas fuerzas de «El Rubio», integradas por Emilio (Patxi Catala), Antón (Achero Mañas) y Paulino (Cesáreo Estébanez), a los que se les ha unido Rufino tras huir de la matanza de Navagrande, se encuentran con el camioncito del grupo de locos. Al comprobar que va cargado con una ametralladora, fusiles y municiones, no dudan en enseñarles su manejo, formar una peculiar fuerza de ataque, pintar en el vehículo las iniciales U.H.P. (Unión de Hermanos Proletarios) y lanzarse a la lucha contra los fascistas, en general, y contra don Salvador, en concreto.

Enseguida se hacen muy patentes los fallos del curioso grupo de diez hombres que con la ametralladora montada en el camioncito se enfrenta con los rebeldes por primera vez en Malachica. Los locos, tanto el que se hace pasar por doctor como los otros cuatro, están muy locos y sus reacciones son imprevisibles. Luchan con una gran temeridad, pero igual disparan contra los enemigos que contra sus amigos. Finalizado este primer enfrentamiento, diezmadas sus fuerzas, Ángel Frutos se hace afeitar la cabeza para transformarse en «El Rubio» y se lanza con sus locos a hacer todo tipo de tropelías y a la búsqueda de don Salvador.

En el primer encuentro, los locos son detenidos en Navachuelo por una brigada de militares rebeldes al mando de un comandante (Emilio Gutiérrez Caba). Mientras tanto «El Rubio», el único de los suyos que se ha salvado, gravemente herido en una pierna, llega al mismo pueblo y al enterarse de lo ocurrido, se entrega para no cargar con las matanzas realizadas por los locos. En contra de la opinión del militar, don Salvador decide fusilar a «El Rubio», pero mientras éste cae muerto ante el paredón, Ángel Frutos mata de un navajazo al cacique y médico.

A pesar de la complejidad de su historia, *La guerra de los locos* está muy bien narrada con un eficaz juego de elipsis y acciones paralelas, dentro de una elaborada estructura dramática tradicional. Sin embargo, el máximo interés de la historia que relata Manolo Matji reside en su personal acercamiento al mundo de la locura y en el dibujo de la figura de su protagonista. El peculiar loco Ángel Frutos, que hace todo lo posible por convertirse en las personas que admira, primero el doctor y luego el miliciano, está muy bien trazado y permite a José Manuel Cervino hacer una excelente interpretación.

Sin embargo, *La guerra de los locos*, por esas extrañas contradicciones que encierra el cine, no es el comienzo de una brillante carrera, sino una película aislada en la irregular trayectoria de su realizador. El madrileño Manolo Matji (1943) estudia medicina en la Universidad de Madrid y dirección en la «Escuela Oficial de Cinematografía», escribe crítica de cine en algunas revistas especializadas y a finales de los años setenta comienza una atractiva carrera como guionista y también productor.

Sobre todo interesado por la realización, consigue hacer la estupenda *La guerra de los locos*, pero por motivos difíciles de precisar no es un éxito ni de crítica ni de público y además permanece como un brillante islote en su filmografía. Seis años después, Matji comienza a rodar *Huidos* (1993), una historia de maquis que podía haberse convertido en otra gran película, pero por desavenencias con su productor y protagonista, abandona el rodaje a la mitad y la acaba malamente y firma Sancho Gracia. Posteriormente rueda el encargo *Mar de Luna* (1994), una historia ambientada en el siglo XV, que trata de llevar a su querido terreno del *western*, pero a pesar de ser un brillante ejercicio de dirección, no logra superar la torpeza de un guión ajeno.

La ley del deseo

1986

DIRECTOR Y GUIONISTA: Pedro Almodóvar. FOTOGRAFÍA: Ángel Luis Fernández. INTÉRPRETES: Eusebio Poncela, Carmen Maura, Antonio Banderas, Miguel Molina, Manuela Velasco, Nacho Martínez, Fernando Guillén, Helga Liné, Bibi Andersen, Germán Cobos. PRODUCCIÓN: Agustín Almodóvar para El Deseo S.A. Color. DURACIÓN: 104'.

Carmen Maura en *La ley del deseo*

Trasladado a los 17 años desde Calzada de Calatrava, su pueblo natal, hasta Madrid, el manchego Pedro Almodóvar (1949) gana poco después unas oposiciones y trabaja durante diez años como administrativo en la Compañía Telefónica Nacional de España. Desde finales de los años sesenta escribe guiones para historietas gráficas y colabora en revistas alternativas. Con la década de los setenta pasa a formar parte del grupo de teatro independiente *Los goliardos* y rueda películas artesanales en super-8, entre las que destaca el largometraje *Folle, fólleme Tim* (1978), donde ya aparece su interés por las situaciones excesivas y las desigualdades estructurales de su cine.

Como consecuencia directa de esta etapa hace *Pepi, Luci, Bom y otras chicas del montón* (1980), rodado con muy pocos medios en 16 mm y a lo largo de casi un año, pero ampliado a 35 mm para su distribución comercial, donde su interés por el folletín está lastrado por un exceso de mal gusto y múltiples deficiencias técnicas. Muy influenciado por la brillante personalidad del realizador Iván Zulueta, Almodóvar se da a conocer con la desigual trilogía de comedias urbanas formada por la tosca *Laberinto de pasiones* (1982), la ingeniosa *Entre tinieblas* (1983) y la desigual *¿Qué he hecho yo para merecer esto?* (1984).

Sus películas, siempre basadas en peculiares guiones propios, encierran brillantes planteamientos, pero están mal estructuradas dramáticamente. Debido a ello, cuando el productor Andrés Vicente Gómez le contrata para realizar *Matador* (1986), una de sus obras más complejas, le obliga a escribirla en colaboración, responsabilidad que recae sobre el novelista Jesús Ferrero, y marca una excepción en su trayectoria. Las conflictivas relaciones con este productor le dan el impulso definitivo para independizarse, crear la marca «El Deseo S.A.», con la ayuda de su hermano Agustín Almodóvar, y hacer *La ley del deseo*, una de sus más atrevidas y originales obras.

Tras el estreno en el madrileño cine Gran Vía de su película *El paradigma del mejillón*, en su primera y mejor parte, *La ley del deseo* narra la vida cotidiana de su realizador Pablo Quintero (Eusebio Poncela), un personaje con más de un punto de contacto con José Sirgado, el protagonista de *Arrebato* (1979), de Iván Zulueta, por estar encarnado por el mismo actor, ser también director de cine y aficionado al consumo de drogas. Además de describir sus relaciones con el joven Juan (Miguel Molina) y con su conflictivo hermano transexual Tina Quintero (Carmen Maura) y su sobrina Ada (Manuela Velasco).

Pablo Quintero obtiene un gran éxito con el estreno teatral de *La voz humana* (1930), de Jean Cocteau, protagonizada por su hermano y donde también actúa su sobrina. Poco después entra en su vida Antonio Benito (Antonio Banderas), un admirador que se interpone en su relación con Juan. Los problemas surgen cuando Juan se va a pasar una temporada a Trafalgar, Antonio Benito lee las amorosas cartas que se escribe la pareja, nacen los celos y aprovecha un viaje a Jerez para matarle despeñándole junto a un fálico faro. Mientras Pablo Quintero está escribiendo el guión de su próxima película, cuya protagonista va a ser encarnada por su hermano, se ve implicado como sospechoso en el crimen.

La última parte de *La ley del deseo* es la menos conseguida, tal como suele ocurrir en las películas de Almodóvar, al convertirse en una intriga policiaca, mal planteada y desarrollada, en la que no parece encontrarse cómodo. Sin embargo, da lugar a algunas escenas brillantes, como el aparatoso final en que se resuelve la situación ante un altar a la Cruz de Mayo y un edificio en reparación, donde el personaje de Antonio Benito, que además tiene un pequeño escarceo en una discoteca con Victoria Abril en su primera y mínima aparición en una película de Almodóvar, se convierte en el antecedente de Richi, el desequilibrado protagonista de *¡Átame!*, que también encarna el mismo Antonio Banderas, de igual forma que el montaje de *La voz humana* también es un antecedente de *Mujeres al borde de un ataque de «nervios»*. Estas razones convierten a *La ley* *del deseo* en una película trascendental en el desarrollo de la obra de Pedro Almodóvar.

La ley del deseo también narra la compleja historia de Tina Quintero, un personaje típico de Almodóvar, que no tiene ninguna utilidad dentro del desarrollo dramático de la historia y sólo sirve para complicarla. Sin embargo, da lugar a bellas escenas, como aquella en que pasa por el instituto Ramiro de Maeztu donde estudió, se encuentra con el padre Constantino (Germán Cobos) y le dice: «En mi vida sólo hubo dos hombres. Uno fue usted, mi director espiritual, y el otro era mi padre. Los dos me abandonaron»; o aquella otra en que una noche, en pleno verano, un empleado municipal le da una ducha con su manga de riego en mitad de la calle.

Según cuenta él mismo, la vida de Tina Quintero se complica cuando se va a vivir con su padre a Marruecos, donde se opera para convertirse en mujer, para que su madre no descubra la relación que mantiene con él, pero no tarda en abandonarle por otra, trasladarse a Nueva York y desentenderse de su familia. Mientras tanto, Tina Quintero tiene una hija, pero su amante (Bibi Andersen) le deja con la pequeña Ada para instalarse en Japón, y regresa a España para asistir al funeral de su madre y volver a entrar en contacto con su hermano Pablo Quintero.

Tras *Mujeres al borde de un ataque de «nervios»* (1988), una eficaz comedia de enredo que se sitúa al margen de sus habituales folletines, el fenómeno Almodóvar adquiere tonalidades internacionales, se convierte en el director español más conocido y en uno de los europeos más respetados por la crítica. Prosigue su obra a lo largo de *¡Átame!* (1989), *Tacones lejanos* (1991), *Kika* (1993) y *La flor de mi secreto* (1995), películas cada vez más parecidas a sí mismas, de menor interés y donde nunca consigue superar sus característicos problemas estructurales. Al mismo tiempo, a través de su marca «El Deseo S.A.» comienza a producir irregulares películas dirigidas por nuevos y prometedores realizadores, como *Acción mutante* (1992), de Alex de la

Iglesia, *Pasajes* (1996), de Daniel Calparsoro, y *Tengo una casa* (1996), de Mónica Laguna.

El bosque animado   1987

DIRECTOR: José Luis Cuerda. GUIONISTA: Rafael Azcona. FOTOGRAFÍA: Javier Aguirresarobe. MÚSICA: José Nieto. INTÉRPRETES: Alfredo Landa, Alejandra Grepi, Fernando Valverde, Fernando Rey, Laura Cisneros, Encarna Paso, José Esteban, Luna Gómez, Alicia Hermida, Amparo Baró. PRODUCCIÓN: Eduardo Ducay para Classic Films Producción S.A. Color. DURACIÓN: 105'.

Las novelas del personal humorista gallego Wenceslao Fernández Flórez (1886-1964) son repetidamente llevadas al cine por la originalidad de sus planteamientos, pero también por ocupar su autor durante los años cuarenta un destacado puesto en la censura del general Franco. Esto hace que las películas basadas en sus novelas sean tratadas con indulgencia y además obtengan subvenciones con mayor facilidad.

Prueba de ello es que en la década de los cuarenta sobre obras suyas Rafael Gil hace *El hombre que se quiso matar* (1941) y *Huella de luz* (1942); Antonio Román, *Intriga* (1942) y *La casa de la lluvia* (1943); José Luis Sáenz de Heredia, *El destino se disculpa* (1944); Ricardo Gascón, *Ha entrado un ladrón* (1949), e Ignacio F. Iquino, *El sistema Pelegrin* (1951). Con anterioridad, sólo Edgar Neville rueda *El malvado Carabel* (1935), de la que con posterioridad Fernando Fernán-Gómez realiza en 1955 una nueva versión homónima. Más tarde Rafael Gil también rueda *Camarote de lujo* (1958) y una nueva versión de *El hombre que se quiso matar* (1971); Julio Diamante, *Los que no fui-*

José Esteban y Alfredo Landa en *El bosque animado*

mos a la guerra (1962); Manuel Summers, *¿Por qué te engaña tu marido?* (1968), y finalmente Juan Antonio Nieves
Conde, *Volvoreta* (1976).

Sin embargo, nadie se había atrevido a adaptar *El bosque animado* (1943), la mejor novela de Fernández Flórez,
debido a la complejidad que supone la existencia de múltiples personajes, aunque poco después de su publicación, el
productor norteamericano Walt Disney se interesó por ella
para hacer una de sus primeras películas de dibujos anima-
dos. Sólo con el título *Fendetestas* (1975), el nombre de
uno de sus principales personajes, Antonio F. Simón dirige
una modesta producción sobre uno de sus episodios, pero
su único aliciente es estar hablada en gallego.

En 1987 el productor Eduardo Ducay encarga a Rafael
Azcona que haga un guión de *El bosque animado* y poco
después encomienda su dirección a José Luis Cuerda,
mientras Alfredo Landa es elegido para encarnar al parado
Malvís que acaba convirtiéndose en el bandido Fendetestas. A pesar de que es una de las primeras adaptaciones de
novelas ajenas realizadas por Azcona, escribe un estupen-

do guión, del que Cuerda saca un buen partido en muchas ocasiones, pero desaprovecha otras, como la relación entre el nieto del señor D´Abando y su joven tía recién casada.

Con un tono desenfadado, y un demasiado tenue aire gallego, *El bosque animado* narra las mínimas y diferentes historias que se entrelazan en el bosque que rodea al pequeño pueblo gallego de Cecebre. En primer lugar el desocupado Malvis (Alfredo Landa) que, antes de trabajar para su amigo el pocero cojo Geraldo (Fernando Valverde), prefiere convertirse en el bandido Fendetestas y robar a cuantos atraviesan el bosque. Mientras, Geraldo no se atreve a declarar su amor a la bella Hermelinda (Alejandra Grepi), que cansada de los malos tratos y la roñosería de su tía Juanita Arruallo (Encarna Paso) prefiere irse a servir a La Coruña.

Al mismo tiempo, la pobre Marica da Fame (Luna Gómez) malvive con sus dos hijos pequeños, la simpática Pilara (Laura Cisneros), que sustituye a Hermelinda en casa de su tía, y Fuco (José Esteban), que vaga por el bosque y, tras ser ayudante del pocero, se convierte en aprendiz de Fendetestas. Además el rico señor D´Abando (Fernando Rey) alquila una casa a las hermanas Gloria (Alicia Hermida) y Amelia Roade (Amparo Baró) para que pasen el verano.

Después de que Geraldo consigue, gracias a un sortilegio de una bruja (María Isbert), que regrese Hermelinda y retozar con ella durante una tormenta, Malvis convence a un alma en pena (José Miguel Rellán) para que se vaya a Cuba y le deje robar tranquilo y la joven Pilara muere al tirarse de un tren en marcha, continúa la vida cotidiana de estas tranquilas gentes en el pequeño pueblo de Cecebre.

A pesar de que *El bosque animado* no es la obra maestra que hubiese podido ser si el excelente guión de Rafael Azcona hubiera caído en manos de un realizador más gallego y cercano al espíritu de la novela, es la mejor película de José Luis Cuerda. Destaca el veterano Alfredo Landa, convincente y contenido en su atractivo personaje

de aprendiz de bandido, y la joven debutante Laura Cisneros, estupenda en el papel de niña que comienza a trabajar.
Ambos brillan a gran altura en la escena en que la niña le
reclama al bandido un duro que ha perdido en el bosque y
sospecha que Fendetestas se ha quedado con él.

Nacido en Albacete, José Luis Cuerda (1947) estudia
derecho y en 1968 comienza a trabajar en Televisión Española. Después de dirigir una gran cantidad de programas
informativos y culturales, también realiza algunos dramáticos, entre los que destaca *Mala racha* (1985). Mientras continúa en televisión, debuta como director de cine con *Pares
y nones* (1982), una de las más tradicionales *comedias
madrileñas* rodadas a principios de la década de los ochenta en régimen de cooperativa.

El éxito de *El bosque animado* le permite dejar Televisión Española y dirigir *Amanece que no es poco* (1988), su
película más personal, donde por primera vez muestra su
peculiar sentido del humor. Durante la primera mitad de
la década de los noventa realiza el fallido drama *La viuda
del capitán Estrada* (1990) y las irregulares comedias *La
marrana* (1992), personal aportación escatológica a la celebración del V Centenario del Descubrimiento de América,
y *Tocando fondo* (1993), un intento de farsa sobre la crisis
económica. Vuelve a su humor más personal con *Así en el
Cielo como en la Tierra* (1993) y debuta como productor
con *Tesis* (1996), de Alejandro Amenábar.

Remando al viento   1988

DIRECTOR Y GUIONISTA: Gonzalo Suárez. FOTOGRAFÍA: Carlos Suárez. MÚSICA: Alejandro Massó. INTÉRPRETES: Hugh Grant, Lizzy McInnerny, Valentine Pelka, Elizabeth Hurley, José Luis Gómez, Virginia Mataix. PRODUCCIÓN: Andrés Vicente Gómez para Compañía Iberoamericana de TV (Madrid), Ditirambo Films (Madrid), Viking Film (Oslo). Color. DURACIÓN: 96'.

A pesar de que son muchas las películas basadas en novelas, son muy pocos los escritores que también son directores. Dentro del cine europeo tan sólo destacan la francesa Marguerite Duras (1914-1996), una gran escritora que hace un cine experimental que tiene escasa trascendencia, el italiano Pier Paolo Pasolini (1922-1975), un interesante poeta y novelista cuya obra literaria es ensombrecida por el gran éxito de sus películas, y el francés Alain Robbe-Grillet

Valentine Pelka, Lizzy McInnerny y Elizabeth Hurley en *Remando al viento*

(1922), creador de un personal mundo literario que tiene un buen reflejo en algunas de sus películas con una subrayada carga erótica. Junto a ellos se sitúa el ovetense Gonzalo Suárez (1934), empeñado desde siempre en la realización de un cine altamente literario.

Mientras estudia filosofía y letras, especialidad de filología francesa, en la Universidad de Madrid, comienza a trabajar en el Teatro Español Universitario, descubre su interés por la interpretación y en 1953 debuta como actor de teatro. Después de una etapa como profesional del teatro y una larga estancia en Francia, se instala en Barcelona y se convierte en un apreciado cronista deportivo bajo el seudónimo de Martin Girard.

Por estas mismas fechas, a principios de los años sesenta, Gonzalo Suárez publica sus primeras novelas, que con su personal e imaginativo estilo rompen con el realismo social de moda en España en aquel momento, y llaman la atención de los cineastas de la época. *De cuerpo presente* (1963) es adaptada con el mismo título y sin ninguna gracia por Antonio Eceiza para el productor Elías Querejeta. *Rocabruno bate a Ditirambo* (1965) es origen de algunas de las películas posteriores del propio Suárez. Dos de los cuentos que integran *Los once y uno* (1964) y *Trece veces trece* (1964) son origen de las atractivas películas de Vicente Aranda *Fata Morgana* (1966) y *Las crueles* (1969).

Tras realizar en 16 mm y de forma independiente algunos originales mediometrajes, Suárez debuta en el largo con la trilogía integrada por *Ditirambo* (1967), *El extraño caso del doctor Fausto* (1969) y *Aoom* (1970), que no sólo escribe, produce y dirige, sino que también protagoniza. A pesar de que hace todo lo posible por recrear en cine su visión del mundo, su personal estilo literario, el realismo fantástico que caracteriza sus mejores relatos, no consigue sus propósitos y estas primeras películas son un fracaso.

Esto le conduce a otra trilogía, pero compuesta de producciones menos originales y más comerciales, también sobre guiones propios, formada por *Morbo* (1971), *Al dia-*

blo con amor (1972) y *La loba y la paloma* (1973), pero que ya ni produce, ni protagoniza. Mientras, también publica la novela *Operación Doble Dos* (1974), que posteriormente convierte en guión en colaboración con el realizador norteamericano Sam Peckinpah, pero que hasta ahora no ha rodado nadie.

La decadencia cinematográfica lleva a Gonzalo Suárez a otra nueva trilogía, la integrada por *La Regenta* (1974), *Beatriz* (1976) y *Parranda* (1977), adaptaciones respectivas de textos clásicos de Leopoldo Alas, Ramón del Valle Inclán y Eduardo Blanco Amor. Películas de encargo, con un interés muy discutible y que poco tienen que ver con su cine, pero con las que consigue un cierto dominio de la técnica.

Después de una larga etapa de aprendizaje, por fin logra la ansiada plasmación cinematográfica de su mundo literario con la interesante *Reina Zanahoria* (1978), su producción número diez, que cierra el ciclo que el propio Suárez alguna vez denomina como sus «películas de hierro». Sin embargo, su fracaso comercial le conduce a una inactividad cinematográfica de cinco años, durante la que escribe el libro de cuentos *Gorila en Hollywood* (1980) y la novela *La reina roja* (1981). Regresa al cine con *Epílogo* (1984), donde retoma a sus viejos personajes Rocabruno y Ditirambo y algún cuento de su penúltimo libro, y sobre todo con *Remando al viento*.

A mediados del siglo XIX, perdida en un barco de vela por los gélidos mares de Noruega, una desesperada Mary Shelley (Lizzy McInnerny) intenta escribir con tinta helada: «Estoy sola como las páginas de un libro. He venido hasta los confines helados del universo para encontrarme con la horrible criatura que mi imaginación concibió, pero donde no hay sombras los monstruos no existen. Sólo la memoria perdura más allá de los límites de la imaginación». A lo largo de un *flashback* que constituye *Remando al viento* recuerda sus relaciones con el poeta Percy Byssh Shelley (Valentine Pelka), con su hermana Claire Claiment

(Elizabeth Hurley), con Lord Byron (Hugh Grant) y con el médico John William Polidori (José Luis Gómez).

Las relaciones a finales del otoño de 1816 de estas dos hermanas con estos tres poetas en una villa de Suiza, cercana a Ginebra, dan como resultado algunas historias fantásticas y que Mary Shelley escriba la famosa novela *Frankenstein*. Esta situación es origen del brillante prólogo de la producción norteamericana *La novia de Frankenstein* (The Bride of Frankenstein, 1935), de James Whale, y de que, en la segunda mitad de la década de los ochenta, de forma casi simultánea se rueden tres películas muy diferentes sobre el mismo tema: la producción británica *Gothic* (1986), de Ken Russell, con Gabriel Byrne, Julian Sands y Natasha Richardson; la norteamericana *Haunted Summer* (1988), de Ivan Passer, con Phillip Anglim, Laura Dern y Alice Krige, y la española *Remando al viento*, que plantea la historia, frente a las otras dos, como un brillante drama: la desgracia acarreada por el monstruo Frankenstein que causa la muerte de cuantos se relacionan con él. Entre Ginebra y Venecia, mientras se divierten y consumen láudano, entre huecas frases literarias del tipo «La ficción es la mejor vacuna contra la realidad», que dice Polidori, o «Unos comienzan siendo lo que son y otros acaban siendo lo que fueron», que dice Shelley de Byron, se describe cómo la muerte se apodera de la alegría de la vida de estos personajes. Rodada en inglés, es la mejor película de Gonzalo Suárez porque su desconocimiento del idioma hace que sus cada vez más literarias frases pierdan buena parte de su habitual vacuidad.

Convertido en un escritor que transforma en plúmbeas películas sus barrocos textos literarios, Gonzalo Suárez prosigue por un camino cada vez más hermético con *Don Juan en los infiernos* (1991), *La reina anónima* (1992), *El detective y la muerte* (1994) y *Mi nombre es Sombra* (1996), personal adaptación de *El doctor Jekyll y mister Hyde*, de Robert Louis Stevenson, basado en uno de los cuentos de su libro *El asesino triste* (1994). Un cine que con el tiempo ha llegado a ser en exceso literario en el peor sentido de la palabra, envuelto en brillantes frases que poco o nada significan, cada vez más encerrado en sí mismo y al parecer imposible de evolucionar.

Ander y Yul   1988
ANDER ETA YUL

DIRECTORA: Ana Díez. GUIONISTAS: Ángel Fernández-Santos, Ana Díez, Ángel Amigo. FOTOGRAFÍA: Gonzalo F. Berridi. MÚSICA: Amaia Zubiría, Pascal Caigne. INTÉRPRETES: Miguel Muñárriz, Isidoro Fernández, Carmen Pardo, Joseba Apaolaza, Ramón Barea. PRODUCCIÓN: Ángel Amigo para Igeldo Zine Produkzioak. Color. DURACIÓN: 90'.

La eficaz política de subvenciones del Gobierno vasco ha permitido debutar durante los últimos años a algunos interesantes realizadores. Desde los más conocidos Julio Medem con *Vacas* (1991) y Juanma Bajo Ulloa con *Alas de mariposa* (1991) hasta las más desconocidas Arantxa Lazcano con *Los años oscuros* (Urte ilunak, 1993) y Ana Díez con *Ander y Yul*. Tienen especial interés estas dos últimas películas por estar dirigidas por mujeres, en una profesión y un país tan machistas como España, ser ambas bilingües, en euskera y castellano, y tener una problemática tan arraigada en el País Vasco que son impensables en otro contexto.

Los años oscuros carece de estructura dramática propiamente dicha, no cuenta prácticamente nada, sólo reconstruye algunos mínimos recuerdos de la niñez de la directora y guionista Arantxa Lazcano en el pueblo de Zumaya durante 1958. Situada entre la represión del colegio de monjas donde estudia y la de unos padres nacionalistas derrotados y asustados, la jovencísima Icíar, la protagonis-

Carmen Pardo y Miguel Muñárriz en *Ander y Yul*

ta, vive en un mundo de tristeza del que sólo consigue
escapar mínimamente en sus relaciones con sus amigas.

Su principal defecto es que permanece demasiado atra-
pada en esa visión de la tristeza existente en Euskadi
durante la posguerra, dada a través de los ojos de una niña,
pero no logra traspasarla, desarrollarla en alguna dirección
concreta. De manera que el resultado es una sucesión de
escenas, que igual podían estar ordenadas de cualquier
otra forma, donde Arantxa Lazcano reconstruye algunos
momentos de su infancia, el colegio, la casa familiar, los
juegos con las amigas en la playa, el cine, la visita al domicilio de un muerto, etcétera.

Situada entre un prólogo desarrollado en 1946, donde
un grupo de nacionalistas vascos conspira contra la dictadura del general Franco, y un epílogo, en que la protagonista, convertida en una jovencita, vuelve a Zumaya, recuerda su infancia y trata de emprender una nueva vida,
siempre con la terrible presencia del padre, muestra a
Arantxa Lazcano, autora de esta única película, como una
ambiciosa realizadora, pero una poco dotada guionista.

Tiene mucho más interés *Ander y Yul* porque Ana Díez demuestra ser una interesante realizadora, pero además trabaja sobre una historia más elaborada, con un guión mucho más desarrollado e interesante. Aunque la excesiva austeridad narrativa, la lentitud que impone a su relato, sobre todo en la primera parte, llega a hacer pensar que la historia le quedaba corta para los tradicionales noventa minutos y está ligeramente estirada.

En un ambiente igualmente claustrofóbico, opresivo y triste, narra cómo Ander (Miguel Muñárriz) sale del penal de Algeciras, tras haber cumplido cinco años largos de condena por tráfico de drogas, y vuelve a Rentería porque la penitenciaría le paga el billete hasta su lugar habitual de residencia. Allí se encuentra, al bajar del autobús, con Sara (Carmen Pardo), va a un bar y pregunta por su amigo Yul (Isidoro Fernández) y abre la puerta de una casa abandonada, donde encuentra una explicativa carta de su madre diciéndole que su padre ha muerto y ella se va a vivir a otro pueblo con su tía.

Ander vuelve a encontrarse con Sara en un bar, se pone en contacto con los *camellos* de la zona para reanudar su trabajo, en especial con el llamado «El Flamenco», y vive una larga noche de amor con Sara, en la que ella le hace un dibujo como si estuviese muerto y le dice que no soporta tanta tristeza, que quiere irse a vivir al sur, que le han ofrecido un trabajo en Altea.

Finalizada esta demasiado larga primera parte expositiva, donde todo resulta lento, estirado, aunque hay algunas escenas excelentes, como la de amor entre Ander y Sara, *Ander y Yul* cobra nuevos vuelos cuando entra en escena Yul. Junto a un kiosco de prensa se detiene una moto con dos hombres con casco, el de detrás es Yul; intercambia una mirada con Ander y dispara una pistola sobre un hombre mayor que está a su lado casualmente.

A partir de este momento nace otra diferente mecánica narrativa que alterna los puntos de vista de Ander, Yul y la policía, que en alguna medida les persigue a ambos porque intuye que siguiendo al primero llegará hasta el segundo. Mientras Ander y Yul se encuentran en el campo junto al escondrijo donde acostumbraban guardar sus más personales objetos, se narra que su amistad nace en los tiempos en que ambos eran seminaristas, así como que la estrategia del comando de la organización terrorista E.T.A. en San Sebastián se centra en poner una bomba en la Delegación de Hacienda y en matar *camellos*.

Después de despedir a Sara, que se va a vivir al sur, Ander se ocupa temporalmente de la red de distribución de droga de «El Flamenco» e incluso se va a vivir a su casa. Mientras los etarras asesinan a otro *camello*, Yul recibe la orden de matar a «El Flamenco», va a su casa, se encuentra con Ander, queda asombrado con que sea él, pero no duda en asesinarle a sangre fría.

Narrada con una austeridad que funciona bien en la segunda parte, pero resulta excesiva en la primera, *Ander y Yul* encierra una gran fuerza, tiene interés, a pesar del desequilibrio existente entre la parte expositiva y el resto de la película. El resultado también se resiente de una interpretación demasiado fría, en gran parte debido a la falta de experiencia de los actores, de manera que frente a Miguel Muñárriz e Isidoro Fernández, que se limitan a dar el tipo y defender como pueden sus personajes, destaca Carmen Pardo que logra dar un mínimo calor humano a su más breve papel.

La navarra Ana Díez (1955) muy joven se traslada con su familia a México, donde estudia dirección en el «Centro de Capacitación Cinematográfica» y se diploma con la práctica rodada en 16 mm *Elvira Luz Cruz: pena máxima* (1984), codirigida con Dana Rotberg, que obtiene diferentes premios. Después de ocho años de inactividad cinematográfica, regresa al cine para dirigir *Todo está oscuro* (1996), en cuyo guión vuelve a colaborar.

La blanca paloma   1989

DIRECTOR: Juan Miñón. GUIONISTAS: Manuel Matji, Juan Miñón. FOTO-GRAFÍA: Jaume Peracaula. MÚSICA: Louis Albert Begue. INTÉRPRETES: Francisco Rabal, Antonio Banderas, Emma Suárez, Mercedes Sampietro, Sonsoles Benedicto, Perla Cristal. PRODUCCIÓN: Eduardo Campoy para Cartel S.A., Xaloc S.A. Color. DURACIÓN: 100'.

En el siempre demasiado despolitizado cine español, *La blanca paloma* aparece como una de las pocas excepciones por ser una película donde sus personajes no están impli-cados en una acción política directa, pero, a pesar suyo, sus vidas son afectadas por la situación general que desde hace años vive el País Vasco. Su trama se sitúa en Bilbao, con la imagen de la siderurgia de Altos Hornos de Vizcaya al fon-

Emma Suárez en *La blanca paloma*

do, y su historia nace del choque entre dos personajes muy diferentes, tanto a niveles personales, como sociológicos.

Por un lado aparece Mario (Antonio Banderas), un duro *abertzale*, marcado por la muerte de su hermano en una acción violenta, acostumbrado a enfrentarse regularmente con la policía, que vive solo en un sórdido lugar cercano a la estación de ferrocarril, de vez en cuando trabaja como repartidor de bebidas y tiene una madre católica que no comprende nada de la compleja situación que le ha tocado vivir.

Por otro lado está Rocío (Emma Suárez), que trabaja en un bar, pero tiene la particularidad de llamarse «La blanca paloma», estar presidido por una imagen de la Virgen del Rocío y ser una especie de *tablao* flamenco donde, en pleno País Vasco, una desarraigada y compleja clientela, en la que destacan un macarra, una joven prostituta y un negro, escucha y baila música andaluza.

Un día Mario llega a «La blanca paloma» dentro de su habitual reparto de bebidas por bares, ve a Rocío y se siente atraído por ella. Desde ese momento hace todo lo posible por pasar por allí y no le cuesta mucho esfuerzo llamar la atención de la muchacha. Comienzan a salir juntos y enseguida se plantea una fuerte relación entre ambos, pero hay dos cosas que impiden que su amor pueda desarrollarse de una manera natural. En su calidad de intransigente *abertzale*, Mario considera a Rocío y a los suyos como extranjeros y a «La blanca paloma» como territorio enemigo. Además Rocío mantiene una intensa relación incestuosa con su padre Domingo (Francisco Rabal), mientras su enferma madre (Mercedes Sampietro) intenta suicidarse por lo que intuye más que sabe de las relaciones que, desde hace tiempo, mantienen su marido y su hija.

Los amores entre Mario y Rocío hacen que Domingo le eche repetidamente de su bar y se cree un fuerte antagonismo entre los dos hombres, pero también que Rocío tome la determinación de romper definitivamente las relaciones con su padre. Esta tensión estalla en un dramático final donde Mario incendia el local de «La blanca paloma», sobre el que está situado el domicilio familiar, creyendo que se encuentra solo Domingo, pero acaba también con su querida Rocío.

Gracias a un hábil guión original de Manuel Matji y Juan Miñón, que estructura con perfección los diversos ambientes y tensiones originados por sus muy diferentes personajes, *La blanca paloma* es una película de una gran solidez dramática que saca mucho provecho de un desigual planteamiento triangular, de manera que queda fácilmente salvado el hecho, en principio insólito, de la existencia de un bar tan claramente andaluz en un contexto tan vasco, subrayado al ser un decorado frente a unos exteriores naturales.

En su calidad de realizador, Juan Miñón consigue sacarle un gran partido a la historia, a pesar de que hay algún personaje importante —como la mujer que contrata a Mario, quiere acostarse con él y es rechazada— que de manera un tanto incomprensible desaparece a mitad de la narración, y son demasiado escasos los ambientes bilbaínos donde se desarrolla el drama.

Buena parte del atractivo de *La blanca paloma* nace del gran trabajo realizado por su terceto protagonista. Antonio Banderas y Emma Suárez funcionan muy bien y consiguen que sus escenas eróticas tengan un considerable morbo, mientras que Francisco Rabal encarna con gran fuerza a un padre libidinoso que llega a ser terrible por defender el amor incestuoso de su hija.

Sin embargo, *La blanca paloma* es la excepción dentro de la cada vez más irregular trayectoria del director madrileño Juan Miñón (1953). Tras *Kargus* (1980), desigual colección de cortometrajes, más que de episodios, realizados por él y el director de fotografía Miguel Angel Trujillo, deben pasar seis años de inactividad cinematográfica hasta rodar su verdadero primer largometraje.

Más cerca del documental que de la ficción, *Luna de agosto* (1986) narra cómo la joven Ana (Patricia Adriani)

viaja hasta Tánger en busca de su novio, pero no lo
encuentra y comienza a recorrer Marruecos en compañía
de un adolescente (Aiman Mechbal) del lugar. A pesar de
sus pocas ambiciones y de pasar bastante desapercibida, le
permite rodar *La blanca paloma,* su mejor película, pero no
logra aprovechar su relativo éxito de crítica y público.

El siguiente trabajo de Juan Miñón es *Supernova*
(1992), un musical protagonizado por la cantante Marta
Sánchez, al que trata de dar un tono personal y sólo consigue que sea el mayor fracaso de su carrera. Sin embargo,
no le impide poner en marcha un ambicioso proyecto, que
tras casi dos años de variados problemas acaba estrenán-
dose con el título *La leyenda de Balthasar el castrado*
(1994). Ambientada a finales del siglo XVII y principios
del XVIII en Nápoles, durante los últimos tiempos de la
dominación española, narra la vida de Balthasar, uno de
los más famosos cantantes castrados de la época, pero por
dificultades tanto narrativas, como de producción, los
resultados quedan muy lejos de los planteamientos.

El encargo del cazador   1990

DIRECTOR Y GUIONISTA: Joaquín Jordá. FOTOGRAFÍA: Carles Gusi. PRO-
DUCCIÓN: Joan Antonio González para T.V.E. Color. DURACIÓN: 90'.

«Si voy a África esta semana y cae la avioneta, ruego reco-
piles mis escritos con paciencia y tiempo y los publiques.
Aunque sólo sea para satisfacer la imbécil vanidad de un
muerto. Un fuerte abrazo. Sintu». Así acaba la carta que
Jacinto Esteva (1936-1985) escribe a su viejo amigo y colaborador Joaquín Jordá, origen de *El encargo del cazador,*

Daria Esteva en *El encargo del cazador*

un curioso documental biográfico o peculiar ajuste de cuentas entre el productor más representativo de la «Escuela de Barcelona», director de personales, extrañas y desiguales películas a finales de los años sesenta y principios de los setenta, y el cerebro gris del invento, el codirector de *Dante no es únicamente severo*, conocido guionista, tímido actor y realizador en gran medida frustrado.

Tras los asépticos testimonios de sus hermanos Carlos Esteva y Rosa María Esteva, el arquitecto y cineasta Ricardo Bofill califica a Jacinto Esteva de eterno adolescente, habla de su incapacidad para pasar de la adolescencia a la madurez y rememora sus estudios en Ginebra y el trabajo sobre el documental *Notas sobre la emigración* (1960). Su primera mujer Annie Settimo, madre de sus dos hijos mayores, también le califica de adolescente eterno. Su médico, el doctor Pozuelo, que le trató en una clínica en Cleeveland, dice que sufría de una ansiedad crónica que, como muchas personas de su generación, combatía con la continua ingestión de alcohol.

Luego su hija Daria Esteva, que enseguida se revela como el gran punto de apoyo de la película por su facilidad para hablar ante la cámara y dar emoción a sus recuerdos, narra cómo en 1977 su padre les dijo a su hermano y a ella que se había curado, que ya no bebía. Jacinto Esteva propone a su hija que pinten cuadros a medias en Ibiza, pero como sus estilos son muy distintos, deciden pintar ventanas: ella pinta el marco y él su tortuoso contenido.

Después de un pase privado de *El hijo de María* (1972), la última película dirigida por Jacinto Esteva, algunos asistentes a la proyección hablan sobre él. El actor Luis Ciges cuenta una anécdota sobre cómo le demostró la eficacia de un pistolón disparando sobre un radiador y destruyéndolo. El director Pedro Portabella, con quien comienza a hacer el documental *Lejos de los árboles* (1970), le califica como el mejor *amateur* y alaba su sentido estético. El jefe de producción Francisco Ruiz Camps rememora el rodaje de *Dante no es únicamente severo*. Mientras, los cineastas José María Nunes, Manel Esteban, Manuel Pérez Estremera y Luis G. Berlanga también recuerdan algunas leves anécdotas suyas.

En una larga y un tanto pedante escena en la discoteca Boccaccio, mientras se proyectan en sus paredes fotos de sus más famosos tiempos, algunos de los habituales de la época, como el escritor Terenci Moix, el editor Jorge Herralde y el ensayista Román Gubern recuerdan los felices tiempos de la denominada *gauche divine*. No hay alusiones directas a Jacinto Esteva, pero se da por supuesto que era uno de los habituales al alcohol del lugar y miembro honorario del grupo.

La modelo y actriz Romy, su segunda mujer y madre de su tercer hijo, le recuerda con ternura y también habla de los cada vez más violentos números de Jacinto Esteva y cómo ponen punto final a 19 años de matrimonio. Tras ella, Ana Ventosa, su tercera y última mujer, introduce el tema de África, que ocupa gran parte de la etapa final de la vida del biografiado.

En colaboración con Julio Garriga, en 1970 se instala en Mozambique para montar una compañía especializada en la realización de safaris por África. Consiguen ser la primera empresa mundial especializada en caza de elefantes, pero por unos malentendidos con el gobierno de la República Centroafricana, llegan a detener a Jacinto Esteva, les embargan sus posesiones y les hunden el negocio. En 1978 pone en marcha un complejo y rocambolesco plan para vengarse, pero queda interrumpido a la mitad. Como final de esta aventura, el negro Omar habla largamente de su afición por las timbas, de la faceta de jugador de Jacinto Esteva.

Como introducción al importante tema del suicidio de su hijo, Luis G. Berlanga narra cómo un día se encuentra con Jacinto Esteva en el aeropuerto de Barajas, le pregunta por su hijo, levanta una bolsa de plástico y le contesta: «Mi hijo está aquí». Se había suicidado, le habían incinerado en Madrid y llevaba sus restos a Barcelona. Luego, con tanta serenidad como fuerza, Daria Esteva cuenta con minuciosidad el incomprensible suicidio de su hermano. El doctor Tomás, médico del muchacho, habla de la admiración mutua existente entre padre e hijo y cómo el padre llega a mitificarlo tras su suicidio. Daria Esteva explica el suicidio de su hermano con la frase «Si no eres un genio no vale la pena vivir», característica de su padre, para llegar a la conclusión de que, de alguna manera, se matan el uno al otro, dado que su suicidio devuelve a Jacinto Esteva al alcohol.

El galerista Antonio Leyva explica cómo durante meses trabaja con Jacinto Esteva en algo que hasta el último momento no sabe si va a ser un libro o una exposición. Habla de cómo su pintura evoluciona de una fría abstracción a un brutal expresionismo. Para finalizar analizando las causas del fracaso de una exposición de la que Jacinto Esteva espera mucho, pero es olvidado por sus amigos de otra época.

En la última parte, Daria Esteva y Ana Ventosa recuerdan cómo, para intentar recuperar algo de sus mejores momentos, Jacinto Esteva se plantea hacer un video con él mismo de protagonista y también les dicta a toda velocidad una novela para llegar a tiempo para presentarla al premio Planeta. Y, con tanta frialdad como tristeza, Daria Esteva reconoce que en esta etapa su padre le producía pena. Tras estar convencido de que el perro Sócrates era la reencarnación de su hermano, Jacinto Esteva se suicida dejando una carta a su hija diciendo que le recordara, pero que no se pareciese a él, mientras el perro muere una semana después que su dueño.

Realmente *El encargo del cazador* es un patético retrato de Jacinto Esteva. Joaquín Jordá sólo se ocupa de reseñar sus peores tiempos, de hacer una crónica de su autodestrucción, olvidando casi por completo su irregular actividad como productor y director de cine, así como sus trabajos como arquitecto. No recopila sus escritos, tal como Jacinto Esteva le encarga, sino que hace una minuciosa enumeración de sus desgracias, de su total degradación. Por ello la película tiene más de ajuste de cuentas por unos hechos del pasado que no se citan que de panegírico de un viejo amigo desaparecido en tristes circunstancias.

Licenciado en derecho, el gerundense Joaquín Jordá (1935) ingresa en el «Instituto de Investigaciones y Experiencias Cinematográficas» mientras escribe sobre cine en revistas especializadas. Más tarde trabaja como ayudante de dirección, *script*, jefe de producción y actor, y a mediados de los años sesenta, y junto a Jacinto Esteva, a niveles teóricos sienta las bases de la denominada «Escuela de Barcelona», que lanzan con la ayuda del polifacético Ricardo Muñoz Suay.

Tras codirigir con Jacinto Esteva *Dante no es únicamente severo* (1967), Joaquín Jordá se convierte en un brillante guionista gracias a sus colaboraciones con Carlos Durán, Vicente Aranda y Mario Camus, mientras esporádicamente dirige algunas películas que se salen por completo de lo habitual, como *Numax presenta* (1979), un curioso panfleto político producido con el dinero de la caja de resistencia de los obreros en huelga de la fábrica Numax, o *El encargo del cazador*. Regresa al cine comercial con *Cuerpo en el bosque* (1996), una personal y curiosa comedia erótico-policiaca, que en muchos aspectos puede considerarse su primera película, en torno a una terrible teniente de la guardia civil interpretada por la peculiar Rossy de Palma.

Beltenebros 1991

DIRECTORA: Pilar Miró. GUIONISTAS: Pilar Miró, Mario Camus, Juan Antonio Porto. FOTOGRAFÍA: Javier Aguirresarobe. MÚSICA: José Nieto. INTÉRPRETES: Terence Stamp, Patsy Kensit, José Luis Gómez, Geraldine James, Simón Andreu, Jorge de Juan, John McEnery. PRODUCCIÓN: Andrés Vicente Gómez para Iberoamericana Films (Madrid), Floradora Distribuitors (Haarlem, Holanda). Color. DURACIÓN: 117'.

Mientras estudia derecho y periodismo, la madrileña Pilar Miró (1940) se licencia en la especialidad de guión en la «Escuela Oficial de Cinematografía», donde años después da clases de montaje y guión. Tras una larga experiencia como realizadora en Televisión Española, que la lleva a dirigir más de trescientos programas entre informativos, retransmisiones en directo y dramáticos, debuta en cine como directora con *La petición* (1976), adaptación de una obra de Emile Zola en la línea de sus trabajos dramáticos para televisión.

Consigue su mayor éxito comercial con *El crimen de Cuenca* (1979), su segunda película, que le acarrea un proceso militar y durante largos meses es prohibida por el gobierno de Unión de Centro Democrático a causa de unas escenas de torturas realizadas por la guardia civil, a

Terence Stamp y Patsy Kensit en *Beltenebros*

pesar de narrar un error judicial ocurrido a principios de
siglo. Este éxito le permite hacer la personal *Gary Cooper
que estás en los cielos* (1980), que con una clara carga autobiográfica narra los problemas de una realizadora de televisión que tiene que ser sometida a una grave operación.

Tras la fallida *Hablemos esta noche* (1982), con la llegada
al poder del Partido Socialista Obrero Español, en noviembre de 1982 Pilar Miró es nombrada directora general de
Cinematografía y permanece en el cargo hasta que dimite
en enero de 1986. Durante esos poco más de tres años,
reduce a un tercio la producción cinematográfica y pone en
marcha la llamada *Ley Miró*, la discutida fórmula de subvenciones anticipadas copiada del sistema francés *Avance
sur recete*, que sus sucesores en el cargo van desmantelando
poco a poco hasta hacerla desaparecer en diez años.

Vuelve al cine para rodar *Werther* (1986), una ambiciosa, personal e irregular adaptación de la obra homónima
de Johann Wolfgang von Goethe. En noviembre de 1986
el P.S.O.E. la hace directora general de R.T.V.E., pero es
cesada en enero de 1989, a pesar de que durante esos poco
más de dos años la televisión pública vive uno de sus mejores momentos, por una venganza política disfrazada de

absurdo escándalo relacionado con su vestuario, especie de pequeño anticipo de la marea que en 1996 acaba por alejar al P.S.O.E. del poder.

Escarmentada de sus veleidades políticas, y mientras también dirige regularmente teatro, ópera e incluso algún programa especial de televisión, a principios de los años noventa Pilar Miró comienza la mejor parte de su carrera cinematográfica con *Beltenebros*. Esta adaptación de la novela homónima de Antonio Muñoz Molina no sólo es una de sus mejores películas, sino que también deja ver, tras su compleja trama policiaca, una especie de sutil y personal ajuste de cuentas con el Partido Socialista, en concreto, y con la política, en general.

A lo largo de un amplio *flashback* que contituye casi toda la película y tras una voz de fondo que dice «Vine a Madrid para matar a un hombre al que no había visto nunca», *Beltenebros* narra cómo en 1962 el denominado capitán J. W. Darman (Terence Stamp) deja su tranquila ocupación de especialista en libros viejos en Scarboroug, Reino Unido, para ir a Polonia a entrevistarse con un alto cargo del Partido Comunista de España en el exilio. Le encarga que salga de su retiro para ir a Madrid a matar a Roldán Andrade (Simón Andreu), un traidor que vive con una cantante, está situado en la cúpula de la organización y la ha deshecho, con el cebo de entregarle un pasaporte, dinero y una pistola para que salga de España.

El capitán Darman acepta el encargo, pero en Madrid no encuentra a Andrade en su escondite en una vieja nave industrial y junto a su cama ve una novelucha de Rebeca Osorio (Geraldine James) y recuerda una misión similar realizada en 1946 también en Madrid. En aquella ocasión le encargan matar a Walter (John McEnery), el proyeccionista del cine Universal, que convive con la escritora Rebeca Osorio y con su amante Valdivia (José Luis Gómez), un militante convaleciente de torturas, pero cuando acaba con él, descubre que era inocente, que se habían equivocado de hombre.

Escondido en la vieja nave industrial, Darman ve llegar a una joven (Patsy Kensit), perseguida por la policía, la sigue hasta la *boite* Tabú, la ve hacer un *striptease*, habla con ella, descubre que también se llama Rebeca Osorio y le dice que le ponga en contacto con Andrade. Mientras Darman la espera en su casa en las afueras de Madrid, la joven va a ver al comisario de policía Ugarte (José Luis Gómez), que la disfraza de Rebeca Osorio y la manosea, y él recuerda el resto de su desafortunada misión de 1946.

La joven llega a su casa al amanecer, emponzoña a Darman, le quita el pasaporte, el dinero y la pistola y se la entrega a Andrade en una estación del Metro. Cuando Darman se despierta, toma una habitación en el hotel Nacional, pide que venga una joven, pero que sea Rebeca Osorio, y antes de acostarse con ella, le cuenta que Andrade no es un traidor, que está equivocado. Y, en un final demasiado rocambolesco, feliz y metafórico, Andrade se enfrenta a Darman en la terraza del hotel Nacional y muere; Darman mata en el viejo cine Universal al comisario Ugarte, que no es otro que el traidor Valdivia que, tras crear la estructura del Partido Comunista en Madrid, se ha pasado al otro lado para destruirla, y consigue huir en tren al extranjero con la joven.

A pesar de este, a todas luces, excesivo final, que trata de compensarse con la cita de *El Quijote*, de Miguel de Cervantes, «Unas veces huían sin saber de quién y otras esperaban sin saber a quién», *Beltenebros* es una buena película, rodada con especial cuidado por Pilar Miró. Sin embargo, también tiene el defecto de estar protagonizada por dos extranjeros, lo que en buena parte desvirtúa sus personajes, a pesar del buen trabajo de Terence Stamp y Patsy Kensit.

Destacan sus varios y eficaces homenajes cinematográficos, desde Patsy Kensit haciendo un *striptease* mientras canta *Put the Blame on Mame* imitando a Rita Hayworth en *Gilda* (1946), de Charles Vidor, hasta la proyección en el cine Universal de fragmentos de *Murieron con las botas puestas* (They Died with Their Boots On, 1942), de Raoul Walsh, y *Rebelión a bordo* (Mutiny of the Bounty, 1935), de Frank Lloyd.

Posteriormente la carrera cinematográfica de Pilar Miró remonta el vuelo con *El pájaro de la felicidad* (1993), otra película con una cierta carga autobiográfica, donde una mujer aprovecha la irrupción de la violencia en su vida para hacer un análisis de ella y comenzar a vivirla de otra manera. Además de con *El perro del hortelano* (1995), uno de sus grandes éxitos y *Tu nombre envenena mis sueños* (1996), adaptaciones respectivas de una obra clásica de Lope de Vega y de un policiaco del político socialista Joaquín Leguina, rodadas con gran cuidado y habilidad técnica.

Un paraguas para tres 1991

DIRECTOR Y GUIONISTA: Felipe Vega. FOTOGRAFÍA: José Luis López Linares. MÚSICA: Ángel Muñoz. INTÉRPRETES: Juanjo Puigcorbé, Eulalia Ramón, Icíar Bollaín, Jean-François Stéverin, Germán Cobos, Francis Lorenzo. PRODUCCIÓN: Gerardo Herrero para Tornasol Films (España), Gemini Films (París). Color. DURACIÓN:85'.

El cine italiano y, sobre todo, sus variadas y excelentes comedias han sido fuente de inspiración en múltiples ocasiones para el cine español y durante años se han realizado gran cantidad de coproducciones entre ambos países. Sin embargo, por razones difíciles de determinar, no ha ocurrido lo mismo con el cine francés a niveles de inspiración y también de coproducción.

Una de las pocas excepciones a esta regla es *Un paraguas para tres,* tanto porque es una coproducción entre España y Francia, como por ser una comedia muy france-

Juanjo Puigcorbé y Eulalia Ramón en *Un paraguas para tres*

sa. En su calidad de guionista y realizador Felipe Vega ha
rebuscado en las películas de algunos de sus directores
contemporáneos más admirados, en concreto Eric Rohmer
y Jacques Demy, para extraer unos cuantos elementos bási-
cos que, convenientemente españolizados, han dado lugar
a su tercera película.

La serie de comedias *Cuentos morales*, de Eric Rohmer,
integrada por un corto, un medio y cuatro largometrajes,
que lo da a conocer internacionalmente, se basa en un sim-
plísimo esquema narrativo. Tal como lo define el propio
Rohmer en alguna ocasión, narra «la historia de un hombre y dos mujeres. Mientras busca a la primera encuentra a
la segunda. Este encuentro constituye el argumento de
cada película. Al final encuentra a la primera. Esta es la
moral del cuento».

En *Un paraguas para tres* Felipe Vega utiliza casi el mismo esquema narrativo que Rohmer, le añade una buena
dosis del azar que guía los destinos de los personajes en las
mejores películas de Jacques Demy y sitúa la acción en el
Madrid de los ejecutivos para obtener un producto perso-

nal, altamente elaborado, que funciona bien. A pesar de ello, queda tan lejos de la denominada *comedia madrileña* como de las restantes películas de Felipe Vega. La razón es que aquellas tienen unas fuentes italianas y sus otras producciones encierran una carga experimental que aquí está ausente.

Un paraguas para tres narra cómo el ejecutivo Daniel (Juanjo Puigcorbé) se encuentra siempre por casualidad, y con excesiva frecuencia, con la atractiva María (Eulalia Ramón), pero nunca consigue salir con ella. Mientras la joven Alicia (Icíar Bollaín), compañera de trabajo y confidente de la muchacha, no tiene el menor inconveniente en acostarse con él e incluso enamorarse, a María sólo puede verla si interviene el azar y no está con el filósofo francés Korzeniowski (Jean-François Stéverin).

Tras razonarle su padre (Germán Cobos), un profesor de física, que la ciencia y el amor no tienen ninguna relación, y cada vez más convencido de que el azar es la única fuerza que mueve el mundo, Daniel se deja llevar entre el amor que siente por María y el que despierta en Alicia. Mientras, el ejecutivo César (Francis Lorenzo) corre tras María y ella cada vez se siente más interesada por el filósofo francés y sus teorías.

Al final, después de unos meses sin verse, Daniel vuelve a encontrarse por casualidad con María. La situación ha variado mucho, ambos han dejado de trabajar, pero por razones muy diferentes. Él está en el paro y no tiene dinero y ella se ha casado con el filósofo Korzeniowski y nada en la abundancia. Daniel le pide algún billete y María le entrega aquél donde, tiempo atrás, le apuntó su teléfono para que le llamase y nunca llegó a hacerlo.

A pesar de un título no demasiado afortunado, que anuncia una comedia bastante menos sutil, *Un paraguas para tres* tiene un principio lento, un tanto confuso, tarda en arrancar, pero superado este defecto, Felipe Vega se mueve bien en el difícil y nunca suficientemente valorado género de la comedia. La historia funciona, las escenas crecen y se desarrollan como deben, los diálogos suenan bien y crean la atmósfera apropiada para el desarrollo de esta tenue historia de amor compartido.

El leonés Felipe Vega (1952) estudia ciencias políticas, derecho y ciencias de la información en la Universidad Complutense de Madrid. Su interés por el cine le hace escribir críticas en diferentes publicaciones, sobre todo en la revista especializada *Casablanca*, de la que llega a ser redactor jefe. Alterna el trabajo en distintas agencias de publicidad con el rodaje de sus películas, que se sitúan entre las más personales realizadas por los directores de su generación.

Tras el corto *Objetos personales* (1977) y el largo inacabado *Viento sobre los árboles*, gracias al productor español Gerardo Herrero y al portugués Paulo Branco, con quienes colabora en sus primeras películas, rueda su primer largometraje. Con su sobrio y un tanto frío estilo, *Mientras haya luz* (1987) narra las complejas, y un tanto confusas, relaciones entre un joven, recién llegado del extranjero, y uno de sus antiguos profesores.

En la misma línea personal y experimental tiene más interés *El mejor de los tiempos* (1989), que describe las tenues relaciones que se establecen entre un joven que llega a un pueblecito del sur con un paquete de droga y tres muchachas muy diferentes. Después de la personal comedia francesa *Un paraguas para tres* y un bache de cuatro años, Felipe Vega vuelve a su más personal y experimental cine con *El techo del mundo* (1995), una coproducción entre España, Suiza y Francia, hablada en castellano y francés. Dividida en dos partes demasiado diferenciadas, plantea una compleja parábola sobre el racismo y la xenofobia a través de la historia de un emigrante español.

La noche más larga   1991

DIRECTOR: José Luis García Sánchez. GUIONISTAS: Manuel Gutiérrez Aragón, Carmen Rico-Godoy, José Luis García Sánchez. FOTOGRAFÍA: Fernando Arribas. MÚSICA: Alejandro Massó. INTÉRPRETES: Juan Echanove, Carmen Conesa, Juan Diego, Gabino Diego, Fernando Guillén Cuervo. PRODUCCIÓN: Andrés Vicente Gómez para Iberoamericana Films Internacional, Idea S.A., T.V.E. S.A. Color. DURACIÓN: 85'.

A finales del verano de 1975, dos militantes de E.T.A. y dos del F.R.A.P., acusados de diversos actos de terrorismo, son condenados a muerte por un tribunal militar en un juicio sumarísimo. A pesar del coro mundial de protestas, de la retirada de quince embajadores europeos de Madrid y de las apelaciones a la clemencia del papa Pablo VI y los obispos españoles, un moribundo general Franco confirma las cinco penas de muerte y en la madrugada del 27 de sep-

Juan Diego y Juan Echanove en *La noche más larga*

tiembre los condenados son fusilados en el campo de tiro
de El Palancar en el madrileño término municipal de Hoyo
de Manzanares.

Este es uno de los sucesos más destacados del libro *El
año que murió Franco*, del conocido periodista Pedro J.
Ramírez, uno de los primeros y más rigurosos en relatar la
crónica del final de la dictadura, pero más de diez años
después de ocurrir los hechos. A pesar de que el cine español nunca se ha interesado por reflejar la crónica político-
social del país, el productor Andrés Vicente Gómez compra los derechos del libro y se lanza a la aventura de hacer
una película a partir de él, pero encuentra numerosas dificultades.

En primer lugar resulta complicado hacer un guión de
ficción basado en la somera descripción de la crónica polí-
tico-social de un año clave en la vida de España. Una vez
que decide centrarse en los últimos fusilamientos de la dictadura, se encuentra con el problema añadido de que los
actores previstos no quieren encarnar a los terroristas. El
tiempo transcurre, el proyecto pasa de las manos de unos
guionistas a las de otros directores y finalmente se materializa bajo la dirección de José Luis García Sánchez, en un
hábil guión que escribe en colaboración con la famosa periodista Carmen Rico-Godoy y el realizador Manuel
Gutiérrez Aragón, pero con unos planteamientos muy particulares.

En un claro proceso de autocensura, que más que nada
es un reflejo de la situación política en la España de 1990,
tras siete años de gobierno del Partido Socialista Obrero
Español, los cinco terroristas fusilados quedan reducidos a
tres y nunca se menciona a las organizaciones terroristas
E.T.A. y F.R.A.P., decisión un tanto curiosa porque hay
una primera parte realizada con documentales donde,
entre otras personalidades, aparecen el general Franco y el
príncipe Juan Carlos en característicos acontecimientos de
la época, como la visita a España del presidente norteamericano Gerald Ford y la conmemoración del primero de

mayo de 1975 por la Organización Sindical en el madrileño estadio de Chamartín.

Dando como válido este peculiar, y en buena medida distorsionador, pie forzado, *La noche más larga* aparece como la única película que trata directamente, y no como telón de fondo, un hecho característico de la reciente vida política española. Gracias a su original estructura, al mismo tiempo consigue narrar uno de los sucesos clave del final de la dictadura y hacer una dura crítica de la situación social a que ha llegado España a principios de la década de los noventa, en alguna medida anticipándose a los escándalos que en 1996 acaban de mala manera con más de trece años de gobierno socialista.

El encuentro casual, tras quince años sin verse, en el Talgo pendular que hace el recorrido nocturno entre Madrid y Barcelona del abogado Juan Tarna (Juan Echanove) y el ex-militar Menéndez (Juan Diego), que en el último consejo de guerra de la dictadura del general Franco eran, respectivamente, uno de los abogados defensores y el fiscal, les lleva a cenar juntos en el coche-restaurante y a rememorar aquellos viejos tiempos. Durante los años transcurridos, el progresista abogado se ha hecho del P.S.O.E. y ha triunfado y el teniente coronel ha abandonado la carrera militar para dedicarse a actividades más lucrativas. En una palabra, ambos han dejado a un lado sus personales creencias por el culto al dinero y, sobre todo, en lugar de escupirle a la cara, tal como el abogado hace al teniente coronel en mitad del consejo de guerra, ahora cena con el terrible fiscal e incluso se deja invitar por él.

Aparte de esta sutil y eficaz crítica de la realidad española de 1991, *La noche más larga* cuenta a través de trece *flashbacks* de desiguales duraciones, nueve a cargo del abogado y cuatro del fiscal, la historia de Adolfo Pérez Mariñas (Gabino Diego), uno de los condenados a muerte por el asesinato del guardia Arturo Pérez Reguero el 23 de marzo de 1975. Además lo hace de una manera eficaz e indirecta a través, primero, de las relaciones del abogado defensor con Gloria Pérez Mariñas (Carmen Conesa), la hermana del condenado, y, luego, de manera más apresurada, del fiscal con la misma muchacha.

Relata cómo la muchacha llega de Vigo cuando se entera de que su único hermano es acusado del asesinato de un guardia, entra en contacto con Antón (Fernando Guillén Cuervo), un vampiro que ha llenado de ideas subversivas la cabeza de su hermano y luego le ha abandonado a su suerte, y a través de él conoce a Juan Tarna, que se convierte en el abogado defensor de su hermano y en su amante. De manera paralela describe la situación del Madrid de la época a través de algunas manifestaciones callejeras y el desalojo por la policía de una reunión en una iglesia. Finaliza con la demostración de la inocencia del acusado, que participa en el atentado, pero no dispara, el consejo de guerra sumarísimo, los fusilamientos, y también con un apunte del comienzo de la relación entre el fiscal y la hermana del ajusticiado.

En su calidad de película dramática *La noche más larga* aparece como un islote en medio de la obra del salmantino José Luis García Sánchez (1941), que sólo vuelve a acercarse al drama para adaptar con desigual fortuna a Ramón del Valle Inclán en *Divinas palabras* (1992) y *Tirano Banderas* (1993). Licenciado en derecho y sociología por la Universidad de Madrid, ingresa en la «Escuela Oficial de Cinematografía», después de trabajar como ayudante de dirección y editor de libros infantiles y, mientras colabora en diferentes guiones ajenos, debuta como realizador con la trilogía de comedias integrada por *El love feroz* (1972), *Colorín colorado* (1976) y *Las truchas* (1977), intentos fallidos de dotar a la tradicional *comedia a la española* de un trasfondo político.

Después de *Dolores* (1980), un homenaje a la dirigente comunista Ibarruri codirigido con Andrés Linares, y cinco años de inactividad, comienza la mejor parte de su carrera gracias a la colaboración con el guionista Rafael Azcona.

Tras las adaptaciones *La corte del Faraón* (1983), sobre la popular zarzuela de Guillermo Perrin, Miguel Palacios y Vicente Lleó, y *Hay que deshacer la casa* (1986), sobre la comedia teatral de Sebastián Junyent, pasa a un terreno mejor y más personal con *Pasodoble* (1988), *El vuelo de la paloma* (1989) y, sobre todo, *Suspiros de España (y Portugal)* (1995), que rueda sobre guiones escritos entre ambos. Vuelven a trabajar juntos en *Tranvía a la Malvarrosa* (1996), realizada a partir de la novela homónima de Manuel Vicent.

Jamón, jamón 1992

DIRECTOR: Bigas Luna. GUIONISTAS: Bigas Luna, Cuca Canals. FOTOGRA-FÍA: José Luis Alcaine. MÚSICA: Nicola Piovani. INTÉRPRETES: Penélope Cruz, Javier Bardem, Jordi Mollá, Anna Galiena, Stefania Sandrelli, Juan Diego. PRODUCCIÓN: Andrés Vicente Gómez para Lola Films S.A., Ovideo TV S.A., Sogepac S.A. Color. DURACIÓN: 94'.

Después de estudiar arquitectura, fundar varias escuelas de diseño y trabajar como fotógrafo profesional, el barcelonés José Juan Bigas Luna (1946) rueda algunos personales cortos y el impersonal largometraje *Tatuaje* (1976), basado en una primitiva novela policiaca de Manuel Vázquez Montalbán.

Cada vez más interesado por el cine, deja sus restantes actividades para escribir y dirigir *Bilbao* (1978) y *Caniche* (1978), produccciones de muy bajo presupuesto, rodadas con especial cuidado y minuciosidad, que narran insólitas historias que muestran su personalidad y la fuerza de sus imágenes. Estos éxitos le llevan a Estados Unidos para realizar *Renacer* (Reborn, 1981), una fallida historia en torno al cada vez mayor poder de las sectas religiosas.

Penélope Cruz en *Jamón, jamón*

Regresa a Barcelona para dirigir *Lola* (1985), un atractivo policiaco con graves fallos de estructura, y *Angustia* (1987), una brillante historia de terror ambientada en Estados Unidos, que en gran parte transcurre en el interior de un local de exhibición cinematográfica. A pesar del interés demostrado en su obra por el erotismo, fracasa con la adaptación *Las edades de Lulú* (1990), un encargo basado en la novela homónima de Almudena Grandes, pero que sirve para ponerle en contacto con el productor Andrés Vicente Gómez.

La parte más interesante de la filmografía de Bigas Luna es la trilogía mediterránea, culinaria y escatológica, que rueda a principios de los años noventa para Andrés Vicente Gómez, integrada por *Jamón, jamón*, *Huevos de oro* (1993) y *La teta y la Luna* (1994). Basada en irregulares guiones suyos y de Cuca Canals, le muestra como un director con un personal y característico mundo, capaz de crear brillantes imágenes, pero con dificultades para estructurar dramáticamente sus historias.

La mejor de las tres es *Jamón, jamón* porque son mayores sus virtudes que sus defectos y por descubrir a los atractivos actores Penélope Cruz y Javier Bardem, destinados a llenar gran parte del cine español de la década de los noventa. Tiene también mucho interés *Huevos de oro*, donde la visualización de su mundo mediterráneo, sobre todo la parte central rodada en Benidorm, encierra una gran fuerza. Y se pierde bastante en *La teta y la Luna*, que tras un excelente arranque, esconde unos graves problemas de estructura dramática, que en buena parte la invalida.

Jamón, jamón está planteada como un enfrentamiento lleno de sexo entre Conchita (Stefania Sandrelli), la propietaria de la importante fábrica de ropa interior masculina Sansón, y Carmen (Anna Galiena), que tras ser abandonada por su marido, ha debido dedicarse a la prostitución para sacar adelante a sus tres hijas y regenta un *puti-club* en los Monegros.

La posesiva Conchita no consiente que su hijo José Luis (Jordi Mollá) se case con la atractiva Silvia (Penélope Cruz), a quien ha dejado embarazada, por ser hija de la puta Carmen con quien ha estado liado su marido Manuel (Juan Diego) y con la que de vez en cuando también se acuesta su hijo. Contrata a Raúl (Javier Bardem), el modelo elegido para su nuevo anuncio de calzoncillos, para que enamore a Silvia y se la quite a su hijo de encima.

Debido al gran atractivo de Raúl, las cosas no salen tal y como las había previsto la posesiva Conchita. En primer lugar convierte a Raúl en su amante y le compra una moto, mientras Silvia y Raúl no tardan en enamorarse, ante los celos de Conchita y la desesperación de José Luis, que no sabe qué hacer con su vida.

En este punto de la historia, casi hacia el final de *Jamón, jamón*, sin previo aviso se cambia el apropiado tono jocoso-erótico en que se ha desarrollado por el de terrible drama, dando la sensación de que los guionistas Cuca Canals y Bigas Luna no saben muy bien cómo rematar su brillante narración y optan por un camino y un estilo equivocados.

Raúl y José Luis se enzarzan en una pelea a jamonazos, con unas explícitas resonancias goyescas, donde muere el segundo, mientras de manera un tanto inexplicable la joven Silvia pasa a los brazos del maduro Manuel, el fogoso e insaciable Raúl se queda con la rica Conchita y la puta Carmen acaricia el cadáver de José Luis, dentro de un cuadro dramático que poco tiene que ver con el resto de la historia.

Más allá de las evidentes debilidades de su guión, *Jamón, jamón* es una película de gran interés, donde Bigas Luna combina a la perfección su gusto por los primeros planos con grandes planos generales, además de crear una eficaz estética erótica, tanto en los diferentes encuentros sexuales de los distintos personajes, como en esa gran efigie del toro de propaganda del *cognac* Veterano, integrado en el paisaje español, que preside las efusiones amorosas de la joven Silvia y bajo cuyos testículos desgajados acaban guareciéndose de la lluvia.

A pesar de no estar muy bien resuelta la geografía de los diferentes escenarios en que se desarrolla la acción y aparecer un sueño que se desgaja por completo del conjunto, *Jamón, jamón* crea unos sólidos y atractivos personajes y además da una buena imagen de un lugar perdido en los Monegros, con unos camiones que nunca dejan de circular por la carretera que rodea el conjunto.

También le dedica una atención especial a la comida con las tortillas de patata que hacen en el *puti-club*, los ajos, los caracoles, el cochinillo asado que se come en diferentes momentos y, sobre todo, el gran homenaje al jamón que encierra, tanto en el propio título, como en que Raúl trabaje en el almacén de jamones «Los conquistadores», pasee en un automóvil con un gran jamón de anuncio encima, llame jamona a Silvia, proclame sus cualidades afrodisiacas y lo utilice como arma mortal.

El interés despertado en Italia por *Jamón, jamón*, en concreto, y por la trilogía mediterránea, en general, hace que Bigas Luna se traslade allí para a rodar *Bambola* (1996), una producción donde su habitual contenido erótico hace que la debutante y exhuberante actriz Valeria Marini se escandalice al verla finalizada y pida su secuestro, lo que, conociendo la estrategia en que se mueve Bigas Luna, sólo es el comienzo de una campaña publicitaria hábilmente planeada, que convierte la película en un éxito en Italia, pero un fracaso en España.

Vacas

1992

DIRECTOR: Julio Medem. GUIONISTAS: Julio Medem, Michel Gaztambide. FOTOGRAFÍA: Carles Gusi. MÚSICA: Alberto Iglesias. INTÉRPRETES: Carmelo Gómez, Emma Suárez, Ana Torrent, Txema Blasco, Karra Elejalde, Klara Badiola, Kandido Uranga, Pilar Bardem. PRODUCCIÓN: José Luis Olaizola y Fernando Garcillán para Sogetel, Idea S.A. Color. DURACIÓN: 96'.

El sistema de ayudas al cine del Gobierno vasco da lugar a que puedan seguir trabajando los directores más o menos consagrados, pero también a la aparición de algunos interesantes nuevos realizadores. Entre estos últimos destaca el donostiarra Julio Medem (1958), hasta el momento autor de tres originales e interesantes, pero un tanto pedantes largometrajes.

Tras rodar los cortos *Patas en la cabeza* (1985) y *Las seis en punto* (1987), donde de una manera un tanto rudimentaria ya aparece su personal estilo, y los mediometrajes de encargo *Martín* (1988) y *El Diario Vasco* (1989), Medem debuta en el largo con *Vacas*, una ambiciosa producción, donde ya muestra su mundo personal en casi todo su esplendor. Además es mejor que *La ardilla roja* (1992) y también que *Tierra* (1996), sus otros dos largometrajes, al ser mucho más directo que ambos y no perderse tanto en discutibles florituras de estilo.

Emma Suárez y Carmelo Gómez en *Vacas*

Dividida en cuatro partes, convenientemente subtitula-
das y fechadas, *Vacas* narra las conflictivas y apasionadas
relaciones entre los Irigibel y los Mendiluce, dos familias
que viven en sendos caseríos vascos, apenas separados por
una colina y un bosque, en un valle de Guipúzcoa, ambientado en el Valle de Baztán, en Navarra.

En *El aizkolari cobarde*, situada en 1875 en el frente
carlista, en Vizcaya, se cuenta cómo Carmelo Mendiluce
(Kandido Uranga) muere en una trinchera poco después
de desafiar a cortar troncos a Manuel Irigibel (Carmelo
Gómez), pero este último aprovecha la sangre del otro
para hacerse pasar por muerto, no seguir luchando y poder huir a su caserío, lo que le cuesta que una carreta llena
de cadáveres le rompa una pierna y quedarse cojo de por
vida.

En *Las hachas*, cuya acción transcurre en la primavera
de 1905 en Guipúzcoa, se narra cómo, ante la atenta mirada de ambas familias, Ignacio Irigibel (Carmelo Gómez)
vence a Juan Mendiluce (Kandido Uranga) en una compe-
tición de corte de troncos, así como los amores ocultos en-

tre el vencedor y Catalina Mendiluce (Ana Torrent), que dan como fruto al hijo ilegítimo Peru.

En *El agujero escondido*, ambientada en la primavera de 1915 en el bosque que separa a ambas familias, se describen las tensas relaciones entre los hermanos Juan y Catalina Mendiluce, que acaban con la huida a Estados Unidos de ésta con su hijo, y los amores entre los jóvenes Peru Mendiluce y Cristina Irigibel, ante la mirada del abuelo Manuel Irigibel (Txema Blasco), sus cuadros llenos de vacas y los problemas de estos animales, sobre la tensión siempre existente entre ambas familias.

En *Guerra en el bosque*, situada en el verano de 1936, se cuenta cómo Peru Mendiluce (Carmelo Gómez) regresa de Estados Unidos, convertido en un fotógrafo de prensa enviado por su periódico para hacer fotos de la guerra española y redescubrir su amor por Cristina Irigibel (Emma Suárez), está a punto de morir fusilado por los rebeldes y es salvado en el último momento por la intervención de su viejo tío Juan Mendiluce.

A lo largo de más de sesenta años, entre dos guerras civiles, *Vacas* desarrolla la vida de tres generaciones de vascos enfrentados como *aizkolaris* en las competiciones de corte de troncos de árboles y unidos por unas complejas relaciones de amor y odio, dentro de una situación política que les envuelve, pero que ni pueden controlar y ni siquiera intentan explicarse.

Mientras se suceden pequeños ritos y ciertas costumbres familiares, unos actores, como Txema Blasco y Klara Badiola, envecejen ligeramente y otros, como Carmelo Gómez y Karra Elejalde, encarnan a los padres y, a partir de cierta edad, también a los hijos, lo que da una mayor intensidad a las pequeñas historias entrecruzadas que narra *Vacas*. Sin embargo, el resultado final se ve empañado por el tan discutible como abusivo empleo que hace Julio Medem de la llamada *cámara subjetiva*, lo que incluso le lleva a rodar un plano subjetivo de un hacha lanzada en mitad del bosque.

Esta obsesión por hacer los más inútiles *planos subjetivos*, como el repetido de una ardilla subiendo por los árboles, unida a un guión mucho menos riguroso, invalida buena parte de los resultados de *La ardilla roja*, que Medem rueda dos años después tras el éxito de público y, sobre todo, de crítica de *Vacas*. La historia de amor entre la amnésica Sofía (Emma Suárez) y el ex cantante Jota (Nancho Novo) tiene un atractivo comienzo y un dramático final, pero entre medias se pierde en consideraciones laterales sin demasiado interés.

La tercera película escrita y dirigida por Julio Medem es *Tierra*, donde demuestra su habilidad como creador de atractivas imágenes, pero también una peligrosa fascinación por la pedantería, latente en sus dos obras anteriores y aquí expuesta con demasiada claridad. Tras una demasiado larga y descontrolada primera parte, cuenta los filosóficos amores entre el fumigador Ángel (Carmelo Gómez), la casada Ángela (Emma Suárez) y la atractiva joven Mari (Silke), entre un exceso de cochinillas que dan al vino un especial sabor a tierra.

Demasiado corazón   1992

DIRECTOR: Eduardo Campoy. GUIONISTA: Agustín Díaz Yánes. FOTOGRA-FÍA: Alfredo Mayo. MÚSICA: Marco de Benito. INTÉRPRETES: Victoria Abril, Manuel Bandera, Pastora Vega, Mónica Molina, Helio Pedregal, Manuel Gil. PRODUCCIÓN: Eduardo Campoy para Sogetel, Creativos Asociados de RTV, Flamenco Films. Color. DURACIÓN: 101'.

Interesados por los melodramas con trasfondo policiaco que dan lugar a brillantes interpretaciones femeninas, el guionista y director Agustín Díaz Yánes y el productor y

Manuel Bandera y Victoria Abril en *Demasiado corazón*

realizador Eduardo Campoy comienzan a trabajar en esta línea a finales de los años ochenta. Su primera película es *Baton Rouge* (1988), que escribe Díaz Yánes, produce Campoy y dirige Rafael Moleón; luego se sitúa *A solas contigo* (1990), que vuelve a escribir Díaz Yánes y produce y dirige Campoy, para llegar a *Demasiado corazón*, que vuelven a hacer entre ambos en las mismas funciones.

En *Baton Rouge* se ven demasiado los orígenes norteamericanos del planteamiento —los dramas producidos por los estudios Warner durante la década de los cuarenta para lucimiento de sus grandes *estrellas*— y el conjunto resulta demasiado elaborado y poco convincente. En *A solas contigo* este inconveniente se ha resuelto, la historia y su contexto tienen un claro sabor español, pero todavía subsisten algunos problemas de verosimilitud a niveles de desarrollo dramático de la narración. En *Demasiado corazón* funciona a la perfección el anclaje español de la historia debido a una cuidada ambientación en Cádiz y alrededores, los problemas de guión concernientes a la trama policiaca se han solucionado y tan sólo quedan algunos fallos de ritmo narrativo, tanto cierta dificultad en arrancar, como una

tendencia a la lentitud, así como una excesiva evocación de
Bette Davis en sus mejores papeles.

Demasiado corazón narra cómo dos gemelas monocigó-
ticas Ana y Clara Alonso (Victoria Abril) han vivido siempre juntas hasta que Clara decide casarse por dinero, Ana
la abandona, se va a descansar a Cádiz y se enamora de
Antonio Cosio (Manuel Bandera), un hortera de playa,
cuya máxima ilusión en la vida es convertirse en Michael
Corleone, el protagonista de la saga de películas norteamericanas *El padrino* (The Godfather), de Francis Ford Cop-
pola, y para subrayarlo tiene su casa llena de carteles de
ellas.

Mientras Ana conoce a la terrible familia de Antonio
—su hermana (Pastora Vega), su cuñado (Helio Pedregal),
que no tarda en suicidarse, y su sobrino subnormal—, Clara se cansa de su marido (Manuel Gil), decide separarse y,
como él no acepta la separación, deja que se electrocute
mientras se baña. No sabiendo dónde ir, Clara se presenta
en Cádiz, no tarda en intentar quitarle a Antonio —que
mientras tanto se ha convertido en una mala copia de
Michael Corleone—, a su hermana Ana, pero como no lo
logra, provoca un accidente automovilístico.

En teoría Clara muere, pero a Antonio le queda la duda
de quién es realmente la superviviente, sobre todo a raíz de
algunos accidentes que están a punto de costarle la vida.
Sin embargo, debido a los cuidados de Clara, y a que se
queda embarazada, decide casarse con ella, pero durante
la celebración de la boda, mientras canta *Te adoraré*, se da
cuenta de que en realidad Ana ha muerto y se ha casado
con Clara.

Después de una larga experiencia como productor, y
también director, de cortometrajes para la marca «Cine del
Callejón», el leonés Eduardo Campoy (1955) comienza a
trabajar en el terreno del largo como productor, mientras
dirige uno de los dos episodios autónomos que integran la
desafortunada *Copia cero* (1981), y José Luis F. Pacheco
realiza el otro. Al tiempo, dedica la mayoría de sus esfuerzos

a trabajar como productor ejecutivo de la marca Cartel en películas ajenas, donde suele tener regulares enfrentamientos con los directores, realiza los interesantes melodramas policiacos *A solas contigo* y *Demasiado corazón*.

Más allá de la intriga dramática propiamente dicha, que en *A solas contigo* resulta demasiado elemental y en *Demasiado corazón* tarda en comenzar y tiene algunos baches narrativos, el gran atractivo de ambas películas reside en lo bien que funciona el terceto integrado por el productor y director Eduardo Campoy, el guionista Agustín Díaz Yánes y la actriz Victoria Abril, que se convierte en la imprescindible protagonista de sus películas.

En ambos casos Díaz Yánes y Campoy le plantean papeles excesivos, en la primera película de ciega y en la segunda de gemelas, pero Victoria Abril los soluciona con gran habilidad por el camino más difícil: en un caso sin ningún tipo de alardes físicos y en el otro jugando a que las hermanas sean, en contra de lo que suele ser habitual en estas ocasiones, lo más iguales posible.

Autor de unos guiones a la antigua usanza, donde el juego con los objetos es tan primordial como los diálogos para el desarrollo de la trama, Agustín Díaz Yánes sabe extraer fuerza narrativa de un décimo de lotería, despistar con unas gafas y resolver el enigma con unas bolitas de pan, al tiempo que también juega bien con pequeñas acciones paralelas, como la historia del matrimonio aparentemente bien avenido, pero ella tiene un amante y se hunde cuando el marido lo descubre casualmente.

Eduardo Campoy sabe hacer suyas estas historias, dirigir con habilidad a Victoria Abril y conseguir unas narraciones fluidas con algunos momentos especialmente brillantes. Tal como ocurre en *Demasiado corazón* en la escena en que Ana conoce a la familia de Antonio, resuelta con una hábil y efectiva planificación de un difícil juego de miradas, que finaliza con el suicidio del marido de ella. Y, sobre todo, otra narrada en clave de comedia, donde las gemelas, el hombre que se ha interpuesto entre ellas y su hermana beben *coscorrones* y Ana critica la afición de Clara a hacer bolitas de pan y luego comérselas.

El madrileño Agustín Díaz Yánes (1950) sigue trabajando en esta misma dirección de intensos melodramas policiacos con *Nadie hablará de nosotras cuando hayamos muerto* (1995), —con la ayuda en la producción de Edmundo Gil, que también interviene en este cometido en alguna de las anteriores—, donde debuta como director y tiene un gran éxito de crítica y público. Una vez más con la colaboración de Victoria Abril, narra la melodramática y policiaca historia de Gloria Duque, la mujer de un torero que se ha convertido en un vegetal por culpa de una cogida, que hundida en el alcoholismo y la prostitución se debate entre su suegra, una vieja militante comunista, y un *gangster* argentino, que tiene la misión de eliminarla.

MadreGilda   1993

DIRECTOR: Francisco Regueiro. GUIONISTAS: Ángel Fernández-Santos, Francisco Regueiro. FOTOGRAFÍA: José Luis López Linares. MÚSICA: Jürgen Knieper. INTÉRPRETES: José Sacristán, Juan Echanove, Barbara Auer, Kamel Cherif, Juan Luis Galiardo, Fernando Rey, Antonio Gamero, Sandra Rodríguez, Israel Biedma. PRODUCCIÓN: Gerardo Herrero y Adrián Lipp para Tornasol Films (Madrid), Marea Films (Madrid), Road Movies Dritte Prokuctionen (Munich), Gemi Films (París). Color. DURACIÓN: 140'.

Profesor mercantil, estudiante de derecho y periodismo y licenciado en dirección en el «Instituto de Investigaciones y Experiencias Cinematográficas» con la práctica *Sor Angelina, virgen* (1962), el vallisoletano Francisco Regueiro (1934) publica chistes en el semanario humorístico *La codorniz* y el diario *El norte de Castilla*, participa en exposi-

José Sacristán y Juan Echanove en *MadreGilda*

ciones de pintura y escribe guiones, antes de convertirse en uno de los mejores y más originales realizadores españoles.

Debuta como director con *El buen amor* (1963), donde a través de la estancia de un día en Toledo de una pareja de estudiantes de Madrid hace un retrato sensible y realista de la juventud española de la época. A pesar del éxito de crítica alcanzado por esta interesante producción, que se sitúa dentro del movimiento denominado «Nuevo cine español», su carrera se resiente mucho de los múltiples cortes y cambios introducidos por la censura del general Franco en *Amador* (1965), su segunda película, hasta hacerla incomprensible, casi destruirla.

Entre 1965 y 1975 Francisco Regueiro pasa uno de los peores momentos de su carrera al hacer para el productor Elías Querejeta la fallida historia realista *Si volvemos a vernos* (Smashing Up, 1967) y la nunca estrenada comercialmente *Cartas de amor de un asesino* (1972). Entre ellas se sitúan la flojísima *Me enveneno de azules* (1969), a la que siguen la chirriante comedia negra *Duerme, duerme, mi amor* (1974) y la desconcertante *Las bodas de Blanca* (1975), donde comienza su fructífera colaboración con el guionista Ángel Fernández-Santos.

El fracaso comercial, y en menor medida crítico, de estas cinco películas lleva a Regueiro a un forzado silencio cinematográfico, a no rodar absolutamente nada en los siguientes diez años, a regresar a la pintura. Sin embargo, cuando parecía definitivamente perdido para el cine, gracias a la denominada *Ley Miró* regresa para hacer una dura y genial trilogía sobre las relaciones paterno-filiales. Integrada por *Padre nuestro* (1985), *Diario de invierno* (1988) y *MadreGilda*, le sitúa entre los realizadores más interesantes de las últimas décadas, siempre trabajando sobre guiones escritos en colaboración con Ángel Fernández-Santos.

En *Padre nuestro* indaga sobre las relaciones paterno-filiales a niveles religiosos al narrar cómo un cardenal (Fernando Rey), tras muchos años de ausencia y viendo cercana la muerte, regresa desde Roma a su pueblo castellano para encontrarse con su hermano ateo Abel (Francisco Rabal) y conocer a «La Cardenala» (Victoria Abril), una hija, ahora dedicada a la prostitución, que tuvo con el ama de llaves (Emma Penella) de sus padres, y conseguir que herede sus bienes.

Mientras, en *Diario de invierno* sólo esgrime razones biológicas al contar una dura fábula sobre el enfrentamiento entre Dios (Fernando Rey), un viejo curandero que exhibe películas de pueblo en pueblo, y sus hijos Caín (Eusebio Poncela), un comisario de policía a quien llaman León, y Abel (Francisco Algorea), un tosco campesino conocido por Culebrero, en la que aparecen en un excesivo esplendor el barroquismo y el humor negro que caracterizan el mejor cine de Francisco Regueiro.

Sin embargo, su obra maestra es *MadreGilda* por llevar hasta sus últimas consecuencias su humor negro y su barroquismo a través de una, en principio excesiva, concentración de elementos dispersos, pero que encuentran su sitio gracias a su adecuada estructura dramática. En esta ocasión plantea las relaciones paterno-filiales a niveles políticos al narrar el enfrentamiento entre un caricaturesco e infalible general Franco y algunos de sus sufridos súbditos en medio del desolador panorama del Madrid de los años cuarenta.

Se sitúa entre la farsa, la locura, el exceso y la genialidad, la historia de los niños traperos Nazario (Sandra Rodríguez), que luego resulta ser una niña, y Manolito (Israel Biedma). Están fascinados por la actriz Rita Hayworth, la protagonista de la producción norteamericana *Gilda* (1946), de Charles Vidor, en quien creen reconocer a su madre muerta Ángeles (Barbara Auer), pero que resulta ser una peligrosa agente extranjera llegada clandestinamente a España para matar al general Franco (Juan Echanove). Y también son perseguidos por su padre el capitán Longinos (José Sacristán), que los primeros viernes de mes juega al mus con el cura Huevines (Antonio Gamero), el mutilado general Millán Astray (Juan Luis Galiardo) y el mismísimo *Generalísimo*.

Entre medias, la narración del odio y el rencor del capitán Longinos, que busca al culpable de que los cincuenta hombres de su batallón se acostaran con su mujer Ángeles antes de consumar su matrimonio, lo que le lleva simultáneamente a querer asesinarla y adorarla como si fuese una santa en los altares, primero cree encontrarlo en el cura Huevines y luego comprende que el único culpable es el general Franco. Todo a través de escenas geniales, como la llegada nocturna a la estación de un tren lleno de pobres estraperlistas, el mitin del capitán Longinos ante la tropa en un gigantesco barracón presidido por un enorme yugo con sus correspondientes flechas, uno de los más siniestros símbolos de la dictadura, la primera y larga partida de mus entre los cuatro duros jugadores, la conversación entre Manolito y su madre donde acaba rociándole con leche de su pecho, y el diálogo entre el general Franco y su socarrón padre (Fernando Rey).

Sin embargo, Francisco Regueiro, asustado de su propio barroquismo de la genial locura salida de sus manos, convertido en un diabólico autocensor surgido de su propia película, reduce los 140 minutos originales de *Madre-Gilda* a unas dos horas para su pase en el Festival de San Sebastián, pero, todavía temeroso de las reacciones del público, y halagado por el premio de interpretación obtenido por Juan Echanove, le quita unos veinte minutos más y la reduce a 105 para su estreno comercial. De esta manera destroza el comienzo, buena parte del final y resalta en exceso la parte central, la ocupada por el general Franco, para llegar a deshacer por completo su original estructura. Casi tres años después, arrepentido de su absurda y demoniaca acción, asustado del destrozo ocasionado, Regueiro vuelve al montaje original para su pase por televisión y su distribución en vídeo, descubriendo una de las más enloquecidas y mejores películas rodadas en España.

El baile de las ánimas 1993

DIRECTOR Y GUIONISTA: Pedro Carvajal. FOTOGRAFÍA: Tote Trenas. MÚSICA: Manuel Balboa. INTÉRPRETES: Ángela Molina, Mónica Molina, Joaquim de Almeida, Dorotea Bárcena, Ana Álvarez, María Pujalte, José Conde Cid, Manuel Lorenzo, Rosa Álvarez. PRODUCCIÓN: Fernando Bauluz para Margen S.A., Los Films del Búho. Color. DURACIÓN: 85'.

Licenciado en filosofía y letras por la Universidad de Madrid y en guión por la «Escuela Oficial de Cinematografía», el madrileño Pedro Carvajal (1944) estudia teatro con el norteamericano William Layton y durante unos años dirige el Teatro Experimental Independiente. Interesado por el tema gallego, escribe y produce *Flor de santidad* (1972), una atractiva adaptación de una obra de Ramón del Valle-Inclán destrozada por la censura del general

Ángela Molina, Mónica Molina y Joaquim de Almeida en
El baile de las ánimas

Franco, que se convierte en la única película dirigida por el actor y hombre de teatro Adolfo Marsillach.

Posteriormente interviene como guionista y/o director artístico en desiguales producciones: *Clara es el precio* (1974) y *Cambio de sexo* (1976), de Vicente Aranda, *El puente* (1976), de J. A. Bardem, *Memorias de Leticia Valle* (1979), de Miguel Ángel Rivas, *Manuel y Clemente* (1985), de Javier Palmero. Durante los años ochenta también participa en la creación y desarrollo de la distribuidora Arte 7 y, ya en la década de los noventa, debuta como realizador con el documental de largometraje *El tiempo de Neville* (1991), dirigido a medias con Javier Castro, sobre la peculiar figura de Edgar Neville.

Siempre atraído por los ritos y costumbres gallegos, vuelve a ellos una y otra vez, tanto en los cortometrajes que rueda a finales de los años ochenta, como en la trilogía sobre las relaciones del hombre con la muerte que comienza a hacer en la década de los noventa. Mientras en *Martes de carnaval* (1991), codirigida con Fernando Bauluz, están mucho más presentes los vivos que los muertos a través de tres historias entrecruzadas en torno a la figura de un escritor gallego, y en una próxima producción que cierre la trilogía serán los difuntos quienes aparecerán más en primer plano, en *El baile de las ánimas* tienen la misma importancia unos que otros. Lejos de cualquier tipo de película de terror al uso, el interés de la trilogía radica en el tratamiento naturalista del tema, no exento de un peculiar humor, en la facilidad con que los muertos se mueven entre los vivos, en que ambos mundos están estrechamente relacionados.

La acción de *El baile de las ánimas* está situada en el otoño de 1948, en un gran y suntuoso pazo, concretamente en el de Xaz, en Oleiros, cercano a La Coruña. A pesar de narrar una historia llena de aparecidos, *meigas* y donde la santa compaña es invocada con frecuencia y llega a aparecer, el resultado poco o nada tiene que ver con la larga tradición gótica de las casas embrujadas.

Al mismo tiempo que describe un enorme y cuidado pazo, donde un alma en pena convive desde hace años con sus habitantes, de vez en cuando una *meiga* va a comer, los objetos se mueven por sí solos y, en una tradición importada de Estados Unidos, el 1 de noviembre celebran un baile para los muertos, Pedro Carvaval cuenta, en su calidad de guionista y director, una peculiar y melodramática historia familiar.

El baile de las ánimas narra cómo, tras la guerra española, la republicana Adela (Ángela Molina) se separa de su fascista y victorioso marido Agustín (José Conde Cid). Mientras él se queda en Madrid, ella se va a vivir al pazo familiar y se convierte en la amante de su atractivo vecino Antonio (Joaquim de Almeida). No obstante, la acción comienza tiempo después, asentada esta situación, cuando Mónica (Mónica Molina), la joven hija del matrimonio, se escapa del internado de monjas donde estudia para irse a vivir con su madre.

A través de la hija se describe el pazo, a la criada Dorotea (Dorotea Bárcena), a su hija Malena (María Pujalde), a la *meiga* Marigaila (Rosa Álvarez) y al espíritu de la tía

Irma (Ana Álvarez), que vaga por el pazo desde que se suicidó tirándose al mar por unos acantilados porque su pérfido cuñado Agustín la había dejado embarazada. La joven Mónica descubre poco a poco esta historia y también cómo, a través de la cada vez más fuerte presencia de su padre, que quiere aprovecharse de su huida del internado para volver a hacer vida matrimonial con su madre, las mujeres de la casa se unen contra él.

Es una historia curiosamente feminista, donde los hombres son unos seres malvados, como el marido, o débiles, como el amante, y las mujeres tienen la fuerza y el poder en sus manos, se entienden bien y se confabulan con facilidad contra el sexo opuesto, donde lo que se cuenta es cómo una madre y una hija, con la ayuda de una criada y su hija, una *meiga* y un alma en pena, se ponen de acuerdo para deshacerse del marido, el padre, el señor y el amante, respectivamente, de cada una de ellas, el temible Agustín.

En una curiosa versión gallega de la fiesta norteamericana de la noche de *Halloween*, organizan un baile en el gran pazo familiar, al que invitan tanto a los vivos como a los muertos. A pesar de la presencia del gobernador y de que está rodeado por la guardia civil, mientras el alma en pena de la tía Irma baila un vals con su antiguo amante Agustín, culpable de su muerte, consigue que los muertos presentes le lleven en volandas y lo tiren por el mismo acantilado por el que se vio obligada a tirarse ella.

Muy cuidada a niveles de ambientación y decoración, *El baile de las ánimas* funciona bien, tiene interés y muestra a Pedro Carvajal, tras este primer largometraje dirigido en solitario, como alguien con un mundo personal, un nombre con un especial atractivo dentro del cine nacional, pero sobre todo como un gran director de actrices. Junto a una correcta Ángela Molina, aparece una excelente Mónica Molina en el papel más largo y mejor de su corta carrera, pero sobre todo las excelentes y desconocidas actrices gallegas Dorotea Bárcena, María Pujalde y Rosa Álvarez.

Sombras en una batalla   1993

DIRECTOR Y GUIONISTA: Mario Camus. FOTOGRAFÍA: Manuel Velasco.
MÚSICA: Sebastián Mariné. INTÉRPRETES: Carmen Maura, Joaquim de
Almeida, Fernando Valverde, Sonia Martín, Ramón Langa, Susana Bor-
ges, Isabel de Castro. PRODUCCIÓN: Cayo Largo Films, Sogepaq S.A..
Color. DURACIÓN: 95'.

Después de estudiar derecho, el santanderino Mario
Camus (1935) se diploma en la «Escuela Oficial de Cinematografía» con la práctica *El borracho* (1963). Ese mismo
año debuta como director con *Los farsantes* (1963) y
durante la década de los sesenta rueda diez irregulares largometrajes. Entre las desiguales adaptaciones de narraciones de Ignacio Aldecoa *Young Sánchez* (1963) y *Con el
viento solano* (1965), el primitivo policiaco *Muere una*

Carmen Maura en *Sombras en una batalla*

mujer (1964), la fallida adaptación de la comedia teatral de Joaquín Calvo Sotelo *La visita que no tocó el timbre* (1965) y los toscos musicales *Cuando tú no estás* (1966), *Al ponerse el sol* (1967) y *Digan lo que digan* (1968), al servicio del cantante Raphael, y *Esa mujer* (1969), protagonizada por Sara Montiel, destaca *Volver a vivir* (1967), su primera película personal.

En los años setenta alterna el trabajo en televisión con el cinematográfico. Entre la película para televisión *La leyenda del alcalde de Zalamea* (1972), síntesis de las obras de Lope de Vega y Calderón de la Barca, y las series *Los camioneros* (1973) y *Fortunata y Jacinta* (1979), basada en la novela de Benito Pérez Galdós, hace para cine una desigual trilogía de historias de amor integrada por la atractiva *Los pájaros de Baden-Baden* (1977), su última adaptación de Aldecoa, la falsa *La joven casada* (1976) y la más interesante y personal *Los días del pasado* (1977). Gracias a ellas se afirma como un realizador cada vez más eficaz, pero carente de personalidad propia.

El triunfo en el Festival de Berlín de *La colmena* (1982), adaptación de la novela homónima de Camilo José Cela, y en el Festival de Cannes de *Los santos inocentes* (1987), sobre la de Miguel Delibes, hace que durante la década de los ochenta Mario Camus se convierta en un reputado adaptador. Fruto de esta fama son la interesante *La casa de Bernarda Alba* (1987), sobre el drama teatral de Federico García Lorca, la fallida *La rusa* (1987), sobre la novela de Juan Luis Cebrián, la irregular *Adosados* (1996), sobre el relato de Félix Bayón, y la atractiva serie de televisión *La forja de un rebelde* (1988), sobre la trilogía de Arturo Barea. Sin embargo, también le permiten realizar *La vieja música* (1985), irregular borrador sobre el que se asienta su mejor y más personal cine de los años noventa.

Tras describir historias en buena medida similares en *Volver a vivir*, donde cuenta cómo un antiguo jugador de fútbol regresa a Santander, después de un largo exilio latinoamericano, para vivir una intensa historia de amor, y en

La vieja música, en que narra cómo un uruguayo llega a Lugo, contratado como entrenador de baloncesto, en busca de un viejo y perdido amor, Mario Camus utiliza un esquema muy parecido, pero desde diferentes puntos de vista, para hacer sus mejores películas: el del dormido pasado que de repente despierta, el del personaje que llega a un lugar, donde hace tiempo que no ha estado o conoce por primera vez, para desencadenar ciertas pasiones, remover viejas historias y generar algunas tristezas.

Entre las interesantes *Después del sueño* (1992), que cuenta cómo, tras cincuenta años de exilio en Rusia, un hombre regresa a su Santander natal para ver a su hermano y conocer a su sobrino, pero desencadena una sucesión de intrigas y mentiras, y *Amor propio* (1994), donde es un pasado desconocido el que aparece frente a la protagonista cuando descubre que su marido es un banquero que ha estafado a sus clientes, la ha dejado en la ruina y ha huido con su dinero y su amante, Mario Camus hace su obra maestra con *Sombras en una batalla*.

En la trilogía se narra, utilizando una leve estructura policiaca, cómo una persona tiene un choque más o menos violento con un pasado olvidado, desconocido, o simplemente dormido, que cambia por completo su vida. Sin embargo, tiene mayor interés *Sombras en una batalla* por estar directamente ligada con algunos de los aspectos más sórdidos de la realidad nacional, nunca tratados por el cine y en esta ocasión descritos con especial habilidad y sutileza.

Mario Camus, en su calidad de guionista y director, cuenta con mano maestra cómo Ana Ruiz de Oria (Carmen Maura), la veterinaria de Bermillo de Sayago, un perdido pueblo de Zamora, que vive tranquilamente entre el amor de su hija Blanca (Sonia Martín) y de su colega Darío (Fernando Valverde), ve cómo su propio pasado, que durante trece años ha tratado de olvidar, irrumpe con violencia en su presente lleno de mamíferos, por su trabajo, y pájaros, por la afición de su colega, para intentar destruir su vida.

Su encuentro casual en un autobús de línea con José

(Joaquim de Almeida), un portugués que hace años pertene-
ció a la banda antiterrorista G.A.L. e intervino en algunas
operaciones de castigo contra refugiados vascos en el sur de
Francia, hace que entre el amor en su pacífica vida, pero
también unos policías y unos etarras que quieren eliminarle,
y, sobre todo, su terrible pasado como militante de la organización terrorista E.T.A., que hace que resurja una violencia
que esperaba olvidada y llegue a desenterrar la pistola que
durante años ha tenido escondida en el jardín de su casa.

En un cine, como el español, cada vez más alejado de la
realidad política cotidiana, destaca *Sombras en una batalla*
por tratar algunos de sus peores aspectos, pero hacerlo con
tanta fuerza como sutileza. Sin nombrar a ninguna de las
bandas armadas enfrentadas en la siniestra guerra terrorista, Mario Camus describe con mano maestra cómo las
pesadillas, que todavía turban el sueño de su protagonista,
un día se hacen realidad, vuelven a llenar su vida y la obligan a enfrentarse a ellas con mano firme para que no las
destrocen ni a ella, ni a su hija. Y concluye con la cita «Yo
no hablo de venganza ni de perdones; el olvido es la única
venganza y el único perdón» (J. L. B.).

Después de tantos años 1994

DIRECTOR Y GUIONISTA: Ricardo Franco. FOTOGRAFÍA: Gonzalo Fernández Berridi. MÚSICA: Eva Gancedo. INTÉRPRETES: Michi Panero, Leopoldo Panero, Juan Luis Panero. PRODUCCIÓN: Imanol Uribe y Andrés Santana para Aiete Films, Ariane Films. Color. DURACIÓN: 87'.

Interesado desde siempre por los personajes marginales,
tal como demuestra en su cortometraje *Gospel* (1969) y en
sus primeros largos *El desastre de Annual* (1970), rodado

Michi, Juan Luis y Leopoldo Panero en *Después de tantos años*

en 16 mm con muy escasos medios y nunca estrenado, y *Pascual Duarte* (1976), su primera película comercial y el mayor éxito de su desigual carrera, el madrileño Ricardo Franco (1949) pasa los seis años comprendidos entre 1988 y 1994 trabajando en esta misma dirección, pero dentro del terreno de las series de televisión y del documental.

Fruto de este amplio esfuerzo son el magnífico episodio *El crimen de las estanqueras de Sevilla* (1991), dentro de la serie de ficción de televisión *La huella del crimen*, y la durísima trilogía de documentales de la serie *Un mundo sin fronteras* integrada por *La canción del condenado* (1992), sobre la pena de muerte en Estados Unidos, *El cielo caerá sobre la tierra* (1992), sobre los indios yanomami, y *La muerte en la calle* (1992), sobre los niños de Brasil.

Tras este paréntesis, Ricardo Franco vuelve al cine con esta fuerte experiencia como documentalista a sus espaldas y su interés de siempre por los personajes marginales para rodar el excelente documental *Después de tantos años*. Una personal y minuciosa aproximación al tema de la muerte, la enfermedad, el sufrimiento, la soledad, a la lenta degradación de la vida que conduce inexorablemente a la muerte, a través de la muy diferente y compleja personalidad de los tres hermanos Panero, Juan Luis, Leopoldo y Michi.

El punto de partida es *El desencanto* (1976), el famoso documental dirigido por Jaime Chávarri y producido por Elías Querejeta, al que Ricardo Franco hace numerosas referencias y del que también incluye algún fragmento en *Después de tantos años,* cuyo título se convierte en una palabra emblemática, representativa de un sentimiento colectivo ante los nuevos tiempos, durante el período de transición política de la dictadura del general Franco a la democracia de Juan Carlos I, donde la viuda y los tres hijos del poeta falangista Leopoldo Panero, fallecido en Astorga de un ataque al corazón en 1962, entrelazan sus recuerdos, hablan de sus relaciones familiares y de ellos mismos, hasta crear un minucioso y eficaz cuadro de la más absoluta decadencia.

Transcurridos dieciocho años, muerta la madre Felicidad Blanc, los tres hijos vuelven a situarse ante la cámara para hablar, con su característico desparpajo, sobre sus vidas, sobre su cada vez más trágica concepción de la existencia, sobre sus más o menos cercanas muertes: el cronista de televisión Michi Panero restableciéndose de sus enfermedades en su piso madrileño, el poeta Leopoldo Panero viviendo en régimen abierto en un manicomio en la localidad vasca de Mondragón y el crítico literario Juan Luis Panero vegetando en su bonita casa del Ampurdán.

Después de rodar durante tres semanas largas entrevistas en vídeo con cada uno de ellos, Ricardo Franco hace un primer montaje de estas cuarenta horas de material para luego ir rellenándolo con rodajes más concretos en 35 mm y afinándolo con la colaboración del montador Daniel Cebrián. El resultado es un personal documental de una gran fuerza, donde tras unos someros títulos informativos de cara a quienes desconozcan *El desencanto,* se pasa directamente a que cada uno de los tres personajes hable de sus recuerdos, exponga su desolada visión de la vida y explique la soledad en que se encuentra sumido.

La gran habilidad de Ricardo Franco reside en conseguir un documental donde la sensibilidad, la tristeza y la belleza se dan la mano, pero además siempre está presente un peculiar humor negro. Esto hace que *Después de tantos años* tenga una controlada y característica fuerza, tanto al mezclar la belleza del paisaje con una desgarrada narración, como al sazonarlo con un peculiar humor, característico de Michi y Leopoldo Panero, pero que Ricardo Franco maneja con mano maestra.

Sin olvidar en ningún momento la fundamental aportación de Michi Panero, que no sólo es el alma de la película, sino el principal impulsor de su existencia, ni de Leopoldo Panero y en menor medida de Juan Luis Panero, *Después de tantos años* se sitúa a un nivel muy diferente de *El desencanto* y tiene una entidad propia. Además consigue unos espléndidos resultados que no sólo igualan a los de *El desencanto*, el mejor y más característico de los muchos documentales españoles rodados durante la etapa de transición política, sino que incluso los superan.

Las restantes películas de Ricardo Franco son muy diferentes y fruto de su fluctuante personalidad. Sobrino del prolífico, desconcertante e internacional realizador Jesús Franco, comienza a trabajar como ayudante de su tío, pero no tarda en independizarse. Tras escribir, producir, dirigir y protagonizar *El desastre de Annual*, una obra muy personal sobre la decadencia de una familia burguesa vista a través de la derrota sufrida por el ejército español en Marruecos en 1921, y realizar *Pascual Duarte*, sobria y brillante adaptación de la novela de Camilo José Cela, regresa a su mundo más personal con *Los restos del naufragio* (1978), que también protagoniza, uno de sus trabajos más ambiciosos, donde trata de hacer una síntesis entre la aventura y la locura.

Durante la primera mitad de los años ochenta vive en Estados Unidos con diferentes proyectos de películas entre manos, pero sólo cristalizan en *San Judas de la Frontera*

(In´n´out, 1984), que rueda en coproducción entre México y Estados Unidos y no acaba de funcionar por varios motivos, en especial económicos. De regreso a España rueda *El sueño de Tánger* (1986), un proyecto largamente acariciado, donde intenta recuperar el más tradicional cine de amor y aventuras, pero fracasa por problemas de producción y además tarda mucho tiempo en estrenarse.

El éxito de los musicales del productor Emiliano Piedra dirigidos por Carlos Saura le anima a contratar a Ricardo Franco para dirigir *Berlin Blues* (1988), una imposible versión apócrifa de *El ángel azul* (Der Blaue Engel, 1930), de Josef von Sternberg, con la cantante de ópera Julia Migenes como protagonista. Su fracaso le lleva a apartarse de la dirección de películas de ficción durante unos años, comenzar una activa e interesante carrera paralela como guionista de películas ajenas, y regresar para rodar *¡Oh, cielos!* (1994), una irregular *comedia de ejecutivos*.

Días contados   1994

DIRECTOR Y GUIONISTA: Imanol Uribe. FOTOGRAFÍA: Javier Aguirresarobe. MÚSICA: José Nieto. INTÉRPRETES: Carmelo Gómez, Ruth Gabriel, Candela Peña, Karra Elejalde, Elvira Mínguez, Joseba Apaolaza, Javier Bardem. PRODUCCIÓN: Imanol Uribe y Andrés Santana para Aiete Films, Ariane Films. Color. DURACIÓN: 93'.

La obra cinematográfica de Imanol Uribe (1950), nacido por casualidad en El Salvador, pero educado en España con los jesuitas, comienza con una interesante trilogía sobre los problemas del País Vasco, en general, y del grupo terrorista E.T.A., en concreto, tras realizar algunos cortometrajes sobre el mismo tema.

Carmelo Gómez en *Días contados*

Siguiendo una trayectoria ascendente de calidad, primero rueda *El proceso de Burgos* (1979), un documental hecho con muy pocos medios y escasa imaginación, apoyado en largas entrevistas con una mayoría de antiguos miembros de E.T.A. condenados a muerte en el tristemente famoso proceso de 1970, durante la etapa final de la dictadura del general Franco.

Luego llega a una más interesante mezcla de ficción y realidad en *La fuga de Segovia* (1981), donde narra cómo en abril de 1976, tras un largo proceso de preparación, treinta presos de la organización terrorista E.T.A. se fugan de la prisión de Segovia, son perseguidos por la guardia civil, sólo cuatro consiguen llegar a Francia y poco después son capturados por la policía francesa, confinados en la isla de Yeu y amnistiados.

Por último, en *La muerte de Mikel* (1983) aprovecha la última etapa de la vida de Mikel, un joven farmacéutico de un pequeño pueblo de la costa vasca muerto en extrañas circunstancias, para hacer un sólido retrato de una sociedad muy peculiar con una problemática muy determinada.

Está centrada en los problemas que plantea a Mikel asumir su homosexualidad, al tener una aventura con un travestido, tanto de cara a su madre como al partido *abertzale* en que milita.

Más tarde Imanol Uribe comienza a hacer cine de género con unas películas bastante menos interesantes. En primer lugar se sitúa, de forma cronológica, la fallida *Adiós, pequeña* (1986), sobre las relaciones sentimentales entre una joven abogada y un traficante de droga en Bilbao. Basada en un guión original de Imanol Uribe y Ricardo Franco, hoy aparece como un borrador de *Días contados*, pero no está conseguida en buena medida por un problema de reparto, el mal funcionamiento de la pareja formada por la española Ana Belén y el italiano Fabio Testi.

A continuación rueda *La Luna negra* (1989), una producción de terror que forma parte de la serie *Sabbath* producida por Televisión Española, pero que a pesar de estar basada en un guión propio y tener algunos momentos atractivos, es la peor de sus películas y sólo tiene una tardía emisión por televisión.

Y, por último, aparece *El rey pasmado* (1991), una cuidada adaptación de una novela de Gonzalo Torrente Ballester, en torno a las relaciones del joven e inexperto monarca Felipe IV con la Corte, la Iglesia y el Santo Oficio, a través de sus intentos por ver desnuda a la reina. A pesar de su muy cuidada realización, destila frialdad al no tener relación con el cine que le interesa a Uribe y estar basada en un guión de Juan Potau y Gonzalo Torrente Malvido que sigue demasiado de cerca la obra original.

Imanol Uribe vuelve al terreno que más le importa al tomar como punto de partida la novela policiaca *Días contados* del especialista Juan Madrid, sobre el submundo de los drogadictos madrileños, y mezclarla en un hábil guión con la peripecia vital de uno de los tres miembros de la organización terrorista E.T.A. que integran el «Comando Madrid», desplazado a la capital para hacer sanguinarios atentados.

El resultado es una excelente película, una explosiva, terrible y dramática historia de amor entre Antonio (Carmelo Gómez), un hombre de 30 años atrapado en una espiral de destrucción y muerte en la que hace tiempo que dejó de creer, y Charo (Ruth Gabriel), una desgarrada joven de 18 años metida en un sórdido ambiente de prostitución y droga.

En un cine como el español que, por motivos difíciles de precisar, cada vez vive más de espaldas a la realidad cotidiana, *Días contados* aparece como un chorro de aire renovador, tanto en la descripción del submundo de los drogadictos, como en el de los etarras, para llegar a un destructivo y sangriento enfrentamiento al chocar el uno con el otro.

Narrada con tanta minuciosidad como eficacia, destaca la habilidad como guionista y director de Imanol Uribe, además del descubrimiento de tres buenas y prometedoras actrices: Ruth Gabriel como la desgarrada y exhibicionista drogadicta Charo, Candela Peña en el papel de su amiga prostituta andaluza Vanessa y Elvira Mínguez encarnando a la fría terrorista Lourdes. Muy bien respaldadas por la siempre excelente fotografía de Javier Aguirresarobe y la brillante música de percución del siempre inspirado José Nieto.

La parte menos interesante de *Días contados* es la correspondiente al grupo de policías que se mueve entre drogadictos y terroristas. En buena medida por ser los únicos personajes bastante tópicos, pero también porque Karra Elejalde se repite una vez más a sí mismo y vuelve a estar excesivo al encarnar al policía Rafa.

Más tarde Imanol Uribe regresa al cine de género con *Bwana* (1996), una peculiar comedia que denuncia la xenofobia y el racismo, basada en una obra de teatro original de Ignacio del Moral, que transcurre íntegramente en una playa. Protagonizada por el cómico Andrés Pajares y María Barranco, la mujer de Uribe en la vida real, es una obra llena de interés, donde demuestra que también se mueve con habilidad dentro del terreno de la comedia.

El día de la bestia 1995

DIRECTOR: Alex de la Iglesia. GUIONISTAS: Jorge Guerricaechevarría, Alex de la Iglesia. FOTOGRAFÍA: Flavio Martínez Labiano. MÚSICA: Battista Lena. INTÉRPRETES: Alex Angulo, Armando de Razza, Santiago Segura, Terele Pávez, Nathalie Seseña, Jaime Blanch, Maria Grazia Cucinotta, Gianni Ippoliti. PRODUCCIÓN: Andrés Vicente Gómez para Sogetel (Madrid), Iberoamericana Films Producción (Madrid), M.G. SRL (Roma). Color. DURACIÓN: 103'.

El cine español siempre ha permanecido al margen de los géneros tradicionales, salvo en el caso de la comedia, que la ha conjugado de las más variadas maneras y con unas características muy nacionales, y en menor medida también del drama. Sin embargo, sólo de vez en cuando se ha hecho algún policiaco; durante los años sesenta hay una auténtica invasión de los denominados *spaghetti-westerns*,

Alex Angulo en *El día de la bestia*

pero tal como su nombre indica, y a pesar de rodarse en
Almería con equipos en gran parte españoles, es un invento básicamente italiano, y en la primera mitad de la década
se hace un buen número de películas de terror.

A principios de los años noventa aparece una nueva
generación de realizadores que, cada vez más influenciada
por el cine norteamericano, trata de hacer en España cine de
género. Es el caso de Enrique Urbizu con *Todo por la pasta*
(1991) y de Alejandro Amenábar con *Tesis* (1996) dentro
del policiaco, y de Alex de la Iglesia con *Acción mutante*
(1992) dentro de la ciencia ficción y *El día de la bestia* dentro del terror. Los resultados obtenidos son muy discutibles
en todos los casos por tener unas excesivas influencias norteamericanas, salvo en *El día de la bestia* por haber conseguido españolizarlo hasta límites difícilmente imaginables.

El jesuita Ángel Berriatúa (Alex Angulo), catedrático
de teología en la Universidad de Deusto, llega a Madrid la
mañana del 24 de diciembre de 1995 para impedir el nacimiento del Anticristo. Tras veinticinco años de estudiar el
Apocalipsis de san Juan, gracias a utilizar la estecanografía
de Trithenio, descubre que a cada letra le corresponde un
número, que no es una alegoría, sino una ecuación, que no
es más que un criptograma, un mensaje secreto oculto tras
unas palabras, cuya solución se basa en su transcripción
numérica. Así descifra un mensaje que no es más que una
cifra, una fecha, el día exacto de la aparición del Anticristo, la Nochebuena de 1995.

El problema de *El día de la bestia* es que esta idea realmente brillante tiene un desarrollo muy irregular. Entre su
atractivo principio y su ingenioso final, la aventura que los
guionistas le hacen vivir al jesuita protagonista que trata de
hacer el mal, de ser diabólico, para encontrarse con el demonio, no está a la altura de su divertida idea inicial. Están
muy bien la sucesión inicial de pequeñas maldades, robar la
cartera a un moribundo, tirar a un mimo callejero de su
pedestal, robar una maleta a la puerta de un hotel, rayar los
automóviles, con que el padre Berriatúa trata de aproximar-

se al diablo, pero no los personajes que encuentra en su camino para ayudarle en la realización de su particular misión.

No tiene interés en sí mismo el peculiar Jose María (Santiago Segura), el joven dependiente de la tienda donde el protagonista entra en busca de música diabólica, sino por los personajes que le rodean, su terrible madre Rosario (Terele Pávez), la criada Mina (Nathalie Seseña), en la pensión donde vive. Además, carece de atractivo Ennio Lombardi, el profesor Galván (Armando de Razza), el italiano presentador del programa de televisión «Zona oscura» sobre el más allá, su novia Susana (Maria Grazia Cucinotta) está completamente desaprovechada y la larga escena central, invocando al diablo en su casa, resulta lenta y carente del ingenio que muestra el resto de la película.

Sin embargo, *El día de la bestia* vuelve a tener gran interés gracias a la divertida y terrible visión que da de Madrid el día de Nochebuena. Una ciudad lluviosa, sucia, oscura, llena de barro, casas apuntaladas y adornos navideños, asolada por una banda de asesinos fascistas que, bajo el lema «Limpia Madrid», pretende matar a las putas, los negros y los drogadictos que la ensucian. La película consigue volver a levantar su vuelo en el brillante y divertido final donde el jesuita, el joven amante de la música *heavy metal* y el presentador de televisión descubren que el Anticristo va a nacer bajo el diabólico signo formado por las torres de la Puerta de Europa.

En un violento y bien rodado final, el jesuita Ángel Berriatúa consigue matar al recién nacido Anticristo, dar una nueva oportunidad a la humanidad gracias a la diabólica sabiduría del presentador de televisión, a cambio de la vida de su compañero de aventuras y por la brutalidad del grupo armado fascista, que acaba con el demonio como si fuese otro más de los seres que ensucian la ciudad, para finalizar con una grúa, como las grandes películas norteamericanas clásicas, que se alza en el Paseo de Coches del Retiro para hacer entrar en cuadro a la única estatua erigida al diablo.

En *Acción mutante*, su primer largometraje, el bilbaíno Alex de la Iglesia (1965) cae en casi todas las trampas que plantea una película basada en las historietas gráficas y el cine norteamericano, pero que se intentan superar con un personal humor. La historia de la banda de terroristas integrada por seres deformes que en Bilbao, en 2012, rapta a la hija de un magnate de la alimentación para llevarla en una cochambrosa aeronave al machista planeta Asturias, no pasa de ser un chiste con bastante poca gracia y no muy bien contado.

No obstante, *El día de la bestia*, que se apoya en unos mismos principios, consigue superarlos, aclimatarlos a la realidad española y conseguir un producto desigual, pero brillante y divertido, que muestra a Alex de la Iglesia como uno de los más prometedores realizadores del cine español, a pesar de las irregularidades de su trabajo como guionista, de los baches narrativos y de que caiga en la tentación de escenas como la desarrollada en el anuncio de Schweppes en el edificio Capitol de la Gran Vía, tan vistosa como larga e inútil dentro del desarrollo dramático de la historia.

Asunto interno   1995

DIRECTOR: Carlos Balagué. GUIONISTAS: Ferrán Alberich, Carlos Pérez Merinero, Carlos Balagué. FOTOGRAFÍA: Ángel Luis Fernández. MÚSICA: José Manuel Pagán. INTÉRPRETES: Alex Casanovas, Pepón Nieto, Silvia Munt, Emilio Gutiérrez Caba, Enric Arredondo, Laia Marull, Paul Berrondo. PRODUCCIÓN: Carlos Balagué para Diafragma P.C. Color. Scope. DURACIÓN: 100'.

Al tiempo que se licencia en derecho y ciencias de la información y escribe sobre cine en revistas especializadas y

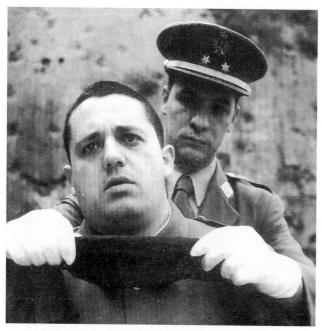

Pepón Nieto y Alex Casanovas en *Asunto interno*

publica algunas monografías sobre directores, el barcelonés Carlos Balagué (1949) hace tres cortometrajes con un subrayado tema cinematográfico, *Lección acelerada de cine* (1977), *La tragedia cotidiana de un acomodador de cine que un día descubrió la cinefilia* (1978) y *Recuerdo de Jean Seberg* (1980). Poco después debuta como director de largos con *Denver* (1981), una historia que mezcla lo real con lo fantástico sobre un guión del novelista José María Latorre, pero rodada con demasiados pocos medios.

Tras el fracaso de *Viva la Pepa* (1981), una comedia con muy poca gracia, de la que un año después se ve obligado a hacer una versión catalana para recibir una subvención con la que acabar de amortizarla, Balagué permanece cinco años sin dirigir. Regresa al cine con *Adela* (1986), un policiaco basado en hechos reales, que abre un nuevo y mejor camino en su carrera, pero que al estar rodado con poco dinero y de manera apresurada, desaprovecha la sórdida historia de las relaciones entre un policía y un travestido.

Vuelve al policiaco con *El amor es extraño* (1988), que narra las relaciones entrecruzadas entre nueve personas, pero de forma desorganizada, y una vez más está rodada con poco cuidado, muy pocos medios y actores sin atractivo. Con *Las apariencias engañan* (1991) hace la única *comedia catalana* de su carrera, tan mal cultivada durante los últimos años, y no puede evitar caer en la mayoría de las trampas que plantea el subgénero.

Las películas de Carlos Balagué comienzan a tener mayor interés a raíz de trabajar con el guionista sevillano Carlos Pérez Merinero (1950), que tras publicar algunos libros sobre temas cinematográficos a medias con su hermano David Pérez Merinero, se convierte en un especialista en novelas policiacas y desde mediados de la década de los ochenta también colabora con regularidad en la redacción de guiones.

Su primer trabajo en común es *Mal de amores* (1993), que narra en clave policiaca un triángulo amoroso entre un ladrón de tarjetas de crédito, una estafadora que acaba de salir de prisión y la azafata de un concurso de televisión. Está rodada con bastante más dinero y actores conocidos, pero Balagué no consigue dar a la película el punto de locura que necesita la historia.

Su siguiente colaboración es *Asunto interno*, un nuevo policiaco escrito entre el especialista en restaurar viejas películas Ferrán Alberich, Pérez Merinero y el propio Balagué, que acostumbra intervenir en los guiones de sus películas y producirlas para su marca Diafragma. Basada de nuevo en un hecho real, el último fusilamiento de un soldado ocurrido en España, culpable del asesinato de dos mujeres, a pesar de conservar algunas de las imperfecciones habituales del cine de Carlos Balagué, especialmente un reparto poco eficaz y nada atractivo, se trata de su mejor trabajo.

De manera paralela narra la vida, durante 1971, del teniente Arturo Loinaz (Alex Casanovas) y el soldado Pedro Suárez (Pepón Nieto) y, en mucha menor medida, del soldado Juan (Paul Berrondo) en el Regimiento de San Lázaro, un perdido cuartel en la provincia de Tarragona donde hace el servicio militar el correspondiente grupo de jóvenes y al que sólo destinan a personas que los militares consideran problemáticas.

A pesar de estar estudiando su carrera universitaria, Juan hace el servicio militar en San Lázaro por haber sido detenido en una manifestación contra la dictadura del general Franco. Pedro Suárez vive en un cercano pueblo y, aunque es subnormal profundo, como sus dos hermanos, ha sido declarado apto para el servicio. El teniente Arturo Loinaz pertenece a una distinguida familia de militares, pero ha sido destinado allí por haber protestado contra el plan de estudios en la Academia Militar.

Durante la primera parte, *Asunto interno* describe la vida cotidiana en un cuartel, al tiempo que expone la extraña personalidad del soldado Pedro Suárez y la constante frustración del teniente Arturo Loinaz. El soldado no es querido en su pueblo y le echan de todas partes, mientras se dedica a espiar a la atractiva joven Teresa Rebolledo (Laia Marull), que le mira despreciativamente mientras baila con su novio. El teniente se ve abocado a realizar cosas que no le gustan, desde hacer la carrera militar por tradición familiar hasta casarse con una muchacha cuyo máximo atractivo es ser hija de un general amigo de su padre. Esto hace que ambos personajes se sientan marginados y, a pesar de que nada les une, nazca entre ambos una cierta amistad.

En esta primera parte ocurren muy pocas cosas, sólo se transmite alguna información, pero está narrada con una habilidad que hace que parezca que en cualquier momento puede ocurrir algo terrible. Una noche el soldado Pedro

Suárez es sorprendido por la madre de Teresa Rebolledo cuando mira dormir a su hija, las mata a las dos con ayuda de un azadón y no tarda en ser detenido por la policía militar. Tras este suceso, se desarrolla la segunda parte, que narra la destrucción física del soldado y la moral del teniente.

Mientras el soldado Pedro Suárez es juzgado y condenado a muerte, el teniente Arturo Loinaz trata de ayudarle y entabla una satisfactoria relación sentimental con la abogada defensora Rosa (Silvia Munt), pero no se atreve a seguir por ese camino y se promete con la hija del general amigo de su padre. La minuciosa descripción del fusilamiento, en la que el coronel Pleguezuelos (Enric Arredondo) obliga a los soldados compañeros de la víctima a contemplar la ejecución, finaliza con el teniente dando el tiro de gracia al reo.

Con *Asunto interno* Carlos Balagué no sólo consigue su película mejor rodada, sino también crea un clima de incertidumbre perfecto para el desarrollo de tan sórdida historia. Además, a través de la inclusión de un NO-DO y un telediario, logra implicar en la historia la figura del general Franco y deja muy claro cómo se desentiende por completo de la vida de un pobre soldado subnormal que nunca debió hacer el servicio militar. Sin embargo, no consigue que el trabajo de la mayoría de los actores sea lo efectivo que debiera y además hace que el personaje del soldado Juan, que hubiese podido dar una nueva faceta al desarrollo de la historia, desaparezca demasiado pronto y sólo reaparezca al final, en un intento de suicidio, poco antes del fusilamiento de su compañero.

Alma gitana   1995

DIRECTORA: Chus Gutiérrez. GUIONISTAS: Antonio Conesa, Juan Vicente
Córdoba, Joaquín Jordá, Chus Gutiérrez. FOTOGRAFÍA: Arnaldo Catinari.
MÚSICA: Adolfo Rivero. INTÉRPRETES: Amara Carmona, Pedro Alonso,
Peret, Rafael Álvarez «El Brujo», Loles León, Sandra Ballesteros, Pepe
Luis Carmona, Sara F. Ashton, Merce Esmeralda, Amparo Bengala. PRO-
DUCCIÓN: Antonio Conesa y Juan Vicente Córdoba para Samarkanda
Cine-Vídeo S.L. Color. DURACIÓN: 97'.

En cualquier país del mundo la industría cinematográfica
es, por motivos difíciles de determinar, una de las más tra-
dicionalmente machistas. Por supuesto las actrices han
sido básicas para el cine, pero siempre ha habido muy

Pedro Alonso y **Amara Carmona** en *Alma gitana*

pocas realizadoras, guionistas, directoras de fotografía, músicas o productoras. España no es una excepción a estos niveles y, por ejemplo, en el terreno de la dirección sólo trabajan la mítica Rosario Pi en los años treinta, la actriz Ana Mariscal y Margarita Alexandre en los cincuenta y el terceto formado por Cecilia Bartolomé, Pilar Miró y Josefina Molina en los setenta.

Lo curioso es que en los últimos diez años han debutado más mujeres en España como directoras que en los noventa anteriores. Así aparecen Cristina Andreu con *Brumal* (1988), la actriz Marta Balletbó-Coll con *Costa Brava* (1995), la actriz Ana Belén con *Cómo ser mujer y no morir en el intento* (1991), la actriz Icíar Bollaín con *¡Hola!, ¿estás sola?* (1995), Isabel Coixet con *Demasiado viejo para morir joven* (1988), Ana Díez con *Ander y Yul* (1988), Mónica Laguna con *Tengo una casa* (1996), Eva Lesmes con *Pon un hombre en tu vida* (1996), Arantxa Lazcano con *Los años oscuros* (1993), María Miró con *Los baúles del retorno* (1995), Gracia Querejeta con *Una estación de paso* (1992), Azucena Rodríguez con *Entre rojas* (1995), Mireia Ros con *La moños* (1996), Mar Targarona con *Muere, mi vida* (1996), Pilar Távora con *Nana de espinas* (1984) y Rosa Vergés con *Boom, Boom* (1990).

La gran mayoría, Cristina Andreu, Marta Balletbó-Coll, Ana Belén, Icíar Bollaín, Mónica Laguna, Eva Lesmes, Arantxa Lazcano, María Miró, Mar Targarona, Pilar Tavora, no han conseguido pasar de su primera película, pero en muchos casos porque no han tenido tiempo. Mientras, las otras ya han realizado la segunda y Coixet ha tenido un significativo éxito con la producción norteamericana *Cosas que nunca te dije* (Things I Never Told You, 1995). Entre todas destaca Chus Gutiérrez por ser la única que ha rodado tres largometrajes y por situarse *Alma gitana* entre los mejores.

La granadina Chus Gutiérrez (1962) se va a Nueva York a los 21 años para estudiar en el City College y hacer diferentes cursos cinematográficos, al tiempo que rueda cuatro irregulares cortometrajes. Instalada en Madrid, en

1987 pasa a formar parte del grupo musical Xoxonees y a finales de los años ochenta hace los cortos *La cinta dorada* (1987), *Xoxonees* (1988) y *Pezdro* (1989). En la década de los noventa se pasa al largo, consigue trabajar con regularidad y en cinco años dirige tres, que la sitúan al frente de las directoras de su generación.

Debido a que el cine es una compleja mezcla de arte e industria, de vez en cuando se producen casos tan curiosos como el de Chus Gutiérrez con sus tres primeros largometrajes. Tras realizar en completa libertad, pero con muy poco dinero, sus dos primeros fallidos y personales proyectos, sólo logra hacer una película interesante con su tercer largo, un encargo, que en alguna medida lleva a su propio terreno, pero rodado con el necesario presupuesto.

Debuta con *Realquiler* (Sublet, 1991), donde intenta narrar en clave de comedia algunas de sus experiencias en Nueva York. A pesar de estar rodada en inglés y castellano en uno de los barrios más duros de la ciudad, la falta de imaginación y presupuesto obligan a centrar la acción en un cochambroso edificio y casi no permiten reflejar el ambiente. Algo similar ocurre con *Sexo oral* (1994), un documental sobre las relaciones entre diferentes personas y el sexo, pero cuyas poco atractivas entrevistas apenas daban para hacer un corto.

Estos problemas desaparecen en *Alma gitana*, donde Chus Gutiérrez desarrolla con destreza, dentro de una narración realista y con un eficaz planteamiento, la simple historia de los amores prohibidos entre una gitana y un payo en un Madrid inédito en cine. Su único fallo grave es un breve epílogo en blanco y negro, que sobra por completo, un bloque de cortas escenas que estéticamente poco tienen que ver con el resto de la película y dramáticamente sólo sirven para hacer demasiado evidente algo que poco a poco aflora de manera natural a lo largo de la narración.

El interés de estos amores, que son una especie de nueva versión simplificada, revisada y puesta al día del clásico *Romeo y Julieta*, de William Shakespeare, reside en la sim-

plicidad y la fuerza que Chus Gutiérrez sabe darles y su
habilidad para huir de los tópicos habituales, lo que, entre
otras cosas, permite dar una nueva, personal y realista
visión de Madrid, muy lejana de la que suelen ofrecer las
películas de las últimas décadas.

La gitana Lucía (Amara Carmona), hija de José (Rafael
Álvarez «El Brujo»), dueño de una tienda de antigüedades
en el Rastro, y de Paca (Amparo Bengala), dedicada al cuidado de la casa y de sus cuatro hijos, estudia restauración y
está prisionera de las ancestrales costumbres de su pueblo,
pero choca con el payo Antonio (Pedro Alonso), un camarero del bar del Senado, a quien se le dan muy bien las
mujeres y quiere ser bailarín, pero está obsesionado por el
recuerdo del accidente en que murieron sus padres.

Como único posible lazo de unión entre ambos enamorados aparece un hombre mayor (Peret), que con el nombre de Darío se ha convertido en el director del grupo de
Testigos de Jehová al que ella asiste con su familia, y con el
de Juan Maya fue el causante indirecto de la muerte de los
padres de él. Esta unión se materializa en un bonito man-
tón de Manila de rojas tonalidades, que Juan Maya regala
en su momento a la madre de Antonio y éste ahora a la
joven Lucía.

Alma gitana narra una historia con claras tonalidades
feministas, debido a que los hombres, a diferentes niveles,
son mucho peores que las mujeres, tanto en el drama ocurrido en el pasado, como en el que transcurre en el presente por la intransigencia del padre de Lucía y la obsesión de
Antonio por las mujeres. Sin embargo, Chus Gutiérrez
logra matizarlo y moverse con gran soltura dentro de la
narración al intercalar algunos números musicales, que
están rodados con especial gracia, y ciertos ambientes un
tanto exóticos, como una reunión de Testigos de Jehová,
una boda gitana o las interioridades del Senado.

Dentro del brillante conjunto destaca el excelente trabajo realizado por Chus Gutiérrez con los actores al conseguir una perfecta mezcla entre profesionales y debutantes

y en unas actuaciones donde pasa de la minuciosa elaboración a la simplicidad de la improvisación. Así ocurre con los jóvenes y debutantes protagonistas Amara Carmona y Pedro Alonso, pero también con los secundarios Sandra Ballesteros, Pepe Luis Carmona, Sara F. Ashton, o los provenientes de otros ambientes, como Rafael Álvarez «El Brujo», Peret o Merce Esmeralda.

El último viaje de Robert Rylands   1996
ROBERT RYLANDS´ LAST JOURNEY

DIRECTORA: Gracia Querejeta. GUIONISTAS: Elías Querejeta, Gracia Querejeta. FOTOGRAFÍA: Antonio Pueche. MÚSICA: Ángel Illarramendi. INTÉRPRETES: Ben Cross, William Franklyn, Cathy Underwood, Gary Piquer, Perdita Weeks, Lalita Ahmed, Kenneth Colley, Karl Collins, Maurice Denham. PRODUCCIÓN: Elías Querejeta para Buxton Films (Londres), Elías Querejeta P.C. (Madrid). Color. DURACIÓN: 104'.

En su juventud el guipuzcoano Elías Querejeta (1935) es un conocido jugador de fútbol del equipo Real Sociedad de San Sebastián, pero su interés por el cine le hace alejarse cada vez más del deporte y escribir y dirigir con su amigo Antonio Eceiza los personales documentales *A través de San Sebastián* (1960) y *A través del fútbol* (1961). Después de trabajar en Procusa, la productora del Opus Dei, en la coproducción hispano-italiana *Noche de verano* (1962), de Jorge Grau, en 1963 crea su propia productora, Elías Querejeta P.C. y, rodeado de un eficaz equipo de colaboradores, se convierte en el productor más importante de la última etapa de la dictadura del general Franco.

Interviene en los guiones de sus primeras y fallidas producciones *El próximo otoño* (1963), *De cuerpo presente*

Cathy Underwood y William Franklyn en
El último viaje de Robert Rylands

(1965) y *Último encuentro* (1966), de Antonio Eceiza, pero sólo adquiere un gran peso nacional e internacional gracias a las películas que produce a Carlos Saura. Entre *La caza* (1965) y *Dulces horas* (1981) hacen juntos trece producciones, entre las que destacan *Peppermint frappé* (1966), *Ana y los lobos* (1972), *La prima Angélica* (1973), *Cría cuervos...* (1975), *Elisa, vida mía* (1977) y *Los ojos vendados* (1978), que ganan numerosos premios internacionales y les sitúan a la cabeza del cine europeo.

Estos éxitos le permiten convertirse en el productor de las primeras películas de Víctor Erice, *El espíritu de la colmena* (1973); Manuel Gutiérrez Aragón, *Habla, mudita* (1973); Ricardo Franco, *Pascual Duarte* (1975); Emilio Martínez-Lázaro, *Las palabras de Max* (1978); Montxo Armendáriz, *Tasio* (1984), y Gracia Querejeta, *Una estación de paso* (1992). Realizadores muy diferentes, cuyos siempre atractivos itinerarios profesionales tienen muy poca relación entre sí, pero sus primeras películas tienen múltiples puntos de contacto y dejan muy clara la huella de Elías Querejeta.

Entre los cuarenta y tantos largometrajes que produce durante algo más de treinta años de actividad, también hay que citar *El desencanto* (1975) y *A un dios desconocido* (1977), de Jaime Chávarri, y *El sur* (1982), de Víctor Erice, en algunos de cuyos guiones también colabora, pero a pesar de haber comenzado a rodar un largometraje en un par de ocasiones, Querejeta nunca lo ha acabado y no se ha atrevido a dar el salto a la dirección. Esto le ha llevado a imponer, con más fuerza que otros productores, su peculiar personalidad a la práctica totalidad de sus películas y a trabajar sobre todo con nuevos realizadores por ser más fácilmente manejables, tal como demuestra que las trece películas que Saura hace con él sean muy diferentes a las que antes y después dirige para otros productores, que en la totalidad de las películas de Querejeta se narren frías y dramáticas historias de complejas relaciones familiares, presididas por un ser introvertido, hosco y distante de los demás, y que en muchas de ellas aparezca una fascinación por una violencia que tiene muy poco que ver con el contexto. Esto también hace que salvo *De cuerpo presente*, basada en una narración de Gonzalo Suárez, y *Pascual Duarte*, adaptación de la famosa novela *La familia de Pascual Duarte*, de Camilo José Cela, el resto de su producción esté basada en guiones originales, donde colabora o no, pero controla con minuciosidad.

Otra de las excepciones a esta regla es *El último viaje de Robert Rylands*, adaptación de la novela *Todas las almas*, de Javier Marías, pero tan alejada del original que igual habría podido tomar como punto de partida *Lolita*, de Vladimir Nabokov, con la que también guarda algunos puntos de semejanza, lo que da lugar a una curiosa polémica periodística entre el autor de la novela y el productor y la realizadora de la película. Escrita por el propio Elías Querejeta en colaboración con su hija Gracia Querejeta y dirigida por ella, una vez más vuelve a narrar la fría historia de unos personajes ligados por una familia presidida por un extraño ser, alejado de los demás y que se considera por encima de los demás.

La película comienza con un prólogo, en que el español Juan Noguera (Gary Piquer) llega a Oxford para dar clases de literatura española en la Universidad durante un curso y a través de su amigo Alfred Cromer-Blake (Ben Cross) se instala en la casa donde su hermana Jill (Cathy Underwood) vive con su hija pequeña Sue (Perdita Weeks), que es la única parte que guarda alguna relación con la novela de Javier Marías, pero también con la de Vladimir Nabokov.

El resto de la historia está narrada a través de las confesiones realizadas durante una noche por Robert Rylands (William Franklyn) al comisario Archadale (Kennet Colley) en una sucesión de *flashbacks* puntuados por fundidos en blanco. Tras diez años de ausencia, Robert Rylands regresa a Oxford cuando se entera de que su íntimo amigo y antiguo amante Alfred Cromer-Blake está gravemente enfermo para ayudarle a morir y aceptar ante su hermana Jill y su hija Sue que es el padre de la pequeña.

Como ya ocurría en *Una estación de paso*, la primera película realizada por Gracia Querejeta, está narrada con corrección, a pesar de tener un exceso de inútiles planos y una irregular estructura narrativa, donde en esta ocasión sobra el truco de los *flashbacks*. Sin embargo, su principal defecto sigue siendo una frialdad que llena un relato que no tenía por qué serlo, pero se nota un claro avance desde su anterior película. Dentro del conjunto destaca el trabajo interpretativo del terceto formado por el español Gary Piquer y las inglesas Cathy Underwood y Perdita Weeks, también por tener a su cargo la parte más atractiva de la historia, así como la bella música de Ángel Illarramendi.

Hija del productor Elías Querejeta y de la diseñadora de vestuario Maiki Marín, la madrileña Gracia Querejeta (1962) debuta como actriz en *Las palabras de Max*, mientras realiza estudios de ballet, pero se desentiende por completo de estas actividades. Al mismo tiempo que se licencia en historia antigua en la Universidad Complutense de Madrid, trabaja en diversos puestos relacionados con la dirección y la producción en películas de su padre.

Después de dirigir el episodio *Tres en la marca* de la producción colectiva *7 huellas* (1988), otro más de los intentos fallidos de Querejeta por descubrir nuevos y manejables directores, Gracia Querejeta rueda algunos cortometrajes y episodios de televisión. *Una estación de paso* y *El último viaje de Robert Rylands* la muestran, tal como resulta lógico, como el mejor vehículo que ha encontrado su padre para hacer sus personales películas a través de otra persona.

El amor perjudica seriamente la salud 1996

DIRECTOR: Manuel Gomez Pereira. GUIONISTAS: Joaquín Oristrell, Yolanda García Serrano, Juan Luis Iborra, Manuel Gómez Pereira. FOTOGRAFÍA: Juan Amorós. MÚSICA: Bernardo Bonezzi. INTÉRPRETES: Ana Belén, Juanjo Puigcorbé, Gabino Diego, Penélope Cruz, Laura Conejero, Luis Fernando Alvés, Carles Sans, Lola Herrera, Aitana Sánchez-Gijón, Javier Bardem, Fernando Colomo. PRODUCCIÓN: César Benítez, Joaquín Oristrell y Manuel Gómez Perereira para Bocaboca Producciones (Madrid), Sogetel (Madrid), Le Studio Canal Plus (París), DMVB Films (París). Color. Scope. DURACIÓN: 120'.

Licenciado en imagen por la Facultad de Ciencias de la Información, el madrileño Manuel Gómez Pereira (1953) realiza el corto *Nos va la marcha* (1979) mientras trabaja como *script*. Durante la década de los ochenta es ayudante de dirección, entre otros, de Jaime de Armiñán, José Luis García Sánchez y Fernando Colomo, con el que entabla una buena amistad que le lleva a darle pequeños papeles en la mayoría de sus largometrajes.

Gabino Diego y Penélope Cruz en *El amor perjudica seriamente la salud*

Después de escribir y realizar algunos programas de televisión, a principios de los años noventa Gómez Pereira se convierte, tras su maestro Colomo, en el renovador de la comedia española con una sucesión de muy similares películas, que siempre escribe en colaboración con el prolífico Joaquín Oristrell, más tarde también convertido en realizador, y los menos conocidos Yolanda García Serrano y Juan Luis Iborra.

Tiene éxito con *Salsa rosa* (1991), su primer largo, una eficaz comedia de equívocos, que narra cómo dos mujeres deciden hacer un intercambio de parejas. Lejos de los tradicionales defectos de la *comedia a la española*, funciona mejor la muy cuidada estructura de la historia, que el desigual trabajo de los actores Verónica Forqué, Maribel Verdú, José Coronado y Juanjo Puigcorbé.

Continúa con *¿Por qué lo llaman amor cuando quieren decir sexo?* (1992), que vuelve a ser un éxito, pero contiene mayores desajustes que la anterior. Tiene un arranque prometedor, bien rodado y un tanto insólito dentro del cine español, al narrar cómo Gloria (Verónica Forqué), una *estrella* del *porno* que debe sustituir a su pareja artística, conoce en un *peeping-show* a Manu (Jorge Sanz), un díscolo hijo de buena familia, queda fascinada por su capacidad amatoria y le convierte en su pareja con el nombre *Fuego carnal*. Todo va bien para los protagonistas y la propia película hasta que se encuentran con los padres de él. A partir de este momento deja de ser una divertida comedia erótica para convertirse en una no bien resuelta comedia de equívocos terminar siendo una convencional comedia sentimental con un previsible final feliz.

El punto de partida de *Todos los hombres sois iguales* (1993), la siguiente película de Gómez Pereira, es la guerra entre los sexos y su novedad estriba en que sus protagonistas son tres divorciados, pero los resultados vuelven a ser similares. Tras demostrar la crueldad de sus respectivas esposas, el piloto Joaquín (Juanjo Puigcorbé), el arquitecto Juan Luis (Imanol Arias) y el periodista deportivo Manolo (Antonio Resines), se separan y se van a vivir juntos a una gran casa.

A partir de este prometedor principio, la película se convierte en una mezcla a partes iguales entre la más tradicional *comedia a la española*, con el protagonista persiguiendo en calzoncillos a distintas mujeres por su *pisito de soltero*, y la más moderna *comedia de ejecutivos*, con parejas separadas que ganan mucho dinero, deben enfrentarse al problema de los hijos y al estricto orden doméstico. Su hallazgo es el personaje de la asistenta (Cristina Marcos), que les resuelve la mayoría de sus problemas domésticos, pero de la que los tres no tardan en enamorarse. Cuando va a entablarse una interesante relación a tres bandas, la película finaliza de una manera tan convencional como previsible.

Tras *Boca a boca* (1995), que tiene gran éxito a pesar de ser una comedia policiaca sin imaginación en torno a una historia de teléfonos eróticos, con *El amor perjudica seriamente la salud* (1996), uno de los grandes triunfos del cine español de los últimos tiempos, Manuel Gómez Pereira

vuelve a rodearse de sus colaboradores habituales, el director de fotografía Juan Amorós y el músico Bernardo
Bonezzi, para hacer la más ambiciosa de sus películas, dar
el salto completo desde la *comedia a la española* y la *comedia de ejecutivos* a una personal *comedia sofisticada*. Consigue sus objetivos al estar bastante bien rodada en su ya tradicional formato *scope*, desarrollar un peculiar estilo a
medio camino entre el de la revista de gran tirada *Hola* y la
publicidad del champaña *Freixenet* y tener una excelente
primera parte, pero una vez más se hunde al no conseguir
el mismo tono y la misma altura en la segunda.

Con una estructura más elaborada que sus películas
anteriores, narra la historia de una peculiar pareja a lo largo de treinta y un años, desde 1965 hasta 1996 a través de
un largo *flashback*. En realidad está dividido en dos grandes bloques, dado que en la primera parte el buenazo y
pobre Santiago García es encarnado por Gabino Diego y
la ambiciosa niña rica Diana Balaguer por Penélope Cruz y
en la segunda les dan vida respectivamente Juanjo Puigcorbé y Ana Belen.

Tras diez años sin verse, Santi, convertido en guardaespaldas de Su Majestad, y Diana, en una elegante mujer vestida por Giorgio Armani que trata de que su hija se siente
al lado del príncipe Felipe, vuelven a encontrarse en una
cena dada por los reyes de España en el Hotel Crillón, en
la plaza de la Concorde de París, con motivo de la inauguración de una exposición de Goya. Una vez más se pelean
y se besan, mientras él busca las gafas de Su Majestad y ella
le reprocha que la dejase plantada cuando habían decidido
vivir juntos, y recuerdan cómo se conocieron.

En la divertida, imaginativa y dinámica primera parte,
la enloquecida admiradora de los Beatles se introduce en la
habitación de su hotel en Madrid para conseguir un
recuerdo de John Lennon, pero debe enfrentarse con un
nuevo botones y tener con él una peculiar experiencia erótica bajo la cama, mientras Lennon la tiene con otra sobre
ella. Vuelven a encontrarse tres años más tarde cuando él

es soldado, ella le atropella con su automóvil, le lleva a la clínica Loreto, coincidiendo con el nacimiento del hijo del príncipe de España, y acaban pasando una larga noche de amor en el coche-cama de un tren que se dirige a Algeciras.

Sin embargo, Diana le deja para casarse con el médico Gonzalo (Luis Fernández Alvés), pero la misma noche de bodas llama a Santi a casa de su novia Mari Jose (Laura Conejero) para decirle que no puede vivir sin él y, recién llegada de la luna de miel, acaban haciendo el amor en un vehículo para donar sangre durante una cuestación para la Cruz Roja. Tras seguir entregándose a su pasión en unas cuadras, en mitad del campo y en los servicios de un teatro en que Raphael canta *Yo soy aquel*, tienen una discusión en la siniestra buhardilla que él alquila para sus encuentros amorosos, mientras ella le comunica que espera un hijo suyo y le recrimina con la frase "un mísero espermatozoide no te da derecho a ponerte así".

La segunda parte comienza con la boda de Diana Balaguer con el tenor italiano Vittorio Raimondi (Carles Sans), sigue sazonada con pequeñas notas sobre la actualidad, desde el asesinato de John Lennon hasta el paso del cometa Halley, pero tiene menos interés al convertirse en la convencional historia de una mujer que engaña a su celoso marido, desde los repetidos disfraces que él debe utilizar para poder verla a solas hasta las palizas que le dan los matones a sueldo del intérprete de *Otelo*, de Giuseppe Verdi. Al tiempo, también contiene escenas demasiado alargadas, como la celebración en un caro restaurante de los trece años de matrimonio de Santi y Mari Jose donde se encuentran con Diana y, tras bailar el bolero *No sé por qué te quiero*, de Víctor Manuel, la mujer declara estar al corriente de las infidelidades de su marido.